孩子不仅给我们带来了快乐，

更重要的是他们把我们重新引入真、善、美的世界

立 品 图 书·自觉·觉他

www.tobebooks.net

出 品

儿童健康指南

零至十八岁的身心灵发展

Kinder SprechStunde:
Ein medizinisch-pädagogischer Ratgeber

[德] 米凯拉·格洛克勒（Michaela Glöckler）
沃尔夫冈·戈贝尔（Wolfgang Goebel） 著
林玉珠等 译

河北出版传媒集团
河北教育出版社

图书在版编目(CIP)数据

儿童健康指南：零至十八岁的身心灵发展 /（德）格洛克勒，（德）戈贝尔著；林玉珠等译．—石家庄：河北教育出版社，2012.2
书名原文：Kinder SprechStunde
ISBN 978-7-5434-8989-9

Ⅰ.①儿… Ⅱ.①格… ②戈… ③林… Ⅲ. ①儿童－身心健康－指南 ②青少年－身心健康－指南 Ⅳ. ①G479-62

中国版本图书馆CIP数据核字(2012)第013017号

冀图登字03-2012-002

儿童健康指南：零至十八岁的身心灵发展

作　　者 / [德] 米凯拉·格洛克勒　沃尔夫冈·戈贝尔
译　　者 / 林玉珠　等
出版发行 / 河北出版传媒集团
河北教育出版社
(石家庄市联盟路705号，邮编 050061)
出　　品 / 北京颂雅风文化传媒有限责任公司
www.songyafeng.com
北京市朝阳区北苑路172号3号楼2层
邮编 100101　电话 010—84853332
编辑总监 / 刘　峥
责任编辑 / 孟亚妹　杨　健
编辑助理 / 耿　懿
装帧设计 / 成　劼「大诚艺术设计机构」
印　　制 / 三河市华晨印务有限公司
开　　本 / 787×1092毫米　1/16
印　　张 / 28.75
出版日期 / 2012年5月第1版　第2次印刷
书　　号 / ISBN 978-7-5434-8989-9
定　　价 / 58.00元

出版说明

本书的两位作者是全球人智医学和华德福教育体系中兼具医疗与教育学养的先驱代表人物，他们的专业成就非凡。这是一本非常实用且宝贵的资源书，尤其注重儿童心灵的发展面向，突破了我们传统的以身体为本的健康理念。本书的理论背景是人智医学，人智学的医学观是从病理导向到健康导向的转变，人智学医生不仅需要具备主流医学的专业知识，还需具备人智学灵性科学的洞见。此书在德国出版近 30 年间，再版已达 18 次之多，总销量 40 余万册。不计其数的家庭受益于其健康的育儿观念。

因两位作者是德国人，其社会及文化背景与我国有不小的差异，我们出于尊重原文的考虑，内容基本未作大的删减。特此声明：**本书观点仅代表作者本人立场，其中如有涉及与我国的社会文化观念冲突之处，敬请读者自辨。**

此版本是经作者同意，由台湾的译者从英文版本翻译而来。虽经过编辑，但一些说法和表述恐仍与大陆读者们的习惯不同，如果因此造成您阅读和理解的障碍，还望读者们海涵！此外，书中提到的很多药剂名称，台版译文保留了其英文原名，并未译出，为方便大陆读者理解和查找，我们试图将其译成中文，做成“部分药剂名中英文对照表”（详见“附录 4”）。在此要感谢为我们提供帮助的北京中日友好医院的于作洋教授和济南第五人民医院的谢淑奇医师。因能力所限，药剂名称未能全部译出，请原谅我们的不足。书中如有任何翻译和编辑上的错误，也请读者诸君不吝赐教，以便我们再版时修正！

编者

2012.2

中文版序

这本《儿童健康指南》特别为年轻的父母而写，为了使他们能有信心处理自己健康或生病的孩子。全世界的儿科医生和旅行者（比如我去年的成都和北京之行）都注意到，现今的父母，无论他们住在哪里，都面临着如此相似的全球性的教育和医疗问题。特别是，好像父母们在寻找一种关于人类的完整的看法，这种观念可以对儿童和青少年的心灵和精神给予爱的理解和支持，以丰富自然科学的片面性和我们已被科技主宰的生活方式。这种寻找在中国尤其显著，因为在这里健康科学和预防性医疗有悠久的历史。然而，现代科学导向的思维和行为会导致人们遗忘这些传统的“根”，这对于儿童和青少年已经造成了严重的后果。儿童经常感觉被误解，他们在心灵方面特别的年龄需求不能充分被看到并得到支持，这会导致疾病和行为方面的问题。重新发现并保护童年和青少年时代，将其作为生命的一个组成部分，需要教育和医疗的联合。如果这种联合成功的话，童年时代身心的成熟会为今后生命的健康奠定真正的基础。这就是为什么全世界都在努力以一种整合的方式理解和应用教育与医疗——平等地考虑人类所具有的身、心、灵的需求。华德福教育和人智医学会对这种努力作出贡献。它们始于1919年一战后的德国和瑞士，现在在全球超过60个国家实践着。此版本的《儿童健康指南》是从2005年的英文版翻译过来的，一些新的素材已加入2010年德文版中，内容有所丰富。我们要热忱地感谢所有让这本书的问世成为可能的人们，特别是台湾的林玉珠女士等众多译者，以及台湾心理出版社、北京立品图书有限公司和河北教育出版社。

这本书设计有一个详细的索引，为急性疾病发作时提供应急信息。本书也旨在提供一些想法供读者阅读和思考：孩子的发展中需要什么，父母和教育者们可以给予他们什么。

本书第一部分专注于日常生活中一般疾病的辨识与特定问题，以及适当的医疗准则。我们的目的是帮助父母亲在陪伴及观察生病的孩子时，能有预警的判定基准，以决定什么时候一定要或应该要去看医生。在大多数情况下，我们已将大部分的医疗建议局限在可以在家采用的一般性措施。

本书的第二部分概述了儿童发展的各个阶段，以及从教育和医学的观点来看，他们如何能得到最好的陪伴。同时，看着当今不适合儿童发展的生活环境，我们也清楚地指出，做什么可以阻止儿童发展上的缺陷，并作出调整。我们提供了适龄的游戏、感官发展的保护、营养摄取、衣着和健康睡眠方面的建议。我们也对生活方式的问题采取了一种不同的看法——有意识地处理时间，培养健康的节奏，宗教价值和精神，以及艺术活动的整合。

本书第三部分专注于教育及其治疗的可行性。我们这个时代需要有一种新的家庭、教育的文化——在这里，对个人发展的支持与适应社会和经济情形必要性的需要是和谐一致的。我们考虑在历史的长河中人类发展的大图景的同时，也在考虑生活意义的问题——包括当有疾病或身体残疾时。我们这种整体、整合的观点应归功于我们的实际工作是本着人智学（Anthroposophy）——由伟大的哲学家和生命改革者鲁道夫·斯坦纳（人们在去年刚刚庆祝了其 150 周年诞辰）在 19 世纪末 20 世纪初发展出的学说——的生命观。这种对人类和生命的整体观指出了健康发展的五个条件：

- 遗传、营养和物质环境的条件。
- 支撑生命的节奏以及建立好的习惯和性格特点的艺术。
- 人类关系的品质，感觉和灵魂生命的特点。
- “自我”的潜力、人的个性的潜力及其朝向内在力量和创造自主性的发展。
- 属于我们共同人性的精神导向性，它导向一种世界观，给我们信心来应对我们的生命任务，且帮助我们有意义地处理在我们的人生经历和一般社会中所发生的事情。

在这样的背景下，遗传还是社会环境对人的个性发展影响最大这个古老的问题出现了新的亮点。我们需要关注第三个决定性因素：带着独特的个体个性的儿童自身。我们的任务就是要学会看到这个个体的个性，帮助它应对它的身体、它的家以及学校环境。这个孩子在寻找可以接纳他的人，给他提供安全、保护和鼓励。有品质的个人关系和际遇会使一个孩子强大并帮他“找到他自己”。这就是释放生命力的东西——反之，在消极的情况下，则会让孩子退缩和松懈。当一个孩子感觉到被接纳，感觉“在家”的时候，在他的身心状态中，这是可见的；当他感觉像一个麻烦制造者，或者他的主要依恋对象不是一个人而是电视或者电脑的时候，情况也是一样。诚实、认真地对待他人，想要理解和建立信任等人类价值观的培养，是比家庭环境更有影响的东西。这些价值会让童年熠熠生辉，使之成为日后生活的一种力量源泉。

被允许成为一个孩子并且感到被爱——这些是永远不会失去的体验。它们让我们明白作为一个人意味着什么，以及是什么使生命有价值。

本书的首次出版要感谢当时要求发行的德国斯图加特 Urachhaus 出版社的出版商 Johannes M. Mayer 先生，还有不断表达意愿、希望我们将小儿科门诊的咨询资料整理成参考书籍的父母亲。对于所有在写作过程中给予我们支持的人们，我们也要向他们献上最诚挚的感谢。

特别感谢给予我们支持和协作的同仁们：尤其是 Reinhild Engelen、Nicola Fels、Karl-Reinhard Kummer、Johannes Kühl（物理学家），Petra Kühne（营养学家）。还有 Petra Lange，他承担了获得外部申请所需资料的返工工作。

希望我们从教育和行医的日常工作中获得的诸多实践经验也能帮助中国大陆的读者增加养育孩子的喜悦，帮助人们自信地感知到孩子健康发展的需要。

米凯拉·格洛克勒

沃尔夫冈·戈贝尔

于黑尔德克及多尔纳赫

2012.1.17

译者序

这本书，历经五年时间，终于诞生了！感谢许多好朋友的帮忙，这一项几乎不可能的任务终于完成了！

本书的作者 Michaela Glöckler 与 Wolfgang Goebel 两位医师是世界人智医学与华德福学校教育体系中非常德高望重的医师。2005 年，在菲律宾的人智医学会议上，感谢 Glöckler 医师允许我在台湾寻找“德文翻中文”的译者翻译本书。

《儿童健康指南：零至十八岁的身心灵发展》的德文原版计有 28 章，其中第 11 章——“预防与免疫”，因不符国情所需，Glöckler 医师建议无须翻译本章，因此本书共计译成 27 章。而对于同时阅读原版的读者，请注意原版第 12 章之后的每一章在本书中即顺理向前推进一章。

此外，在本书中有许多很好看又很有意义的照片，计 104 张！这些照片原本不在版权之内，感谢 Glöckler 医师仗义为我们争取，最后，读者们有福气，我们终于能一并纳入本书范围了，请慢慢欣赏！不过，也许因为数量较大，或是一再刷新版，所以照片编排较为繁复；为让读者更为清晰，若依主题方向查阅，大致上可以分成：

儿童疾患的征候：照片 1 ～ 17

从婴儿到学步儿：照片 18 ～ 50

儿童发展与社会环境：照片 51 ～ 75

感官经验：照片 76 ～ 90[1]

感官维护、模仿、游戏与工作：照片 91 ～ 104

本书的内容非常精彩，其中包含医学、教育、人文、宗教……而最重要的，本书的背后蕴涵了丰富的人智学知识和华德福教育理念。然而，这也是翻译本书的最困难之所在。没有人智学知识背景的人，几乎不可能翻译人智学相关的书籍，

1　本书在照片编排上与台版略有不同，照片共计108张。其中，感官经验：照片76～94，感官维护、模仿、游戏与工作：照片95～108。

即便翻译了，大有可能会有意想不到的错误，因为人智学和华德福教育对生活在台湾的人实在太陌生了，人智学的观点太常出人想象之外了！因此这五年来，这本书经历极大的难产，我竟找不到合适的译者为本书接生。而最辛苦陪伴难产的人大概就是心理出版社了！衷心感谢心理出版社的耐心与爱心，为了支持这本书的降生，一直耐心地等候到今天。

我素来非常景仰 Glöckler 医师，更加非常喜欢她的文章和书籍，但她说我只懂英文不懂德文，所以我如果想翻译她的书，只能翻她的《A Healing Education》，因为那是她唯一以英文写成的一本书。翻译，只是说着玩玩的，因为我的工作每天都催赶着我夜以继日、马不停蹄地忙碌前行。然而，当本书难产之际，我好像已难逃职责；我答应过 Glöckler 医师在台湾出版这本书，而心理出版社也已买下德文版权，我必须为这本书的质量负责。既然不能自然生产就开刀生产吧！既然没有产婆就自己接生吧！在没有预期自己翻译的情况下，我竟请求 Glöckler 医师允许我从英译本翻成中文，而医师也答应了！于是，在决定以英文版本翻译之后，起先，我集组了“翻译小组”希望有人能接走这份工作，但好友们也都是大忙人，聚会时间就很不容易了；后来，我又集组“读书会”，希望通过大家一起读书，以确认这本书能被推动进入工作。

2006 年 3 月，台中市人智哲学发展学会承办由 Glöckler 医师主导，巡回世界的“Kolisko 医学与教育会议”。在此会议中，她带领了世界各地近十位不同领域的专家来台引介人智医学与华德福教育。为配合大会，我及时地以英文版翻译了本书第 16 章——“健康在教育之中”，同时，也感谢心理出版社大力支持奉献印刷以飨与会人士。大会之后，许多人对人智医学与本书产生了兴趣，于是，原本只有家长与教师的读书会有了更新的色彩，会里增加了相关医学领域的人，像牙科、皮肤科、兽医科、西医师、中医师、心理学家、护理人员……而这个读书会也更名为“医学读书会”。这个“读书会”除了寒暑假，每个月在磊川学校内聚会一次，如今已完成 43 次的聚会了。一开始，读书会由我负责导读，因为我在人智学的领域虚长了几年，也曾经在菲律宾参加了四年由瑞士歌德馆医学部门所举办的学士后人智医学训练课程（International Postgraduate Medical Training, IPMT）。三年前，在我正忙碌之际，感谢林奇慧医师接了导读棒；两年前，资深护士吴淑凰又接了下一棒，他甚至成为人智学会里的医学小组召集人。庆幸有这个常设的读书会，有这样的一群人，以及原本任职本校的徐美琪老师大力帮忙整理，本书属于医学专业的部分才有可能顺利完成。

翻译这本书带给我极大的辛苦，也带给我极大的喜乐。苦的是我挤不出时间工作，每当出版社催稿时，我会有自己是一个没有信用、没有责任感的人的压力。然而，这本书是一本极好的书，人们阅读此书即能有机会学习如何培养身心灵健康的儿童，这是一本可以阅读“全人儿童”的好书；无论是居家或专业，这本书能帮助许多人在儿童生活教育与问题处理上更加得心应手！

16 年来，我是人智学和华德福教育的爱好者、学习者与实践者。这段生命历程也是我个人一生中学习最大、最多的一段历程。这本书也是帮助我在专业成长上非常重要的一本书。这本书美好无比，但如有任何错误，请原谅我的不足，并请不吝指教。

感谢一路走来的翻译小组及医学读书会的所有成员；感谢经常指导我的郭煌宗医师、林伯欣医师、林奇慧医师、黄莉玲医师、萧幼龄医师、郭正裕医师、张嘉惠医师、李桂兰教授、白慧娟教授、房美秋教授、伊志宗教授、吴淑凰护士、谢医旬老师、陈玫芳老师、蔡济如老师、蔡佩君老师，以及从心理出版社引介的张闳霖先生，和我原本期望能接手翻译的黄宁静小姐；以及我们学校和园所里的家长：友友妈妈、庄美玲、廖婉如、邱淑玲……还有曾在本校服社会役的德国役男杨念康（Heiner Janus）先生、曾任职本校的徐美琪老师等人的参与讨论、试译、修改、统整、校订；以及帮忙完成本书图稿的林玲宇和胡秋莲老师；还有一再辛劳校稿的本校教师团主席林梅洲和所有教师，及护士吴芷筠等人的协助。最后，对于来不及写入大名的朋友也在此一并感谢，并请海涵，谢谢！

林玉珠
于台中磊川华德福实验学校

紧急事件处理

目 录

第一篇
儿童疾患的征候

快乐是命运的礼物，
于现今展现其价值；
痛苦是洞察的泉源，
在未来显明其意义。

——鲁道夫·斯坦纳

第1章 疼痛的各种状况

孩子的年纪越小，就越不会表达哪里痛或哪里不舒服，所以我们要用一整章来讨论常导致疼痛的小病及伤害，让父母亲能熟知造成疼痛的原因。首先，我们提出两个常出现的案例作为处理儿童疼痛的建议。

- 一个小女孩跌倒了，膝盖及手严重擦伤。她强忍着眼泪，咬紧牙关，摇摇晃晃地走回家。越靠近家，她的脚步就越加快。当她看到妈妈时，就再也忍不住地嚎啕大哭起来，把所有积压的情绪整个宣泄出来。妈妈将孩子拥入怀中，感同身受地了解孩子的痛楚，并且轻声哼唱着“不痛不痛，快好了”的歌安慰孩子，渐渐地，孩子安静了下来，妈妈小心翼翼地将伤口包扎好。
- 一个五个月大的婴儿，白天看起来有点不安，喝奶的情况也不佳。到了晚上，妈妈将他放在床上躺着时，他便开始哭了起来。妈妈从来没看过这样的情形，他以前一直都是很安静地躺着。妈妈赶紧把婴儿抱起来，想试试看能不能让他打嗝，不过效果不佳。尿布已经换了，大便也整天都很正常。虽然孩子摸起来并不热，妈妈还是很慎重地帮他量了肛温——38℃多一点点，但一让他躺下来，他又立刻嚎啕大哭起来。妈妈开始紧张了，想着是不是宝宝口渴了，但给他甜花茶也不喝，只好把宝宝抱在手臂上，摇啊摇，可是也毫无作用。妈妈就把宝宝放在膝上抖着腿上下摇，以前宝宝很喜欢这样玩，但现在他的哭声变得令人无法忍受了。最后，妈妈无计可施，只好带他去看门诊。他将痛苦哭叫中的整个襁褓勉强地交给医生[1]。在这种情况下医生也没办法检查，唯一能做的就是抱起

1 “医生”为不同级别大夫的统称，用此称呼以区别于“护士”；医学生毕业并取及执业医师资格后就可称为“医师”，因二者含义略有差别，且原译文保留了这两种称谓，故未作改动。——编者注

小宝宝，非常慢地，几乎一步一呼吸地，在室内来来回回地走。渐渐地，母亲和宝宝安静了下来，尖叫哭声也平息了，所有积压的空气随着一次大嗝释出，宝宝的头精疲力竭地松垂下来；再几次上气不接下气的抽噎及一次深度的呼吸之后，安静下来。当医生小心地在腹部做触诊时，宝宝并未因疼痛而退缩，耳朵看起来也没事，再继续检查其他可能会有问题的地方也没有异样，但下颚骨有一肿块（有经验的父母或许会立刻检查这里）。最后他的母亲终于明白发生了什么事。整晚，宝宝的哭声只再多了两次，但现在妈妈已能维持镇静。他们俩早上起得比平常晚了些。在换尿布时，一切都回复正常，唯一不一样的地方就是，妈妈很高兴地看到宝宝的第一颗牙齿长出来了！

这两个例子是要告诉我们，宝宝对于疼痛的反应，有一部分取决于周遭环境。作为成人，我们应当以沉着及相信的态度来帮助孩子。如果我们自己能冷静地面对情况，孩子相对地就会对他的疼痛比较能忍受；反之，若我们表现惊慌，孩子会看到我们的不安、焦虑或啰嗦的同情心等表达，那只会加强他们的疼痛感。

1.1 头痛

1.1.1 发高烧

儿童经常早上抱怨头痛不舒服，晚上就出现39.5℃高烧的状况。因着凉、流感或其他疾患所引起的头痛，是发烧开始时的常见短暂症状。一旦发烧到达顶点之后，通常头痛就会消失，其伴随的症状，可能有疲劳、畏冷、肌肉疼痛、腹痛或呕吐等。

1.1.2 脑膜发炎（假性脑膜炎）及脑膜炎

如果发烧到最高点后还会头痛，并且伴随着出现恶心或呕吐的情形时，就要做下列的测试：

- 孩子坐在床上，两脚伸展张开，并举起双臂。看看他是否必须从后面支撑自己（照片1、2）。

- 孩子坐着时，能不能弯下脖子，并弯曲膝盖，到他能用嘴巴触及膝盖（照片 3）。

如果两个动作都没问题，那么便可把**脑膜炎**的可能性排除在外。如果其中一项做不到或者孩子还太小无法做这类测试的话，就必须要请教医生（虽然如此，我们该知道，如果在测试时家长操之过急或指令太过冗长，孩子心生恐惧开始哭闹，就无法达成您的要求了）。如果有疑问，就要带孩子去看医生，以确定这种发烧的情形是不是跟轻微脑膜发炎或者脑膜炎有关。有时候，颈部深处的**淋巴结发炎**或是**肌肉紧张症**也有可能发生类似的症状。

病毒性脑膜炎[1]（例如由腮腺炎而引起），虽然势必会让孩子感到不舒服，但一般来说是无害的。如果怀疑是**细菌性脑膜炎**[2]，就必须立即送到可执行腰椎穿刺（用细针抽取脊髓液以做进一步检验）的医院或诊所。立即性的抗生素治疗通常可以避免细菌性脑膜炎永久的伤害，但这种状况及治疗需要住院。

一旦脑膜炎的可能性排除后，请给孩子喝一点加过糖的青草茶或葡萄糖水，之后就继续遵循所建议的发烧处理（请参阅 2.2“测量体温、判断及处置发烧”）。如果持续头痛或呕吐的状况超过八小时都没有改善的话，就必须求助医生。

1.1.3 无发烧症状的头痛

在学龄儿童及青少年身上，最常见到无发烧症状的头痛。近几十年来，这种情况在小孩子身上特别明显，且有增加的趋势。基本上，有许多可能的原因需要医生进一步诊断。

1.1.4 紧张型头痛及偏头痛

大部分一再发生的头痛可以归类为紧张型头痛及偏头痛两种，其中以紧张型头痛最为常见。这种头痛常常从颈部开始，延伸到额头，并且会让您觉得昏沉。

1 病毒性脑膜炎：病毒是微小的寄生生物，只能在电子显微镜下看见。它们无法在活细胞之外繁殖。

2 细菌性脑膜炎：细菌是微小的活生物。在光学显微镜下可以看见细菌，在有机的生活环境中可以培养细菌。有些细菌会在其他的活生物上造成化脓性（产生脓液）的感染。抗生素仅对细菌性的感染有效力，但对病毒性的感染则没有反应。

儿童偏头痛可说是最猛烈的一种头痛形式，常常断断续续地发生，并偶尔会伴随着恶心及呕吐的症状，且对光线、噪音或气味敏感。这种偏头痛因个人体质及状况而异，应遵照医师指示进行治疗。以下提供的是已经证实能有所帮助的常用指引。

严重的偏头痛

请让孩子在昏暗的房间里好好睡上一觉，这可以缓解偏头痛。在严重头痛时，请勿让他吃任何东西，顶多提供几片脱脂饼干及加点柠檬的花草茶。耐心及休息能帮助舒缓头痛。对于学龄儿童，可以在太阳穴处涂抹些许薄荷油帮助放松（但千万不要使用在太小的孩子身上，会有窒息的危险）。没有医生的建议，请勿给予服用止痛药。

经常性的偏头痛

可以服用 Kephalodoron（或 Bidor）5% 药剂。请一日服用两次，每次两锭（早餐前及午饭前），至少持续三个月，这样常能减少偏头痛的频率和严重程度。这类药剂不含止痛剂成分，是顺势疗法特别调制的石英及硫酸铁，没有用药成瘾的危险。剧痛时，频繁地服用仍是绝对安全的（例如：每半小时吃两锭）。如果能配合“优律诗美”[1]的韵律舞蹈治疗，相信会有更好的疗效，这样一来，头痛的发生次数及严重程度就会明显降低。其实最有效的疗方是给以预防性的药物，定期服用，即便在没头痛的时候也一样。此外，Ferrum/Sulfur comp. 的药剂也证实有相同疗效（每日三次，一次服用 5 ～ 7 锭）。除用以上药方可改善病症外，请也注重帮助孩子养成良好的生活习惯。

- 规律的睡眠习惯及每天固定的起床时间非常重要，周末不要睡到很晚才起床！
- 确定孩子获得足够的新鲜空气及充足的身体活动。
- 限制看电视、影带及计算机的时间。

1　优律诗美（Eurythmy）：人智学创始人鲁道夫·斯坦纳独创的一种舞蹈形式，在国内也曾被译为“韵律舞”“音语舞”“优律舞”“优律司美”。

- 孩子规律的饮食应包含容易消化的不饱和油脂，不要有过多的蛋白质，要有足够种类的高纤蔬果。甜食的摄取要有节制，尤其是巧克力及可乐之类的食品。早餐可吃些牛奶、麦片、全麦面包及水果，若再加上酸奶酪就更为丰盛。此外，要避免肚子胀气，就要常常留意排便是否正常。
- 少量多餐，四五餐小餐比三大餐更好，并请尽可能定时定量。

1.1.5 躺着所造成的疼痛

婴儿躺着时发生疼痛的状况，大部分都是长牙、耳朵痛或头痛等，这些疼痛主要是因为在躺着时头部静脉血管大量充血所致。前两种疼痛的判定，可经由婴儿的身体评估而获得确认，但是头痛仍有许多不明原因。上述这些疼痛及中耳炎通常都伴随有发烧的症状出现。

1.1.6 阅读时造成的疼痛

在阅读时常常引发头痛的状况，有可能是因为视力不正常所导致，应尽快求助于眼科医生。

1.2 长牙所引发的疼痛

长牙痛，请排除牙龈周边黏膜颜色浅淡的情况，其可能原因有牙龈肿大、发红或对按压敏感，当然，还包含牙齿已经长至看得到的牙肉下的疼痛，给孩子咀嚼一片鸢尾根有可能会得到改善。用 Wala 液体护唇膏以 1∶20 的比例加水稀释，或以 1∶100 的比例稀释 Weleda 浓缩漱口水或豆科灌木植物所制成的药酒按摩牙龈。在南非可买到 Weleda 舒缓长牙疼痛的（洋甘菊／蓍复合制剂）滴剂。

牙齿长出的次序常是按照下列英文字母的次序：

G E F C B	B C F E G
G E F D A	A D F E G

A 跟 B 为大门牙，C 跟 D 为侧门牙，F 为犬齿，E 及 G 分别为小臼齿及大臼齿。对孩子后续及整体发展有兴趣的医生，有必要了解孩子在几岁长哪一颗牙齿，以及牙齿的位置或外观是否正常。

1.3 耳朵痛

当您按压婴儿或幼儿的耳珠（耳屏，耳朵外部正面小小突出的软骨）时，如果孩子转头逃开，并表达剧烈的不舒服感时，即可确认是耳朵痛了（照片 4）。然而孩子若经常用手去拨弄耳朵，这表示疼痛处更可能在口腔内，而非耳朵。感冒可能会引发中耳炎（Otitis Media），病毒感染的中耳炎特别痛，因为短时间内耳膜附近就会形成水泡，当这些水泡破裂时，会流出有血丝的分泌物，疼痛通常会持续一整天。化脓性中耳炎，在 10% ～ 20% 受感染的鼓膜脓液流至外耳之后，疼痛很快就消失了；若没有流出，疼痛通常还会再持续一两天。若中耳炎延误处理，另外一耳也常会遭受波及。

总而言之，针对以上所提的耳朵疼痛情形，请将敲碎或温热的洋甘菊花装入小袋中，敷在耳朵痛的地方以减缓疼痛（请参阅附录 1.1.1“洋甘菊袋”及 1.2“洋葱袋”）。

通常发烧的情况在三天内会明显缓和下来，如果发烧持续更久或出现其他症状，那么就必须请医师再检查一次，以排除并发症状的可能。服用退烧药无助于治愈。中耳炎化脓的分泌物通常会持续 5 ～ 10 天甚至更久，但不会造成听力受损，然而定时的监控还是必要的。婴儿的耳朵有时候会没有任何先兆地突然流出分泌物，然后又突然停止，在此建议做详细的后续追踪检查，并且做好保暖工作，适当增加衣物及帽子，因为再度复发会让宝宝病得非常严重。有时为了要让脓液完全流出而采取 Myringotomy（鼓膜切开术），不过根据我们的实务经验，这几乎是不必要的。此外，耳朵干得太快也比较容易再度复发，特别是当硬痂皮产生时，化脓物即可能受到阻塞。在此状况下，孩子体温通常会再度升至 38℃以上，必须立刻就医。

耳膜受损，一般来说都能自然痊愈，除非特殊情况。通常先天性黏膜缺陷很少与耳朵习惯性化脓的发展有关。根据医疗文献及我们的经验，中耳炎很少需要用抗生素治疗。如果懂得用适当、自然的方式来增强身体的抗感染能力，那么身体就会变得更为健壮，旧病复发的状况就会较少出现。

治疗

中耳炎的治疗必须由医生来执行。通常都会连同上呼吸道感染、鼻黏膜炎、腺体肿大或扁桃腺炎一并治疗。

对于单纯的中耳炎感染，通常我们会采用欧当归属（Levisticum Rh 3X）制剂，每小时十滴，或者 Erysidoron I 滴液（Apis 3X 及莨菪 -Belladonna 3X），依年纪大小 5 ~ 10 滴酌量使用，每天 4 ~ 6 次，或者也可以采用 Apis 或欧当归属 -Levisticum 3X/4X 药剂每小时五颗，都有很不错的疗效。

对于慢性发炎的案例，建议采用欧当归属的根部来治疗：将烘干的根茎压碎，用一汤匙热水泡五分钟，每天喝一杯，分成数小口在不同时间喝完。除此之外，当然还有许多其他有效的治疗方法。但在痊愈后 3 ~ 4 周，记得要做追踪检查。

耳朵有时会产生一些无害的分泌物，这种情况主要是因为水进入耳道导致耳垢软化，流出时看起来就像脓一样。有时候我们在枕头上看到一小块棕红色的“血渍”，其实可能就是耳垢软化流出而已。

单纯典型的中耳炎不会呕吐，但若有耳朵疼痛并伴有呕吐情况发生时，请咨询医师。

用棉花棒清洗儿童的耳朵时，最好只碰触耳朵外部及耳道看得到的地方。因为过度深入清洁将破坏耳道上皮（耳道表面细胞层）自我清洁的功能，上皮在生长时会从鼓膜开始向外移动并将耳垢带走，如果耳垢太厚，每天滴一滴橄榄油进入耳道，即可软化。

1.4 眼睛疼痛：结膜炎

结膜炎可以说是眼睛最常发生的问题之一，基本上不会剧痛，也不需要医师检查（但当眼睛一边或两边有剧痛的情形发生时，一定要看眼科医生）。其症状是在结膜处（眼白上面及眼睑内侧的黏膜）发红、畏光、感觉眼睛有异物、（偶尔）会发痒等。强烈的疼痛不是结膜炎典型的症状，如果有此现象，必须立即求助眼科医生。引起结膜炎的原因相当多：冷风、过敏、感染、麻疹等。为预防新生儿感染淋病，会在双眼各滴一滴亚硝酸银溶液（现在多半用抗生素滴液取代），这可能会造成持续几天的眼睛刺激。在家中评估眼睛发炎时，需要分辨是以下何种状况：

新生儿单眼或双眼化脓性发炎：必须在医师的指导下做治疗，每天用消毒过的棉花棒及煮沸过的温水（药房买的 0.9% 生理食盐水更好）清洁眼皮 3 ~ 4 次。

千万不要用洋甘菊茶，因为茶中刺激性的悬浮物会造成过敏！可用金盏花 D4 或 Echinacea/Quartz（松果菊 / 石英）复方眼药水在双眼各滴一滴。眼药水必须冷藏，并且要注意有效期限。

眼睛持续泪水汪汪：因泪腺受阻塞，眼泪无法流入鼻腔，因而在鼻子两边的眼角会出现化脓的分泌物。

治疗：双手洗净后，用小指轻轻地在鼻泪管周边小心按摩，并配合使用 Calendula D4 眼药水，有时会有帮助。眼科医师可以深入泪腺去清理阻塞处，但通常不需如此做。

新生儿阶段后，双眼发红并化脓，伴随着结膜有明显发红的情况，且会畏光；眼睑有黏住无法张开的倾向。

治疗：用上述的方法来清洁眼皮。配合使用金盏花 D4 或松果菊 / 石英眼药水，每小时双眼各滴 3 ～ 4 滴，若 2 ～ 3 天后仍无改善，则需要立即求助眼科医师。

双眼发红及频流眼泪，但没有化脓的分泌物出现：这种情况通常导因于对风吹、灰尘或烟雾敏感，也可能是花粉热的症状。

治疗：可用 Euphrasia（小米草）眼药水，药量如上所述。花粉热的情形可用 Gencydo 0.1% 或是小米草眼药水，一日多次，每次一滴。

单眼发红，可能合并有化脓的情形：这种情况需要小心处理，因为这些症状可能是异物侵入眼睛或角膜发炎，建议最好立刻由眼科医师来诊治。

1.5 喉咙痛及颈部痛

吞咽困难及喉咙疼痛

当孩子发烧、哭哭啼啼地躺在床上时，如果问他哪里痛，孩子会指着肚子。这种情形，孩子通常吃不下东西，或者只能勉强喝几口水。

面对所有会造成拒绝吃喝的疼痛时，检查孩子的腹部过后，看看口腔及咽喉（以汤匙柄或木制的压舌板短暂地把舌根向下压住，可以用咽喉反射镜来看看孩子咽喉或扁桃腺的情况，不过要记得很快松开压舌板！）（照片 5）。喉咙痛是最常造成孩子拒食的原因。

病毒感染造成的扁桃腺发炎，最常见到的是沿着牙龈有光滑发亮的红斑。扁桃腺有些发红、发烧会到40℃、有舌苔及伴有呕吐，不过这些感染症状通常是无害的。

罹患**脓毒性咽喉炎**时，后颚及扁桃腺严重发红，可能出现白斑。造成脓毒性咽喉炎最常见的原因就是链球菌感染。所幸，目前这种疾患发作起来通常比以前要轻微多了。可能的并发症有中耳炎及脓痂疹（请参阅5.17“皮肤的感染”），很少会有Glomerulonephritis（肾炎），极少状况下会并发风湿热（请参阅7.3“猩红热”）。因为有可能会产生如此严重的并发症，所以大部分的医生坚持使用抗生素，并将不用的决定视为专业判断的错误。当然，在求诊时，若不使用抗生素治疗，一定要医师、家长双方均同意。

然而要考虑的是，发生在罕见并发症前的喉咙痛，经常很轻微或根本不会发生，所以即使很早就完全使用抗生素来治疗，并发症还是会发生（美国的医疗报导证实，即便使用青霉素治疗，风湿并发症还是会发生）。根据我们十年来治疗脓毒性咽喉炎的经验，唯一一个并发心肌炎的病患，先前已接受过抗生素治疗。此外可以确定的是，许多没得病也不具传染性的人，其扁桃腺上都发现有链球菌的存在。例如，人们可以从健康的幼儿园儿童所做的喉咙抹片中，找到大约5% ~ 30%的阳性链球菌反应。如果考虑到儿童经常接触玩伴、兄弟姐妹及周遭许多大人的事实，抗生素治疗不久后，扁桃腺再感染链球菌的可能性很高。很明显的是，即便是最广泛的青霉素治疗，也不能保证链球菌所引起的并发症不会发生。

我们敦促家长和医生能依个别状况，达成是否使用抗生素的共识。不管决定如何，脓毒性咽喉炎的病患需要细心的治疗：体温下降后，至少要在床上安心静养三天，每隔2 ~ 3天就要跟主治医师联系，直到孩子退烧；症状消失后2 ~ 3周或恢复状况不理想，就要做追踪检查。大部分接受我们诊治的病人，都不需用抗生素治疗。

当扁桃腺的覆盖物很厚、发红的颜色很亮时，需立即就医了解原因，可能感染了**腺热**（亦称感染性单核血球症；请参阅7.7“淋巴腺热”），白喉（请参阅7.6“白喉”）很少见，但可能是这些症状的导因。

真菌性口炎（鹅口疮）较常发生在两颊内的黏膜上而非喉咙，并不会造成疼痛或发烧的症状（请参阅5.14“霉菌感染”；及第7.9“口腔溃疡”）。病毒所引起的扁桃腺炎，其初期喉咙痛的居家护理，可用热或凉的柠檬汁敷在颈部周围（请参阅附录 1.2.4“热柠檬汁敷布”），其他急性的喉咙痛也可如此处理，另一种方式是用柠檬片作为敷料（请参阅附录 1.2.5“柠檬片喉咙湿敷药布”）。除此之外，喝一杯加蜂蜜及柠檬的鼠尾草热茶，或者用鼠尾草煎煮的浓茶来漱口也有不错的效果。发汗包（请参阅附录 1.8.3“发汗包”）有时也有帮助。化学的口腔消毒液是没用的，但 Wala 的 Echinacea Mouth and Throat Spray（松果口腔喉咙喷剂），或用 Weleda 的 Bolus Eucalypti comp.（丸桉复方）来漱口，都是经过时间证明可达到舒缓的疗法。内服药则必须由医生根据诊察结果来开具处方。如果不是一定得用药的话，我们则建议使用 Cinnabar comp.（每次一小匙，一天四次），或 Apis/Belladonna c. Mercurio（用量每次 5 ~ 7 颗，一天五次）。**慢性扁桃腺炎**或伴随喉咙痛的反复性感冒，可用芥末粉泡脚两周，非常有效（请参阅附录 1.8.4“芥末足浴”）。

其他种类的喉咙痛及颈部疼痛发生在扁桃腺的后方或下方的**脓肿**，偶尔会产生喉咙痛，病人的感觉很糟，有高烧起伏不定的情况，且无法完全张开口。扁桃腺脓肿需要由医生立即治疗。

颈部**淋巴节发炎**（淋巴腺发炎）的处理，比较不那么急迫，可以稍待，先观察病情的发展。在下颌骨之下脖子的侧面，可以按到块状物的肿块，压下去会有疼痛感。此病有两种发展的可能性：肿块常会缓慢消散缩小，但是淋巴结在几个月内还是摸得到（喉咙敷布请参阅附录 1.2.2“当归或洋葱油膏的喉咙湿敷药布”）。另一种情形是，父母会发现孩子身上的肿块日渐变大及变硬，摸起来还会痛，这两种情况都显示身体本身正在积极地自我疗愈。因此，大多数得过这种脓肿的孩子，在往后的童年期中，对化脓性的感染都会有很好的抵抗力。根据我们的经验，避免抗生素的治疗是值得的，因为疾患的痊愈过程，可以让孩子有更好的抵抗力，虽然有些案例需要住院治疗。

几乎每个孩子的脖子上都可以摸得到**较小的淋巴结肿大**，可能是因为一些无害的感染，有时没有任何疾患症状也可能出现这种状况。如果这种无痛的肿块连续几周有越来越大的情形，则必须就医了解原因。

在颈部后面及旁边的疼痛也有可能是肌肉痉挛或脖子僵硬所造成的，这种局部性的肌肉紧绷，痛起来就像风湿性腰痛一样。通常疼痛会持续几天，通过局部的热敷会明显好转。可用一些促进血液循环的软膏或温的油性贴布，再用一条羊毛巾覆盖，以改善疼痛的情况。热敷时，除了葵花油及橄榄油之外，10% 熏衣草油的效果也很好。

1.6 胸部疼痛

呼吸或咳嗽产生的疼痛，通常都是由于呼吸道黏膜轻度发炎所造成的。这种情况可采用蒸气吸入疗法、喝缓解咳嗽的蜂蜜花草茶，以及在胸部油敷，皆可改善症状（请参阅附录 1.3.4“以太精油胸膛敷布”）。10% 熏衣草油及尤加利油贴布效果都不错，可以自己做，用九等份橄榄油稀释一等份纯香精油即可。

胸部正面的疼痛：呼吸道感染或流行性感冒造成局部肌肉发炎时，呼吸时此部位就会痛。病患可能没办法深呼吸，不过并不会有咳嗽或呼吸困难的情况。如果疼痛的部位在心脏附近，常易被误以为是心脏疼痛。这种疼痛大部分都是突发性的，我们也可以用热敷贴布来舒缓。

胸部左侧疼痛：导因是空气聚积在左侧横膈膜下端的肠道内，这种情形会造成病人深呼吸困难，在两次呼吸之间，靠近心脏的左侧会有郁闷的感觉。Caraway（荷兰芹菜子）茶或其他 Carminatives（祛风药）可舒缓疼痛。用温暖的手以顺时针方向摩擦该部位，可以疏通堵住的气。有时候，病人可以借由轻压肚子来消除疼痛。

心脏造成的疼痛在儿童身上极不常见，若有和目前或以往重病相关的胸痛、心跳加速、蜷缩成胚胎姿势的情形（这些都是某些严重疾患的先兆），需要立即请医生了解原因。

伴随着高烧及呼气不顺的肋扩疼痛并不常见，不过却是肋膜发炎的明显征兆。这种症状大部分都是发生在肺炎后，需要到医院照 X 光，并住院治疗。

侧胸刺痛通常是吃很饱走路时，两边腹壁内侧肌肉痉挛所造成的。可以先摒住呼吸，慢慢蹲下时，用前手臂横压上腹部，便可舒缓疼痛。

1.7 腹部疼痛

在婴儿期，父母亲常常可观察到许多疑似腹部疼痛的情形发生，例如：“我的孩子肚子绞痛”“他一会儿喊痛，之后安静下来，不一会儿又开始尖叫”“他的肚子胀得又紧又硬”“他的脸色如此苍白”“肚子一直咯咯地响”“他已经吐了两次”“孩子什么都吃不下去”或者“从昨天到现在都没有排便”等等。关于这类症状的问题，常会让父母带孩子去看医生。事实上，如果父母够冷静，自己能做一些简单的检查，就可以分辨出无害及危险的症状，并在家中帮助孩子觉得舒服些。

1.7.1 胀气

案例：一个几星期大的婴儿，每餐食毕后就哭闹，但喂奶时通常不会有这种情形。是奶喝太多或太少吗？奶的配方太冷或对橡皮奶嘴来说太过浓稠吗？之后婴儿打了个大嗝吗？除了以上原因外，造成婴儿啼哭最可能的导因不是胀气就是肠蠕动太剧烈。伴随着胀气的症状可能还有：轻微的呕吐、肚子有些鼓鼓的及便秘。如果婴儿大概都在晚上六点到九点之间哭喊，其原因和胀气无关。

出于无法完全解释的原因，婴儿常在黄昏前或晚上啼哭，似乎也不是因为饥饿或疲惫，这种啼哭和疼痛的啼哭不同。然而，啼哭时吞进去的空气可能会造成胃痛。在一天的此时，用背带抱着婴儿是使他安静下来最好的方式。很重要的是，没有经验的父母必须知道，惩罚婴儿无法使之变安静。这个年纪大部分的脑部伤害，导因于父母急切地想停止婴儿的哭泣而剧烈地摇动婴儿。

非典型胀气疼痛的症状有：呕吐（超过好几口才算）、脸色苍白、肚子鼓胀、拉肚子（两餐间多次解稀便）、发育不良或因剧痛而突然哭喊。有这些情形时，一定得求助医生了解原因。

如果母亲在哺乳期间吃太多全麦面包、豆夹或花椰菜及高丽菜之类的蔬菜，婴儿常会有胀气发生。非母乳哺育的如果改变饮食配方，可能会有好处。饮食的调整最好先咨询医生（请参阅 13.3“瓶喂婴儿的营养”）。

以下是一些可减缓疼痛并使孩子安静下来的方法：

- 热敷：可将热毛巾或以洋甘菊茶、欧耆草茶或柠檬薄荷茶制成的湿敷布敷在肚子上（请参阅附录 1.4“腹部敷布”）。另外也可以用滇荆芥草、洋甘菊或 10% 荷兰芹子油以 1∶2 的比例稀释后涂抹于肚子上，并以顺时针方向按摩孩子的腹部。同样也需注意保暖，可给宝宝穿能盖住腹部的羊毛内衣裤、较暖的尿布，或用暖暖包，同时也要注意膝盖部位的保暖。

- 对于体内，在饭前喝数汤匙温热的茴香茶可以有帮助（所谓的祛风药滴剂，效果不会比茴香茶更好）。
- 在打嗝后，用背带抱着婴儿十分钟。另一个已证明有效的方法是：把宝宝两腿分开跨坐在自己的大腿上，让宝宝的背部靠在自己的胸部，然后轻轻地帮宝宝做脚底、脚后跟及小腿按摩（一只手按摩一只脚），当宝宝踢来踢去的脚遇到大人手的阻力时，就足以让他安静下来。
- 食量控制（请参阅 13.1“母乳哺育”）。
- 在哺乳阶段，母亲要注意全麦面包、糙燕麦片或牛奶的摄取，这些食物常常会造成胀气；不过像樱桃或桃子有果核的水果就没有关系。
- 母亲若过于繁忙、有考试压力、吃饭狼吞虎咽或情绪不佳，都会使宝宝的症状加重。

对于这些状况也不需过度担心，通常在 8 ～ 12 周后，这类腹痛的情况就会自己消失。

1.7.2　盲肠炎

对学步儿及稍大的孩子来说，Appendizitis（阑尾发炎）的典型症状为——持续数小时、缓慢渐强的疼痛，最后集中于右下腹。腹痛经常伴随着缺乏精力、恶心、舌苔，及走路或跳跃时感到疼痛等症状。

如何处理

- 不要给孩子吃或喝任何东西。
- 请测量腋温（确定体温计放入正确位置五分钟，用小毯子盖住孩子的肩膀及手臂）及肛温（一分半钟）；记录两者结果，注意有无温差（请参阅 2.2“测量体温、判断及处置发烧”）。
- 请带孩子去看医生。

盲肠炎在学步儿身上可能不太容易被认出，因为症状轻微或者不明显，或很类似急性腹痛（请参阅 1.7.7“急腹症”）。即使是医生，诊断通常不会直截了当，而且只要可能，我们会想要避免手术。在这里我们必须郑重警告，千万不要只以局部表面的疗法或用药来处理此情况。

1.7.3 肠绞痛

肠绞痛的症状是突然在肚脐部位感到疼痛，其剧烈的程度让孩子会自动躺下休息。这类的疼痛通常会在一个小时内渐渐消失，但可能会再复发。有肠绞痛的孩子会脸色发白，然而整个腹部无法找出对挤压敏感的特定部位。诊断只能在医生排除其他可能的导因后才能确定［请参阅 4.1.6“高酮（酮类）血性呕吐症”］。如果诊断正确，症状虽然令人不舒服，但也无害，可在中餐和晚餐后做腹部温热敷，持续做 4 ～ 6 周便可改善（请参阅附录 1.4“腹部敷布”）。

1.7.4 寄生虫

Oxyuris（**蛲虫**）像线一样纤细，长约 1 ～ 2 厘米，寄生在直肠，晚上会在肛门外产卵，所以会造成发痒，有时会在屁股形成湿疹，致使孩子常伸手搔抓，然后经过指甲及手帕传染给其他孩子。有没有蛲虫非常容易检查出来，早上还没帮孩子清洗屁股前，用透明胶带贴过未清洗的肛门口，再转黏于显微玻片上送检即可得知。

Ascaris（**蛔虫**）可能引发腹部疼痛，比起往昔，现在比较不常见到蛔虫。蛔虫长约 20 厘米（雄性明显比雌性小），其传染途径是借由色拉或其他以人体排泄物施肥成长的生菜而传播。当被摄食后，幼虫有 30 ～ 40 天在卵中孕育。它们从肠子经由肝门静脉、肝及心脏进入肺部；在肺部大约停留七天后穿破肺泡，又通过支气管及咽头再次找到门路回到肠子，进而在此长大成虫。在蛔虫复杂的旅程中，孩子可能会产生许多不同的症状，包括过敏反应等。而虫卵，只有等到它们发展的周期结束后才会出现在粪便里。

治疗

可用 Weleda 的 Allium/Cuprum Sulfuricum Compositum 来治疗，每天三次，依年龄一次 5 ～ 10 滴稀释于开水中服用，效果不错。此外更要注重个人卫生习惯，例如勤用肥皂洗手、刷洗指甲及不共用擦手毛巾等等。至于蛔虫，可尝试用 Quarz 50%（每天三次，每次少于 1/3 茶匙）。大约三周后，若粪便检体在显微镜检查下已无虫卵，即证明治疗成功。

当今大部分的父母亲比较偏爱“一日化学治疗”，不过，上述疗法即可预防旧症复发。

1.7.5 尿道感染

尿道感染可能的征兆有：腹部或背部疼痛（有时会发烧、脸色苍白、有气无力、食欲不振）、突如其来的尿床及排尿时有灼热感。这种情况通常不是膀胱发炎就是肾盂炎。因为排尿的灼热感有时非常刺痛，而使孩子宁可憋尿。家长要随时掌握孩子是否有尿灼热的情况，重要的是要了解烧灼感会比感染先消失。每当有上述症状出现时，就需要做尿液分析，虽然尿液污染或性器官的种种外部感染可能造成假的阳性反应。如果尿道感染的情况经常出现或演变成慢性疾患，可能会对肾脏造成严重的伤害。这类疾患的诊断及治疗需要由专业医生来处理，除了医学治疗外，我们建议在膀胱部位以热敷来舒缓疼痛（请参阅附录 1.5“膀胱敷布”）。

1.7.6 腹股沟疝气

疝气可通过观察或触摸孩子的腹股沟部位而得知，腹股沟处会有一颗小如核果或大到像橙子的隆状囊肿（照片 6），通常包裹了部分的肠子或是女性的单侧卵巢，而在男孩子身上，也有可能延伸到阴囊处。**任何这个部位的胀痛都需要立即的医疗评估**。疝气囊的颈部可能会因束紧而使被包入的身体器官不能回到正常的位置（钳闭性疝气）。把疝气囊内的器官推回去非常困难，可请医师示范做法。腹股沟疝气和脐疝有很大不同，脐疝就算不贴药布，绝大多数都能自己痊愈；而腹股沟疝气若没有手术治疗通常很少能痊愈（请参阅 1.9“包茎、阴囊积水、隐睾症”）。

1.7.7 急腹症

绞痛或持续剧烈腹部疼痛并伴随着呕吐、脸色苍白及腹壁内侧僵硬紧绷的疼痛（孩子的肚子摸起来像“硬板块”），那可能是会致命的急腹症。有些突然发作的急遽疼痛让孩子痛到哇哇大叫或尖声哭泣，并且常常有呕吐的情形，但没有出现腹壁僵硬的症状，在数个小时之内也没有好转的征兆，这种症状有可能是肠套叠（一段肠子滑进邻侧的肠子内：大肠套小肠）所致。

一旦有这些情况，孩子就需要立刻接受专业的医疗诊断，最好前往有儿童外科的医院，以便需要时可以采取手术治疗。

父母若未曾经历过较不具危险性的高酮（酮类）血性呕吐症（请参阅 4.1.6），可能会将突发的腹痛症状和这些无伤害性的呕吐搞混了而造成误判。

1.7.8 伴随流感的腹痛

除了发冷、颤抖、嗜睡、头痛及全身酸痛外，腹部的疼痛可能就是流感的讯号了，在这阶段也可能会出现呕吐。一旦发烧温度急遽上升后，最初的腹部疼痛通常就会消失。这和盲肠炎疼痛的差别在于这种腹痛在按压肚子时没有特定的疼痛部位，而且腋温跟肛温的温差不会超过 0.5℃（在温度计上十分之几的温度是由较短的线条标示）。此外，急遽发高烧超过 38.5℃并非典型的盲肠炎症状。手脚冰冷表示体温还在上升，对于孩子，如果是盲肠炎，在腹部敷热水袋是无法忍受的（请参考前面的盲肠炎叙述），但对于流感儿童，在肚子上敷热水袋会感觉比较舒服。

1.7.9 其他原因造成的腹痛

- 游戏或运动过度所造成的腹部肌肉疼痛。
- **腹泻**造成的腹部疼痛（请参阅 4.1“呕吐及腹泻”）。
- 当孩子诉说腹部疼痛时，请检查他口腔内的**扁桃腺体**。儿童经常表示疼痛来自腹部；但疼痛也可能来自发烧的早期阶段，或腹部淋巴结肿胀。
- 在高酮 / 酮类血性呕吐症开始前，**腹部可能会有**持续数小时到半天时间的**绞痛**（请参阅 4.1“呕吐及腹泻”）。在此情况下，可用 Oxalis（酢浆草）精华或欧耆草茶制成的温热的蓍草腹部敷布来热敷腹部，以减缓疼痛（请参阅附录 1.4.1）。
- 若有持续数天口渴及频尿的情况，不管有没有腹痛症状，都可能是糖尿病的征兆。
- 当孩子上学前或在学校有肚子痛的情况发生时，可能是精神过度紧张或心理压力因素所造成的，最好和老师讨论一下孩子的状况。当然，有时候医生也可以协助了解问题来源或提供无害的解决方法，通常不需要借助镇定剂或止痛药。

- 另外还有一些原因可能造成腹痛：如孩子因庆生会的蛋糕和过度的兴奋、细菌引起的食物中毒，或经历了父母或老师发的脾气、焦虑的期待，或孩子的好胜心过强、忌妒等等都有可能。

我们也建议您回顾孩子的一天，并请着眼于自己是否可能促成了他的腹痛发展。下面两个案例有助于您更加了解：

- 母亲："我现在必须马上喂史蒂夫喝奶。"

  孩子："妈妈，我可不可以吃一颗苹果？"

  母亲："你可不可以不要每次看到弟弟吃东西时，你就一定要跟着吃！"

  孩子："妈妈，你刚刚说要帮我把故事说完的！"

  母亲："你可不可以让我安静一下，我现在要赶快喂弟弟喝奶，然后要哄他睡觉。"

  孩子："妈妈，我肚子痛！好痛啊！"

  母亲："喔！天啊！别又来了……"

- 母亲："我真不敢相信这小家伙又饿了。克劳迪娅，帮我把史蒂夫的奶瓶拿过来。"（克劳迪娅把奶瓶拿过来）。"我给你削了一个苹果放在厨房里。你可以找得到吗？"（克劳迪娅高兴地从厨房拿着苹果回来）。

  妈妈唱着歌："吃点心的时间到了……"婴儿吸着奶瓶，而克劳迪娅也啃着她的苹果。

  母亲："好不好吃？我可以尝尝看吗？嗯，真好吃。等我喂完史蒂夫后，我必须赶快去买东西。"

  克劳迪娅："我也要去。"

  母亲："今天不行，已经太晚了。但是你可以帮我照顾史蒂夫，不要让阳光直接照到他的脸。我会请胡太太在我外出时过来帮忙。我一回来就会讲故事给你听。"（克劳迪雅很骄傲她够大可以照顾小弟弟，而史蒂夫也都很乖，没有哭闹。）

第一个例子的妈妈没有意识到她在做什么，她挣扎地要完成每一件需要做的事而无法忙里偷闲。也有可能她太累了，或是听到亲人的指责。她与两个孩子的关系就像心理上的玩偶丝线一样，使得孩子可以操控她。如果孩子表达肚子痛，我们可以用下面的方式重新掌握情势：

- 孩子："妈妈，我肚子痛！"

  母亲："你肚子痛啊？去躺在床上。我会为你准备热水袋，我完成这里的工作后会马上去看你。"

  过了一会儿。

  母亲："现在很温暖吧！有没有比较好啊？我正要跟胡太太说，请她在我出去买东西时过来照顾你们……"

如果母亲不采取主动来协助孩子，情况就会越来越糟。除非症状有其合理性，否则母亲不该停下手边的工作或原本的计划，当然也不应排除真的有生病的可能性。要谨记在心，会抱怨胃痛的孩子通常意有所指，像是：

"你今天都没有注意到我。"

"你都一直忙着工作，真没趣。"

或甚至是："妈妈，你在我们之间筑起一座墙！"

与第一个例子里的母亲不同，第二个母亲以主动及想象力来处理局势，她迎向孩子，并且让孩子感受到超越身体的一种舒适和安全感。当第一个母亲才准备要从女儿的肚子痛学到经验时，第二个母亲除了提供孩子身体的温暖需求外，更让孩子沉浸在情感的温暖与紧密的亲子关系中，热水袋的作用很快就变成多余了。

是孩子"假装"胃痛吗？绝对不是，除非他从很小时就暴露在不诚实的环境中。因为孩子对周遭环境的感受很强烈，当有任何他的能力"无法消化"的情绪时，就会表现在身体上。"疼痛"是否或多或少被拿来当作达成某种目的的方法，完全要看问题发生的情境而定。不过，不应该用道德的眼光来评断这些症状。

1.8 肌肉骨骼疼痛

这类疼痛的导因及其症状差异非常大，在此我们仅能介绍一些较为平常的状况。不论是发生意外或是自然发生的疼痛，父母都要努力了解导致疼痛的所有可能原因。看医生前应该要先量孩子的体温，并且要确定在疼痛部位是不是有新的或一时的肿胀或不寻常的温热。这些症状及其最初发生的时间等讯息对于医生后续的检查及诊断来说非常重要，因为这些症状可能是某些严重疾患的征兆，如风湿痛或 Osteomyelitis（骨髓发炎）等，所以需要彻底的医疗检查，所幸这些疾患并不常在孩子身上发生。

1.8.1 新生儿锁骨骨折

新生儿锁骨断裂是一种常见的生产伤害，当婴儿被放下或肩膀被移动时会感到疼痛。医生在为刚出生的婴儿做检查时，可能会没检查出来，后来因为患部红肿才使问题凸显出来。这种骨折会自己愈合，症状大概几天后就会消失。锁骨骨折的婴儿可能较喜欢把头转向一边，在此要小心地变换婴儿躺卧时头部的摆放方向，以防头部变形（请参阅 11.4.5“地心引力以及新生儿躺卧的姿势”）。

1.8.2 肌肉斜颈症

如果宝宝总是把头斜向一边，并且把下巴稍微转向另一边，这常是肌肉斜颈症所致。在侧边胸锁乳突肌的轻微肿胀，可协助医生认出该疾病，这肿胀是因此块肌肉在宝宝出生时轻微裂伤所造成的，任何肌肉的伸展都会导致疼痛。若宝宝有此情形，可以通过细心而专业的医疗复健伸展体操来帮宝宝回复平衡。若不及早治疗，会导致头部变形（请参阅 11.4.5“地心引力以及新生儿躺卧的姿势”）。

1.8.3 学步儿跛行

关于此种症状，在求助医生前，父母可以先自己检视孩子的脚。可能是因为鞋子太紧而使脚长了粗厚的茧，或因踩到大头钉或类似的东西而造成脚部受伤。也有可能是家人或熟人走路一拐一拐的，而使孩子模仿这种走路的姿势。过度活动后所造成的肌肉疼痛，也可能是跛行的原因。某些感染可能会造成髋关节发炎，不过这种情况大部分都会很快复原（有人称之为“髋部流行性感冒”）。

1.8.4 挫伤、拉伤及扭伤

若孩子发生意外或重重跌了一跤，应该送医检查确认没有韧带断裂或骨折。

Arnica（山金车素）或金盏花所提炼的贴布或软膏具有不错的消炎镇痛效果（小心有些孩子会对山金车过敏）。

1.9 包茎、阴囊积水及隐睾症

这些情况都是发生在男性生殖器官上，很少会造成疼痛，但我们还是在本章中予以讨论，因为有时会需要外科手术治疗。

1.9.1 包茎（包皮过长、包皮紧束）

大约 70% 的婴儿在出生时都有包皮过长的情形，这表示包皮太紧，无法上翻露出阴茎头。根据丹麦的统计数字，如果不治疗，到了青春期这情况只有 4% 还存在。因此最好的方法就是什么都不做，除非男孩反复地在包皮处发生疼痛的感染并造成包皮因形成结疤而变得更狭窄。包皮如果被不当拉宽，又常有难以觉察且难以治愈的发炎，这样的情形也可能造成包皮结疤而变狭窄。针对这种情况，医生大部分会建议全身麻醉后以手术割短包皮（包皮环切术）来解决问题。详细手术经过可以咨询外科医生或泌尿科医生。

有时候，如果包皮的部分黏住阴茎头，阴茎垢[1]积存也可能形成化脓性发炎。包皮垢常常会自行脱落，或医生会用球形头的探针小心将其剥除。不过包皮和阴茎头黏在一起的情形也有可能数年都没有问题，也不需要任何医疗。我们建议在青春期或是当包皮垢明显堆积时，才定期清洁阴茎头。

其实早在婴儿期，偶尔就会有性器官勃起的的情形，小男孩有时会觉得疼痛或有紧绷的感觉，青少年的勃起并不表示有自慰的情形，这种情况特别可能会在凌晨睡觉时发生。

1.9.2 阴囊积水

所谓阴囊积水就是指在睾丸上方或侧边有个充满液体的鞘膜囊。在出生前，婴儿的睾丸会从肚子经过腹股沟管进入阴囊，把腹膜（腹腔内的平滑内

1 阴茎/蒂垢：脱落的表皮细胞稀松沉积于包皮及阴茎/蒂头间的白色堆积物。

衬）一起往下拉。包覆在其中的睾丸可以上下“游移”。在腹膜凸出部分完全关闭以前，当受到刺激时，似水泡状的残留物可能会持续存在，而且可能充满液体。

这些积水的症状通常会在婴儿期自行消失，不需要去管它们，帮宝宝包尿布时不要压到。如果学龄前儿童仍有积水的症状，常会进行手术治疗，尤其当孩子同时也有疝气需要矫正时。

1.9.3 隐睾症

如果在男童的阴囊内摸不到睾丸，这种情况被称为隐睾症。另一种“伸缩性”睾丸的状况是当孩子泡热水时，睾丸会下沉到阴囊底部，而在较冷的环境下又会缩到上面去，此种症状不需要手术治疗。至于其他情形则需要手术，并需由医生来诊断。

在手术前，有些儿科或外科医生会建议先采取荷尔蒙治疗。因为这些荷尔蒙会刺激生殖器官，就像在前青春期自然发生的刺激一样，这种疗法也会造成情绪的改变，而导致激进的人格变化。虽然荷尔蒙疗法真的可以使睾丸下降（至少在没有器质性障碍的状况下是如此），然通常只能持续短暂的时间，还是免不了要手术。细胞组织会因此变松，有些医生视之为好现象，因为会使手术较为容易。在大部分的案例中，小男孩的阴茎会变得比较大，在治疗结束后也无法恢复到原来大小。所以我们并不建议在手术前采用荷尔蒙疗法，因为它破坏了孩子荷尔蒙的浓度，对其身心发展产生负面影响。我们会比较建议在手术前采用人智学或顺势疗法的药物进行体质治疗。如果没有出现预期的效果，仍然可以采用手术治疗。

以下是一些目前赞成或反对手术的论点：根据动物实验及人类睾丸的相关研究，外科医生认为隐睾症最迟应该在两岁前采取手术治疗，否则之后可能会造成机能不全，影响的不只是单边未降下的睾丸功能，也会波及另外一边已降下的睾丸。然就另一方面来说，早期采用手术治疗对孩子的身心会产生冲击，其结果是难以预料的。此外，上述的研究也无法预估个别手术的成功。因此我们有所保留地建议，当体质治疗到两岁大仍毫无成效时，再采取手术治疗。

1.10 急救及意外预防

1.10.1 意外事件

大部分学步儿所发生的意外皆因孩子为了满足好奇心及探索欲，在一个可以合理评估现场的成年人陪伴下，大部分孩子能很快从震惊的事件中回复过来。真正能有所帮助的快速行动及冷静的行为是最重要的先决条件；对孩子而言，斥责或夸大的怜悯表达可能会造成情况更加困难，而且当紧急状况的造成是由于较大孩子的疏忽（甚或是事先策划）时，严厉的斥责也不适当。

我们在此所提供的建议，并不能代替急救课程。我们敦促所有的读者都能参加这类课程。

1.10.2 危及生命的紧急事件（ALTE）

如果宝宝躺在床上，脸色苍白，动也不动，也没有呼吸迹象，此时应立即将宝宝移到硬的平面上（桌子、长凳或地板上皆可）。

- 看看宝宝口腔内有没有呕吐物或浓痰，可能是这些东西堵住了呼吸道。立刻用小指将口腔及咽喉处清理干净。
- 立即采取心肺复苏术。**心脏按摩**的步骤如下：用大拇指基端的肌肉或者两个大拇指并列在胸骨上短而稳固地压五次，大约每秒二次；要注意力道必须适合婴儿的胸部弹性。[1] 下一步为**口对口人工呼吸**：将宝宝的下颌骨往前向上提，用自己的双唇盖住宝宝的口及鼻，然后小心地吹气二次，让宝宝的胸腔轻微地扩张并又再度收缩。之后再施行五次心脏按摩，然后送气二次。如果宝宝发生窒息的时间没有很久的话，心肺复苏术才会有成效。只要开始感觉到有心跳或脉搏时，就停止心脏按摩，只要继续口对口人工呼吸，直到婴儿能自己呼吸。
- 必须有人联系医疗急救服务中心，请确定告知姓名、详细住址及所在楼层（请参阅 9.2“婴儿猝死症”）。

1 压下的深度约为胸廓前后径的1/3～1/2。——译者注

1.10.3 急救复苏执行要点

如果有两个人同时进行，分别负责心脏按摩与口对口人工呼吸，那么心肺复苏术的进行会更容易。当然，如果施行急救的人曾上过急救课程，这些技巧会发挥最大的效果。然而即使没受过训练，遇到状况也应该立即尝试使用这些方法，因为这是唯一能够挽救宝宝生命的机会。在极端危急的状况下，在现场的人应尽力帮忙并承担责任。

口对口人工呼吸可能会发生的并发症就是胃部因为空气被吹入食道，而大量胀气。针对这种状况，可以定时用手将空气从肚子中压出来。

如果在做口对口人工呼吸时施力太强，会造成其他的并发症——肺部会破裂，或因心脏按摩用力过大造成肋骨断裂。如果急救人员不能立刻前来，即便在心肺复苏术过程中会出现此类并发症，还是不能因此就不采取急救措施。

急救心肺复苏术

口对口人工呼吸

1. 检查孩子的呼吸，并移除任何阻碍呼吸的明显障碍物。
2. 让孩子仰卧，轻轻压额提下巴，并使头后仰。
3. 深吸一口气轻轻吹进孩子的口鼻，直到其胸部升起。如果是较大的孩子，只要捏住其鼻子，将气吹入口中即可。
4. 将您的嘴巴移开，孩子的胸部会下沉，您则再吸一口气。
5. 快速地重复三或四次。
6. 以稍微快于平常呼吸的节奏持续做人工呼吸，直到孩子正常呼吸为止。
7. 请确定孩子获得医疗协助。

心脏按摩

1. 若脉搏停止，孩子会脸色苍白，可能会是灰色或是蓝色，瞳孔也会放大。如果还有脉搏，切勿做心脏按摩。
2. 让孩子仰卧，并检查呼吸道。
3. 轻轻按压胸骨下半段，手臂保持伸直。对婴儿，每秒约按压两下；较大的孩子则每一秒按压一下。

4. 按压 15 下之后，请给予人工呼吸（如上述）。
5. 若仍然没有脉搏，请反复做步骤 3 和 4。
6. 请尽速让孩子确实获得医疗。

如果宝宝的气息仍很微弱或不规则，可以拍打脸颊、胸腔侧边或背部来刺激呼吸，看看情况有无改善。不管情况如何（即使孩子病况迅速改善并且恢复正常亦然），要尽快寻求专业协助。

1.10.4 窒息、哽塞

案例：

- 因**呕吐物进入气管**所导致，这种情形通常发生在年纪较小的婴儿，或是孩子意识不清楚的时候。
- 当宝宝误吞**玩具**或**坚果**时也会发生，也就是说这些异物并非进入食道而是跑到气管去了，这类状况主要发生在学步儿身上，但婴儿有时也会处于危险之中，当其他较大的兄弟姐妹在玩“喂”弟妹吃东西的游戏时，异物可能会被吞进去。

处理

一旦孩子吸不到空气、异物又咳不出来、脸色变铁青，而吞进的异物形状是圆的（而非尖的）时，您可以尝试下列步骤：

将婴儿或学步儿放在您的前臂上，让他脸部朝下并以您的手支撑住他的头部；较大的孩子，请放在您膝盖上并让他腹部朝下，且头部和躯干都应向下倾斜，您以一只手撑住其头部，另一只手则在他胸骨或上腹的背部拍击。请小心在他口腔内寻找异物，让异物掉出来，或以一支小汤匙取出。

如果孩子有咳嗽，也开始呼吸空气了，脸色只有短暂或完全没有变青：

这时候要让孩子安静下来，请他将手臂举高，并继续敲打其背部。

如果几个小时后，孩子呼吸仍很沉重或有杂音时：

请带孩子到有气管内视镜的儿童医院或耳鼻喉科医院检查看看。这表示异物卡得很深，必须用特殊仪器才能将其取出。

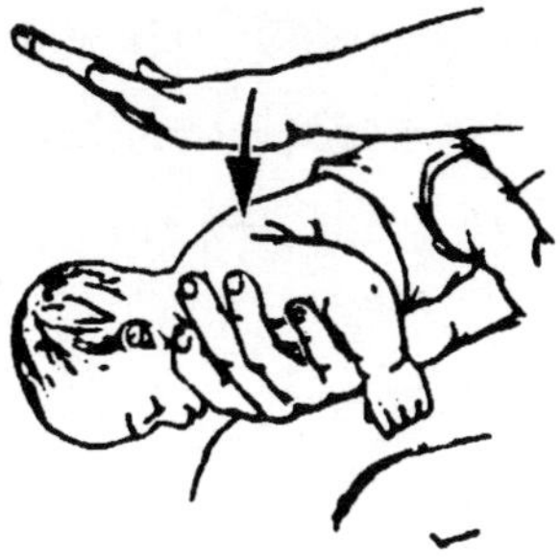

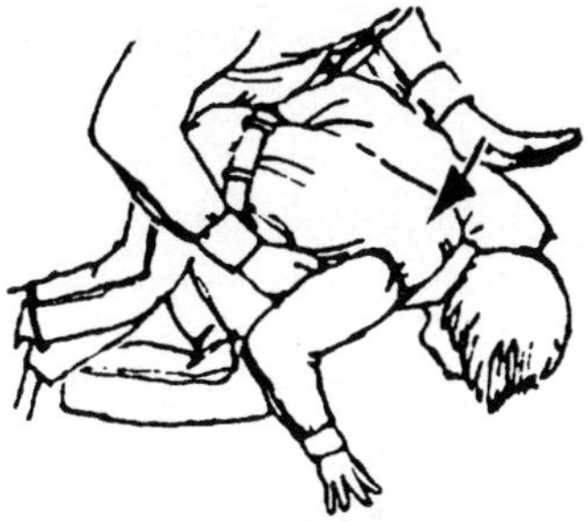

预防

请为学步儿磨碎坚果类的东西，请勿喂他们吃大块的东西。千万不要给五岁以下孩子整颗的坚果，或让他们玩弹珠或有小零件的玩具。在吃饭时要避免玩耍或开玩笑，呛到或不小心将食物吞下也会发生危险。

此外，大人们也要注意，孩子有时候不小心会被线或链子缠住脖子而发生危险（例如绑奶嘴的橡皮带或床上绑有橡皮带的玩具）。塑料袋不要拿来当作玩具，因为会导致窒息。大门的栏杆或游戏的围栏间距要小于 20 厘米，以避免孩子的头可以伸入其间。

切记：强力禁止与口头警告有时会更激起孩子的好奇心，最重要的是大人自己要随时警觉，并确保孩子的周遭环境是安全的。

1.10.5 溺水

将孩子的头部放低，让水流出来，如果溺水者无法自发性呼吸时，就必须立即施以口对口人工呼吸或尽快供应纯氧，必要时亦得做心脏按摩（家长务必参加急救课程以学会这些技巧）。

1.10.6 交通事故

如果孩子还有呼吸、也能**说话**或移动时，请让他侧躺并注意为他保暖，此外要一直陪同在旁边直到急救人员到来。如果伤员没有意识但是还有呼吸，就保持原地不动，直到急救人员到来。可用毯子覆盖伤员保暖，并尽可能待在旁边。对于没有呼吸迹象的伤员，应立刻施以口对口人工呼吸，若没有心跳或脉搏，必须全力以心脏按摩急救。针对大量流血的伤口，尽快用最干净的布压住止血，不要用止血带，而小出血通常都会自行凝血。不要移动剧烈疼痛的身体部位，特别是背部疼痛，随意移动将会造成更大的伤害。如果孩子受到轻微的伤害，父母可以请孩子自己轻轻地动动四肢，并在旁边小心协助，如此一来便可很快知道哪里受伤。

一旦发生上面所叙述的意外事件，需尽快送至医院急诊。

1.10.7 过敏性休克

有时孩子服用药物或被昆虫咬伤后突然脸色发白、呼吸困难，必须尽速送医治疗，这情况是有生命危险的。

1.10.8 昏厥

长时间站着、空气闷热、病毒感染、疼痛或看到鲜血都可能造成昏厥。一旦发生，先将失去意识的病童放在地板上，松开过紧的衣物及腰带并将腿部抬高。之后让病童嗅闻芳香物或用冷水轻拍脸部。若地方狭窄无法让病童平躺，可让病童坐着，上身前倾，头尽量放低，如此可让更多血液回流到心脏然后到达头部。过几分钟后，等病童恢复意识，可搀扶他行走。

1.10.9 屏气发作（情绪性呼吸痉挛）

有些孩子在疼痛或生气时，会大哭大闹并且短暂失去知觉，此即情绪性呼吸痉挛。发生这种状况时，用冷水沾湿毛巾擦孩子的脸通常会有帮助。要注意的是，大人自己本身要保持冷静，千万不要惊慌失措。大人本身越激动，状况就越层出不穷，因为孩子在本能上可以感觉到他们的情况对大人的影响。有些案例可能需要施以口对口人工呼吸。如果一再发生这种状况，就需咨询医生。

1.10.10 中毒及腐蚀性物质

眼睛受到酸性或碱性液体腐蚀：首先，确定孩子眼睛全张开，在自来水下以自来水清洗眼睛约十分钟，再带着孩子立即就近送医。

皮肤被腐蚀性物质灼伤：迅速褪去衣物，在自来水下以自来水彻底清洗受侵袭部位，然后依烧烫伤方式处理。

误食酸或碱：当孩子误吞酸性或碱性液体时，千万不要催吐，那会让食道再度受到腐蚀物质的伤害。如果孩子吞下亮光剂、喷雾式清洁剂、汽油或任何腐蚀性清洁液时，也不要催吐，反而应该立即让孩子喝大量的水或茶以稀释毒物。

误食药丸、酒精，或非腐蚀性毒物：当孩子误食药丸及其他非腐蚀性毒物时，应立即采取催吐。如果没办法赶到邻近医院催吐，那么必须自行在家尝试催吐，建议步骤如下：

- 给孩子喝下 2 ~ 4 杯的水（如果身边有果汁，可加入水中提味）。
- 年纪较小的孩子可放在膝盖上催吐；较大一点的可以侧躺。
- 用一只手压住孩子双颊，使口张开，并用另一只手的食指或汤匙柄伸至咽喉处催吐。

不寻常的昏睡或激动：如果孩子有此情况，要特别注意，这可能是中毒的迹象！当有所怀疑时，最好立刻送孩子就医或以电话咨询医生。

一旦怀疑是中毒，看看孩子周围有没有空的药品包装盒、溶剂的瓶罐或不明植物部位等，并请和呕吐物一起拿至医院化验。

预防：请将所有家庭中的液体、致毒物及药品，放在孩子拿不到的地方锁上。健康中心或当地专家所提供有关中毒和螫伤建议的海报或信息应放在手边。

1.10.11 烧伤及烫伤

立刻用冷水冲洗烫伤部位（必要时，连同衣物及鞋子），并将伤部浸泡在流动的冷水中数分钟，直到疼痛减缓。然后脱去孩子衣物，仔细检查受伤部位，如果处置迅速得宜，冷水可以避免烫伤所造成的水泡及细胞坏死。

孩子烧伤部位若超过身体表面的 5%（孩子的手大约是身体面积的 1%），就必须立刻住院观察，因为接下来几天将会陆续出现烧烫伤所造成的后遗症。若已经产生水泡，则用消毒过的布盖好并立即送医。轻微烧伤可使用 Combudoron 或 Wala 烧烫伤软膏，一两天后让伤口风干，再用干绷带包扎起来。

1.10.12 轻微意外伤害

宝宝从床上或换尿布桌上坠落，会不会有脑震荡的情形发生？如果宝宝从矮床上掉到铺地毯的地板上，并开始嚎啕大哭，该怎么办呢？首先看看有没有呕吐，然后立刻检查头颅上有无肿块，半小时后再检查一次，若没有这些情况，且宝宝从惊吓中回复过来后又开始活蹦乱跳了，这样就不需去看医生。

反之，如果宝宝从换尿布的桌上或高脚椅上掉下来，头撞到坚硬的地板，为了安全起见最好求助医生。如果宝宝出现短暂意识不清、呕吐（脑震荡的征兆）或头颅肿起来时（有颅骨破裂的疑虑），应立刻将宝宝送至邻近的医院检查。

头皮挫伤（瘀伤）：请立即以拇指下方手部肌肉按压患部，之后用冷毛巾敷在患部上五分钟。

手指头夹伤：当手指头被门夹到，请以流动的冷水冲患部 3 ～ 5 分钟。视其严重程度，可用含山金车的湿绷带包扎或者立刻就医（注意有些孩子可能对山金车过敏）。

流鼻血：请让孩子靠着椅背坐着，但头部微向前倾，以两根手指按压他的鼻子两侧（那儿没有骨头阻碍）以关闭两边鼻孔，五分钟后松开（请计时），并让孩子擤鼻子看看是否还会流血，如果必要可再重复此步骤。如果出血状况在十钟内没有停止、如果鼻子出血是因为摔伤、如果鼻梁肿胀或鼻子变形，请立刻求医。

牙齿完全断裂：立刻带孩子及放在唾液中保湿的牙齿去看牙医，切记千万不可让孩子将牙齿含在口中。

轻微破皮流血：伤口通常会轻微流血并自己愈合，可用消毒药布或纱布包扎。

膝盖擦伤：用冷却的开水及消毒纱布小心地将伤口清理干净，在清理伤口前，要先把自己的双手洗干净并用毛巾擦干。敷上药粉前，让伤口先风干。通常需要在伤口处贴上绷带，以防再度受伤或衣物摩擦。绷带每周更换 2 ～ 3 次即可，除非有破损、发出异味或伤处流出液体，或有发炎的迹象，才需要每天更换 1 ～ 2 次。

伤口轻微流出液体：同样可用药粉处理，若患处流出颇多液体的话，可贴上涂有厚厚一层药膏的纱布垫，一天两次，以避免伤口黏在绷带上。

侵入皮肤的碎裂片、棘刺或扁虱等，要尽快取出。关于扁虱叮咬，请小心地用针挑出来，或在药店购买医疗用夹子，以逆时针方向将其拔出。如果没办法完全拔出，请求助医师（请参阅 7.14“莱姆症”）。

裂伤、割伤及动物咬伤（特别是人的咬伤）穿刺皮肤，原则上需由医生马上处理。

昆虫咬伤口腔或咽喉处： 给孩子一杯冰饮，让他小口小口啜饮，或含吸冰块，并立即求诊。

破伤风预防： 对于没有打预防针的孩子，若伤口弄脏，或被马蜂或其他常接触到土堆的昆虫咬伤时，就要注意破伤风的发生。

吞入异物： 如果不小心吞入弹珠、硬币或大头针之类的东西，之后几天要仔细检查排便中是否有异物排出，直径大于两厘米的异物常常会卡在食道中，这时候可能就需要照X光来确定。同样地，若有些异物在误吞后48小时后仍未排泄出来，也需要照X光详细检查。若不小心吞入有腐蚀性的小电池，可能会造成胃部严重伤害，必须立即就医。

植栽引起的皮肤反应常发生在夏季户外活动时，如不慎碰触到有毒的植物或草丛，皮肤可能像烫伤一般变红且起水泡，请以晒伤方式治疗（请参阅5.21“晒伤”）。轻微的荨麻疹可在家用舒缓粉或Combudoron或乳液治疗。孩子需被教导去认识有毒的植物（如：野葛）并避免碰触。若碰触野葛而引起搔痒，应立即用肥皂清洗患部，可用Combudoron药膏或拍上其液体或凝胶来减缓不适。比较严重的案例，应立即就医（请参阅5.24“过敏及毒性皮肤反应”）。

在学校或幼儿园的意外事件： 通常这些意外发生时，由于保险规定，必须由公立意外保险的诊治医生来处理。看到整个过程的大人在描述事情来龙去脉时，应保持冷静和客观，而非指责缺失，大人的自我克制，更能为孩子们树立良好榜样。

1.11 情感伤痛

孩子会经验到许多不同形式的情感伤痛，这标志着孩子美好快乐的人生故事外另一阴暗面的开始。孩子可能会展露出任何以下的行为：当发现父母亲晚上要外出时，会哭得很厉害或者表现出焦虑不安；被父母或照顾者体罚时，孩子会觉得遭受不公平对待或有很激烈的情绪反应；他们也可能觉得自己深陷父母的冲突中；在幼儿园或学校中遭到排挤而孤立；或甚至被欺负；他们可能因服装、外观或残障而被嘲笑。大一点的孩子可能会良心不安、感觉羞耻、悲伤、无助甚至绝望。

情感伤痛常常显示出“分离”的征兆——孩子的心灵被阻隔，无法和谐地融入环境中，甚至也无法对周遭的人自由快乐地开展。这种伤痛对于孩子的影响往往比成人来得深远，尽管有些大人认为孩子没有真正的问题。毕竟大人们能借由思考探索其原因，而将自己抽离，但孩子却没办法。孩子的年纪越小，其周遭事物对他的影响就越直接，他们的痛苦特别剧烈，因为他们还无法真正了解问题，也无法放下不管。对他们来说，唯一的即刻的帮助就只有先暂时“遗忘”或“转移焦点”。

较大的孩子可以借助和大人谈话来处理情感伤痛，然而在这过程中，绝大部分取决于大人对于导因事件的反应。一味地表示同情或责骂并无济于事，反之若能让孩子感受到他的痛苦被严肃地看待，将会多所帮助（请参阅 9.3“处理身心障碍或慢性病童”）。

在十岁以前，孩子还没有能力处理情绪危机，但是如果孩子能感受到大人们已经注意到问题，并且也能接纳而非一味压抑，那么孩子也能感受到，或许这样的伤痛有其意义及功能存在。再者，孩子知道虽然坏事已经发生，大人们也已经在处理了，事情终究会解决的。例如：如果一个被焦虑折磨的孩子，感受到父母亲的乐天知命，想和父母一样的想法会无意识或有意识地深植于孩子的灵魂中，之后孩子会更容易学到如何去克服焦虑。

就我们实际处理身体疼痛的经验显示，处理情感伤痛也是如此。大人可以决定是否要有意识地承担、处理并解决孩子还无法扛起的负担。终究，所有情感伤痛的万灵丹就是对当事人的温暖和关怀，换句话说，也就是我们的理解与爱。

第2章 发烧及其治疗

发烧的热，源自于身体所有肌肉的新陈代谢活动增加。然而，实际上体温升高，是因为皮肤灌注减少。因此，发烧早期阶段，孩子脸色苍白而且畏冷；严重时可能全身打颤，直到发烧到达目标温度。在许多疾病里，发烧是一个征服及处理身体挑战的决定性助力；身体努力地制造发烧，而其他如：饮食、消化、感官知觉、对周遭环境的兴趣及游戏等功能和活动，则居于次要地位。然而，在深入探讨发烧对孩子身体的意义之前，我们先来描述一些典型的发烧过程，并讨论如何在家评估处置各种发烧，以及所谓的热性痉挛。

2.1 典型发烧过程

- 一个四岁的孩子整天在外面玩耍，到了傍晚，当母亲帮他脱去夹克时发现孩子的小手冰冷、脸色有点苍白，晚餐也只吃了一点点；更奇怪的是孩子竟然想早点上床睡觉。孩子大约在九点时睡着，但睡得不是很安稳，在床上辗转反侧。当父母在11点察看孩子的情况时，发现他全身发烫。孩子还在睡梦中念念有词，但一下子醒了过来；似乎很惊讶自己被抱到父母凉爽的大床上。随后测量体温，温度攀升，烧到40℃。孩子回答父母问题的方式和往常有些不一样，宛如变得成熟懂事许多似的。孩子的声音听起来愉悦，但比平时单薄，且有些颤动。父母亲熟知这种状况，也知道孩子可能会开始出现幻想。他们进行惯用的发烧处理程序——在小腿上施以冷敷，并给孩子一些茶水——然后大家就都休息。孩子立即睡着了。在次日清晨之前情况开始好转，最严重的发烧退了。
- 一个小女孩在白天时已经感觉不舒服，又哭又闹、手脚冰冷，并且把几个小时前吃的午餐全都给吐出来了。然后开始有头痛及身体酸痛的症状，并且要求用热水袋敷在肚子上。在小睡片刻后，醒来量体温是38.5℃，不过已经不会再发冷，也觉得好多了，她喝了几口花草茶，其他东西却都吃不下。隔天，温度还升到39℃，去看医生时，母亲想起孩子已经三天都怪怪的。医生发现孩子的喉咙有轻微发炎，不过并不需要服用退烧药及抗生素。发烧又延续了两天，接着，才隔周，孩子就回幼儿园上课了（请参阅3.2“病毒感染：感冒及流行性感冒”）。

- 另一个孩子持续咳嗽两天，而且越咳越严重。第三天，体温快速升高，呼吸急促、嘴唇有些发青，而且随着每次呼吸，鼻孔向外张开。医生在听诊过后，跟孩子的父母讨论了一下处置方式并开了处方。因为预测之后病情将会改善，也许这一次他们可以避免使用抗生素。孩子的发烧又持续了2～5天，并咳出了许多痰，之后孩子很明显地开始复原了。这次生病将成为孩子记忆中主要的人生事件。然而从让孩子持续服药，以及应用不同的敷布于孩子的胸部及小腿上的过程，父母可真是累坏了。医生的诊断书上写着，孩子患的是“支气管肺炎”。
- 第四个孩子突然开始出现间隔几乎规律的腹部痉挛，然后开始呕吐，吐了一天，直到发高烧为止。如果在这时候给孩子喝杯甜茶，孩子会看起来较有活力。这种症状主要跟丙酮／酮类血性呕吐症的病毒感染有关（请参阅4.1.6“高酮（酮类）血性呕吐症”）。

上面的案例都是一般常见的发烧类型，另外在本章中还有两个案例。现在，当孩子发烧时，我们该做些什么呢？首先必须相信自己有能力判断发烧的状况。信心来自于练习，缺乏自信会导致焦虑，这对孩子毫无帮助。不确定的时候，一定要咨询医师。医师最乐于见到的是，父母越来越有信心能准确地判断孩子的情况，而越来越不需要医师的建议。

2.1.1 发烧

在儿童期，一些无害的感冒、呼吸道、咽喉或耳朵的发炎是最常造成发烧的原因。要辨识严重的感染则需要丰富的经验及医师的协助。

当身体过热，而散发的热又不足以平衡体外输入的多余热度时，体温就会升高。对婴儿来说，当脱下毛呢帽及紧身毛线裤后，多余的热度很快就消失；此外脱水也可能导致发烧，特别在腹泻或呕吐时（请参阅4.1“呕吐及腹泻”）。大量活动也可能导致体温高过 38℃；如果是这类状况，请让婴儿安静躺半小时后再检查一次。

2.2 测量体温、判断及处置发烧

2.2.1 测量体温

最方便且最能准确测量婴儿或较孩子童体温的是肛温，确定要让孩子舒适地侧躺，然后温度计的顶端要完全插入肛门中。

量幼儿体温时，请先让孩子躺下。以一只手提高宝宝的双腿，用另一只手将温度计插入，拿体温计的方式和拿汤匙一样，并用小指抵住宝宝的屁股，这样一来即使宝宝乱动，温度计也不至于伤害到宝宝（照片 7）。测量时间大概 1 ~ 3 分钟。

如果怀疑有腹部发炎的状况，如：盲肠炎，则必须同时测量肛温及腋温，并注意两者的温差。要确定温度计顶端放在腋下中心，上手臂要靠紧胸部，肩膀及手臂要并拢，腋温测量时间需要五分钟。尽管如此，所测量到的数值还不是很准确，真正的体温通常比腋下测得的温度多 0.5℃。在盲肠炎的情况中，温差通常更大。

一般来说，成人比较喜欢测量口温，因此我们建议可以在家中准备第二支温度计，其测量时间及准确度和肛温一样。我们建议采用不含水银的温度计，一旦摔破比较不具有毒性。所有其他的方式，包括红外线体温计都不太真实可信，或常常有误差，且不环保。

- 温度在 37.5℃（99.5 ℉）内为正常。
- 温度在 37.5℃ ~ 38℃（99.5 ℉ ~ 100.5 ℉）为上升，但只是稍高。
- 温度 38℃（100.5 ℉）或更高，即为发烧。

体温几度才算安全呢？这个问题无法一概而论。任何新生儿如果有数个小时体温超过 38℃，就必须看医师。如果婴儿什么也不喝或看起来不太好时，就必须立刻告知医师。任何发烧超过 40.5℃（105 ℉），或温度起伏超过 1.5℃（2.5 ℉）的话，应该寻求医师鉴定。在其他的案例中，是否咨询医师的决定，应取决于发烧以外的因素。

2.2.2 发烧的征兆及处置

如果孩子跟平常不太一样，大人就需要更仔细地观察，孩子是否有异于平常的地方？他如何移动？他像平常一样模仿他人吗？他的舌头是不是干燥？眼睛有没有黑眼圈？检查他的眼睛、鼻孔及呼吸，感觉孩子额头、颈部、身体及四肢的温度，按一按腹部看看是否有疼痛的征兆？请按上述测量孩子的体温。如果您对于所观察到的症状有不了解或者担忧的话，可以打电话咨询医师。

如果手臂和腿部（特别是小腿）的皮肤感觉冰冷，而体温计约显示为 38.5℃的话，您可以确定孩子的体温还会再上升，因为他的身体尚未通过四肢发散热度。只有等到孩子身体的热度停止上升，而且开始积极地努力排除多余的热度时，他的小腿及双脚摸起来才会温暖。无论任何情况，在孩子一开始的发冷阶段，请勿在小腿上施以冷敷，若能在手腕及足踝上施以山金车精油制成的温热敷布，将会很有帮助（请参阅附录 1.7.2）。此外，帮孩子盖好棉被保暖，并给孩子喝些温热的花草茶，将有助于改善症状。

如果全身皮肤直到小腿摸起来是烫的，且温度超过 39℃时，请在腿部施以冷敷，也可以使用冷的海绵擦拭身体，不过，前提是孩子要觉得舒服。这些方法可以通过皮肤帮助身体尽量排除多余的热度（请参阅附录 1.6.1“腿部凉爽敷布”及附录 1.6.2“凉爽的海绵浴”）。在此阶段，很重要的是，不要阻碍热能的发散。在较冷的天气里，当体温上升时，请为孩子盖上被子，但不要盖得像体温上升时的那种温暖。非化学性的退烧栓剂，如 Weleda 的 Chamomilla comp.（甘菊复合制剂）、Wala 的 Aconit/China comp.（乌头毒草／中国复合制剂），或 Heel 的产品 Viburcol 等栓剂，都能帮助孩子觉得舒服些，即便他的四肢还不是很热时亦可使用。一般来说，这会让发烧的温度维持在 39 ～ 40℃，大部分的孩子都能承受这个烧度。不过，比起诱发大幅度的体温变化，最好还是将发烧温度控制在某个范围内，以免孩子的血液循环负担过重。

如果孩子发烧已超过 40℃（104 ℉），但全身皮肤却是冰冷的，或有痉挛现象时，请立即联络医师。如果无法找到医生，请先使用退烧栓剂［含有适龄剂量的 Paracetamol/Acetaminophen（扑热息痛／乙酰氨基酚）］，再抱着孩子就医。

如果孩子有**热痉挛**及皮肤发烫的情况，请以（水温为常温的）湿浴巾包住孩子，以降低他的温度。在其他方面，请参阅以下说明继续进行。

孩子**体温上升**会觉得不舒服，而且随时会呕吐；也可能有头痛、胃痛或四肢疼痛的症状；当发烧温度达到顶点时，这些症状就会减轻。请不要强迫孩子吃东西，但如果孩子要求喝点什么时，可以给他温热的草药茶。

当孩子发高烧，但没有拉肚子时，可以**喂食**足够的流质（微甜的草药茶或以等量水稀释的牛奶，或冷或微温稀释的樱桃、黑醋栗、梨子或柠檬等果汁；或南非的长生不老药 Schlehen Elixir 等）。饮食务求清淡，少一点油脂及蛋白质，不要吃马铃薯，也不要给孩子吃核果、巧克力。发烧的孩子体重会减轻，但复原后体重又会很快回升。

衣着及被褥需要配合房间温度，以及孩子的发烧阶段。一般性的指导方针为：要有新鲜空气，但不要是穿堂风。在较凉爽的气候中，如果打开窗户，要给孩子穿上毛衣，戴上帽子保暖。即使在炎热的夏天，至少也要盖上薄被子。总而言之，要让孩子感觉舒服，四肢要保持温暖，但又不至于太热。

烦躁的孩子可能会拒绝持续地盖被子，即便是发烧的时候也要起床或四处跑跳。他需要在场的大人平静地哼唱、说故事，或做些安静的活动。

如果有一个**可移动的婴儿床**会很有帮助，当母亲工作时，他可以推着婴儿床在屋子里四处移动，而孩子就在身旁。较大的孩子可以让他在客厅沙发上玩耍，请提供简单的玩具，好让孩子的想象力有发挥的空间（请参阅 12.7“适龄游戏与玩具”）。

2.3 热痉挛究竟有多危险

请注意：一旦孩子出现意识不清，不管有没有痉挛现象，都应立即就医求诊（请参阅第 1 章有关昏厥及情绪性呼吸痉挛的急救处置要领）。

以下的案例及讨论及应用，主要是针对与感染相关的痉挛现象：

- 一个小男孩和往常一样在外面游戏玩耍，也许是风的变化，或是孩子穿得不够暖和，在和妈妈一起回家的途中，孩子突然脸色苍白，身体僵硬，而且失去了意识。忧心的母亲观察到孩子的嘴角有些许颤动。之后，虽然孩子的身体放松了些，但仍然很苍白。母亲快速地把孩子抱进屋内，接着孩子意识就恢复了。孩子似乎觉得冷，盖上温暖的被子之后，马上就在床上睡着了。母亲打电话给家庭医师并告知孩子有畏冷的情形，因此认为可能不会发烧。医师建议一定要量体温，母亲量了孩子的体温后，吃惊地发现孩子的体温竟高达 39℃（102 ℉），于是赶紧抱着孩子去看医生，途中孩子在车上睡着了。医生检查过后，没有什么严重的问题。医生称此症状为“热痉挛”，并要求家长在孩子睡一个好觉之后，隔天再来复检。痉挛不太可能复发，但医生还是开了一剂消除痉挛的药物备用。如果孩子过去曾有过任何脑膜炎的征兆，就要住院治疗了。两周之后，医生安排了一次脑电波检查（EEG）。当孩子发生痉挛时，体温可能只有 38 ～ 38.5℃（100.5 ～ 101.5 ℉）左右。

- 一个小女孩身体变僵硬，脸部突然开始抽搐，体温超过了 40℃（104 ℉），在短短几秒钟内，抽搐蔓延到全身，然后整个人失去意识，把父母吓坏了。如果在 1 ～ 5 分钟痉挛的现象自行消失（如果以前曾经发作过，或正在服药，也不至于超过另一个五分钟），她的父母亲还能松一口气。若是没有停止，他们应该将孩子立即送至医院。

请注意：大人自己千万要先保持冷静，不可以用力抓住孩子。请不要放任何东西在孩子的牙齿之间！最好是它自己打开。头部下面可以垫枕头或类似的东西。如果没有任何先前医生开的减缓痉挛的药物（Rectiolen），必须要让急救医生知道，以便判断应采取何种后续措施。自发性的痉挛情况中，电话咨询后应立即求诊。

在生命最初几年，热痉挛并非罕见（大约有 2% ～ 4% 的孩子经历过）。因为未成熟孩子的脑部比成人的脑部对于痉挛的门坎更低——也就是对体温上升的反应更为敏感。虽然在热痉挛发生后立即做的脑电波图（EEG）可能呈现轻到中度的病理改变，两周之内，这些症候会完全消失。在许多情况下，热痉挛并不严重（请参阅 2.4“发烧的目的及意义”）；大约一百个热痉挛的孩子中，只有两个会继续发展成痉挛症。**热痉挛并不会“造成”癫痫**！单单热痉挛并不会留下后续的伤害，也不会造成行为或发展障碍。虽然天生倾向癫痫的孩子，痉挛也许是他们的第一个征兆。但我们必须非常清楚，像这样的孩子，防止热痉挛的退烧处方无法停止痉挛症的持续发展。因此，甚至对于倾向发病的儿童，我们通常不建议使用抑制发烧的栓剂或药片。然而，我们建议给予倾向有热痉挛的儿童，以及真正痉挛症的儿童，个别的、体质上的预防性治疗。

如果您的孩子有过无并发性的热痉挛，我们建议您请教医师有关使用适合体质的药物（人智学的或顺势疗法的），以处理任何身体上不平衡的易反应状态。除此之外，在随后的发烧感染中，请采取这些预先警戒的措施：

- 请确认孩子的穿着足够温暖，以预防发烧初期的畏冷阶段加速或加重症状。
- 请勿让发高烧的孩子担忧或激动，但请先以湿毛巾敷在孩子的前额上以冷却他的头，或请按照前所建议的“发烧的征兆及处置”。

2.4 发烧的目的及意义

发烧是身体中温暖系统类似危机的变化。造成发烧的原因非常多，对于孩子，即便是一个生日会、一趟长途旅行、天气突然转变、受寒或长新牙等，都可能造成身体过度负担，而致身体易于受到细菌侵袭、感染。在动物实验中已经证明，33 ~ 35℃（90 ~ 95 ℉）的温度最利于病毒及细菌繁殖，换言之，低于常人体温的温度也因此最可能引起伤害。所以“着凉”的说法是相当有道理的。另一方面，对于消灭或预防影响身体病毒或细菌的滋长，发烧（一般为 39 ~ 40℃ /102 ~ 104 ℉）则提供了最理想的的温度（注 1）。

在活化内因性的防御系统中，许多身体的反应只有通过发烧才被启动。发烧刺激免疫系统活动，并制止病毒或细菌的滋长。抑制麻疹产生的发烧，或抑制原因不明的细菌在血液中繁殖而影响器官“血液循环中毒（淋巴管炎）”的发烧，可能导致并发症。而退烧药也会降低肾功能。研究显示，幼儿期发烧可以预防过敏，癌症风险也随之降低，特别是出过麻疹、德国麻疹及水痘以后。

发烧是身体对抗疾病，也是奠定健康基础的高效反应。在发烧时，立即以药物退烧或服用抗生素可以说是帮倒忙，反而阻断了生命体本身在发烧时所启动的防御机制。因此应该只有在身体无法自己对抗细菌的感染时，才需要采用药物。不过，从实际效果看来，对于经常活跃的病毒而言，抗生素并不是这么管用。

发烧及体温调整同样也具有心性及灵性层面的意义。人的体温不只是单单用温度计测量出来的数据而已。对人而言，温度更显现出人类心性及灵性的活动。当我们遇到好朋友或重访儿时故地的美丽风景时，总是令人感到“温暖”。同样地，每当我们灵光乍现，或是对某个理想感到振奋时，总是有一股暖流注入四肢。反之，恐惧、愤怒、仇恨、嫉妒，或极度忧伤，或对周遭环境不满等，我们的血液会“发冷”。我们可能论及冰冷的气氛、冰霜般的沉默，或是冷漠的拒绝，或者我们可能会说：“那令我心寒。”等等。37℃的体温令人感到舒适，有利于我们身、心、灵的活动。同样地，喜乐的经历、内在的专注及静坐冥想，会使温暖和谐地遍布全身。血液的循环及器官运作不单单会受到身体活动及饮食的影响，对我们的情绪及想法更是敏感。我们能相当正确地将温暖关联至身心灵之上。同样地，温暖在整个身心灵三个层面中运作，虽然有时候是较内在的，但有时候则是较外在的活动。

温暖的统整本质，使我们体验到自己是一个综合了身心灵的独立存在体，因此我们可以说，身体的温暖组织是一个整体，是自我，人类的“我”的有形载体。每一个疾病都伴随着这个体温系统的改变，因此，它是以一个非常直接的方式影响并牵连着这个“我”。

我们感谢鲁道夫·斯坦纳对人类组成的研究，以及对其间的关联性了解，而使得教育及医学结出丰硕的果实。当我们视疾病与孩子的自我活动及意志力相关——亦即是，与他的自我相关，我们面对疾病的态度会改变。这正说明了孩子的个别差异：有些孩子从来不发烧；有些孩子的发烧保持轻微而缓慢的上升；有些孩子会受到高烧的短暂侵袭。我们接触过全家族的孩子，有些孩子总是第一个躺平的，而邻近的孩子却仍在水坑里溅着水花行走，接着，他们对换角色，而最晚感冒的那个孩子可能与该传染病交战最久。

大人身上的特质更是明显，有人喜爱自己的工作，工作时间长而辛苦，但规律而有节奏，他们和经常需要许多时间“放松”的人比起来，可能得感冒或流行性感冒的机率明显要低很多。当我们的自我积极参与工作并乐在其中时，会刺激体温组织，并且强化我们的免疫力。心理神经免疫学的研究也已经证实：一些正面的情绪，如：勇气、热心、信赖及爱等能够刺激免疫系统；反之，压力、愤怒、害怕、冷漠及忧郁则会削弱免疫系统（注 2）。因此，当我们面对童年时期传染性疾病的高烧时，我们必定要问每一个发烧的目的。这是为了干预、强化体内心—灵元素的能力而致的短暂性发烧吗？或者是因为缺乏心灵活动而衍生的替代品呢？这个问题当然可以从许多有趣的观察中得到答案。

以下是一个很有说服力的例子：一个新生儿诞生了，亲戚们一开始说“这孩子长得像爷爷”，也许之后改变心意，说“他看起来更像他妈妈”。但是，在孩子经历过一场发烧的疾病之后，父母亲发现，在孩子身上有一个其他亲人所没有的新特征。他们很高兴，孩子自己的特征正在浮现。发烧帮助一个孩子的“我”改造遗传的身体合于自己的目的，使之成为更适合自我表达的工具。众所皆知，婴儿期易罹患的疾病，如湿疹或气喘等，在严重的发烧后，情况会大有改善。此现象可能的生理解释是，从过去20年免疫学及基因研究的成果中，我们得知基因遗传并不是像以前所认为的只是静态的实体，而是一种动态的、在不同的情境下会有不同表现的实体。长久以来，广为人知的是，基因及其功能不仅受到免疫系统的影响，同时也受到人一生中的心—灵及心理—社会过程的影响（注3）。

单纯从外在的角度来看，孩子在发烧时体重减轻，这显示身体正在进行结构的重塑。孩子会解构遗传自父母身体的某些部分，并通过体温组织的自我能量重新建造新的身体。在小儿科的职业生涯中，我们一再经验到，伴随着高烧的感冒、被小心处理好的肺炎，甚或是麻疹，可能导引孩子进入一个新的、更稳定的发展阶段。较罕见、较长时间反复发作的疾病显示出一个有待完成的任务。

发烧对身体的影响，可比喻为优良的教育方法——在这两种情境里，孩子都得通过自己的努力学习东西。一般而言，不断地告诉孩子“做这个，不要做那个；不许你做那个”等，被认为是不良的教育实践。很不幸地，这却正是许多发烧引起的感染所遭遇的状况。一旦孩子的体温超过38.5℃（101.5 ℉），他马上就会被给予退烧剂；而且，如果确定感染，也会立刻被开出抗生素处方，这使得孩子的身体几乎没有独立地介入疾病的机会。此外，比较“克服儿童期的发烧性感染”，与“面临未来更严肃、更重要的任务”二者，一个被这样处置的身体，就失去了必要的练习“弹性能力”的机会（注4）。

当然，我们知道，像热痉挛等病症可能产生戏剧性或极端性反应，也可能造成永久性的伤害。及时对抗这些反应的方法，是医学专业的当然职责。因为儿童期的发烧性疾病确实需要医师们的关注，而并发症即便罕见，也必须要及时控制。

附注

注 1 Compare articles by F. Jauck，*Zeitschrift für Allgemeinmedizin*，1985，Vol.3；and H. Hensel，Die Funktion des Fiebers，*Tempo Medical*，1982，No.5. Also Babara Styrt，and B. Sugerman，Antipyresis and Fever，*Archive Intern. Med.* 1990；150，pp.1589–97.

注 2 R. Ader，D. Felten，N. Cohen，eds. *Psychoneuroimmunology*，Academic Press，New York 1991.

注 3 Compare P. Heusser.，Das zentrale Dogma nach Watson und Crick und seine Widerlegung durch die moderne Genetik. *Verhandlungen der Naturforschende Gesellschaft Basel*，1989，99：1–14；J. Wirz / E. Lammerts，eds. *The Future of* DNA. Kluwer，Dordrecht 1997.

注 4 Compare H. Hensel，Die Funktion des Fiebers，*Tempo Medical* 1982，No.5.

第3章
呼吸疾病

呼吸道问题的发生部位，是我们辨别疾病并予以治疗的决定因素，本章我们将讨论两种类型的呼吸疾病。第一类包括上呼吸道（介于鼻子到咽喉之间）的疾病及上呼吸道黏膜发炎；第二类则涵盖下呼吸道疾病，从咽喉的会厌、气管、支气管直到肺泡（肺部中与血液交换气体的地方）。下呼吸道疾病的典型症状将陈述于后（请见 3.5“下呼吸道疾病”）。

3.1　鼻塞

新生儿的鼻塞并非无害，因此必须由医师检查和治疗。出生 3 ～ 4 周的婴儿，尚未学习使用嘴巴呼吸，一旦鼻子堵塞只能在哭声中得到空气。鼻塞可能导致严重缺氧，甚至造成皮肤变为蓝色（医学上称为发绀）。这种情况在婴儿喝奶时特别明显，婴儿饥肠辘辘地吸了好几口奶却被鼻涕呛到，或是试着要呼吸而失败，因此婴儿就放开奶嘴大声哭叫，直到脸色转为粉红后，又再度紧吸奶嘴，此过程被一再地重复直到他精疲力竭为止。由此可见保持鼻道畅通是很重要的。

治疗

新鲜湿润的空气，能有效防止鼻子黏膜过于干燥，并软化鼻内分泌物，使其较易通过打喷嚏及吞咽的动作，从狭窄的鼻腔中排出。若家中使用中央空调或地板式暖气系统，最好在房间内挂上经常保湿的毛巾，或使用加湿器。我们建议使用那种最简单的、只有两片加热铁片而没有马达或风扇噪音的加湿器。

打开窗户让新鲜空气流通，会让堵塞的鼻子感觉非常舒服。天气较冷时，请做好婴儿的保暖工作，如添加羊毛衣物或盖被子保暖等等（将温水袋放在足部也是好的）。

鼻腔内黏膜的问题只能使用水溶性药物治疗，通常只需以浓度 1% 的氯化钠

(生理食盐水)，一次一滴小心注入鼻腔。您可以在药店买现成的，也可以自己在家制作。将一茶匙的食盐（约 4.5 克），加入 1/2 公升（约两杯）的水中，煮沸后放入干净的玻璃瓶中。这大概可以保存两天，但是滴管必须每天水煮消毒。去鼻塞的药水有时可以避免，但如果非用不可的话，务必选择婴儿专用的，千万不要选含有 Ephedrine（麻黄素）成分的鼻药水，也绝对不要使用太多天。如果是油性的鼻药水及软膏的话，只能用在鼻子入口处，不要深入鼻内。

我们比较没有理由建议较大的孩子使用减轻鼻塞的药水或喷剂。鼻腔流出液体有其目的；感冒的情况很少一发不可收拾，应该允许它在没受到阻碍的状况下走完全程。去鼻塞的药物会使鼻黏膜的血管收缩，当药效过了之后，血管又会扩张，这样反复的收缩和扩张会阻断自然的疗愈过程。常常使用这类药水将导致鼻黏膜变干受损，并可能会转变为 Ozaena（萎缩性鼻炎）。这是一种慢性的鼻病，其特征是会流出恶臭的鼻液，并造成鼻子萎缩的结构性改变。我们建议在急性鼻塞时，可以吸入洋甘菊茶（请参阅附录 1.8.1“蒸气吸入”）的蒸气替代去鼻塞的药物。较大的孩子也可以采用自鼻子吸入浓度约为 2% 的微温食盐水（在煮沸过的 100 毫升水中加入两克食盐，或在一杯水中加入一茶匙食盐），然后从嘴巴吐出来。因为食盐水里盐的浓度比鼻子黏液高，这是减轻鼻黏膜肿胀的天然方式，而且能疏通进入 Paranasal Sinuses(副鼻窦) 的开口。虽然这种方式令人不太舒服，但却非常有效。如果孩子鼻子入口处的黏膜有干燥或红肿的现象，可以在药店购买特定处方的鼻用软膏。

婴儿第一次感冒后，**鼻塞声**及**打鼾**的症状有时候持续数月之久，但迟早会慢慢消失。只要婴儿能自由呼吸，就不需要治疗。您可以帮孩子戴上盖过头及耳朵的帽子，以避免重复性的感冒（请参阅 11.4.4“冷与热”及附录 2.4“婴儿的兜帽”）。

打喷嚏可以排出鼻道的一些碎屑。一般而言，婴儿打喷嚏并不表示感冒的开始。婴儿鼻中干燥的碎屑很少导因于黏膜发炎，而是干燥的暖气所致。

3.2　病毒感染：感冒及流行性感冒

流鼻水及其他感冒症状通常出现在呼吸道感染开始之时（或期间），可能伴随着发炎，以及头颅中包括筛窦、上颌窦、额窦（学龄期才形成额窦）等气腔中，以及鼓膜，或中耳的分泌。有时候发炎也波及环绕内耳的颞骨、喉咙及其淋巴器官（如扁桃腺、上咽喉及侧边的淋巴组织等），这些淋巴器官是身体和周遭环境互动时最重要的部位。气管及支气管的黏膜也常常发炎，当喉头（进入气管的门户）也受到波及，声音就变得沙哑，若更里面的气管通道受到感染就形成咳嗽，持续三天的中度发烧到高烧是这类型感染的典型症状。

通常“感冒”和“流行性感冒”之间并没有很明显的区别，但刚染病时若头部及身体疼痛，就是“流行性感冒”。这类型疾病有时候会呈现典型病毒感染的双峰型发烧症状。最初两天体温短暂上升，但常不会被察觉到；中断之后，接着有另一次大约三天更高温的发烧。如果发烧温度高过 38.5℃并且持续超过三天，就表示最初的感染源已经为更严重的疾病铺好路了，这种情况就绝对需要医师的协助。

在许多儿童期的病毒感染中，虽然有时候因为症状较严重而被辨识出来，但真正的流感案例（请勿与 B 型流行性感冒嗜血杆菌，或称 Hib 感染混淆）却很难能辨识。父母亲应该了解，大部分流感类型的感染只要好好照顾，孩子几天内便会自动痊愈，也不会产生并发症。压制症状的治疗药物，如退烧药、止咳药水、舒缓鼻塞和流鼻水用药，及防止细菌感染的抗生素等，只会对身体造成不必要的负担。一个健康的孩子本身就有足够的能力克服这类感染，而且至少可因此得到短暂的免疫。

孩子刚上幼儿园的父母常会抱怨，自己的孩子才病愈回校上课没几天，马上又生病回家了。值得安慰的是，您可以预期这样的模式至多会持续一两个冬天，之后孩子的抵抗力会增强，更能应对并避免这些频繁的感染。换句话说，孩子经历了一个使自己的健康状况更为稳定的学习过程。

在此类小型感染的“丛林”中，有些较为人所熟知的儿童疾病，就像一些比较高耸的树木。在某些案例中，它们似乎能终止过去一长串的感染。如果家中有较年幼的弟妹，他们也可能因此被感染，这当然会让父母忧心，因为婴儿的免疫系统尚未发展完成。但事实上，任何有三个以上孩子的父母都知道，最小的孩子若在年幼时就艰辛地克服过这些典型的儿童疾病，他们通常之后都是最健康的。

但我们不能就此认定，尚未成熟的免疫系统及接触到感染源就是造成感染的唯一因素。孩子常常在从楼梯摔下来之后、生日派对后、坐车长途旅行或看电影回来之后就生病。在第一种状况中，父母关注在摔倒和生病之间的相关性是可以理解的，当然医师必须先排除是头部伤害所引发的意外后果。然而，在许多案例中，生病仅是孩子过度劳累后的身体反应，而“感染”疾病正可以使之恢复平衡。

有了上述这个概念，我们可以发展出一个图像帮助我们更理解孩提时期的诸多现象。在正常的状况下，孩子是很紧密地与其周遭环境结合，并对其产生强烈的认同。因此上述的任何事件，或父母突然大发脾气、不当的体罚等等，都容易把孩子向内导回他自己，并可能让孩子真实感受到痛苦。经历这类的事件时，心灵在孩子身体中的经验，是被消耗和压抑的，进而产生孩子无法处理的情感冷感。在这种情况下，身体及情感的温暖是最好的良药。任何能帮助孩子的身体感觉舒适的方法，都能协助孩子与周遭环境产生共鸣。爱和关注会温暖孩子的身体并使之更强健。从这个角度切入，我们便能以不同的方式看待感染症状：借由疾病平稳孩子的状态，而不是用药物去压制症状。我们把疾病及促发事件看成是一个能强化与协调孩子体质的机会。

3.2.1　对上呼吸道感染有益的外部治疗

- 保持室内空气新鲜，但不要太过干燥。必要时可安装一台蒸水机。
- 喷些尤加利精油或 Olbas 药草精油在毛巾上挂着，或装在小碟子里放在暖气上（不要用在孩子的床上，另外，气喘儿也不适合。请参阅本章之“气喘的治疗”）。
- 鼻塞可使用蒸气吸入治疗法（请参阅附录 1.8.1）。
- 用含植物精油的胸部敷布（请参阅附录 1.3）。
- 可用浓度 10% 的熏衣草或锦葵草精油按摩孩子的胸部。有咳嗽时，也可以按摩胸部，有无使用热湿的敷布皆可（请参阅附录 1.3）。
- 孩子若有颤抖现象，做好保暖的工作。需要时，可以喝杯热茶，并用多条被子包住使其出汗。然后带孩子到您舒适凉爽的床上睡上一觉。

生病的孩子应该多睡，尽量避免让他太过兴奋，或玩机械式的玩具（请参阅

12.7“适龄游戏与玩具”)。从棉被底下探出头来或爬枕头山的小娃娃或小精灵，就足以提供数小时的娱乐（关于发烧的照护，请参阅 2.2“测量体温、判断及处置发烧”)。

许多家庭针对病毒感染都有自己最喜欢的疗法，通常是药草或顺势疗法原料调配而成的制剂。我们建议先跟家庭医师讨论过后，再选择合适的用药。

3.3 腺样增殖体肥大及扁桃腺炎

在儿童时期，鼻后方的慢性呼吸道阻塞，通常都是由于咽喉后方淋巴组织增生的结果，其临床的症候是不易错认的。病情明显的孩子，会有典型的困倦表情和鼻塞症状；他的嘴巴总是张开着的，而且听力经常也会受损。这些征兆都明确显示——是因为腺样增殖体肥大。

虽然淋巴腺增大及颚扁桃腺肿大倾向于自行缩小，但却常会阻碍孩子达成稳定的健康状态，以及大多数五岁前幼儿能发展的对感染的抵抗力。嘴巴经常张开、患部的空气循环不良，常会招致感染；因此，有腺样增殖体肥大的孩子，得忍受反复发作的中耳炎、鼻窦炎及支气管炎。有些孩子听力会受损，这是因为欧氏管（介于中耳跟咽喉之间的连结通道）的耳道被堵住，使鼓室内的空气无法流通所致。这类的听力受损可能也会延缓孩子的语言发展。

对此，我们会建议采取保守的疗方。在家每周洗 2 ~ 3 次的盐水浴，每天做两次的蒸气吸入，并饮用三杯木贼草药茶。也可将芥末敷布（一天一块；请参阅附录 1.6.3）贴在脚掌上，直到孩子有灼热感为止，然后取下，并为孩子穿上温暖的羊毛袜。在此过程中建议多陪孩子一起哼哼唱唱，以舒缓孩子的情绪。孩子如有敏感性肌肤，则需小心使用。

如果这样做 4 ~ 6 周后，情况还是没有改善，就应该向医师求助。严重的案例，可能得开刀割除腺样增殖体，尤其是当孩子的身心受到影响，或有重听及语言发展迟缓的情形时，更是需要尽速手术治疗，通常手术在医院门诊即可进行。不幸的是，腺样增殖体肥大通常会再发生。另外，颚扁桃体是人体防御感染的重要器官，只有很紧急的案例才能施以手术摘除，不建议因为发生过几次的扁桃腺炎就将之摘除。

3.4 花粉热

花粉热通常是对于花草树木的花粉过敏。其他会刺激眼睛及鼻子黏膜的常见过敏原还包括动物的毛屑及家中尘的排泄物。某些细菌及真菌类也可能引发同样的症状。花粉热，经常是一个极大的负担，尤其如果又伴随着气喘症状；而受过敏之苦的人总是在寻找疗效持久的疗法。众所皆知的是，海风因过敏原较少而具有不错的疗效。所以常去海边度假或逗留能累积并强化治疗效果。

三种治疗方式

减敏感疗法是在测试出病人的过敏原后，将特制的过敏原萃取物注射入皮肤表面，并逐步增加剂量的治疗法。如果只对单一或特定植物过敏，这种方式的效果非常好，但若有多重过敏或是对家中的灰尘过敏，效果就没有这么好了。这种治疗方式的缺点是疗程至少要持续三年，并需经常注射，而且无法排除有某次注射会引起严重过敏反应的可能性。许多人也发现，在治疗期间或成功地去除原先的过敏原之后，他们又转成对其他的东西过敏，也就是说症状又回来了，因为发生过敏原转换的现象。

另外一种方式就是每天**服用**一匙本土的**蜂蜜**（最好是来自天然蜂蜡蜂巢中，自然状态的）。这种疗法也必须持续服用一整年。

第三种可能性是在十岁以后，定期**注射**或**吸入**从柠檬或温桲提炼出来的萃取物（市面上贩卖的是 Gencydo 0.1% 或 Citrus e. fruct./Cydonia e. fruct. 2X/2X）。

六岁以后，则可将 Gencydo 0.1% 滴入眼睛或鼻子也会非常有效。大部分的患者还同时采用适合他们个别体质的药物治疗。许多病人对于此种疗法感到很满意，而且来年都还会回诊，希望能使已经改善的情况更加持久。但就如同其他两种治疗模式，这种疗法也必须持之以恒才能奏效。对于秋天的过敏症，为达事前预防效果，建议在春天就开始 Gencydo 的治疗。

在上述的三种治疗法中，我们比较建议采用第二及第三种疗法，在严重的案例中，医师可以加入 Anti-Cistaminica。

3.5 下呼吸道疾病

在本节中，我们先描述异常的呼吸声及其导因，以帮助我们了解并辨识下呼吸道疾病。

3.5.1 咳嗽

咳嗽是身体针对鼻涕的累积及气管或支气管发炎的不适所产生的防御性反应，不小心吸入异物时也会有咳嗽的反应（请参阅 1.10“急救及意外预防”）。

狗吠式咳嗽

咳嗽的声音像狗吠，伴随着呼吸困难及吸气时粗糙刺耳的喘鸣声，这是由于声带肿胀，应是得了格鲁布喉炎（请参阅 3.5.2“不同的咳嗽种类”）。

声音沙哑或失声

声音过度耗损常会造成声带不适和发炎。慢性喉咙沙哑可能导因于声带长茧，最好由耳鼻喉科医师做详细的诊断。

吸气时喘鸣，呼吸困难，肋间肌收缩（肋骨间的肌肉向内运动），且胸骨（胸骨上切迹）上的颈部收缩。

在呛到后，以上的这些症状意味着食物的碎屑造成声带反射性的闭锁。先安抚孩子，让他面部朝上地倚靠在您的膝盖上，头和躯干必须往下倾斜，用一只手撑住他的头部，另一只手用力推胸骨或上腹部。

格鲁布喉炎（请参阅随后解释）。

缺乏钙质偶尔也会使三个月到一岁半的孩子有上述症状，必须立刻求医。

呼吸时空气入口有被蒙住的和被堵塞的声音

如果孩子感到很难过，呼吸及说话越来越困难，通常也伴随着高烧、唾液分泌增加，以及嘴唇与指甲呈蓝色，这些即是**会厌炎**的征候。孩子因为疼痛而不想吃东西，有时就是此疾病早期的征候。**由于有窒息的危险，必须立刻前往最近的医院诊治**。在前往医院途中，如果孩子挺直坐着会比较容易吸到空气的话，可以让他维持此坐姿。

吸气时发出打鼾的杂音

这种声音是孩子将松弛的舌头放在下咽喉上所导致，此时采用侧躺姿势便可消除症状。

吸气时有刺耳的嘎嘎声

如果没有同时出现发烧或鼻孔扩张的症状，就没什么大碍，这些声音是因为痰聚集在咽喉某处所致。

呼气时有轻吟或“吹哨”的声音

如果呼气比吸气长时，这类声音是阻塞性或气喘性支气管炎的征兆（请参阅3.5.4“我的孩子有气喘或阻塞性支气管炎吗？”）。

鼻孔扩张（随着孩子的呼吸，鼻孔较低部分的两侧会内缩或外扩）

这意味着孩子没有吸入足够的空气，可能是因为某部分的气道阻塞，或是因为肺病而造成肺的某些部位功能失调。若伴随着用力呼吸、高烧、咳嗽及嘴唇颜色变深的情况，但没有其他特别的呼吸声时，鼻孔扩张常常是肺炎的前兆（请参阅 3.5.5“肺炎”）。

呼吸时胸部单边活动明显减弱

疾病发生在胸部呼吸活动较为薄弱的那边，若伴随着高烧及鼻孔扩张的现象，可能是肺炎（或肋膜炎，特别是呼气会抽搐时）。吸入异物时也会导致单边呼吸活动减弱。一旦有此症状，无论导因为何，都要立刻送医治疗。

3.5.2　不同的咳嗽种类

关于如何治疗病毒感染所引起的无并发症支气管炎（请参阅 3.2“病毒感染：感冒及流行性感冒”）。在大部分的案例中，严重病发后，持续咳嗽一或两周是很正常的，只要继续之前的治疗即可。我们不建议采用药物镇咳，但可喝舒缓咳嗽的茶。

若**咳嗽持续两周以上**就需要小心观察，每天早晚量孩子的体温持续一周，如果咳嗽仍不止，需咨询医师的意见。

持续大约半分钟的**阵咳次数增加**，而且过半个小时间隔就一次，这就表明是百日咳了［请参阅7.11“百日咳（天哮呛）”］。

在**接触麻疹病毒**十天到两周之后，出现了咳嗽、流鼻涕及稍微发烧的症状，这表示孩子可能已经染上麻疹了。除非其他家长明显表示同意，否则不要让自己已染病的孩子接触其他可能感染麻疹的孩子（请参阅7.1“麻疹”），带感染麻疹的孩子就医前，请事先打电话知会医师。

连续咳上几个小时（常常只发生在晚上），而且没有其他不舒服症状时，可能只是呼吸道轻微发炎。针对于此的处理，我们建议增加孩子房间的空气湿度（请参阅3.1“鼻塞”），而对于病毒的感染（请参阅3.2“病毒感染：感冒及流行性感冒”），孩子其实不太会被自己的咳嗽严重打扰到睡眠，反而是父母的睡眠比较容易因此而受影响。

没有任何征兆就**突然一阵咳嗽**，特别是在白天，并伴随着做呕、呼吸困难、吸气及呼气时有杂音，尤其是在呼气时，有痉挛式的“吹哨声”，这可能是吸入异物所致，常是花生、项链珠子或塑料玩具小零件等物。如果吸入的是小弹珠，会特别危险，因为小弹珠可能会把整个气管堵塞住（请参阅1.10“急救及意外预防”）。但是，若孩子吸入的是细长尖锐如别针之类的东西，那么这些急救措施不只没用，反而会造成危险；不过如果是核果类的东西，还是值得一试。若怀疑孩子肺部吸入异物时，一定要联络最近的儿童医院，请求协助。

3.5.3 格鲁布喉炎（急性喉头发炎）

咳嗽猛烈及吸气时有喘鸣现象，这些都是声带附近黏膜发炎红肿的征候。

格鲁布喉炎常在孩子睡眠时（23点～次日1点）发作，白天发病较不常见。在吹拂着东风的散步之后、太过兴奋或一个天气变化之后，可能就患了格鲁布喉炎。晚秋11月时，格鲁布喉炎的案例会明显增多，特别是正在学说话的孩子，他们的发声器官因为经常使用而容易受到感染。

罹患格鲁布喉炎的孩子常会害怕窒息，因此首要之事就是把孩子抱在怀中并安抚他们。

如果这不是您第一次遇到孩子发生格鲁布喉炎的情况，那么您需要马上掌握孩子的呼吸状况，而且十分钟后再检查一次。如果家中有两位大人的话，一位可以安抚孩子，另一位可以在附近安全的地板上放置一壶热水或蒸水机，或是在孩子的床边挂一些湿毛巾。另外，转开浴室的热水，也能很快制造出又热又潮湿的空气，让孩子得以吸入。接着，量体温并给孩子服用医师所开的药剂，若状况特殊也可以使用医师开具的 Epinephrine（肾上腺素）吸剂或 Nebulizer（喷剂）。然后泡杯热茶或稀释的果汁给孩子喝，并让孩子躺在床上休息，晚上大人最好陪孩子睡，或睡在隔壁房间，并把门打开以便随时掌握状况。

如果您是第一次处理孩子的格鲁布喉炎，**务必立即带他到邻近医院看诊**。为了应对此病再度发作，医师会教您如何分辨发病后不同程度的严重性。

下述代表各阶段格鲁布喉炎不同的严重程度。

阶段一：狗吠式咳嗽。

阶段二：当孩子安静时，喘鸣（如上述）轻微，当活动或兴奋时，较为严重。

阶段三：安静时，喘鸣更为严重，鼻孔扩张；胸骨上切迹（位于喉结和胸骨间的浅凹部位）及肋骨间收缩；颈部和肩部辅助呼吸的肌肉紧张。

阶段四：上述各阶段的症状均加重，孩子躁动不安，嘴唇及指甲颜色变蓝，脉搏跳动次数每分钟达 150 次或更高，更严重甚至失去意识。

在阶段一及二的症状出现时，有经验的父母可以在家自行处理（不过若孩子发高烧，还是需要看医师）。如果阶段三的症状超过十分钟，或转变为阶段四的症状时，必须立刻带孩子到最近的医院诊治，医院所提供的密集治疗常能使症状获得改善。如果孩子的状况持续恶化，医院也可实施插管治疗，也就是麻醉后将塑料小管从鼻或口插入气管中，以防止其变得更窄。如果会厌发炎（请参阅本章前述之“呼吸时空气入口有被蒙住的和被堵塞的声音”），窒息的风险较高，医院总是会立即采取这样的流程。

格鲁布喉炎的治疗

用药的选择必须由家庭医师依照其经验及对孩子的了解决定。在紧急治疗时，会采用上述的肾上腺素吸剂，因为此种方式在短短几分钟内就会出现效果。

根据我们的经验，这样做可以减少或避免使用类皮质激素。

治疗格鲁布喉炎，千万不可使用化学镇定剂，因为会使各阶段症状的特征模糊不清，例如阶段四会出现躁动不安，用药后就无法辨识出其严重性。

要使罹患格鲁布喉炎的孩子安静下来，尽量维持周遭环境的宁静及正常运作是很重要的。

由于此种疾病具有相当的迫切性，我们不建议仅通过电话向医师咨询。但另一方面，有经验的医师可在电话那头借由听孩子的呼吸及咳嗽声以了解情况是否危急。如果您对此疾患其他面向的描述能帮助医师了解全貌，或许您可以省下在深夜里大老远开车到医院的时间，那么用电话咨询便值得一试了。不过，通常只有经验老道的医师，才会为熟悉的病患提供诸如此类的电话咨询。同时，防止佝偻症手足搐搦的发生可能性也很重要。

3.5.4 我的孩子有气喘或阻塞性支气管炎吗?

当孩子咳嗽不止或得支气管炎的次数很频繁时，父母就常会在医师的门诊中提出这个问题。阻塞性支气管炎通常发生在婴儿期，幼儿较少发生。罹患阻塞性支气管炎的孩子，呼气会变得吃力且较慢，孩子会精疲力竭，胸廓及鼻孔扩张（请参阅本章前述之“鼻孔扩张”）。如果靠近他的鼻子，在他呼气时会听到他融合安静的“吹哨”及轻微的冒泡声（听起来有点像水滚了或年纪较大者气喘发作的声音）。一些患有此症的孩子，尽管呼吸很吃力，还是显得很开心；有些则看起来病恹恹的。发烧是经常会有的现象；另外，病毒感染通常会造成支气管上的黏膜发炎肿胀，而使呼吸受阻。在这个年纪，无害的咳嗽、长牙或天气变化时，也会产生类似的症状，但不会有任何后遗症产生。

当您的孩子首次有上述症状时，可咨询医师，他会协助您评估孩子的病况。严重的阻塞性支气管炎需要尽速治疗，甚至住院。一般来说，阻塞性支气管炎并不会转变成气喘，不过也不能完全排除这个可能性。而支气管炎通常会在一或两岁后消失。

治疗阻塞性支气管炎**最重要的家庭必备良方**是——姜末及芥末的胸部敷布。一旦体验过其舒缓的效果，您就不会嫌其制作的麻烦。这是一种强效的疗方，所以只有您已经熟悉了制作技术，且在孩子医师的同意下方能使用。若孩子小于四个月，或是皮肤非常敏感、易过敏，切勿使用这类敷布。姜末及芥末敷布的原理及效用，在于能够增加胸廓上皮肤的血流以刺激呼吸，并将分泌物液化（使其较容易被咳出），也能协助较大的孩子有效地舒缓支气管肌肉的痉挛。姜的药性比芥末温和些（有关敷布的制作，请参阅附录 1.3.1“芥末粉胸膛湿敷药布”）。新鲜的空气是治疗不可或缺的要素，如果您能为孩子做好保暖工作、并谨慎照护他，您甚至可以在户外为孩子贴上敷布。

虽然**气喘**的症状与阻塞性支气管炎非常相似，但是气喘较容易被诱发。幼儿可能呼吸困难，但却没有明显的原因；学龄儿童每晚睡觉时会咳个不停，早上醒来觉得精疲力竭。他们比一般的孩子更容易生病，也不太喜欢上体育课。他们在冬天累得特别快。这些孩子可能患有气喘，就是支气管的黏膜上有发炎过敏肿胀的情形，即使在“健康”时，此症状仍会持续下去。孩子在六岁以后，借由 Spirometry（肺活量测定）可确定此肿胀的情形。随着孩子年纪渐长，就越能找出确切的过敏原，如：花粉、家中尘及动物毛发等，或是因为在冷风中过度运动，或导因于压力及情绪因素。较严重的气喘发作并不常见。通常有气喘的孩子会因为容易疲倦想休息，而使得有些父母误认是孩子懒散。有些报告显示凌晨时症状会增多。有些病患在发作初始，会觉得胸部有压迫感，之后紧接着就开始有呼吸问题。偶尔气喘会在青春期时自然地消失（请参阅 3.6“呼吸是一种心理活动的表达”及 6.1“免疫反应一如学习的过程”）。

气喘的治疗

短期或长期的药物治疗均需由医师开立处方，医师会决定是否采用儿童气喘常用的对抗疗法药物（支气管扩张药物、可体松及其他药物），或是采用顺势疗法及人智学疗法的药物。在气喘的案例中，过度用药十分常见，这可能会产生荷尔蒙失调的副作用，或慢性循环的问题。但在有些案例中，父母或孩子因为担心药物可能的副作用，而轻忽症状的严重性。

近几年来，气喘训练课程在治疗上扮演了主要的角色。在课程中，家长及孩子一起学习评估症状的严重性及合适的疗法，其目标是要极小化疾病的影响，让孩子能享受有正常活动的生活。不管是与医师的一对一谈话或是团体课程，气喘训练课程中最重要的是学习如何面对焦虑，特别是在运用到孩子周遭环境时。情绪激动或感冒都有可能引发气喘，而安抚较小的孩子，或让较大的孩子学会自己做呼吸及放松练习，都能有效减轻气喘的严重程度。如果孩子懂得接受与面对他的状况，这种内在的“胜利”将大大地减轻气喘的症状。

在我们的经验中，下列的**附加治疗**，不仅可减少用药，同时也非常有效：

- 芥末粉或姜末敷布，对感染所引发的气喘特别有效。其他原因所造成的气喘，可尝试熏衣草精油的湿热敷布或木贼草热敷布（请参阅附录 1.3）。
- 病发期间，要补充大量流质饮料（如花草茶或矿泉水）。
- 发病时若能正确地按摩身体，会非常有帮助。
- 每天晚上将铜油药膏贴在孩子的肾脏部位，也帮助颇多（浓度 0.1% 的 Cuprum Metallicum praep. 药膏或红铜药膏，请参阅附录 1.4.4“铜油膏肾脏敷布”）。
- 长期而言，早上可以让孩子喝些有涩味的橡树皮茶或鼠尾草茶，晚上再来杯略苦的 Veronica Tea（婆婆纳茶），将有助于醒来及入睡。如果母亲喝这些茶时，能在吞下一口后，开玩笑地耸动肩膀作难喝状，孩子也会模仿妈妈跟着喝。刚开始先喝淡茶，许多孩子最后都会逐渐爱上这种茶。

3.5.5 肺炎

如果孩子上呼吸道感染或支气管炎三天后还是高烧不退、健康状况明显变糟、呼吸短促、鼻孔扩张及嘴唇暗红，很可能就是肺炎了。虽然这种疾病在幼童身上并非特别危险，但许多父母亲一听到诊断为肺炎时还是非常恐惧。如果婴儿或较大的孩子因其他急性或慢性疾患而变虚弱时，必须特别提高警觉。

肺炎的诊断及治疗必须由家庭医师或小儿科医师执行，当孩子有生命危险或家中无法提供质量照护时，医师会建议住院治疗。对 Complementary Medicine（补充医学）有经验的医师，即使不用抗生素也应付得了肺炎。在我们许多年的治疗经验中，只有病患处于高危险状况或病情不寻常地严重时，或在家长的要求下，我们才会使用抗生素治疗。根据我们的经验，不采用抗生素治疗的优点之一是肺炎几乎很少再复发。如此治疗的目的，是要帮助有机体学会更有弹性地去面对周遭环境的影响，并借由克服这样的疾病而获得一个新阶段的稳定。反之，借助立即的抗生素治疗虽能阻挡疾病的正常进程，但也同时剥夺了有机体以自己的力量对抗疾病的机会，有机体因而无法变得更为强健以对抗日后的感染。有时我们的身体会在日后再度尝试面对相同的疾病。如果我们只想赶快去除疾病，当然就会采用抗生素治疗；但如果我们承认疾病为身体学习的机会，也就是一个身体寻求应用自我力量及施展其防卫能力的过程，那我们就会选择支持病患并舒缓病人的不舒服症状，而不会立即采取压制性的疗法。这种疗方考虑到孩子日后健康的质量，并配合个体的力量及强项进行治疗。

肺炎的居家处理和前述之“病毒感染：感冒及流行性感冒”雷同，可视孩子的状况予以采用。如果咳嗽是主要症状时，特别是针对很瘦的孩子，可将多次提到的 10% 熏衣草精油、或含以太精油的樟脑或尤加利药膏涂抹在胸部。如果有很多液体累积在支气管或肺部，可使用木贼茶或发酵低脂牛奶温湿敷布（请参阅附录 1.2.6，1.3.6）。假使有前一节所述的呼吸痉挛，则可使用芥末粉或姜末的胸部敷布。

至于一般的处置方法可以参阅 2.2“测量体温、判断及处置发烧”。

3.6 呼吸是一种心理活动的表达

从睡眠时广泛而放松的呼出，至清醒状态时深度的吸入，这种睡与醒的呼吸转换特质，即便在婴幼儿期也是明确的。我们可以观察到孩子每日生活的各种情态——痛苦的收缩、欢乐的伸展、充满希望地喘了一口气、裹足不前的退缩、生气蓬勃及突然停止活动，这些状态都伴随着各自的呼吸节奏，以配合来自孩子心灵最细微的波动。再也没有比观察呼吸更能了解他人当下情绪的方法了。在清醒的状态下，人的心灵与身体融合为一，能够去感受、移动、经历、行动、去爱与恨。在睡眠状态中，心灵离开安静休息的身体，沉重疲惫的躯体躺在床上，柔和的呼吸活动完全属于生命的过程，这时候，心灵不再支持意识活动，也不传达情绪。

如果我们观察前面章节所提到的呼吸异常所造成的改变时，会注意到呼吸困难会阻碍心灵与环境的自由互动，此现象最明显的即是气喘（请参阅 3.5.4“我的孩子有气喘或阻塞性支气管炎吗？”）。

但是，其他的困扰也会影响呼吸，例如：血液轻微的酸中毒或碱中毒，通常和心脏、肺脏及肾脏的疾病有关。神经系统受到伤害也会造成呼吸型态的改变，或是某些药物如 Barbiturate（巴必妥酸盐），亦会导致呼吸功能下降。

正如我们之前所提到的——身体的温暖与自我的活动有关，我们也可以观察到，气（通过呼吸调节）和人类心灵的生命有直接的关系。它一方面通过气体交换及多种血液中的缓冲系统与整个新陈代谢系统相连；另一方面则使人的心灵活动借由身体表达出来。毕竟，情绪经验的本质正是往来于独立自足与响应环境需求的交替节奏中，心灵活动的法则——融合感与离斥感、欢乐与痛苦、欢笑与哭泣等这些两极化的反应——呼应了呼吸的活动及其内在法则——向外压力与向内吸力、集中与稀释，能朝各方扩展，却又能在适当的压力条件下收缩。因此健康的呼吸活动才能支持心灵自由表达的能力。相反地，安静的对话、正面的情感投入或祥和的经历都有助于调整紊乱的呼吸。

清醒及睡眠的交替以缩影的方式在我们每一次的呼吸间重现——向外喷涌的呼气对应睡眠，而吸气对应清醒（可谓从环境中隔离出一定量的空气）。生死的重大转化也和呼吸相关联。随着婴儿的第一个呼吸，维持意识的心灵活动充满了孩子的身体，没多久之前，那身体还只是个大而结实、全然不知的新生身体。然而在此同时，婴儿的皮肤转为红润，眼睛张开，哇哇的哭声第一次响起；而我们也能体认，在垂死者无法呼出最后一口长而徐缓的气息时，他们就从那个不堪使用的身体中终极离去了。

第4章

呕吐、腹泻及便秘

在第1章中，我们已讨论过大多数的腹痛疾患，另外一些和体质有关的消化问题则陈述于谈论营养的章节中，这些问题通常都需要医师的检查。消化系统紊乱，就居家评估而言，最重要考虑的症状是呕吐、腹泻及便秘等。在这三种主要的症状中，呕吐及腹泻可说是身体对抗有害物质最重要的自我疗愈措施，不过两者都会流失大量液体及盐分，因此必须尽快找出原因并予以治疗。反之，便秘，不管是病理性、器质性或功能性的，都会加重而非减轻身体的负担，而慢性的便秘可能也会影响孩子的心情及情绪。

为了能使讨论更清楚，我们先定义几个基本概念：

呕吐：指上一餐吃下去的食物，至少有1/4被吐出来。

婴儿呕吐：咽下的食物有一两口又回溢到嘴中。

腹泻：重要的判别关键不仅在于次数（例如一天6～10次），也要注意量（少量的喷出或是一大杯的量）、颜色（黄色、灰色、绿色、棕色、黑色、血色等）及浓稠度（水状、松软、散状、糊状）。举例来说，一天两次软便尚不称为腹泻。

发烧：指口温或肛温超过38℃（100.5℉）。

4.1 呕吐及腹泻

4.1.1 婴儿偶发性呕吐

发生偶发性呕吐的原因很多，可能是因为吃太多、胃中太多空气、吃了些微腐坏的食物、感冒、喉咙或软颚受到刺激、长牙等等。请试着找出原因，如果母亲没有喂母乳，请只给宝宝加了5%葡萄糖的草本茶水喝。

其他较令人忧虑的呕吐因素包括：

4.1.2 三个月大婴儿的胃部幽门痉挛

幽门狭窄症（幽门括约肌肥厚与痉挛）一般会在孩子三周大后出现，其特征是无腹泻或发烧现象的抛射状呕吐。数天后倾向症状加剧，严重的个案可能会体重减轻。做母亲的该怎么办？首先，请每周检查宝宝体重 2 ~ 3 次，饮食少量多餐，并且花点时间让宝宝打嗝。

如果体重停滞或减少时，应该找医师检查。有些孩子，以热水袋或洋甘菊茶、柠檬香脂薄荷茶，或 Oxalis Essence（酢浆草精油）制成的敷布做腹部温敷，可能就足以舒缓症状；有些孩子则需药物，甚或外科手术治疗（所幸这种手术的侵入性并不高）。

4.1.3 出生三个月婴儿的胃食道逆流现象

当胃部入口处之瓣膜闭锁不全，宝宝吃下去的食物会随着胃部的蠕动而回溢到食道，这就是胃食道逆流。在婴儿身上，症状包含经常性的口水呕吐或大量呕吐，特别是在哺乳时。有这种情况该怎么办呢？首先，要花大量的时间让宝宝打嗝，并小心保暖他的腹部。医师可能建议您将摇篮或床的一端抬高，让他能头高脚低斜躺着，但要小心不让宝宝滑进毛毯中。同时，加些米汤、葛粉等，将宝宝的食物调浓稠些。若呕吐物中有褐色的血丝，应该就是食道遭受胃酸攻击所造成的，必须立即将情况告知医师。只有在很罕见的案例中，才需要以药物减少胃酸或以手术改善。

4.1.4 单纯的肠胃感染

肠胃感染常常会先呕吐，有时候在发作几个小时前，父母亲就感觉到孩子有点不太舒服，脸色苍白。有时候，1 ~ 2 天后才会出现腹泻的状况。有些孩子只有呕吐而没有拉肚子的情况，也可能会出现从轻微到严重的发烧及腹痛的现象。

腹泻的常见原因很多，如：牛奶放太久了、食用刚过期没多久的食物、局部或全面性的着凉、病毒及细菌感染（特别是大肠杆菌或沙门氏杆菌）。人体通过呕吐及腹泻方式，将这些“外来刺激物”排出体外。

整体印象很重要，您的孩子似乎只是受到这些症状的刺激，还是他和平常完全不一样了？若有以下的警示症状，请立即送医治疗：

- 宝宝明显的安静和虚弱，呈现出无精打采的样子。
- 眼睛四周有黑眼圈、舌头干燥、腹部摸起来坚硬及上厕所次数减少。
- 40℃（104 ℉）左右的高烧。
- 粪便中带血。
- 腹泻后，尿中带血。

依据孩子的状况，医师会判断之后是否可在家治疗，或是需不需要打点滴。

4.1.5 腹泻（急性腹泻期间的流质及饮食补充）

最合适的流质补充品是茴香茶，六个月大后的婴孩也可以喝很淡的洋甘菊茶、野蔷薇果茶、黑莓果叶茶或干苹果制成的茶。

请在 250 毫升或一杯茶水中，加入约一茶匙的葡萄糖与一小撮食盐。

婴儿

请如常地继续以**母乳哺乳婴儿**，也许可给宝宝少量的茴香茶。

对于**喝配方奶的婴儿**，请将平常所喝的浓度减半，也可以给孩子喝茴香茶。如果腹泻的情况较严重，有一两餐只给孩子喝茴香茶（加入上述的葡萄糖及盐），之后再恢复喝配方奶，不过浓度仍要稀释成原先的一半。

有些父母亲已成功地喂孩子稀的米乳（约 100 毫升的水中加入 3 ～ 4 克的米麸，或半杯水中加入一茶匙米麸，再加一茶匙葡萄糖及一小撮盐巴），效果也不错。

超过三个月大的婴儿，腹泻第二天后可在奶瓶内加些碾碎的胡萝卜，同样添加 5% 的葡萄糖。一般来说，第二天应该会停止呕吐，而腹泻次数也较不频繁。胡萝卜虽然会使得粪便稍微结实些，但典型地，“出来的和进去的，看起来一样”。在没有吃胡萝卜的情况下，通常粪便是松软、黏稠、量不多——这就是典型的“饥饿型粪便”。

学步儿及学龄儿童

1. 如果呕吐频率高，那么在呕吐后的 2 ～ 4 小时最好完全禁食。

2. 上述的加上葡萄糖及盐巴的草本茶是最容易消化的。重要的是给的分量要少，先以一茶匙开始，再进步至小口啜饮；量太大，肠胃会无法吸收。有些孩子较喜欢冷茶或蒸馏水。有时加入少量的果汁或牛奶，可以给予一种“选择性的诱因”。而在药房购得的水分补充包，可以补充流失的盐分和矿物质，不过喝起来又咸又甜，许多孩子都不喜欢。

3. 如果上述措施都进行得不错的话，就可以让孩子吃婴儿专用的脆饼、咸的饼干棒、加些许盐巴的稀饭或燕麦粥。

4. 2 ~ 3 天后，呕吐应该已经停止，可以供应下列饮食：胡萝卜糊、磨碎的苹果、香蕉泥、白面包、吐司或饼干，也可吃马铃薯泥。

5. 第四到第五天后，腹泻的情况应该好多了，可以再添加低脂的食品：酸奶酪、稀释的牛奶及较不浓稠的奶油。

为帮助复元，医师可能建议药物的治疗，像 Geum urbanum RH3-5X（每天 3 ~ 5 次，一次 5 ~ 10 滴）或 Veratrum album radice 6X（每天 3 ~ 5 次，一次 5 滴加水稀释）。

4.1.6 高酮（酮类）血性呕吐症

孩子的腹壁柔软，按下去没有疼痛感，不过有时候在呕吐前数小时会出现强烈的腹部绞痛。不明原因使得两岁到十岁间的孩子对油脂的分解过敏，油脂分解会产生酮及类似的化合物；嗅觉灵敏的人，一进入孩子的房间就可以闻到类似苹果的气味。

治疗

如果这是孩子第一次酮性呕吐发作，请一定要咨询医师。之后，父母将能自行判断情况。一旦孩子出现这种酮体引起的呕吐时，需立即提供糖分及流质液体，好让新陈代谢恢复平衡。请每十分钟给孩子啜饮一小口掺有 5% 葡萄糖的草本茶（大约每 100 毫升或半杯水，加一茶匙）。茶水中加糖，是高酮呕吐的疗方，茴香茶或洋甘菊茶也适用，但酸性的茶，如锦葵或薄荷就没那么好。在孩子的腹部贴上洋甘菊或酢浆草温敷布（请参阅附录 1“家庭护理的外用疗法”的介绍）。

如果孩子喝茶之后还呕吐了几次，不需要太过担心，只要安慰孩子，告诉他情况很快就会好转，并鼓励孩子慢慢再喝一口茶。一两个小时之后，可以慢慢增加喝的量，直到可以一次喝下一杯为止。也可以用无气泡的矿泉水加葡萄糖或药店购买的水分补充包，来补足孩子所流失的盐分及矿物质。在此，不要给孩子喝可口可乐及上面洒有盐巴的饼干，因为可口可乐含有磷酸盐及咖啡因，是一种刺激性的饮料，并不适合孩子，尤其是对有丙酮味呕吐（丙酮所引起之呕吐）的孩子更是不合适。

要不时地触压孩子的腹部，以确定腹部仍是软的。一旦呕吐停了，除了茶之外，可以给孩子吃些婴儿饼干，当天就不要再给他吃其他东西了。隔天的饮食应清淡无油，第三天及第四天再吃低脂的食品。

如果采取上述措施后，呕吐还是持续数小时之久，建议带孩子去看医生；如果孩子出现舌头干燥、眼睛周围出现黑眼圈的状况时，就一定要就诊，因为可能需要立即注射点滴。

其他导致呕吐的原因

如果孩子在跌倒或头部受伤后呕吐，请立即带至急诊处诊治。

在突然惊吓或沮丧后出现呕吐症状，请先安抚孩子的情绪并做好保暖工作，若情况疑似严重，请接受医师检查。

如果**偶发性呕吐**发生次数越来越频繁，并且伴随着头痛的症状，应请求医师做神经方面的检查。

4.2 慢性便秘

一般喝母乳的婴儿，几乎从来不会有便秘严重到需要处理的程度（请参阅11.6“观察新生儿的排泄及其他身体功能”）。对于不再喝母乳的婴儿来说，从13.3“瓶喂婴儿的营养”所描述的饮食方法应可对抗任何腹泻的倾向。如果饮食方法效果不彰，就必须看医生查明原因。即便是学步儿，慢性便秘常导因于孩子肛裂的疼痛。体质上的（或比较少见的器官上的），以及情绪上的因素都必须探究，因此，假如孩子一再有过长时间未排便，不管裤子上是否有排泄物的痕迹，都必须请教医师。

下列的**处置方针**主要是针对因排便习惯改变（如去旅行），或不习惯的饮食所造成的便秘：

第一步先调整饮食：有时用蜂蜜面包及薄荷茶取代牛奶会有不错的效果，如果您的孩子因吃燕麦片及全麦面包而便秘，试着降低他饮食中的纤维量，尤其是孩子常有胀气或胃痛的问题时。另一方面也必须鼓励爱吃面食、白面包及巧克力的孩子多吃高纤食品。**引起便秘的食物**包含可可、香蕉[1]、苹果、红茶、蓝莓及牛奶；**通便的食物**包含大黄、枣子干、无花果、脱脂奶、优酸乳、酸奶、矿泉水及亚麻籽等。尤其是亚麻籽粉，对治疗孩子的便秘特别有效，因为它几乎可以与任何食物结合。试着让孩子在每天两次的饭前将一匙磨碎的亚麻籽加入酸奶酪或汤中，或是和少许的蜂蜜及三滴柠檬汁一起搅拌食用，多喝水也是很重要的。

接下来很重要，大家必须知道的：持续性便秘造成整个大肠肠道被硬便塞满，我们必须将之清空。可以用通肠栓剂，不过常常没办法达到预期的软便效果，重要的是整个大肠内都要净空，而不是只有直肠，我们建议咨询医师以找出最好的通便方法。您的医师可能会觉得最有效且最不难受的方式是用温水灌肠。反复地使用灌肠剂和通便栓剂会养成依赖性，所以最好跟医师讨论一下通便剂的使用次数。

治疗便秘时，别忘了家庭情况可能是一个重要因素，如果便秘是家中长辈们熟悉的老问题，孩子的第一次便秘，与家庭父母对此议题还不敏感的，将会有非常不同的冲击。不管家族史如何，毫无争议的事实是：再也没有比担忧便秘更容易造成便秘了！相反地，对周遭环境充满兴趣，人生当然就更为“顺畅”了。如果整天患得患失、情绪起伏不定，忧心期待的目标无法达成时，就有可能出现便秘症状。如果您的孩子有便秘的倾向，可以在每日生活中制造些令人期待的刺激，即使只是孩子为别人准备的小惊喜也行。对于婴幼儿也是如此，只是在他们的情况里，期待或惊喜的元素必须视您跟他们的关系而定。

1　生香蕉会引起便秘，熟透的香蕉则有通便之效。——编者注

4.3 学习消化

大地赐给我们食物，
太阳让食物成熟美好，
亲爱的太阳，亲爱的大地，
因为您我们活着，
我们对您献上爱的感谢。

——Christian Morgenstern

婴儿的肠胃特别容易出问题，这显示消化的能力是逐渐获得的。什么是消化器官必须学会的能力？而消化又有什么作用呢？消化的目的就是要把所有能被辨别出的食物特性销毁掉，也就是说消化越好，所吃进去的东西，像鱼或小萝卜之类的食物，就会和原状越不同。食物只有被完全分解破坏后，才能被用来建构人类所需的物质。作为外在环境的产物（食物），它们必须“死亡”，才能促成人类能量的发展。如果有任何不同物种未经消化的蛋白质进入人体血液中，就会产生急性发烧及过敏症状的反应。假使出现难以消化某些食物的情况（如谷蛋白、乳蛋白质或特殊醣类），这意味着身体已经无法将特定的外在世界物质转换成适合人体的物质。

任何饮食计划都应从最容易消化的食物循序渐进到较难以消化的食物。在罹患某些疾患时，可能有必要暂时先不食用某些食物，然而理想的状况是，要再学习去消化以往避免的食物。我们的新陈代谢越能将所有吃下去的食物转化成人类的物质，我们的身体就会越健壮，意志也会越坚强。

令人感到惊讶的是，在消化作用的工作上，人类的“心性和灵性”与身体，是如何反向两极地在处理外在世界。健康的身体消化作用将矿物质、植物质及动物质转化成人体的一部分；而健康心性—灵性的完成消化作用，却正好全然相反。只有当我们能将自己交托给所想了解的事物，将自我转化进入成为事物，正可谓从内观看，我们才能成功地认知并理解我们所企望认知和理解的事物。在认知与理解与我们不同的外在事物时，我们会开始变得与外在环境合一；如果这些外在的事物“不合意”，亦即与我们所想理解的实际状况不符时，我们必须得克服个人的感觉、意见及偏好。在消化作用时，世界与人类在物质的层面上做沟通；也就是说，世界牺牲自己，让自己转化成为人类的物质及力量，以成就人类的存在。然而，在人类的心智作用中，我们与周围世界在心性—灵性的层面上沟通，人类需要学习以周围世界本身的实际条件去了解周围世界，人需要借由克服自我，并“牺牲”个人的观点或错误的意见。这两种处理外在世界的方式相互支持，不过，唯有当人与环境都被领会理解，这两种方式才能彰显人类营养的完全样貌。灵性及物质的滋养均牵涉到必须启动使发展发生的“转化”。因此，可以理解的，聚焦于演变与发展的基督教，在真实而神圣的意义中，在基督徒的圣餐仪式中彰显滋养的过程。

鲁道夫·斯坦纳在其祈祷文中阐述此事实，孩子们也都很喜欢念：

植物的种子　在大地的黑暗中苏醒
绿色的草　在风的力气中萌芽
所有的果实　在太阳的大能中成熟
因而　在心的圣坛中　心灵活跃
因而　在宇宙的光明中　灵性的力量兴旺
因而　在神的荣光中　人的实力成熟（注 1）

附注

注 1　George and Mary Adams 翻译自 Rudolf Steiner 的 *Verses and Meditations*，Rudolf Steiner Press，London 1972.

第5章

皮肤疾患与疹子

皮肤表面会反映整个身体的健康状态。皮肤症状的差异颇大，而且有许多不同的致病因素，如：营养、水合作用、循环、肝、肾、肾上腺、甲状腺及神经系统等都可能牵涉其中。皮肤的症状多多少少会直接显现生命体或心性、灵性上的活动情形，举例来说，众所皆知的，在肾脏、肝脏代谢失调时，尿酸和胆红素会沉积于皮肤而引起发痒的症状。甚至大家更熟悉的现象，在惊吓或焦虑时脸色转白，羞愧时脸红；或令人舒畅的兴奋时，会有隐约的红晕。

本章所讨论的皮肤症状与疾患，将有助于父母判断是否需要看医师。我们也提供皮肤照护及皮肤疾患居家护理的一般性原则。

5.1　婴儿胎记

鹳咬斑（或鲑鱼斑）是皮肤表面呈红色的平面区块，在出生时即有。这是由皮肤内微血管无害的扩张而引起的。如果是位于中心线（额头或颈部中间）或是对称的（例如在两边的眼皮或眉毛上），通常在婴儿出生后一年内就会消失；然而单侧的胎记则倾向于继续存在。

草莓记号（痣或血管瘤）是皮肤上柔软、红色、圆的、凸起的区块。一般来说在生命的第一年内会出现（并会变大），然后渐渐消失。如果是长在脸部的话，就需要和医师讨论治疗方式，因为雷射或冷冻治疗可能可以不留下疤痕。

咖啡牛奶斑通常不明显、直径数厘米、形状不规则，而且会永久性存在。假如您的宝贝有多于五个这样的斑，或者大面积出现的话，请咨询您的医师。

深色斑（葡萄酒色斑）可能带有毛发或无毛发，而且不会消失。在规模大小与形状上的差异很大，所以不可能概述。色素斑有变大或变化时，应该请医师或皮肤专科医师检查。

5.2 皮肤呈现黄色／黄疸

在婴儿时期，皮肤呈黄色，但不影响到眼白，通常是因为吃了太多的胡萝卜，而这是完全无害的。

黄疸的话，眼白处也会呈黄色。几乎所有的新生儿，只要肝脏仍在分解胎儿血色素的话，或多或少都会出现黄疸；此类症状在母乳哺育的婴儿身上会持续几星期，这是完全无害的。婴儿的床靠近窗户，黄疸就比较不明显。若黄疸明显，就使用*光线疗法*。严重的病例则需要住院，整个夜晚使用特殊的灯光治疗。除非母亲与婴孩有 **Rh- 抗原不兼容的现象**而导致新生儿胆红素水平非常高的病例，否则几乎不需要*换血疗法*。

在解出黑色的胎便之后，婴儿的粪便应转成黄色。假如变成灰白色，而且本来应该几乎无色的尿液转为深黄色时，那是*胆汁郁积*（胆汁流量降低或停滞）所造成的。而新生儿阶段后所发生的黄疸通常是*肝脏疾患*，这两种情况都应该尽速找医师诊断。

5.3 呈大理石纹的皮肤

不管是嘴唇、指甲、足部呈蓝色，或者皮肤呈现大理石纹（整个身体混和着红和蓝的肤色），都可能意味着孩子现在或一直感觉太冷。这些纹路有时候也在孩子发高烧时观察得到；孩子刚吃了大餐后，也较容易有此症状。请视情况而定，让您的孩子穿上羊毛材质的内衣裤，或穿得更温暖些。

如果皮肤呈蓝色花纹，且合并呼吸快速、脉搏微弱或快速、全身无力的话，可能是心肺疾患的表征。有此情况，需要向医师咨询。

幼儿于冷天气时外出，且长时间不活动，会造成**冻疮**。这些红色、柔软的肿斑非常痛，而且特别会在手指及脚趾关节周围出现。刚从户外进来，如果提供过多的热度，就好似以冰雪摩擦患部般的过时方法，是非常不适当的。最好是给孩子一些热的蜂蜜花草茶，并以羊毛毯或羽绒被单温暖地包裹他。

5.4 红脸颊

有许多因素可以导致脸颊发红，如：发烧、长牙、猩红热、新鲜空气、兴奋等。偶尔，也有因为在风中行走，暴露于冷冽的空气中太久的缘故。轻微的冻伤斑块可能持续好几星期，特别是有着圆圆脸颊的六个月大婴儿。在脸颊上比较深红的斑块，其下所覆盖的组织摸起来感觉会硬硬的。这些斑块会有一段时间对冷非常敏感，需要以油脂为主的团块形式药膏额外保护，必要时，请以纱布覆盖。

如果是单侧会疼痛的肿块，而且越来越大时，就需要立即的药物治疗。

5.5 脸色苍白

只要小朋友的嘴唇、耳垂、指甲及眼睑黏膜处还是正常的玫瑰色时，脸色苍白就不是贫血的表征。然而如果身体的这些部位也呈现苍白，或者脸色苍白又缺乏活力，也无精打采，就要向医师咨询了。补充铁剂的疗法只用于已确诊为缺铁性贫血的患者。

5.6 新生儿的痤疮（面疱）

几乎所有的婴儿都会从背部和脸部开始长一些不发痒的疹子，这样的情形会持续到三个月，而且会经常变化。痤疮是完全无害的，而且是一种出生后的荷尔蒙调节，和过敏或神经性皮肤炎无关，请避免涂抹乳霜及乳液。

5.7 新生儿的疹子

新生儿时常出现一种疹子，呈黄色且分布不规则，有如针头大小的结节，其旁围绕着相当大且边界不规则的红色区块。个别的疹斑消失后，新的在几小时内又会出现，整个皮肤疹在几天内会自己消失，其肇因仍不清楚。

5.8 粟丘疹（白头粉刺）

粟丘疹（白头粉刺）是新生儿皮肤上如针头大小、坚实的白色痘子，通常沿着双眼长。这是因为皮脂腺的角蛋白滞留的缘故，通常会自己消失，就像父母有时在小婴儿的下巴或软硬颚交接处发现的，呈黄色、稍微大些的斑疹一样。而这些稍大的斑疹有时会和鹅口疮混淆（请参阅 5.14“霉菌感染”）。

5.9 脂漏性皮肤炎（乳痂）

乳痂，这个名称指的是，出现在出生后几个月大婴儿头盖骨及眉毛上的油脂性硬皮层。可以先以油软化乳痂，然后再以细齿的梳子小心地梳松、剥落（别担心会在过程中伤害婴儿的囟门！）。通常在婴儿产后最初几周显现，像乳痂，**两颊上粗糙的小东西**，即是所谓的脂漏性皮肤炎。就像青春期的面疱一样，这些皮肤的症状反映着荷尔蒙的变化。然而婴儿期的丘疹多是充满皮脂而非化脓的。这些疹子不具传染性，通常只需要从药店买一些温和的护肤霜涂抹就够了（儿童后期的丘疹，请参阅 5.10“慢性内因性湿疹、异位性皮肤炎或神经性皮肤炎”）。

脂漏性皮肤炎在英语中没有通用的名称，它是一种因皮脂不正常分泌而引起的发炎性皮肤疾患。在这样的情形下，皮肤生长活动太强，而导致脂肪制造增加和发生油性皮屑。上述脂漏性皮肤炎的坚实丘疹会变得易受刺激，发炎的疹子首先会出现在包尿布区域、皮肤皱折及肚脐处；它会缓慢地扩散，但是最后可能遍布全身。对于全身性的脂漏性皮肤炎患者，非常完整的皮肤照护是很重要的，这会让红肿疼痛的疹子比较不会发炎。脂漏性皮肤炎不会发痒，患病的小婴儿一般来说是快乐的，不会因此而躁动不安。对医师来说，要分辨脂漏性皮肤炎和霉菌感染并不那么容易，特别是因为这两种情况有可能同时发生。

脂漏性皮肤炎通常在婴儿四个月大前就会消失，油脂沐浴法是一种适当的治疗方式（例如：将一茶匙的杏仁油加入一杯的牛奶中）。

5.10 慢性内因性湿疹、异位性皮肤炎或神经性皮肤炎

这三种病名指的是同一种疾病，那就是体质性湿疹。有湿疹家族史的儿童占

所有这类疾病儿童的半数。有些人有食物或牛奶过敏，或其他过敏的症状；也有些在基因上与花粉热和气喘有关联。请留心一些非特定因素，如：压力、热、天气变化。这种症状在近几十年来越来越常见，致病因素不仅包含遗传性倾向及个别环境的污染物及食物过敏原，也包含了生活方式与人类习惯的普遍改变（请参阅 6.1“免疫反应一如学习的过程”）。

这类湿疹最明显的症状是发痒，小朋友经常痒到搔抓破皮、流血。在婴儿期，湿疹通常影响头和肩部的皮肤；大一点的儿童，多发现在躯干及四肢，最后扩散到大关节的皱折及手背处。湿疹病人的皮肤通常都非常干燥，典型的疹子由坚实、发痒的结节组成，也可能群聚发生而形成鼓起来的斑块；这些疹子可能会渗出液体或看起来有破皮的情形，抓过后还可能会有痂皮覆盖其上。

除了强烈的发痒特征，皮肤的外观变化很快。举例来说，可能早上的皮肤破皮裂开，但是下午看起来就好多了，甚至第二天就几乎愈合了，可是过了一个晚上后，又会再度破皮。很难找到这类湿疹的致病因子，但若能数星期间，维持每天记录天气、压力因素及食物等，可能会有帮助。

婴儿罹患湿疹，常是因为喝牛奶的关系，这些症状几天内就会消失。假如您的小婴儿有持续但轻微的症状，就看您是否可以忍受这些症状，然后继续给孩子喝牛奶（或淡的酸奶酪），或换成豆奶或较贵的马奶或羊奶／酸奶酪。如果您找到马奶或羊奶的来源，我们建议您询问制造商，看这些动物是如何饲养的。

假使一位有湿疹家族史的婴儿，在出生后最初几天，临时地被喂食牛奶，那么日后要再喝牛奶时，就需要特别谨慎。最理想的方式是对婴儿施行牛奶抗体的血液测试，或在医师督导下，一次只给一滴牛奶。过去曾以这种方式接触牛奶的孩子，有可能发生过敏性休克反应。

对婴儿的主食，我们建议不要持续地做实验性的改变。在大多数情况下应该避免一些不当的，而且可能导致事态不断增长的怀疑，这种情形会造成不必要的压力，并使病况恶化。如果在最初几个月内合理地怀疑某些食材可能会造成过敏时，就先停止食用此种食材两个星期，之后再继续吃。哺育母乳的母亲如果怀疑自己吃了什么食物而导致婴儿过敏时，也应采用这样的步骤。如果这样的实验确认了您的怀疑，请咨询医师做血液测试或激发测试确认。假使证明是过敏，就要避开该种食物一年，然后重新再试。食物过敏不像由花粉、动物皮屑或尘螨引起的过敏，通常几个月后就会消失。

要区别过敏（请参阅第 6 章）与毒性反应，过敏是受到刺激的表现，每个人或多或少都有，但是本身患有慢性湿疹的患者，其敏感性皮肤会出现更强的反应，所以最好的方法就是避开这些物质，如以太精油（柑橘精油、尤加利精油）、辛辣物、食物添加物（磷酸盐和强化剂）。

您可以预期孩子到了两岁时，与食物有关的湿疹会自动明显地改善，然而许多湿疹的患者仍对柑橘类水果及其他酸性食物，还有坚果类，有时也对鱼、蛋过敏。相对于鲜奶会引发湿疹，发酵过的乳制品比较容易被接受。蜂蜜与甜食可能会使湿疹恶化，但是真正过敏的反应和此类过敏无关，所以适量的甜食应该没有害处。

湿疹治疗

应该视儿童个别状况和情形而定，我们不建议使用可体松软膏，只有在父母或儿童没有多余的时间做其他替代性治疗时才会使用。在尚未决定个人化疗法时，以下的建议可作为过渡时期的辅助。

对于**干燥的皮肤**，一种含有以下成分的软膏被证明是有效的：

- 木贼油脂 10%（Weleda 产品）50.0。
- 蒸馏水 75.0。
- Aquaphor（Eucerinum Anhydricum）／凡士林 ad 200.0。

对于**严重的发痒**，有效的软膏为：

- Decoctum aquos. Equiseti（木贼水合煎剂 10%）100.0。
- Aquaphor（Eucerinum Anhydricum）／凡士林 ad 200.0。

对于**急性发作的痒**，我们建议做木贼茶的温水浴（将一把木贼在一公升的水中煮十分钟，然后过滤放入浴盆中），沐浴完再涂抹软膏。

另外，还可以选择以冷却的红茶水轻拍皮肤（煮好红茶，让它冷却后，以茶包袋或棉布轻擦皮肤）。

对于**严重的渗出性湿疹**，可以用冷却的木贼茶或红茶水进行湿敷（请参阅附录 1.7.8）。

渗出性孔洞容易引起皮肤感染，对那些慢性湿疹的患者来说，会特别不舒服。

而擦些杀菌消毒液（如 0.1% Pyoktanin）可快速得到改善。

在皮肤发痒的地方覆盖纯棉的内衣，或者是找一件连手都可以包覆的连身衣，您可以参考附录 2.3“湿疹病童的连身衣”的样式自己做一件，您的孩子一定会非常喜欢，因为这是妈咪亲手做的喔！可以绣些太阳、月亮及星星的图案(请使用软棉线以避免皮肤发痒)，或在手的部分画些亲切的小脸蛋，这样您的孩子会和“小玩偶”玩个几小时，也无法去抓皮肤。

对父母而言，尽可能保持冷静与客观是相当重要的。孩子严重的发痒常常考验着整个家庭的力量：妈妈往往处在绝望的边缘与能力的尽头，因为她从未有一夜好眠；患湿疹的儿童，很快就学会以搔抓得到他想要的东西，像是拒绝睡在自己床上以及总是唱反调，一旦家人宠他，就马上变成暴君。唯一可以避免如此的方法是：尽可能“如平常般”对待他们。尽可能实事求是地执行上述治疗，然后回归生活常轨，不要给予孩子过多关注。

要特别留心水痘及慢性湿疹。水痘通常较严重，但在水痘发作后，湿疹可能明显好转；不过不幸的是，也有同样多的病例明显恶化。家长可能会考虑并与医师讨论注射水痘疫苗。

对于慢性湿疹的患者而言，平常无害的疹病毒感染也会变得更严重。

心理层面的考虑：一方面，湿疹患者的干性皮肤相对于正常的皮肤，似乎较少有活力，且更多了一道屏障；但另一方面，它的敏感度更高，而渗出性湿疹则太有活力、太开放。从身体到周遭环境，您可以帮助您的孩子转移情绪的注意力，不仅从提供局部用药（软膏或湿敷布）及合适的衣着，也培养他对周遭发生的事物感兴趣。如果您也允许他经验清楚的界线（也就是，身为父母的您能确定当下想要和需要做的)，孩子的个性即会更为坚强，而他也将会重新定义自己与世界的关系。这种态度对疾患本身会有正面的影响，而且对于减缓皮肤症状也会大有作用。

5.11 肚脐发炎

在出生后第三周，新生儿的肚脐可能仍会潮湿，甚或有轻微的出血。假如您只有在肚脐附近看到少许疹子，不需要太担心；但是如果皮肤有红肿的情形，就应该请医师马上检查。这样的发炎，通常是所谓的肚脐肉芽肿，其实就是在愈合较慢的伤口上常见的疤痕罢了（这种状况在脐带连接处会有一处 2 ～ 3 毫米的伤口）。医师会以硝酸银“笔”轻擦伤处，您可以依照医师的指示在家护理，或者依据下列步骤进行：以 75% 酒精或其他消毒液清洁伤口，一天 1 ～ 2 次；轻拍至干，或使其风干后上药粉（如 Wecesin 消炎粉）。肚脐通常不必以绷带包扎，因为干净的尿布一样卫生，而且能更常更换。在这样治疗下，婴儿肚脐周围的小疹子就会消失。要注意的是，使用消毒液或酒精三四天后，可能会开始出现刺激的反应，所以不要使用超过四天；假如肚脐那时候仍有丘疹，您的医师可能就要再次以硝酸银治疗了。您也可以使用婴儿油做后续的护理。

通常，对于在婴儿的肚脐周围戳弄，母亲们都很戒慎恐惧，但是实际上您不必害怕会因此而戳进腹部里面。肚脐里的分泌物、痂皮及残余的粉末都可能造成刺激，有时甚至会流一点血。约三星期后，就可以以棉棒沾些婴儿油积极地清洁肚脐了。

5.12 小婴儿的脓疱与水疱

一般说来，位于两颊的脂漏性皮肤疹，都是尖头、结实、淡黄色的结节；相反地，脓疱或水疱多为平的、直径约几毫米大小、颜色呈黄绿色、有脓汁及金黄色葡萄球菌的菌落。这些脓疱可能单独或群聚发生；虽然它们也可能出现在身体其他部位，但通常在头部、腋窝或尿布区域的皮肤上出现。在一些不常见的病例中可以发现，充满脓液的水疱在几小时内会大到直径一厘米甚至更大（半英寸）。如果发生这种状况，需直接带您的婴儿去看医师。较小的脓疱也需要医疗照顾，但是只要小婴儿看起来还好，没有发烧，状况就不是那么紧急。在就医前，您可以做一些措施以减少病菌的散布：每天全面换洗婴儿与家中每一个人的衣物和床单；所有的浴巾和手帕也要清洗；彻底清理放置婴儿物品的包包，您可能需要丢弃一些物品，买一些新的；将软膏直接挤到抛弃式涂药器里，不要使用手指；在帮小婴儿洗澡前，要彻底地用肥皂洗手，并以指甲刷使力刷洗。

金黄色葡萄球菌的感染，并不是卫生习惯不好才引起的。它们也会出现在过度使用消毒液的家庭中，因为那样会破坏皮肤正常的菌落而增加病菌孳生的机会。重要的是要了解，这些感染很容易传染给其他免疫系统仍未成熟的婴幼儿。哺乳的母亲为了避免乳腺感染，要将手指甲剪短以便彻底清洁；也要避免头发碰触到婴儿，因为头发可能藏有细菌。在医疗监控下，采以局部消毒剂及保持皮肤干燥的措施，通常可以有效地治疗金黄色葡萄球菌的感染。

5.13 尿布疹

在一般说法中，尿布疹泛指所有包尿布区域的皮肤发炎症状（照片8）。单纯尿布疹（肛门四周突发性的皮肤红肿，一般不会超过臀部皱折处）的导因经常是：粪便滞留在尿布中太久，这些通常是具刺激性的粪便（如给婴儿柳橙汁或苹果后）、轻微的肠胃不适（较常发生在长牙时），或在腹泻刚开始时造成的。

治疗

首先以水清洗疹子，然后以油清洗。将此区域彻底擦干，并抹上含油脂且黏附性颇佳的软膏（如含鱼肝油的氧化锌软膏）。要时常换洗尿布。

小红疹的边缘有细薄的白色鳞片小圈环，可能就是**鹅口疮**，那是一种霉菌感染。刚开始，它们通常会在肛门或生殖器附近出现，但最后可能结合、扩散涵盖到整个尿布范围，直到肚脐（照片9）。最后，疹子会变成一整片有着均匀的红色，且倾向有渗出液的结实表面（鹅口疮，请参阅5.14.1“口腔的鹅口疮与包尿布的区域”）。

在这里，不需要讨论**氨水皮肤炎**，因为我们确定读者一定经常更换婴儿的尿布。这类型的尿布疹通常是因尿液分解为氨后，刺激皮肤而发生的。

在本章讨论过的**脂漏性皮肤炎**，也会出现在包尿布的区域。可以擦上先前建议的脂漏性皮肤炎油脂性软膏，再抹上一层氧化锌软膏。如果可能的话，也要以防护油清洗患部。

在出生最初几周，**鼠蹊[1]皱折处的皮肤若有刺激反应**，是因为这些敏感部位清洁得不够或太过粗略所致。护理时要以大量的油清洁涂抹患部，并使用含油脂

1 鼠蹊，指腹部与大腿相连处，俗称“腹股沟”。——编者注

且不含添加剂的膏药。不要使用粉末，因为那会产生碎屑而引起进一步的皮肤刺激。一段时间后，沿着鼠蹊皱折处，可能出现灰色、稍硬的粗厚皮肤，在这样的情形下，皮肤的最外层会和护肤产品结合，形成痂皮。沐浴和涂油应该可以在一周内去除这些沉淀物。

皮肤受刺激后所形成的纹路，可能会发生在肚脐或大腿四周，因为抛弃式尿布在这些地方覆有塑料而产生摩擦的关系。要治疗这种刺激，可抹些油使其干燥，并改变您换尿布的手法。

在婴儿出生后的最初几周，有可能出现相当**密集、细碎的小疹子或水泡**，一直延伸，超越过包尿布区域，直到上半身。这样的疹子不必然是由细菌或霉菌引起的。经验显示，如果您只单纯地不使用衣物柔软精，而在每一次洗涤时多用清水冲洗一次，也许加点醋，这些疹子很快就会消失了。为了预防，我们总是建议以不含柔软精的一般洗剂清洗尿布。假如您的婴儿已有皮肤刺激的情形发生，就应该改变洗剂（我们都很熟悉洗涤剂大规模的双盲试验研究结果，但我们明眼的经验持续显示这项建议有效。您可以自己试试看！例如洗涤毛巾时，使用织物软化剂与否，在毛巾的吸光度上会有明显差异）。除此之外，在洗尿布时多冲洗一次有时候是必要的，甚至假如洗衣机的水太少的话，还需要手洗。

5.14 霉菌感染

因为合成物取代自然纤维成为制衣的主要材料，一些霉菌感染的疾患因而明显增加了，其他霉菌感染传播的原因，则是导因于抗生素对细菌感染的抑制。这类疾患以往只局限于会暴露在极潮湿环境的特定职业、卫生状况不好的人群身上，或是每个家庭中身体极端虚弱的病人。目前全世界抗霉菌药物用量的增加，显示出控制霉菌疾患的大规模努力；不管我们现在的习惯是促进或抑制霉菌，它们确实是持续在增加的。

5.14.1 口腔的鹅口疮与包尿布的区域

口腔的鹅口疮是白色的网状物，或是质地细致或粗糙且易碎的一层物质。斑点最可能出现在两颊里面及舌头处，但是有时候这层霉菌会扩散到嘴唇。如果舌上的白色覆盖物没有侵犯到两颊的黏膜的话，那就不一定是鹅口疮。

起初，肛门周围的鹅口疮呈现如点状，通常是渗血结节，但这些结节很快地扩散，且至少有部分会合并，并在其边缘形成鳞片的小环状。这种感染通常从口腔开始，然后经消化道移至肛门。在此阶段，可以从粪便检测出来。对严重虚弱的儿童或同时接受广效抗生素治疗的患者而言，肠道鹅口疮非常不易治愈。在这样的病例中，患者的粪便闻起来有酵母的味道。

治疗

一般说来，假如愿意耐心等待的话，您可以相信口腔与臀部局部治疗的疗效；就算是先前以 Nystatin 或 Miconazole（抗霉菌药物）治疗而只有短暂效果的人亦然。原则很简单：在口腔，可以以棉棒沾些稀释的天然漱口水或护唇膏刷洗黏膜；或者像在南非一样，使用浓度 1% 的 Gentian Violet（龙胆紫）也可以去除一些霉菌。虽然霉菌不会像使用口服抗霉菌治疗时那样快速消失，但这并不一定是缺点，因为采用这样的方式，反而较少复发。

对尿布区的霉菌感染而言，最重要的是要了解霉菌多生长于潮湿阴暗处的特性（有一些需热些才长得好，有些则需要凉爽些）。它们也无法在油脂中生长，特别是含以太精油时，所以您可以自己斟酌该怎么做比较好。以水清洗皮肤后，还要以纯葵花子油再次清洁才算完成（以需要的量来看，使用葵花油会比市售的婴儿油便宜很多）。然后涂抹含有适量以太精油的软膏，如浓度 10% 的熏衣草油、金盏花油或两者的混合（百里香油与尤加利油太过刺激），之后再涂一层护肤乳霜。

如果您的婴儿有鹅口疮，要尽量常换尿布，连半夜都要换 1 ~ 2 次，因为潮湿及尿液的分解物都将使您治疗的努力功亏一篑。我们建议使用纱布尿布，外面再包上一层厚实但加工最少的羊毛制吸水尿裤（编织法请参阅附录 2 “编织指南”）。在这段期间，请以海绵为宝宝擦浴；当必须为他洗澡时，时间上请尽量简短，以免他的皮肤软化而致霉菌渗透更深。

不管是什么原因使皮肤潮湿了，随时都要保持完全干燥；如果必要，您甚至可以使用低速吹风机吹干，之后，要涂抹大量前面所提到的防护油。这样即使可能会出现一些新的斑点，但可以预期的是，您在 3 ~ 4 天后将看到改善；然而，完全痊愈需要 2 ~ 3 周。在持续性病况的案例中，可以杀菌消毒液（如

0.1% Pyoktanin）涂抹包尿布的范围，再以吹风机彻底吹干，然后涂上一层氧化锌软膏。

如果没有改善的话，请您的医师再次确认诊断无误。所有病例都可以采用一种更全面且有效的方式：让婴儿不穿衣服。但是要在摇篮中间系上细压条或木棒，然后挂上一条毛毯，以尽量保持下方空间的温暖（要确定小婴儿不会使毛毯移位）。只将婴儿腰部以上穿上衣服，把臀部放在好几层的尿布上，再将他置放于毛毯下方的空间。您需要将房间保持得非常温暖，或者在床垫下放一个热水瓶以避免太冷。

5.14.2 足癣

足癣的特征为趾间或脚底粗糙部分的皮肤会有脱皮、脱屑的现象。

治疗原则：尽量多通风，尽量少使用水与肥皂（但也要足够，以免因为异味而致社会孤立）。在鼠尾草或橡树皮茶水里做比平时更快速的淋浴，或短暂足浴之后，将患部及其周围皮肤彻底擦干（或吹干），然后以一些上述的油或只含天然以太精油（不含刺激的添加剂）的按摩油擦拭。要尽量让您的孩子赤脚、穿短袜或穿拖鞋在房子里走。不要穿合成纤维制的袜子，要选择毛料或棉质的，并每天更换。请务必让孩子减少穿上橡胶靴或合成鞋的时间。在一些不易治愈的病例中，可以使用一般的软膏或喷剂，因为霉菌会侵犯指（趾）甲。

5.14.3 霉菌性趾甲感染

霉菌性趾甲感染很少发生在婴儿与幼童身上，但常见于学龄儿童。趾甲（指甲很罕见）会从边缘开始增厚且变成黄棕色。导因是趾甲受到伤害，例如穿不合脚的鞋、有伤口及趾间的霉菌感染。这需要看医师，并接受长时间的治疗（数月至数年）。

5.15 汗疱性湿疹

这类型的湿疹刚开始会在手掌与脚底边缘出现会发痒的小水疱；在恶化的病例中，患部会有开放性伤口。汗疱疹大多发生在冬夏两季。汗疱疹并不是霉菌或细菌引起的，只是一种不特定的湿疹；经常发生在仍有轻微或先前有神经性皮肤炎的儿童身上，导因可能是：流汗、一些皮革鞣酸化物质、非真皮皮鞋、海水。急性的病例可以涂擦一点乳霜（如：妮维雅）并包扎起来，软膏不能含任何羊毛脂。以老橡树叶熬煮的汁液做手足浴是有益的。早春时，从树上收集仅剩的棕色叶子，将滚烫的水倒在叶子上，浸泡 5 ～ 10 分钟后拿掉叶子使水冷却，然后泡足或手约十分钟。

5.16 头皮屑

头皮屑很常见，其中有一种特别的形式被称为乳痂。后来发现它们通常是皮肤过敏的结果，是无害的；但也可能是因晒伤、草地或树螨而起。假如其他部位的皮肤没有症状的话，后者是很难被认出来的。所有的病例都可以使用迷迭香洗发精及润丝精治疗，然而耐心是需要的。如果病情没有改善，就可能是干癣了。

5.17 干癣

干癣具有清楚的特征——皮肤上有稍突起的红色斑块，上面覆盖着大的银色皮屑。通常发生于关节，如手肘、膝盖或头皮上，只有在发炎及有渗出液时才会发痒。它很少发生在幼儿身上，但比神经性皮肤炎更常发生在学龄儿童身上。

这可能是好的营养对干癣来说比对神经性皮肤炎来得重要的关系。要避免吃动物性脂肪、猪肉、辛辣物及过多甜食；阳光是有益的；海水也会有帮助；偶尔晚上可使用海盐加芦荟或锦葵的身体乳。

5.18 皮肤的感染

5.18.1 丹毒

如果您的孩子发烧、精疲力竭、有凸起但边缘不规则的鲜红色斑块，且快速扩散到大面积的皮肤时，就要立即请医师检查了，这是必须服用抗生素的。

5.18.2 脓痂疹

刚开始是局部、会发痒的脓疱，之后扩散得很快，而且上面通常覆盖着厚厚的黄色痂皮，搔抓会促使感染散布。已受刺激的皮肤（如感冒时鼻子下面的地方）通常会先受到影响。脓痂疹主要发生在幼童身上，常见于夏季；它的传染性高，如果没有消毒治疗的话，很难控制下来，必须寻求专业的协助。如果一天涂抹 Crystacide（氧化氢乳霜）数次，可以迅速地得到改善；此外，可以再擦些杀菌消毒液（0.1% Pyoktanin）。可能的话，要避免使用抗生素护肤霜，因为会增加对药物的抗药性，并且有过敏的危险。患脓痂疹的儿童不应该上学，需等开始治疗几天后。如果时常发生脓痂疹时，要想到沙坑可能是感染源。那些旧沙子在那里多久了呢？

5.18.3 毛囊炎（毛囊的感染）

毛囊炎的特征是小脓疱，有时中心有毛发出现。致病因素包括油性皮肤、流汗增加、食用过多的脂肪（特别是猪肉和香肠）、合并便秘的消化异常、不足或不当的皮肤清洁及青春期。最好的方式是等待青春期过去，但是还是要采取措施降低其他致病因素。

5.18.4 疮、疖及痈

疮或疖为有脓形成的发炎现象，会比青春痘大一些，而且位置深一些；很大的称为痈。如果是发生在腋窝的脓疡，则往往是发炎的汗腺。

治疗所有有脓感染的方法和治疗喉咙与鼠蹊的淋巴脓疡相同，这将在喉部感染的章节中讨论（请参阅第 1 章中的“其他种类的喉咙痛及颈部疼痛”），而相对于抗生素治疗，切开引流（一旦开始形成脓，就需由医生执刀）的优点也将描述于此。

如果孩子同时有好几个疮或反复发作的话（和婴儿比起来，较可能发生在幼童及学龄儿童身上），就需要体质上的治疗，这时可能需要做糖尿病检验。在这类型的发炎中，身体本身会建立起保护墙包围脓疱；而在少数病例中，屏障不会形成，而使得发炎散布到周围组织，这样的感染称为蜂窝组织脓炎，需要立即治疗并住院。

5.18.5 手部感染

手指或手掌的龟裂或伤口容易让较深层的组织受到影响，而导致有脓疱的感染。假如您的孩子手指感染进展得很快，又会抽痛的话，就要尽快看医师了；因为即使只延迟一天，都有可能造成永久的伤害，甚至失去手指。如果指甲旁的倒刺皮恶化的话，也要同样小心。

不论是自发性的或是太快被剪指甲，小婴儿很容易出现轻微的指／趾甲床感染（化脓性指头炎）。这种类型的感染，只要擦些药膏并包上纱布，通常能顺利地痊愈；但如果发炎扩散到手指的整个第一关节，就要请医师看一看。包扎方式如下：在患部擦抹少量的药膏，再以一片纱布覆盖所有的手指，并在手腕处扎牢，再以一个像连指手套的袋子包住纱布，在手腕处打个松结；整个包扎需每天更换 1 ~ 2 次。包扎婴儿手部时，不要使用有黏性的绷带或胶带，因为可能会阻断手指的循环，或假使脱落时，可能会使婴儿窒息；即使是较大的孩子，以有黏性的绷带包扎伤口通常不是最有效的方法。

5.19 败血症

更正确的说法是淋巴管的化脓性发炎（淋巴管腺炎），但“败血症”较为人所熟知，也有理由令人害怕，因为假如没有立即治疗的话，往往会有危险。它通常发生在会让人忽视的小伤口上，或是这类的伤口再度被抓破后，会突然出现红色条纹，在手臂或脚的内侧，往上或往下扩散。而腋窝或鼠蹊的淋巴结会很快肿起来，令人感觉疼痛，这需要立即就医！在大多数的病例中，患肢要以夹板固定，并以消毒液湿敷包起来。经常会建议追加一剂破伤风。如果患此病的孩子也发烧的话，就需要特别小心了。

5.20 热疮（唇疱疹、单纯性疱疹）

此类疾患大部分出现在唇部，不会有脓，这是由第一型单纯性疱疹病毒（HSV-1）所感染的［请参阅 7.9“口腔溃疡（单纯性疱疹口炎）”］。千万不要期望医师可以神奇地将它摆脱掉；您可以使用会使之干燥的乳霜（如：氧化锌软膏），或以抗发炎乳霜（1.0 克的乙炔水杨酸基 Acetylsalicyl 加 14.0 克的凡士林）治疗。如果手边什么也没有的话，使用牙膏也可以。假使怀疑小婴儿有感染的话，要赶快去看医师。

5.21 晒伤

治疗晒伤的稀释药水与烫伤相同（请参阅 1.10.11“烧伤及烫伤”），包括 Weleda 的 Combudoron（荨麻与山金车）凝胶或维生素 E 乳霜；要注意的是，有些儿童可能会对山金车过敏。严重的患者可使用湿敷，并常常更换。另一种方式是，经常在患部以此药方轻拍。若手边有夸克（发酵的脱脂乳）或活性酸奶酪敷剂，也可以缓解疾患并有助于快速复原。但患有湿疹又对牛奶过敏的儿童就不可以使用这些药物了。

尽可能在晒伤之前（及过度暴露于阳光下）防晒。在户外游戏的儿童，要穿戴遮阳帽与汗衫，甚至游泳时亦然。请务必擦上优质的防晒乳，因为同温层的臭氧层变薄了，所以当今的晒伤临界点会比以前更快到达，特别是在山上及高纬度的地方（南澳、新西兰、北欧）。曝晒过多的日光会造成伤害（就像其他一般性疗愈的作用）。对于日光，儿童的皮肤比大人的更敏感，因此甚至在明显晒伤前，他们的皮肤可能已接收过量的紫外线了，这样也可能会产生中暑的症状。如果在当天晚上或第二天，小朋友有畏寒、发烧至 40℃（104 ℉）、头痛及呕吐的情形，务必要向医师咨询。在等待医疗时，帮孩子保持凉爽或带至阴凉处，然后在前额冷敷以移除过多的热。要注意有些药物及疗法会大大地增加皮肤对日光的敏感度，所以请详读药物的信息。大部分的皮肤科医师会提出警告，建议在儿童及青春期时，要避免过多的日晒，因为这会增加日后皮肤癌的危险性。

建议：当阳光炙烈时，请务必帮孩子穿上汗衫，并戴上有边的帽子以保护脑部与脊髓；当孩子累了的时候，绝对不要让他在阳光下睡着，要带到阴凉处。在数周内，只能让孩子短时间曝晒在阳光下，这样会比较健康。请务必记住，过多的阳光会钝化心智活动。在防晒乳液的使用上，近来不会引起过敏的微细矿彩（二氧化钛、氧化锌）比过去的化学性防晒剂更受到推崇。

在海边或雪地里，请特别留心防晒措施。

5.22 昆虫咬伤与皮肤的寄生虫

5.22.1 昆虫咬伤

蜜蜂及黄蜂螫伤：当孩子被蜜蜂螫伤时，要赶紧以针或刀尖把刺去除，千万不要用挤的；假如可以的话，将一块刚切开的洋葱压在伤口上，或者以稀释的荨麻／山金车萃取物湿敷患部。如果出现全身反应时（因蜂刺刺中血管或因孩子有过敏性体质），要马上带去看医师。如果是被黄蜂螫到的话，可考虑注射一剂破伤风。

蚊虫叮咬通常只发生在身体未覆盖的部位，有些人发现以唾液或水（有无肥皂皆可）抹在患部会帮助止痒。在这里，Combudoron（荨麻／山金车）萃取物凝胶也有帮助；如果很痒的话，可以使用稀释的 Conbudoron 乳液。您也可以在药店或天然保健商店买到以太精油的水状乳液（Zedan 驱虫剂等），它能驱走昆虫好几个小时。晚上蚊子多的地方，最理想的方式是在床上挂蚊帐。

疥疮是由小虱子引起的，其特征是在皮肤发炎处，可以看得到数毫米长的小通道；而寄生虫本身是几乎看不见的。如果一个儿童有疥疮，家庭中的其他成员也通常会受影响。而小虱子排泄物的遗迹所造成的湿疹，可能会持续好几周，因此有可能将疥疮误诊为慢性内因性湿疹。患者的衣物必须煮沸、干洗或挂在户外四天；而医师将会开处方治疗。

跳蚤咬伤现在不多见，因为在某些国家，专咬人类的跳蚤物种据说已经绝迹了；然而有时候，跳蚤可能还是会从驯养或野生的动物处移居到人类身上。若咬伤处呈行状排列（如沿着腰头），就可以怀疑是跳蚤咬伤。假使室内有跳蚤，可以喷些天然的除虫菊精，因为那对人们基本无害；已经使用过或穿过的床单及衣物，于喷药前需先在满水的浴缸上抖一抖。

5.22.2 头虱

这已经变得很常见；校医对学龄儿童做例行性检查时，通常会发现问题所在。

头皮发痒时，会让人察觉到头虱。由一些经验得知，要发现虫卵是容易的，甚至常常连大小不一、敏捷的成虫都可以找得到。如果一个儿童患有头虱，整个家庭都接受治疗比较好。

治疗

不幸的是，天然的除虫菊精已经不再那么有效，而在许多国家，也出现了对Permethrin（一种合成的除虫菊衍生物）产生抗药性的报告。而现今引人注目的替代品是印度楝树油的产品（可上网购买）。

治疗头虱可以使用含印度楝树的洗发精，洗头后在头发与头皮擦上含印度楝树的乳霜。要在所有患部和身体毛发处擦上产品，然后留置过夜，第二天早上再清洗掉。在清洗前，可以使用跳蚤梳除去死去的虱子与不能孵育的虫卵；至于剩下的虫卵，就要使用镊子或细梳去除了。7 ~ 10 天内需重复此疗法。

如果使用除虫菊萃取物的话，治疗方式如下：在一周内，每天洗发并检查虫卵。但如果以加了醋的洗发水每天洗发，并仔细检查和剪掉附有虫卵的毛发，也是有效的。在澳大利亚、新西兰与南非，可以买得到一种美国制造名叫 Lice-B-Gone（“头虱走开”）的产品。另一种方法可在两星期内见效，就是使用迷迭香洗发精和润丝精，然后在冲洗润丝精之前，头发还湿湿的时候，使用细梳子梳头发。请在两次梳头间，清洁梳子上的虱子。孩子可以站在澡盆里或浴巾上。如果还发现有虱子，就需要每 3 ~ 4 天重复做一次。

全部衣物都应该放进冷藏室或加热的密闭空间两天，以杀死虫卵。如上所述，进行治疗并完全吹干头发后，全家人都要再次检查有无虫卵存在。大量新的寄生会在头皮上方约一厘米左右被发现，如果是超过三厘米，您就可以确定这些是旧的、也就是空的虫卵（如果怀疑，活的虫卵可在显微镜下验明）。如果您使用虫卵专用梳（可从药店购得），很重要的，因为新虫卵的位置，您必须从非常靠近头皮的地方开始梳。另一种比较不会不舒服的方法，是从根部直接剪掉已有虫卵寄生的头发。

当发现有头虱寄生时，要立即告知您孩子的老师和其他家人，千万不要不好意思，因为头虱是群居的生物，而且很喜欢特定的人，但这并不代表有头虱就是卫生习惯不佳喔！完全的公开是避免头虱散布并再寄生的唯一途径。依据所接受的治疗方式，您的孩子（虽然本身已不具传染性）可能很容易就在第二天将虱子从学校或幼儿园带回家；假如没有完全更换他们的床单或衣物，并放在冷藏室或加热的房间两天的话（在寒冷或热气中，且没有宿主时，任何快速探出头的幼虫，都会精疲力尽而死），再寄生就可能因此再度发生。

儿童应该在头上完全找不到虫卵时才回学校上课（他们即便已完全摆脱虱子，但在头发上仍然可能有一些空的或死的虫卵。然而，如果不是以显微镜检查，您无法确认这些虫卵是以前的或是新的）。请查明当地对于患者就学或出入公共场所等的隔离规定。

5.23 疣

疣可能是凸起（在指甲上）或平的（足底疣），由具传染性的病毒引起，常经由公共游泳池散布开来。可以干冰或外科方式去除，软化鸡眼的绷带并没有帮助，但有些强烈的溶液（需要处方）是有效的。我们偏好含有铋与锑的软膏，虽然需要些耐心（可能需时 1 ～ 3 个月），但大多数的疣对这软膏有反应。有些人尝试以魔法或咒语治疗，但我们并没有这样的个人经验。

传染性软疣的特征是有多发的、稍硬的、针头大的角质化结节，中心会有开口；一般多发生在皮肤较细的地方，经由接触或在游泳池里传布。

治疗的选择包括挤出内容物、磨掉，或使用上述提及的药膏或茶树精油，最后它们会自动消失。擦些 Chelidonium Majus（大白屈菜）的新鲜汁液，也可以很快地得到改善。

5.24 过敏及毒性皮肤反应

清洁剂、衣物柔软精、护手霜、化妆品、加工纺织品里许多不同的化学物质，已导致许多过敏性的皮肤反应。过敏通常只是局部的反应，然而它也可以在全身各处发作，在皮肤或黏膜上、支气管中，或出现像免疫系统过度反应一样的循环性反应。不管引发过敏的化学物质量有多少，会出现过敏反应的，只局限在那些本身有过敏的人身上。过敏的表现形式差异很大，我们几乎可以说，过敏症状能模仿任何一种皮肤病（请参阅第 6 章）。如果怀疑是过敏反应，请先避开该特定物质，检视症状是否缓解。食物（如草莓）和药草（如山金车）偶尔也会引起皮肤过敏的反应；而一些特定的西药（特别是磺胺药与抗生素）在某些人身上会引发皮肤过敏，其症状甚至常常严重到让人避免去使用这类药物。病菌也有可能导致过敏，这样的病例在流感或其他感染期间，会出现疹子；这种病的表现也是非常多样的（可以是微小、中型，或有时像风疹块那么大并凸起的斑点），身体上任何皮肤都可能被侵犯。

治疗

木贼茶浴（请参阅附录 1.8.5），已被证实对所有的过敏性皮肤疹有效。此外每小时服用 Urtica comp.（荨麻复合剂）五滴，可能的话再加上每日三次的 Quarz D12 trit.（石英 D12 粉末）。

沐浴后，如果皮肤干燥，请擦上滋润软膏。以下处方可为参考：

- 10%Urtica Dioica（异株荨麻浸泡液）80.0
- Eucerinum Anhydricum（羊毛脂醇软膏）ad 200.0

如果皮肤是正常或油性的话，可以使用舒缓粉末以取代软膏。

视整体过敏的情形而定，可利用体质调理疗法刺激肝、肾活动或其他新陈代谢的功能。

5.24.1 过敏性接触性皮肤炎

夏天，在开放的空间里走路或工作时，有时会不经意碰触到各种会引起皮肤反应或皮肤疹的植物。在某些地区，假如接触到 Poison Ivy（野葛）会导致严重发痒及皮肤红肿；其他可能引起接触性皮肤炎的植物有：蓍草、报春花、漆树与毒橡树。在北美有一种 Ieracleum Species（欧洲防风草）会造成日旋光性皮肤炎，它会使得皮肤红肿、起水泡，就像烫伤一样；治疗方法与晒伤相同。我们应该要教导孩子认识当地的这些植物，如果可能的话，要尽量避免接触。

5.24.2 荨麻疹

大多数人都忍受过被荨麻或马蝇咬伤所引起的疹子，因此对“荨麻疹”的皮肤症状都很熟悉。荨麻疹的皮肤会肿起来，呈白色（相对于红色背景时）或是红色（对照正常皮肤的背景时），分布不规则且形状也不定。虽然非常痒，但患者倾向以摩擦而不是以搔抓患部止痒。症状持续的时间也不一样，可能第二天就好了，或持续好几个星期。在大部分的案例中，病因仍不明；硬奶酪及可可亚因为含有组织胺，会使荨麻疹恶化。这不算一种过敏，仅是皮肤对昆虫咬伤、温暖、寒冷或压力所产生的过度反应而已。严格说来，荨麻疹并不是因过敏而引起的。较轻微的病例，可以在家以舒缓的粉末治疗即可；如有全身性症状，就要看医师了。

5.24.3 丘疹性荨麻疹

和荨麻疹比起来，这类的疹子更常发生在幼童身上。它摸起来的感觉和荨麻疹一样，但是那些隆起的白色或红色疹子，直径却只有几毫米。就像荨麻疹，它的致病机制仍不确定。

第6章

过敏性的敏感反应

6.1 免疫反应一如学习的过程

6.1.1 过敏的原因

目前，在西方国家中，有 1/3 的人不是容易因季节性过敏就是因异位性过敏而受苦。健康的身体会赋予所有器官不同的表面，而且所有与外界接触的表面（皮肤、肺、肠子）也都保有各种保护的功能，可以保护并防御自身。我们称所有这些具常态保护功能的整体为免疫系统；而当这些功能失衡，以致对特定物质“过度反应”就会造成过敏的症状。

过敏在近几十年来快速增加的原因包括：

- 在环境、食物及衣物中，广泛地使用许多新的物质。
- 过度的卫生，及城市儿童过度地缺乏暴露于植物和动物的过敏原之中。
- 太早引介牛奶。

如今仍在调查的其他可能因素有：

- 在早期复合式疫苗中的活性成分及添加物（请参阅第 10 章）。
- 传统的农法作业及工业上的食品加工处理。
- 发烧的不当治疗。
- 一胎化家庭数量的增加。
- 抗生素的使用。
- 匆忙与压力。
- 失去自我认同及被接纳的感觉。

6.1.2 什么是过敏

最近在瑞士、荷兰、奥地利、瑞典及德国进行的 PARSIFAL 研究（Prevention

of Allergy Risk Factors for Sensitization in Children Related to Farming and Anthroposophical Lifestyle；人智学农法与生活对儿童过敏因素防范之相关性研究），统计分析的结果仍在进行中，初步的发现指出，过敏性的敏感反应也受生活型态的影响。

“过敏”这个词是在20世纪初，由小儿科医师Clemens von Pirquet发明的，其简要定义是“添加的反应”。当**过敏原**（触发过敏的外来物质）被吸收（借由食物或药物）、吸入或接触（特定的植物或动物毛发）时，身体内在的防御机制会被强烈地启动。身体不是学着如何去处理该特定物质，反而是夸张地抵制。这样的抵制造成了皮肤出疹、发痒、黏膜肿胀、腹泻或其他症状。对抗这些过敏原的特定（经常是非特定的）抗体，在血液中或细胞表面上形成。因为血流会带着这些抗体经过全身，所以仅只是一只手接触到致敏的物质就足以使嘴唇肿胀、脸部发红。

形成抗体是免疫力的准则；在感染疾病时，这是很需要的。抗体经常是在被忽视的“无声无息”中，或是无临床症状的感染中发生的。然而在过敏症里，这就变成了问题，过度的抗体分泌会与其他反应过程相互作用而产生过敏症状。

然而，在一些案例中，有过敏倾向的身体，经过数年，确实学会了处理过敏原。气候的变化可能会促进这个过程，因为它会迫使身体改变、适应，而且一般而言，会变得更有弹性。类似的结果，有时候也会在伴随着高烧的儿童疾患之后被注意到，因为这等于对整个免疫系统提出很高的要求，而最终可能使得免疫系统变得更强壮、更有功能。在许多案例中，减敏现象也可以通过长期的“体质治疗”（健康饮食以及个别处理的顺势疗法与人智医药剂）来完成。这也是顺势疗法做一整年体质药物治疗的目标（不是总能成功）。除了食物过敏，儿童期最常见的过敏性疾病是慢性湿疹（请参阅5.10“慢性内因性湿疹、异位性皮肤炎或神经性皮肤炎”）、气喘（请参阅3.5.4“我的孩子有气喘或阻塞性支气管炎吗？”）、花粉热（请参阅3.4），及荨麻疹（请参阅5.24.2）等。蜜蜂或黄蜂螫伤（请参阅5.22“昆虫咬伤与皮肤的寄生虫”），偶尔也可能引起过敏性（过敏反应）休克。

这不仅只是一个比喻而已，对于能在“自体”与“非自体”之间辨识有害物质，在不同阶段中对应于学习“觉察”或“认出”有害物质的术语，医学上倾向以免疫“记忆”之类的词汇来形容免疫过程。

长久以来大家都知道，个体基因的潜能是一个开放的系统，它不仅能终生学习，也能一方面受到外在世界，另一方面受到思维与情感“内心世界”的双重面向激励而学习。

6.1.3 以学习能力作为预防策略

身体的自愈能力（因此也是免疫调节）与思维活动相关，这是鲁道夫·斯坦纳于此最相关的发现之一。斯坦纳叙述“以太体”不只是自我调节与痊愈的载体，也是个人思维过程的载体（请参阅 14.4.3“最初期的纯思维活动迹象”）。因此免疫功能不仅决定于遗传，也决定于儿童自己的学习与热情能力，以及（广义而言）在家庭与学校所教育出来的生活型态。

截至目前为止，优质传统的慢性过敏治疗，不单单只以使用药物为基础。患者的卫生教育与个别的建议，上至包含教育议题（例如，一位对稻草过敏的孩子，如何能参加实作的农耕课程等），已经变得越来越重要。

此外，如果儿童从一开始便乐于学习，他的免疫能力发展即能增强。对于在幼儿园与学校中就实践乐于学习，且愿意不断从旧有、熟悉的事物中看见新面向，并能以正面方式处理负面经验等的态度，这类儿童会更轻而易举地增强免疫力。

为什么这会如此重要呢？因为它能促进健康的自我觉察与认同感的发展，而且能帮助儿童处理他们的冲突。同时，Aaron Antonovsky 的“连贯统整”感，在达成并维持稳定的健康状态上，也是一个决定性因素：当儿童所经验的世界是“连贯统整”的——可理解的、有意义的，并且是易于处理的——他们在心理上就能“免疫”，也就是说，有适应力、较不容易受到伤害。

在未来几年，以 Salutogenesis（健康起源）模式为基础的生活型态研究，将会增加我们对诸如异位性过敏等“文明病”的理解。然而细心的自我观察已经可以告诉我们哪些环境会让我们感觉好一些；哪些会加剧我们健康的敏感反应，直到过度反应以及无法防卫的自我破坏。当今活着的人们，是遭受价值观衰退、对生活恐惧、对人类存在意义怀疑，以及面临大规模苦难挑战和惊悚恐怖行动等为难的第三个世代。起初，所有这一切挂虑与问题，会压抑并减弱健康的免疫反应；然而，从长远来看，以“积极性、自我接纳，及创意性文化参与”等的应对方法，就像“积极性和目的感失落”的提升，一样能有效地抵销敏感性过敏。

实用的策略及影响

- 和孩子产生爱的认同。
- 提升孩子的创造力——例如，通过数量有限，但却有可能产生许多不同经验的玩具。
- 借由逐渐形成感官印象激励儿童的专注力（请参阅第 12 章）。
- 通过规律而节奏的日常生活作息，以及逐渐形成的宗教价值观，来创造安全与信任感。
- 设定明确的界限。一位过敏的儿童，在身体层次上，无法如正常儿童一般地分辨自体与非自体。若能学着在心灵层次上作出区分，往后将能在身体功能上继续工作。无论是过度的放纵，或过度的纪律，都忽视了儿童在心灵层次对健康界限的需求。
- 由成人作出决定，再以爱的意志陪伴适应，并从生活的具体情况中寻找方向，在帮助过敏儿童时特别有效益。
- 健康而简单的食物。
- 建设性的态度，我们可以向生命中隐密的危险学习；而且我们有外在与内在的资源足以对付它们。
- 接纳您的孩子，并提供他“他就像他自己的样子那么好”的感觉，而且每一个人都是在某些方面“正常”，但也有某些特定问题需要处理。

第7章

“儿童期疾患”及其他疾患

几乎所有的父母在面对第一个孩子首次生病时，都不知所措而又焦虑。突然间，这孩子就不一样了——变得敏感、躁动不安、任性或是不寻常的静默和严肃——并且烧得发烫。

我们对孩子自愈能力的信心强度，取决于处理孩子最初几次感染的经验。我们都知道，我们不能期望孩子不受传染病、突然高烧及儿童期疾患的试炼。因此，我们不仅要视儿童期疾患为问题，也要视之为促使日后健康状态更稳定生长的因素。

相对于上一章所描述的过敏疾患，每一个感染疾患的康复，会在“攻击”与“防御”的进程间，经历过一连串令人惊讶的规律的、可预期的相互作用。因为这个可预期性，这些传染病也被称为“自限性”疾病。它们主要可见的症状——发烧、红疹、淋巴结肿大，或是呕吐——通常是身体克服感染源的奋战征象。这些症状是身体面对疾患不可或缺的反应，是为了克服疾患做准备——也就是说，为了要达到更高阶免疫力的新平衡状态。感染性的与过敏性的疾患差异，或许可以解释为什么过敏性有时候会在小病人历经了典型的儿童疾患后获得改善，而为什么世界上一些儿童面临许多传染病的地区，气喘较不普遍。

当今日的许多成人，仍然应当将他们坚强而富弹性的免疫系统归功于儿童时期被允许学习与病菌共处的事实；也就是说，他们是在没有退烧剂、抗生素或疫苗的情况下，从急性病症中存活下来的。未来世代的成人，因为童年并未受到相同程度的病魔经验养成；所以他们将会如何发展仍有待观察。在免疫系统弱化与功能失调中，如同之前所叙述的有许多因表层器官（皮肤、肺脏、小肠）的超敏反应引起不同的过敏症；在“抑制感染源”与“全球传染性疾病增加”这两者之间是否有某些关联？今日，我们再也不能很有说服力地论说“儿童期疾患”这个名词，因为疫苗注射的可能性以及工业社会中人们的越来越疏离，使得曾经被认为是儿童期典型的传染疾病改变了发病的时间。举例来说，麻疹及水痘现在大多发生在青少年及成人身上。

以下的章节旨在提供主要传染病的症状、风险及并发症的具体概述，以减轻未知的焦虑。哪一种病症孩子必须认真面对，以及如何面对，并非巧合的事件，而是孩子个人命运的一部分。由此，我们将试着以一种让父母尽可能更有信心地协助病童的方式描述这些儿童期疾患的急性症状。[1] 为了同样的原因，我们增加了关于这些症状的目的及意义的一章（请参阅第 8 章）。

7.1 麻疹

症状：接触到麻疹后，在 10 ～ 13 天开始出现流鼻水、咳嗽、眼睛发红及中度发烧。从第 12 天到第 14 天，沿着脸颊的黏膜内层出现白色小圆点及"蜘蛛网"（所谓的柯氏斑点 Koplik's spots）。第二阶段的发烧从第 14 天开始，伴随迸发小丘疹，首先从耳后很快地扩散到头部、躯干还有四肢，融合为大面积的红疹（照片 10、11）。病患觉得非常不舒服。腹泻并非少见。除了咳嗽会持续得较久，其他症状会在红疹出现后五天内消褪。

潜伏期（接触到疾病和初始的疾病征候出现的期间）：10 ～ 12 天。

传染性：从接触后第九天到红疹出现后第四天，非常强。病毒借由空气中的飞沫传播，咳嗽和打喷嚏时可喷出数公尺远。

免疫力：得过麻疹后即终身免疫。母亲得过麻疹的婴儿可以完全受到母亲抗体的保护达四个月之久，且接下来几个月还有部分的保护力。如果妈妈只是接种过疫苗，被动的免疫力是不可靠的。

伴随的疾病与并发症：中耳炎、鼻窦炎、肺炎并非少见。有危险并发症的脑炎，是罕见的后遗症（详见以下说明）。

治疗：务必与医师联系。

卧床休息；安静、没有灯光的房间；发烧时主要给予液体食物。

麻疹的综合症状具有相当大的影响力。得麻疹的孩子会觉得虚脱无力，在被单下有着肿胀、布满红斑的脸，孩子避开光线向外凝视，眼睛发红且被挤到只剩

1　有些国家有不同的实践，一个实用的新西兰网站是http://www.imac.auckland.ac.nz。

一条仅可看东西的细缝。想开口说话就可能引发喉咙深层有痰的咳嗽。四天前，疾病从有点发烧、貌似无伤小感冒开始。一天前，在医师的诊疗室里，他似乎已经好些了，但医师检查孩子的口腔后发现颊部有小白斑及线条——此乃麻疹的初期征候。那天下午，小男孩的四肢开始发冷，傍晚就发高烧了，一点一点最大到直径一厘米的疹子开始出现，先从耳朵后面和头部，很快地往下蔓延，一直到手脚也都布满红疹。

孩子很不舒服，在此阶段，每天与医师保持联系是很重要的。一天要数次注意他的脉搏及呼吸速率，检查鼻翼的扩张并记录他的体温。发出疹子后的第三天左右，症状就应该有明显的改善。咳嗽会持续一周或更久些。

耳朵痛（照片 4）表示中耳感染开始了；鼻翼外张是肺炎的征候。一次又一次的全身性抽搐或是伴随着痉挛的另一波高烧表示发生脑炎。然而在疾患初期，个别发生的热性痉挛通常是无害的。

在有急性症状期间，如果可能的话，请医师到家里给孩子看诊。如果您不能避免移动他——例如：您要带他去医院，则要确定让他一直保持躺着的姿势。

麻疹的诊断一定要由医师确定。我们不建议用退烧药，但请参阅第 2 章所建议的发烧处理方法。

在整个病程里，确定您的孩子得到他极需的休息是很重要的。小病人不应该注视着亮光，或是待在有鲜艳壁纸的房间里。**最重要的是，他们不应该不断地暴露在收音机或电视的环境里。**

很重要的是，我们必须知晓，依病症的严重性，孩子的免疫力可能会在感染麻疹后几星期内呈耗竭状态。为了让身体有足够的康复时间，最好向您的医师咨询。

所有在传染期间与病患接触过的孩子及成人，都应被视为已感染。如果他们已经接种过两剂疫苗或得过麻疹，这次的接触将可以强化他们的免疫力，其效果就如同追加了一剂强化疫苗。只接种过一剂疫苗或没得过麻疹的人，还是可能会发病，除非他们在 3 ～ 5 天内再次施打疫苗。[1]

1 让身体在感染初期体内病原量较少时，就借由较高病原量的疫苗刺激而产生抗体。——译者注然而，为了避免无意间传染给其他孩子，在带着可能已被传染麻疹的孩子就医前，请先打电话给医师。就另一方面来说，有些未接种疫苗的学步儿，其父母可能会因孩子得了麻疹而高兴，因为在这个年纪发病的严重程度，会比等到学龄期才发病来得轻微，而已成功接种过疫苗的孩子有机会加强剂量，不需要再次施打疫苗。

在发达国家里，如果儿童得了麻疹，他就会获得额外的休息及谨慎的治疗，很少会有并发症的问题，虽然会被建议要小心，但处理疾病的经验是很有帮助的。不过，得麻疹时并发严重的肺炎虽然很少见，但即使在发达国家也可能导致死亡。在热带地区及卫生、生活水准及健康照顾较落后的国家中，麻疹的危险非常高。在这些国家决定预防及治疗策略时，一定要把当地的经验列入考量。然而，有一篇非洲的实证报告似乎值得注意：有一次麻疹流行时，只因为没有给予退烧药，死亡率就大幅下降（注 1）。

建议接种疫苗的人士，把因麻疹引起脑炎的比例设定在 1∶1,000 到 1∶2,000——这很明显是过高了。执业医师的看诊经验建议大约是每一万个麻疹病患里有一个，有位专家计算过 15,000 个得麻疹的学步儿才有一位感染脑炎。脑炎发生的可能性不可以被排除，然而，习惯使用退烧剂会导致脑炎增加的频率，因为病毒感染产生了并发症（请参阅 2.1“典型发烧过程”以及第 8 章的附注 1）。根据目前所知，麻疹引发脑炎的小儿科案例中，约有 1/6 会死亡，1/4 会留下永久性、有时很严重的神经损伤。在 20 世纪 60 年代，预后仍普遍被认为是好的（注 2）。之前未使用抑制症状的药物而康复的孩子，在面对病症上得到了经验，他们从麻疹复原的状况也比从来无此经验的孩子要顺遂。如果脑炎仍然发生了，父母在医院里持续支持、脑水肿的药物治疗，以及补充性的医疗合起来，都可以正面影响病症的进程（注 3）。

7.2 德国麻疹（Rubella）

症状：小红点的疹子、在颈部的双侧可摸得到扩大的淋巴结、发烧。

潜伏期：接触之后 2 ～ 3 周发疹子。

传染性：传染力比麻疹低，例如，病毒借空气飞沫传播。免疫力是面临“无声无息的”传染病的一个结果，它经常在没有明显疾病迹象之时即开始发展。这个疾病据说在疹子出现前一周到疹子出现后十天会因接触而传染，但这个接触传染期受到质疑。

免疫力：在疾病康复后可终身免疫。

并发症：在儿童时期，没有。青少年及成人在得德国麻疹之后，可能会发展成风湿性疾病。怀孕最初四个月罹患德国麻疹的妇女，会造成生产缺陷或死产（虽然全部胚胎都被感染，然大约 25% ～ 35%、最多 50% 的胚胎会受到此疾病的伤害）。

治疗：发烧期间需全程卧床休息。

这个疾病本身对儿童无害，会在感染后 2 ～ 3 周发疹子。第一次看时，这红疹类似麻疹，不过斑点的分布更平均，集中在躯干；它们很少融合成一大片。伴随红疹的发烧可能偏高，但不会造成问题。喉咙、颈部或是头部后侧的淋巴结肿大是典型的表征。

7.3 猩红热

症状：快速窜升的发烧，可能同时（不会一再出现）打寒颤、头痛、呕吐。密集而有着细小斑点的红疹看来像红的鸡皮疙瘩，主要出现在鼠蹊部及腋下（照片 12），可能只有短暂时间内可看到。双颊发红，但是嘴巴周围的三角区域仍然苍白。吞咽时疼痛，在上颚、悬雍垂与扁桃腺背面，会有不同程度的发红和肿胀。舌头上有一层白色的覆盖物，但第三天就消失了，变成亮红、覆盆子样的表面。喉咙的淋巴结肿大（照片 13）。

用抗生素治疗，发烧会立即退去，但只在第四到第七天消失。偶尔，在第二周末尾会发展出第二阶段的病症——另一波发烧及肿得更明显的淋巴结。红疹从第二周开始如雪片般脱落，第三周期间也可能有手掌及脚掌的大面积脱皮。

潜伏期：2 ～ 5 天（最多 7 天）。

传染性：变异很大。大约只有 10% 的人，终其一生感染过一次或数次的猩红热。婴儿不易受影响；最容易受感染的是 3 ～ 8 岁的儿童。

传播：经由分泌物、直接接触或是接触被污染的物体或空气，但通常只通过密集的接触（同住一室或住宅）传染。病原是各种不同的溶血性化脓链球菌（A群b型溶血性链球菌 /b-hemolytic group A）。尽管病患有的只是最轻微的症状，仍会传染给他人。

免疫力：几个月之内有可能复发，经常一年之后会复发，最有可能发生在抗生素治疗之后。[1]

伴随的疾病与并发症：中耳炎（特别在第二阶段）、小脓疹、嘴角的裂隙、鼻黏膜或鼻腔入口发炎。肾丝球性肾炎是不常出现的并发症，可能发生在猩红热发烧或链球菌喉咙感染后 1 ～ 3 周（请参阅 1.5“喉咙痛及颈部痛”）。其症状包含少量的血尿、脸色苍白、水肿，有些病患血压会升高。这些不能用抗生素预防的并发症，在当今的发达国家中非常少见，通常可以完全康复。急性风湿热也成为一种非常罕见的并发症，不过它非常令人畏惧，因为经常造成心脏发炎和随之而来的心脏缺损。在较不富裕的环境中，它发生的频率高很多，特别是在第三世界国家。然而，今日大多数的风湿热是由未被诊断出的链球菌喉咙感染所触发，而不是导因于猩红热。

治疗与隔离检疫：因为可能产生并发症，猩红热应该由医师治疗。

疾病开始第三或第四天起使用**抗生素治疗**，可以在不增加并发症的情况下，有效地减少复发的可能性。患者不应该参与公共活动，直到他们接受了至少 48 小时的治疗且没有症状为止。一般来说，家庭成员在病患被隔离或治疗开始一天后，就可以参与公共活动。

只有在父母及医师均同意的情况下，才可以**使用无抗生素的治疗**。依据疾病的病程，猩红热的治疗绝对需要卧床休息及补充性医疗。没有用抗生素治疗的儿童，不应该回学校或参与其他公开活动，除非他们完全无症状且从发病后已过了至少三周。把接触过病童的兄弟姐妹和病童隔离是有道理的，等几天看看他们是否出现症状。

在过去 40 年，猩红热显现的症状已趋于缓和，常常几乎无法辨识。

1　在身体还没产生抗体前，过早地给予抗生素虽然治好了病，但身体还是没有抗体，再次接触链球菌也还会再感染；最好先给予支持性治疗两三天，一边让身体产生抗体，一边等喉头检体确定感染原再给抗生素。——译者注发病四天后仍持续高烧，有时是由所谓的川崎氏症引起，这是一种和猩红热无关且必须以不同方式治疗的疾病。

虽然医师详尽的检查显示无特别的病因，即使是罹患轻微猩红热的孩子，可能痊愈后好几周仍看起来苍白而虚弱，因为此疾病伴随着可能影响甚而损害器官的强大崩解过程。因此，我们建议已经得到猩红热（即使有使用抗生素治疗）的孩子，都能有一段长时间的调养期（至少三周后才重新恢复日常活动）。如果旧的症状持续存在或发生新的症状（如：耳朵痛），就应该再给医师检查一次。在三周后的结束健康检查应该包括尿液分析，并检查心脏是否受损。

在我们小儿科的执业过程中，我们遇到许多父母想要避免抗生素治疗，特别是当他们的孩子因感染猩红热已接受过许多次青霉素的治疗时。在我们的经验里，如果父母与医师间能维持良好的合作，这通常是可行的。虽然我们把选择权留给父母，但只要家庭的状况允许父母能充分应对孩子的病症，避免抗生素的治疗仍是我们优先的选择。在许多人同住（群居家庭或是难民营）的状况下，或是在不发达国家中，避免抗生素的使用就不是一个安全的选择。

照常理推算，家庭成员在一周内就会被感染，但他们是否会发展成猩红热就另当别论。如果有家庭成员需要避免接触传染，这段期间他最好去和亲友住。隔离患者以及做一些像洗手、进病童房间穿隔离衣等预防措施，可能无法有效避免把疾病散播给其他的家庭成员，但还是值得一试。建议暴露于猩红热病毒中的人，使用 Bolus Eucalypti comp. 或 Olbas 油漱口，特别是可能经由工作传染给其他儿童的成人。有此情况的成人，如果出现喉咙痛就应由医师诊治。给全家人用预防性的青霉素治疗，常无法避免猩红热快速重现。

我们认识许多父母，他们报告了孩子由猩红热成功康复后的正向转变：特有的相貌变得更加显眼，或发展出新能力、新兴趣，或健康上更稳定的状态。例如，一个五岁女孩在画她的家时，突然获得详细描绘的能力，她觉得自己“全部都长大了”，也不再尿床。一个九岁的女孩在第二波的猩红热感染后，惊奇地发现“整个世界看起来像是刚被清洗过一样”。突然间，她对不同颜色的觉察力比起以前增强许多。当然这类观察很容易被忽略，但是对孩子的病症持有正向态度并留心观察的父母，将由这些小小的发现中得到喜悦。

7.4 玫瑰疹（三日热、猝发疹）

症状：快速窜升的发烧，热性痉挛并非不常见。连续三天体温高低变动不大的高烧（烧到 40℃ /104 ℉），之后迅速退烧时，会长出有细小斑点的红疹。

潜伏期：1 ～ 2 周。

易感染性：轻微，但七个月大到快三岁时最易感染。

传播：经由带有第六型疹病毒（HHV–6）的空气飞沫传染。接触传染的途径几乎仍是未知的。

并发症：一般来说没有。

不像以上所描述的儿童期疾患，“三日热”的特征是只在病程的尾声才发疹子。因为发烧来得又高又突然，可能容易引起热性痉挛，但这对大多数的案例都是无害的。化学性退烧药每次只有几个小时的效果，我们并不建议使用，因为它会迫使孩子重复花费精力重新达到发烧最高的目标温度。

7.5 其他红色皮疹的感染

有细小斑点的疹子也可能发生在其他类似流感之病症的尾声。这一通打给医师的电话内容是很典型的：“两天前，他发烧又流鼻水。昨天他好一点，但是今天他发疹子了，不过没有发烧。”如果没有其他症状，情况通常是如此，这位母亲就不需要带孩子去检查。也就是说，疹子代表病症要结束了。大多数这类感染的病原里，都包含了疹病毒群的病菌。

7.6 白喉

症状：患者会发烧，烧的温度相对来说不高，但从中等程度的不适到病得不轻的感觉皆有。咽头炎、扁桃腺炎以及 / 或鼻炎和喉炎（请参阅 3.5.3“格鲁布喉炎”）。随着疾病的进展，出现在扁桃腺上的一层脏白色、闻起来有甜味的覆盖物会延伸到上颚，但今日的患者常无此症状。喉咙淋巴结肿大。

潜伏期：2 ～ 5 天。

易感染性：在采用疫苗之前的流行期，5% ～ 10% 的人口会感染。

传播： 细菌经由飞沫、分泌物或是污染表面而散布。健康的人，包括接种过疫苗的人也会散布疾病。

免疫力： 有可能复发。

并发症： 因为细菌毒血症而造成心脏、肾脏衰竭。软颚的暂时性麻痹。白喉格鲁布喉炎（diphtherial croup）。

治疗： 需要住院。青霉素可以有效对付细菌，但不能对抗可能已经产出的危险毒素。另外，我们建议 Cinnabar comp. 和 Argentum met. prep. 30X。

在 19 世纪最初的 30 年间，白喉被认为是最危险的儿童疾病之一，致死率很高。然而，近 50 年来，这个疾病在先进国家已经很少见，几乎已经没有医师有治疗白喉的经验。在东欧（特别是前苏联），在 1987 ~ 1990 年有一次白喉的大流行，受感染的主要是疫苗接种尚未完全的成人，很少有例外。

这段期间，德国的感染率并未上升。从 1995 年起，这个疾病就因为严密的疫苗计划而获得有效的控制。在英国，白喉与百日咳及破伤风合并为三合一疫苗（DPT）注射。

白喉格鲁布喉炎比起一般的病毒格鲁布喉炎更要命。在严重的传染病中，白喉需要多加注意，因为全然发病后，它大大地压抑了病患的内生力量。即使病患没有发高烧，他仍看起来苍白、脉搏快速而微弱，血压也有偏低的倾向。此疾病的特征是内毒血症，对循环与神经系统尤其有影响。

7.7 淋巴腺热（感染性单核血球症、E–B 病毒）

症状： 发烧及扁桃腺炎，通常有广泛的白色覆盖物，但不会延伸到上颚。淋巴结肿大。偶尔有轻微的红疹。

潜伏期： 10 ~ 14 天（最多 50 天）。

易感染性／传播： 只通过亲密的身体接触传染——故俗称“亲吻疾病”，因此即使是室友也可能不会被感染。学步儿罹患此疾病通常症状轻微，可能不会被注意到。

传染性： 初期症状出现后的几个月，都还可能通过亲密接触而传染。

免疫力： 通常会持续下去，除非个体的免疫力变弱了。

肿胀不只发生在淋巴结，脾脏和肝脏也会。儿童通常不会有**并发症**。急性症状发生前后，可能会有长时间的疲惫感。感染淋巴腺热的个体，在接下来四个月内应避免预防接种，要等到免疫系统再度完全恢复功能。

治疗：不需要特别的治疗。可以使用欧白芷（Archangelica）软膏外敷缓和淋巴结的肿胀。

7.8 水痘

症状：会痒、接连出现零星散布的水泡，之后会结痂。发烧通常是轻微而短暂的。疾病持续 5 ~ 10 天。

在几天内，不规则分布的斑点会接连出现，快速地发展为充满液体的水泡，在痊愈前会先结痂。因为处在不同发展时期的疹子会同时存在，就令人联想到天文图上不同形状的“星星”（照片 14、15）。水泡也会出现在头皮、手掌、生殖器官上和口腔里。在一些案例中，肚子痛显示小肠的黏膜也被感染了。这疼痛可能是急性突发的，因而易与盲肠炎混淆。

只有发烧的孩子需要卧床休息。治疗通常只局限于在发痒的皮肤区域撒上缓和的粉末。晚上泡个加入洋甘菊茶或云杉针萃取液的温水澡可以帮助止痒。如果水泡被感染了，就不要用这些产品。

感染的水泡在愈合时可能留下小痂痕，但通常会随着时间消失。

潜伏期：11 ~ 21 天。

易感染性：非常高。因打开的门或窗户而不经意地暴露在病毒中就足以传染。“沉默”（无症状）的感染就产生免疫力的状况是不寻常的。

传播：病毒经由飞沫传染。接触传染期间从症状出现前一两天到最后一个水泡干掉为止。

免疫力：病毒可能在日后以带状疹的形式再次出现。如果妈妈得过水痘，初生婴儿在出生后前几个月都是免疫的。

并发症：不常见。在体质不好、倾向会得神经性皮肤炎的个体，其症状会较严重。对免疫系统较弱的人，还有妈妈在快生产时感染水痘的新生儿来说，这个疾病是危险的（请见以下说明）。

平时这疾病是无害的，但在医院里就很可怕，因为它会借着空调系统传播，使免疫力较弱的人陷入危险。

近来有报导指出，感染水痘的案例，发生非常罕见、但却很严重的并发症，属于会影响结缔组织、肌肉和骨骼的链球菌感染。因此，发高烧或有严重症状的水痘患者，需要迅速住院治疗。

有些得过水痘的人，在日后面临压力或免疫力下降时就容易感染带状疱疹。这个情况的特征就是渗入皮肤的坚实水泡，只会出现在和一条主要神经相对应的特定区域。神经痛可能很严重，患者可能持续发高烧。举例来说，从罹患带状疹祖母那儿感染到病毒的儿童，会发展为水痘而不是带状疱疹。

7.9 口腔溃疡（单纯性疱疹口炎）

症状：明显难闻的口臭，口腔内非常刺痛的水泡及溃疡（口疮），常伴随着高烧和淋巴结肿大。持续期：7～9天。十个月大到三岁的孩子最容易被感染。

潜伏期：2～6天（最多12天）。

易感染性：急性的型态较少有。无症状的感染常会产生免疫力，症状轻微的案例可能只出现少量的口疮。通过身体接触或是飞沫传播。

免疫力：只有部分的免疫力。可能终生都会有唇疹（面疹）复发的情形，但有些人只在经历严重的疾病（如：肺炎）时，才会有此复发的状况。

并发症：在有神经性皮肤炎的患者身上，此疾病可能会很严重，且会影响大面积的皮肤。

口疮是发生在口腔黏膜组织内，呈扁平状、灰色、会痛的破口（最大像扁豆大小）（照片16）。疱疹性口炎患者会出现大量的口疮，并可能出现在口腔周围的皮肤上。感染疱疹性口炎的孩子常常拒绝进食，也很难说服他们喝下足够的液体以避免脱水。有脱水现象的严重患者需要住院。

在家里的处置：对于大到可以忍受润湿自己口腔的孩子，稀释Weleda漱口用品、Cinnabar comp.（满满一匙盐，一天五次）或Wala的Mundbalsam gel（口腔香膏）可以缓解症状。在南非可以取得Wala的Echinacea comp.口腔喷雾剂。所有经口的用药都要用水稀释，以降低酒精含量到1%以下。给予Apis/

Belladonna cum Mercurio（一天五次，一次五滴），可以帮助治疗。在罹患疱疹性口炎期间内下降的体重，很快就会再回复。

持续数天到数周的**单一口疮**（溃疡）与疱疹性口炎，除了疼痛以外没有共同之处。它们比较可能是因为对较少接触的食物（如：圣诞节蛋糕或布丁）产生特定的过敏反应而引起的。

7.10 流行性腮腺炎

症状：发烧（通常是高烧）以及腮腺（位于耳朵两侧下方的唾液腺）疼痛肿胀，使得耳垂突出（照片 17）。持续期间：至多一周。

潜伏期：2 ～ 3 周。

易感染性：无症状的感染常常就产生了免疫力。婴儿通常不会感染。

传播：经由飞沫传染。接触传染期间可能始于症状出现前 24 小时，一直到出现后三天。然而有些案例，可能早在症状开始前一周到开始后九天，就有病毒从唾液中脱离出来。

免疫力：获得免疫力最有效的方式是通过罹患此种疾病；复发很少见。

并发症：得到腮腺炎的青少年或成年男性可能会引发睾丸发炎。听力受损虽然较不常见，而且通常是单侧的，一般来说却是永久的受损。**流行性腮腺炎所引起的脑膜炎（或脑膜脑脊髓炎）**，是很少发生的并发症（请参阅 1.1“头痛”），它通常不会有后遗症，不要将它和脑脊髓炎搞混。

所产生的症状和严重性变异很大，但是很典型的症状是脸颊和耳朵周围会肿得像腮鼠一样（照片 17）。大多数患者会发高烧并感觉病得很重。有些孩子的胰腺也受到影响，可能发生呕吐及腹部类似肠绞的疼痛。有些孩子单面或双边的脸颊可能会短暂肿大，几天之后又会再肿大，或许会伴随着发烧。还有其他的孩子会发展出严重而持续的头痛，不想从床上坐起来。这些案例多数会影响到脑膜，此类症状乃导因于上述的**流行性腮腺炎所引起的脑膜炎**。这种情况可能没被辨认出来；幸运的是，这对儿童来说几乎是无害的，通常不必住院。流行性腮腺炎引起的脑膜炎，几乎从不需要做腰椎穿刺。因为流行性腮腺炎是经由病毒感染，以抗生素治疗是没用的。要学习辨识这项并发症，可参阅 1.1“头痛”讨论。

通常单侧又很疼痛的睾丸发炎，常发生在得到流行性腮腺炎的青春期之后或成年的男性身上，精液的存活力可能会因而降低，不过因为得流行性腮腺炎而导致不孕的情形极为罕见，即使睾丸双侧都发炎也不会。女性也可能发生类似的卵巢发炎，但通常也是无害的。

流行性腮腺炎引起听力受损的情形不多（发生率据报为 1 ~ 1.5 万个患者中会有一位）。

真正脑炎的发生率甚至更低。关于这类并发症好发率的资料需要被严谨地评估，因为它们受到地理、文化及个别体质因素的影响，也可能反映出流行病或不适当的治疗。并发症可能发生在病症开始两周后。

家中的处置：在脸颊上（不是头盖骨）涂抹欧白芷药膏，或敷上葵花油或橄榄油做的温湿敷布。腹部疼痛则敷上洋甘菊或耆草茶做的温湿敷布。患者的饮食应该是无油的。即使温度高也不要试图退烧，除非是医师的建议。正如前面提到的，发烧可以降低病毒活动力因而减少并发症。

父母们一再地提到，他们的孩子得过流行性腮腺炎后，变得更独立了。

7.11 百日咳（天哮呛）

症状：流鼻水、咳嗽、体温上升维持 1 ~ 2 周，接着是更频繁的咳嗽，尤其是在晚上。可能一小时左右就咳一次，持续大约半分钟，最后常咳到吐。整个病程约持续 6 ~ 10 周。

潜伏期：大约 7 ~ 14 天。

易感染性：越小的孩子越容易受到感染；**婴儿并不受到妈妈的抗体保护！**症状在大人身上不明显，而且可能不会被诊断出来。

传播：大约两公尺距离内都会飞沫传染。即使患者没有咳嗽，他呼出的空气里都有细菌。接触传染期从感染后 7 ~ 10 天开始，一直持续到阵发期开始后四周。

免疫力：得过此病的人通常会有不错的免疫力，但是因为其他病菌会造成类似百日咳的症状，表面上看起来像是复发的现象是有可能的。

并发症：肺炎。出生后三个月内的婴儿，可能发生呼吸衰竭、痉挛和某种特殊型态的脑炎。今日，有些婴儿猝死症（SIDS）的案例可能与未诊断出的百日咳感染有关（请参阅 9.2“婴儿猝死症”）。

如果医师的接待人员听到在等候室里有像狗吠般、痉挛的咳嗽，他们会火速护送孩子及其母亲进入隔离室，妈妈对此迅速的反应会感到十分震惊。

典型百日咳的发作最常发生在晚上，为了要排出逐渐累积的透明黏痰，需要强力大声、刺耳且如断音般的咳嗽。孩子在一次次的咳嗽之间没空档呼吸，而且反复的咳嗽把空气全都赶出肺部。他的舌头在气流周围卷成管状；脸部肿起来，变得有些发青。过了几秒（对关心的旁观者来说似乎太长了），在狭窄的声带间发生了一次慢而像鸡啼声的吸气。整个咳嗽的过程会重复一两次，之后孩子吐出痰（可能还有上一餐所吃的东西）。这孩子耗尽了精力并很快地入睡，但在他睡着前您可以给他某种流质的食物。到下一阵咳嗽前至少会有半小时的时间，在这段时间内液体会被小肠吸收。

孩子咳嗽发作时，不要拍他的背、把他拉离床铺，或显现出其他激动的征兆。这不会缩短发作的时间，只会让已经很沮丧的孩子状况更糟。为了帮助他吸气，轻轻地撑着他的前额，在他咳嗽时说些缓和的话语，例如“来，全部咳出来。很好，现在吸口气，再咳一次”。让他知道情况都在掌握中，不需要慌张。往往，您的冷静同在是孩子唯一需要的帮助。俯卧的孩子可能会用手臂撑起身子，直到咳完再躺下。理想的状况是，父母有一人要睡在孩子房间里的另一张床上，以便在需要时清理呕吐物，并为孩子换床单及棉被。

发烧在百日咳的阵发期不是典型的症状，所以如果孩子发烧了，就要询问医师的意见。

预防：对不到三个月大的婴儿来说，百日咳是危险的，因为他们不能有效地咳嗽。脑部的并发症也并非罕见。

所有准父母都必须知道如何预防他们的新生儿或小婴儿被感染：正在咳嗽或对抗感染的成人或儿童，应该避免到婴儿房间；如果父母自己被感染了，他们应该戴口罩。若小婴儿的哥哥姐姐从未得过百日咳，而幼儿园或住家邻居里有一个孩子得了此项疾病时，妈妈应该要特别警觉。如果您怀疑宝宝已经感染了，您的医师可以采取必要的措施。使用影响幅度小的抗生素可使刚染病的新生儿避免其他感染。

如果您的宝宝感染了：新生儿感染百日咳的机率几乎是 100%，甚至喂母乳的婴儿亦然。如果您怀疑自己的宝宝已接触到病原，请密切地监控他的情况并照会医师。症状一出现，宝宝就要马上住院，如果父母或其中之一能在医院陪伴，孩子的预后情况会比较好。

3 ~ 6 个月大的宝宝感染百日咳时，也会病得很重，但是大部分的案例已能有效地咳嗽。根据医师及父母所处的环境及经验，可能还是会建议使用预防性抗生素。除非是因为疏忽，一岁以上的孩子很少发生并发症，也不再需要预防性抗生素。针对三个月以上的健康孩子，我们常常也有能力不再使用了。

百日咳对患有软骨症或是饮食缺钙的孩子来说，显然较具危险性。所以当小于一岁的孩子，其百日咳突发期变得很明显时，我们总是建议要找医师检查。

阵发性的咳嗽可能经过几个月、孩子受到新感染的任何时候再发，虽然届时他不再会传染给别人。长久以来众所皆知的是，百日咳极少引起气喘或过敏，也与近来此类疾病的增加没有关系。

父母经常注意到，以前挑食又吃得少的孩子在得过百日咳后，变得食欲大增。

医疗处置：不论对婴儿或大一点的孩子，给予化学镇定剂或止咳药会使百日咳更危险，因为这些药物减低了咳嗽的频率与强度，结果使痰更可能留在肺里，而导致肺炎及脑部缺氧。有鉴于此，顺势疗法或是人智医学的治疗法似乎比较合理且危险性较低。

晚上给孩子好好泡个温水澡，接着在喉咙或胸部做短暂的湿凉敷（不要敷到脊椎），有时可以降低夜咳的严重度。

只有在预防婴儿感染或已经得肺炎的羸弱孩子身上，才会使用抗生素。在病状初发之时使用抗生素可以缩短症状持续的时间，并降低其严重度，但这可能抑制免疫力的有效发展。

7.12 传染性 A 型肝炎

在不同型态的肝脏感染里，A 型肝炎对孩子来说是最常见，也是最不危险的。专家强调它从未引起永久性的损伤（肝硬化）。患者在得病初期会感到疲倦、没有食欲；恶心或呕吐、腹痛、腹泻和发烧也可能发生。当黄疸症状出现（只影响约 1/3 的患者），症状通常就改善了，但是患者的尿液变得异常地暗，而大便则颜色变浅。通常经由粪便传染，不过可以借着良好的厕后卫生习惯降低传播。感染后 15 ~ 50 天症状才会出现，但病毒早在一两周前就被排到粪便里（也就是说，病人是会传染疾病的）。无论任何情况的黄疸，医师都应该查明原因。有任何病毒性肝炎的案例，都应该向当地健康卫生机关报备。

治疗包含卧床休息、将温热的耆草茶湿布敷在肝脏处（请参阅附录 1.4.3“蓍草肝脏敷布”）及容易消化的饮食。另外，我们使用建议 Fragaria/vitis comp.（Hepatadoron）锭剂（由草莓和葡萄叶制成）以强化肝脏（因现代生活方式而过度劳累的器官），还有 Taraxacum planta tota Rh 3X 滴剂或药丸，Taraxacum Stanno cultum Rh 3X。

7.13 传染性 B 型肝炎

B 型肝炎跟 A 型肝炎的急性症状差不多，但是 B 型肝炎的潜伏期比较长——1.5 ~ 6 个月。估计只有 1/4 到 1/3 的受感染者会发展出可见的症状。患者年纪越小疾病越不明显，但发展为慢性肝炎的机会就越大。此种病毒与人类的关系是罕见的，有些被感染的人从未战胜该病毒；它顽强地存活于这些人的血液中，且可以在一段很长的时间内持续感染其他人。输血感染已不再是重要的传染途径，这使此类的肝脏感染与其他种类有所区别。目前性接触是最频繁的感染来源，此疾病的发生率在杂交与药瘾普遍存在的大城市里最高。这种疾病非常少在家庭成员间传播——例如：当孩子从流行 B 型肝炎的外国地区被领养时。在幼儿园里受感染的风险非常低。带原者可能毫无病征地掩蔽病毒好几年，之后他们可能不是康复了，就是发展为会导致肝硬化的慢性肝炎。

在其他种类的肝脏感染里，C 型肝炎是最普遍的，占已呈报案例的 10% ~ 15%。60% ~ 80% 的 C 型肝炎案例是慢性的。

7.14 莱姆症

这种经扁虱／硬蜱啃咬而传播的病，通常没有症状（在传染地区，有高达 30% 的林业工作者，血液中有疏螺旋体菌的抗体），但此类感染也会产生不同严重程度的长期症状。最常见的是被咬处周围会起红疹，之后 1 ~ 3 周会往外扩散，同时因中心处转为苍白，而成为一个红色圆圈。疹子本身是无害的，几周后就会消失。但现在我们知道，儿童脸部麻痹（通常是暂时的）以及浆液性（非化脓）脑膜炎的许多案例，都是扁虱／硬蜱媒介的疏螺旋体菌感染。其他严重的神经失调及肌肉骨骼系统的发炎，是成人患者较典型的症状。

被扁虱／硬蜱叮咬后最初几个小时内被感染的机会不大，但是经过 12 小时以后就明显增加（有些来源说是 24 小时）。因此很重要的一件事，就是在扁虱／硬蜱感染区域内的草地或森林里散完步，就要立刻从头到脚地检查自己跟孩子身上是否有扁虱／硬蜱，至少不要迟于当天晚上检查。如果发现一只扁虱／硬蜱，用特别的镊子移除它，对皮肤稍施压力（这样镊子可夹住扁虱／硬蜱的头），然后逆时针旋转镊子。如果部分扁虱／硬蜱残留在皮肤内，请咨询离家最近的医师。如果在被叮咬部位周围有持续或扩散的发红，意味着您要找小儿科或您的家庭医师看诊，他们通常会使用抗生素治疗。

近来已经发展出各种不同的疫苗，而且在一些国家里可以取得，而病菌也对抗生素治疗有反应。不过因为无法预测后期症状的严重程度，已感染疹子的个案，通常会施以抗生素治疗作为预防措施。对于没有发疹子的 25% 的个案，只有当血液里出现包柔氏螺旋体（Borrelia）的抗体时，之后的症状才可以诊断为莱姆症的并发症。对于常被扁虱／硬蜱叮咬的人，每一次被咬就服用抗生素，这不是一个契合实际的解决之道。

附注

注 1 Witzenberg，B.C. Masernsterblichkeit und Therpie [Measles mortality and therapy] . *Beiträge zu einer Erweiterung der Heilkunst* 1975，28.3：116. Also R. Goldberg. Childhood Infectious Illnesses. SA Journal of Natural Medicine，2001，No.5.

注 2 Fanconi. *Lehrbuch der Päiatrie*，Stuttgart 1960.

注 3 Compare Goebel，W. Schutzimpfung selbst verantwortet [Taking individual responsibility for immunization] . Urachhaus，Stuttgart 2002.

第8章 疾病的意义

8.1 儿童期疾患的目的是什么?

父母带着孩子来看医生时，有时他们所提出的问题，是属于一个更大的架构下，需要长篇回答的问题。在这些问题当中，有些是关于某些特定疾病的意义或目的。本章我们将通过典型的儿童疾患来探讨这个议题。

8.1.1 意义和发展

疼痛和受苦的经验能够丰富人类的生命或是指向新的发展可能性，这在动物身上是不会发生的。因为成熟动物的行为，几乎完全顺应它所处的环境，所以生病或是经历痛苦并不能让一头狮子成为更完美的狮子，或是让一只狗变得更像狗。相较之下，生命旅程中所遭遇到的疼痛和苦楚却能为人们指出新的发展可能性，让我们在有生之年能够持续地变得“更有人性”。因此，虽然自古以来我们的做法是在无法快速帮助正在受苦的动物时，就协助它们脱离苦海，但基于人道立场而日益被人们所接受的辅助自杀（Assisted suicide）却是有待商榷的。安乐死的概念或“无痛致死”说明了人类生命史上，对于人类灵性本质及疼痛和苦楚角色的极深误解（请参阅 9.3“处理身心障碍或慢性病童”）。虽然医师的工作就是要极尽所能地纾解痛苦，并带来痊愈，但是忍受痛苦的经验，就像死亡一样，是人类存在不可或缺的一部分。

因为不同的疾患影响人体的部位和过程不同，而且对在此物质身体内的灵性生命所带来的经验也不相同，所以反思不同种类疾患的特定意义和目的是有道理的。

8.1.2 疾患和人智学架构下的人体组成

人类的自我活跃在温暖的环境中，我们的情感则是以气体的型态在身体内运作。同样地，植物的生命过程发生在液体的状态中，而具备个别体态的物质身体则是以固体的元素呈现。支配物质三态（亦即固体、液体、气体）和温度（遍布于物质三态中）的法则使人类展现出不同的可能性。鲁道夫·斯坦纳称这四种在每个人身上以独特方式互动的法则组合为四个人体的组成结构。兹将斯坦纳的说法概述如下：

- 支配**固体结构——“物质身体”**——的法则复合体，居中协调出在空间中的形体和结构。
- 支配**活跃于液体功能——“生命体”**或**“以太体”**——的法则复合体，居中协调出生命历程的样貌和时间的连结与顺序。
- 支配**活跃于气体功能——“意识体”**或**“星芒体”**（Astral Body）——的法则复合体，居中协调出情感、动态及意识的表达。
- 支配**活跃于温暖功能——“自我”**——的法则复合体，作为个人灵性的载体，居中协调意向的发展。

这些组成结构对于人类心和灵的意义在本书的其他部分也有提及，在本章中，我们将着重人类的心和灵对身体的影响，因为儿童期是一个心—灵存在正专注于“转化进入此身”中并学着在身体里面感觉自在的时期。这个身体越合身(或是随着儿童的发展而变得越合适)，这个过程就越容易。当今有多少人觉得自己像个陌生人，因为他们在自己的身体里并不全然舒适，或无法通过身体表达自己？医学和教育的角色就在于创造出一个环境，以容许有最健康可能的“成人”的过程。所谓的儿童期疾患，在个别化与活化身体的特定部位上扮演了重要的角色。

疾病伴随着**高烧**，主要在于显示这个“自我”及其温暖活动正在比平时更强烈地干涉生长性功能、影响新陈代谢过程，并引发导致发烧的免疫过程。另一方面，一个患了**百日咳**的孩子，这个“自我”采取一种新方式掌控自己身体的呼吸器官和功能，让心灵，或称“星芒体”，能强而有力地工作；导致**淋巴结或是腺体**会明显肿胀的疾病，则让孩子能重新掌握他们的生长力过程——让“生命体”或“以太体”变得更活跃。**水痘**中充满液体的水泡，含有必须从生命领域中去除的“内因性物质”。这些水泡和接下来的一些小疤痕的发展会稍微改变这个孩子的外观。儿童期疾患的症状所产生的推力可能被往外（像皮肤的症状）或是往内

(像是和血液或是个别器官有关的疾病) 引导。两者最明显的差别显现在天花 (现已绝迹) 和白喉的对比。

身体对每种疾患的反应，是这个孩子的“自我”所召唤来的一个片面或是不平衡的活动，目的是要改变其四个组成结构之间的互动。如果我们将症状全归因于病菌，而康复全归因于病原消失，那么最重要的问题仍然没有被回答。那就是某个特定疾患和这个病人的存在关系是什么；为什么同样一个疾患对别人有不同的影响或是一点影响也没有？此病原和此疾患的重要本质之间又有何关系？每个人的医疗病史都是独一无二的。某人得过严重的麻疹，但只得过轻微的猩红热，而另一个人的状况则可能完全相反。有人从来没有得过百日咳，有人则从没得过腮腺炎。这种个别差异透露出各人存有的状态，这是我们常会忽略的资讯。但是，为什么我们容易受某种特定疾病的感染呢？针对该问题，因着鲁道夫·斯坦纳在灵性科学研究中涵盖死后生命以及转世法则的一些洞见，我们也将从疾患与这方面的关系做简短的讨论。

8.1.3 死亡之后的生命

依斯坦纳对此过程的描述，物质身体在死亡时被放置一旁，在接下来的三天三夜间 (在世界一些地方仍举行守灵)，生命体也会逐渐地从逝者的其他组成结构中解离出来。因为生命体具有似思想的特性 (请参阅 14.4.3“最初期的纯思维活动迹象”)，并包含了此人从受孕到最后一口气的整个发展范围；因此经历解离，就像是观看一场宏伟壮丽的记忆画面，它涵盖了整个刚刚才结束的尘世生命；一个人一生的全部细节都被再次重现。三天三夜之后，以太体被吸入宇宙的整体思维物质中，就像尸体的物质被物质世界的整体所吸收一般。在整个概观回顾中，所有表相的或是无足轻重的面向都会全部消失；留下来的精华则是此人在一生中所做的每件真能与他的存在相结合的事物。

下一步即是星芒体的释出。这个过程会花比较久的时间，大约占此人过去生命 1/3 的时间 (也就是等于此人一生花在睡眠的全部时间)。在文学作品和许多宗教文献中，这段死亡后的生命被形容为“涤罪”或是净化的阶段。在此我们重温所有过去这一世的心灵经验，但不是如同我们活着时的经历，而是体验别人因为我们而经历到的一切 (我们每晚睡觉时都会无意识地有类似的经验)。举例来说，一个人不会重新经历当初公开指责别人错误时所得到的满足感和自认为“正当”的愤慨，而是会经验到对方在此事件中所感受到的全部细节。我们在净化时期所得到的经验不但会使我们过去的心灵经验变得客观，也会成为我们形塑下一世天命的起始点。如果我们因不知事情的全貌，而在前世冤枉某人，我们会决意平衡这个行为。在下一世命运的发展过程中，当我们再度和此人重逢时，我们的命运会纳入做好事的可能性。

天命如何发展的这个面向，也关系到未来我们较容易感染哪些特定的疾患。例如，一个在上辈子没有发展出爱的关系的人，会在死后觉得这是个缺憾。经历到他的行为曾如何影响别人，并造成别人的痛苦，会深深地铭印在他的存有中。虽然他在上个尘世的生命中有理由保持沉默，但现在他能以不同且客观的观点来看待此事，并了解自己过去以自我为中心的观点是有限和不足的（宗教传统称这个过程为“审判”，或是从正确的角度看待过去的事件）。在他从去世到再生的旅程中，这个铭印在他存有上的新领悟，可能会使他倾向来世感染某种特定的疾病。

8.1.4 健康与爱的能力

我们曾经说过，健康表示能带着兴趣、能自在地面对世界的种种现象。然而有两种情形可能会造成脱离常轨：一种是，为了沉思而自外在世界引退，并相信真正能改变世界的真理只能从我们的内在中找到。另外一种则是，完全屈服于日常生活的诱惑，并逐渐地放弃自我的主张，而且就像风中的叶子般被事件主导。在此，第一种案例的内在完整性，以及第二种案例的自我牺牲性——若不进入极化，两者皆有正向属性——因为失衡了。健康，意味着人能视情况需求，弹性地使用可能的选项，就像 Schiller 所谓的“游艺”的特质。当人们失去自我控制，或是太固执于己见，以致再也无法由得自己改变自我的状况时，我们即可称此为疾病。他们与世界的关系受到严重的干扰，他们发现自己无法充分严肃地面对这个世界（上述第一种案例）或充分严肃地面对自己（上述第二种案例）。不管是自我牺牲者或是自我中心的独行侠，都失去爱的能力了，而这能力却是人类健康的内在基础。这表示，一方面，我们能带着兴趣参与世界的事物，并容许环境中的人事物能在我们自己的心灵中活泼热闹；而另一方面，则意味着我们能克制自己而让别人自由。

在基督教教义中，爱，被称为新的诫律（约翰福音 13：34），成为人类发展的目标。为了显明遵守这条新诫律有多困难，以及我们还必须走多长的路才能达到这个目标，我们暴露在许多感染疾患的可能性之中。人心在寻求一己的人道时，不断地摇摆于自我中心和自我牺牲的危险之中。当我们首度经验到这种重大的事实时，我们可能会质疑，对于偏离正轨，我们可以追究责任到什么程度："我们不是被迫成为现在的自己，并且被迫如此行动的吗？""我们不能逃出这副臭皮囊，不是吗？"在这点上，人性自由的议题被放到最重要的地位了。在环境上、体质虚弱，或别人身上，也就是说，除了我们本身，在任何人或任何事之上，归咎我们的无能和问题，有许多好处。

8.1.5 天命中的自由与必须

自由地去做一些事，或避免去做某些事，和我们做事的能力有密切的关联。只有当我们能在选项中做选择，而不是在必须费力地取得能力时，才能谈及自由。当我们必须学习某件事时，我们都会觉得"不自由"。例如：在准备考试时，多么缺少自由？我们有人曾经不遵守数学法则做算数的吗？然而，一旦我们通过了考试或是学会了算数，我们的自由度就增加了，因为我们的行为能力已经被扩展了。天命的任何要求也是一样的，它仅定义了获取某项特定能力的必要环境。一旦获得此能力，我们会达到一个新的自由度，使我们更成熟、更完整。因此，个人的自由预先设定了"个别的要求"，也就是一个由特定条件所组成的个人天命。认清这个事实是基督教的核心关怀，其本质可被总结为自由和爱的两种理想合而为一。其中自由是学习之后的成果，而爱是对他人产生兴趣并接受他人之后的成果。从这个观点来看，每种疾患也代表了一个必要性，其状况让我们得以学习到日后能自由使用的能力。相同地，疾患也可以被视为上天及我们的天命伙伴，也就是上帝本身所给予我们的"私人课程"。因此治疗疾患的首要法则就是尽可能地让这位患者从病痛的经验中获利，而且（如果可能的话）被导向痊愈。毕竟，疾患唯一可能的意义和目的是要再度获得健康——带着新的意识和增强的能力，在身心灵上都得到健康；而医护的任务就是要支持这个过程。

8.2 伦理议题

我们截至目前的讨论很清楚地显示出，没有无意义的疾患，也没有不值得活的生命；然而我们的观念、个人的欲望和理解事情的能力，却可能阻碍我们适当地提问或是回答有关疾患或残疾意义的问题。

几乎没有任何议题像“善行”的议题一样，引导我们如此深入地和天命连结。“伦理”这个字源自希腊文，其意为好规矩和好行为的教义。在这方面，科学的讨论，特别是在医学的领域，近几十年来也面临了日渐增多的困难。二次世界大战后，特别是在德国，因为被纳粹统治的经验仍然活生生地存留在人们心中，当时无论任何型态的安乐死都被立法禁止。现在这个情形看起来已经改变了，而且不只是在德国。全世界的人们都提出科学、法律和经济的理由，来质疑无法治愈的疾患、失能障碍及长期的老年痴呆症是否有任何的意义或目的。但是某些和天命相关的重要问题也同时被提及。例如，对未出世的孩子、母亲本身及施行堕胎手术的医师来说，终止怀孕的意义为何？脑死、捐赠或是接受器官移植对于人的身心灵有何意涵？一个人去世时周遭的环境又如何影响他死后的生命？老年痴呆症如果不完全从物质的观点来看时，又有什么含义呢？

一旦我们扩大看待人类生命的观点，纳入对人身心灵的考量，并延展到生前和死后，伦理问题就会被转化成对于自我天命和他人天命的个人责任问题。个人行动的动机就会成为焦点。毕竟，动机决定了一个行动的品质。支持或反对某种特定的疫苗接种、特定疗法、安乐死，或是中止妊娠的真正原因为何？在其中运作的是何种个人、专业，或是和健康相关的动机？任何认真考量人类心灵层面的伦理体系，绝不会只询问行为本身，而没有询问导致此行为的动机及这个施行者和后果之间的关系。除了洞察力和理解力之外，深度的恐惧、关切、愤怒、爱、信任和希望，都形塑了伦理现实，并影响一个行动的品质。而这些行动的后果却又构成了儿童与成人的命运。

举例来说，因为担心孩子得脑炎而让孩子接种麻疹疫苗的父母，必须知道其他的感染也会导致脑炎（注 1）。此案例的明显议题是如何尽我们最大的能力来支持这个孩子、如何发展出对孩子天命的信心，并尝试协助他找到进入自己身体和生命的方法。我们做决定时，萦绕在我们脑海中的想法和感觉应该是如何强化这个孩子的存在经验及其健康状态。然而每一个决定可能同时有正面和负面的后果。事实上没有任何决定是“完全只有好处的”。举例来说，如果我让孩子接种麻疹疫苗是希望避免可能的伤害，我的动机听起来当然是好的。但另一方面来说，让他接种的同时，我也剥夺了他一个可以尽己之力克服这个疾患的机会，一个能产生较永久的免疫力和使身心灵磨合得更好的机会（请参阅 8.1“儿童期疾患的目的是什么？”）。在每个决定中，有一大部分是取决于我们如何与后果共处。我们能坚定支持我们行动中正向的后果，并对抗任何负面的后果到什么程度？

从这个角度来看，伦理准则要从既有的价值和规范中得到指引，就变得越来越不可能了。这是从规范伦理转化成个人伦理的过程。撇开法律层面来说，我们对每一个行动永远都必须做个别的判断，而且个人也必须为此决定负责。即便是安乐死在某些情况下被视为合法的荷兰，医师、病人和相关的亲属，都必须承担他们行为的后果并为之负责，因为他们是采取行动的人。器官移植的合法化也是一样的，即使当脑死是器官摘除的合法准则，这位捐赠者、受赠者和施行手术的医师，在天命关系上是连结的，这种合作的关系应该慎重而负责地进入。

举例来说，我们的一个小病人让我们留下了鲜明的记忆：一个患了多囊性肾病的 11 岁女病童，从她的同卵双胞胎姐妹那里得到一个移植的肾脏。要是没有这个移植，她只能再存活几个星期，或几个月。当然，活体器官捐赠比垂死者器官捐赠，情况会更透明化。然而就垂死者器官捐赠的情况而言，我们每一个人，身为潜在捐赠或潜在接收器官的人，很有必要认真地进入意识层面去了解捐赠者的死亡和受赠者延长生命的过程和情况。对于任何一个已经从个人天命角度仔细衡量过缘由，而即将成为捐赠者或受赠者的人，在承担自己的决定后果时，将和医师或立法者决定议题时的状况截然不同。在个人伦理的层面，判断任何行动的伦理正当性之决定要件，永远是取决于这个行动是否会提升或阻碍人类的价值和发展。这个判断永远必须留给个人来做决定。特别是可能成为捐赠者和受赠者的人，更必须在事前想清楚这些议题，才能尽可能作出自由和负责任的决定。

8.2.1 人类遗传学方面的疑问

今日，由怀孕期间的染色体分析协助，我们已经可以预测一些遗传疾患和先天畸形。除了以超音波诊断先天畸形外，目前最初三个月内的诊断选项，还包含了结合了以“母血筛检法”和“胎儿颈部透明带测量法”为基础的电脑计算风险分析。其他选择包括胎盘穿刺（在第 11 或 12 周）和羊膜穿刺术（第 15 周之后）提供遗传物质可作为染色体异常（例如唐氏症第 21 对染色体有三条），以及与特殊基因相关之疾病（如囊状纤维症）等的诊断使用。

产前诊断的目的通常不是要治疗它所显示出的疾患，因为这通常是不可能的，而是为了合法地及时终止怀孕。

残障或慢性疾病的孩子从未被证实过会严重危害其母亲的心理健康，然而每天这种医疗的暗示都会被提起并被滥用，以将可能残障或患有慢性病的孩子做人工流产。

尤有甚者，和此议题相关的是，几乎从未有人提及羊膜穿刺会损害健康婴儿或引发流产，且此风险还高达 1%！隐藏在这项统计数字下的命运并未雇请游说团体，所以还默默无闻、无人知晓。伦理问题也总是每一个个人的问题，对于现在与未来，都有着过去与结果的两个面向。

如果出生之前的诊断被建议用来防止畸形、有先天疾病或严重残障的儿童出生，其背后的假设就是这些生命并不值得成为人。就另一方面来说，如果我们承认人类在出生前即存在，而且即使是严重残障或失能的生命也有其意义及目的，那么这些问题就彰显出不同的面向，决策也将更不容易。

从个人天命的观点来看，“为什么是我？为什么是我的孩子残障或畸形？”这个常令人绝望的问题衍生出许多其他的问题。“为什么是你特别需要我？”“什么把我和你连结在一起？”“我能做什么让你的天命更进一步？”“因着你及你的受苦，我个人得到什么经验及洞见？”

当然没有人祈求生病或得到有慢性病的孩子，但产前诊断这项现代的医疗成就，让我们有了选择的机会。然而，这个选择的自由是虚假的，因为不论健康与否，孩子已经存在。谁能去除这个可能性——亦即这个孩子在出世前已决定用这种方式来到世上？如果我们不要这孩子来的形式，并把他送回出世前的生命，那么母亲能免去痛苦一事，是否比我们剥夺了这孩子化为人身的可能性这件事更有价值，也还是个问题。

这类思考不只是父母与专家的问题，我们全都被影响。即使将产前检查、人工受孕、基因操控或是实验性的复制决定都交给专家、教会或政府，会让我们比较舒坦，但是每一个成年公民还是需要为这些问题做点事。要发展出源自个人深刻理解而生的责任感，此乃唯一的方法。这是新道德的基础，也就是斯坦纳所称的“合乎伦理的个人主义”（注 2）。

8.3 太晚出生？诞生前的生命真相

孩子带着自身天命来到世上。宝宝诞生后，父母常有此经验——和以往几乎是陌生人的邻居增进了关系。孩子在街坊认识同龄人并发展出种种的友谊及疑难的社会关联。这个过程在学校持续进行，并在每个班级里产生不同的星座群——孤单或被排斥的个人与小圈圈、热烈的友谊与对立——塑造了孩子每日生活的特点。细想是怎样的因缘际会使孩子在特定的时空中遇见（或遇不见）这些特定的人，是很有意思的。

避孕术、改良的堕胎术、试管受精、不孕症治疗、先天畸形的早期诊断等技术，不只大大地增加了女性选择的自由，也使未出世者要降生给特定的母亲及在特定的时空化身为人变得格外困难，而这些时空会让他们遇见其他生命中的重要人物。

许多女性清楚地感应到孩子是否想要归向他们，常常会有妇女会提到——多年以来，她一直觉得有一个孩子随时准备好等着她。当此感觉消失时，留下来的可能是一种悲伤或是快乐的感觉，因为孩子已经找到了不同的解决之道，如今将离开她让她安静一下。

当我们将灵性生命与灵性世界的事实应用到每日的尘世生活中时，我们原本视为理所当然的家庭计划，在许多方面再度变得令人质疑，而且一些有关未出世者的想法开始影响我们思考自我人生的方式。我们开始倾听直觉的想法，以及良心的声音。当我们考量到未出生者，当我们想到他们，并且倾听他们时，他们的存在变得更为真实可及，我们对自己人生境遇的看法——我们自己与父母的需求或所感觉是对的——会经历转变。

鲁道夫·斯坦纳的研究认为，使用荷尔蒙避孕或机械阻断法，也许刚开始会迫使一个尚未出生的孩子在被选为父母的夫妻附近等待。然而，经过一段时间之后，如果那灵魂因为各种原因仍然希望能属于某个特定世代或同龄人团体，他就会勉强自己去找一对类似的或邻近的夫妻出生，使他得以吸取所需的特定影响，并与他原先首要选择的父母相遇。

附注

注 1　从巴代利亚在 11 年期间内的研究显示，因免疫力而致麻疹脑炎案例减少的数量，更大于因为其他形式而致脑炎案例增加的数量；可惜的是，实际通报的脑炎案例增加了。请见 Windorfer and Grüneweg，*Bundesgesetzblatt*，1993，3：87，and Windorfer，A. and M. Kruse，Zentralnervse Infektionen im Kindesalter. *Sozialpäiatrie*，1992，15：690.

注 2　Steiner，Rudolf. *Intuitive Thinking as a Spiritual Path: A Philosophy of Freedom*. Anthropsophic Press，New York 1995

第9章

迎接挑战性的问题

9.1 住院的孩子

当年纪越小的孩子住院时，他们就越需要父母任何一方或其他成人的陪伴，这些成人必须是他们熟悉且可以信赖的。因此，现在有很多的医院会提供住处给希望陪伴孩子过夜的父母。当没有特别安排住宿的地方时，父母应该尽所能地确定至少他们有一人被允许陪在孩子身边。对学龄前的孩子来说，父母任何一方的陪伴应被视为医疗照护很重要的一部分。我们衷心地希望，未来所有儿童病房都能设计双亲陪宿的空间。

疾患使得孩子脱离了他习惯的每日生活节奏，住院也将他带离熟悉的环境。孩子对这些不寻常状况所产生的所有印象，会对他的心灵产生很大的冲击。需要有最大程度的爱和注意力，来确定住院不会造成伤害。医护人员和双亲应尽可能地确定，病童对住院期间有美好的回忆。

若是父母亲不被允许陪在孩子身边（或是年龄较长的孩子不需要陪伴），这时候就需要有弹性的探病时间，让病童可以随时见到亲人。若住院的时间较长，提供符合年纪的游戏和学习刺激也是重要的。医院并不一定都会有职能治疗师，或游戏团体或上课的班级，所以父母必须在这方面采取主动。

当孩子罹患重症或因威胁生命的疾病而住院时，大人必须对孩子是否（以及何时）想谈他们的病况保持一定的敏感度。认真地看待孩子所传达出的讯号需要父母和（特别是）护理人员合作无间。护士主要的不只是负责孩子的大部分护理，他们每天和小病人的接触也代表着他们站在一个了解一定问题或能诠释孩子压抑绝望的最恰当位置上。

对待住院病童的基本原则是，在处理疾病的问题时，尽量减少特别待遇及同情的感伤言语。若父母不谈论病情，而是借由大声的阅读来转移病童的注意力，并尽可能表现如常，则病童常会感觉愉快。

为了娱乐住院病童，我们建议举凡能使他们愉悦、刺激他们自主独立的活动和抒发心情的事物均可。我们不建议使用视听媒体，因为如此反而会阻碍、而不是支持复原的过程，和孩子作为一个独立个体的发展。相反地，与人互动和独立的活动（如在装订精美的小册子中彩绘童话或故事）都有正面的效果。

9.2 婴儿猝死症（SIDS）

有关如何处置忽然失去生命迹象的婴儿，请参照第 1 章“急救及意外预防”的内容。

9.2.1 可能的原因

婴儿猝死症又称摇篮死亡症候群，约占 1 ~ 12 个月大婴儿死亡率的 1/3。大多数的案例是儿童在床上被发现已无生命迹象。

近来许多不同国家的研究统计，显示出一系列会增加婴儿猝死的危险因素：

- 狭窄的生活空间。
- 成人在怀孕期间和产后吸烟。
- 喂配方奶，而非母乳。
- 让婴儿趴睡或侧睡。
- 让婴儿睡在父母的床上（特别是如果他们吸烟）。
- 与父母同睡大床。
- 室温太热或盖密不通风的被子，或睡觉时戴保暖的帽子或童帽。
- 使用婴儿会滑入的被子。
- 温度太冷。

关于婴儿趴睡的风险，在某些地区仅只需大众教育即可降低将近 50% 的婴儿猝死症。荷兰的低比率婴儿猝死症，归功于当地人将婴儿放入长度仅至婴儿腋下的睡袋中仰睡。有关如何让婴儿仰睡的细节请参阅 11.4.5“地心引力以及新生儿躺卧的姿势”。其他的统计研究，在婴儿的尸体解剖中发现有百日咳病菌，他们推断，在早期确诊阶段的百日咳亦引发了一些婴儿猝死症的案例［请参阅

7.11“百日咳（天哮呛）”]。

“危及生命的紧急事件”（ALTE）一词，适用于婴儿经由复苏术，或因为婴儿自行恢复呼吸而幸存的案例。

9.2.2 早期发现与预防

基于假设某些易患婴儿猝死症的婴儿是导因于癫痫或呼吸失调，目前已发展出专门的仪器（所谓的多元身体侦测器）来全天候同步侦测心跳、呼吸频率、脑波、血液气体值以及其他因素。当某个婴儿的呼吸疑似停顿过长时，在医院里以电子器材连续侦测呼吸几天，有助于评估婴儿猝死症的风险。现今在医疗上有危险或曾有“威胁生命事件”病史的婴儿，都会接受此类测试。

尽管如此，只有 10% ～ 25% 的婴儿猝死症案例发生在被认为医疗上有危险的孩子身上，这意味着真正有危险的婴儿甚少被测试到。有些婴儿猝死症的案例，即便在多元侦测器（不管之后有或没有继续监控）无预警显示的状况下还是发生了。

9.2.3 处理猝死的观点

一位母亲的婴儿是“威胁生命事件”的幸存者，这位母亲来信表示：

身为父母，我们两个月大儿子的存活，在我们心中引发了许多有关其天命及人生道路的问题。医学上对此现象无圆满解释，我们必须在其他领域寻找答案。对我们来说，有一件事越来越清楚——我们儿子的濒死经验及起死回生，可能会终生影响他。这次事件后，他有很多正向的改变，脸上的清明及光采，令人觉得他已重生。我们对孩子的担忧逐渐消失，转而被电子监控所提供的安全感所取代。

此男童的母亲发现他无生命迹象地躺在床上，她无法使其恢复呼吸，但男童在开往医院的救护车上苏醒过来，待在加护病房及小儿科病房两周后出院。从这次事件后，他一直使用电子侦测器监控身体状况。

因婴儿猝死症而失去孩子的父母，面临了只能在灵性层面上探求的问题：为什么他们的孩子离开他的身体？

在婴儿或早产儿身上展现出来的求生意志以及他们必须克服的困难，像谜一般地冲击任何一个熟悉这些事的人。这仅只是一个“入世为人”的企图心吗？这个个体被要求有一个新的开始，因为截至目前所发展的身体明显不适合他所计划的尘世生命吗？有些母亲因为婴儿猝死很快就再度怀孕的，他们强烈地感觉到自己所怀的是同一个孩子，有些母亲则无此感觉。我们对于出生前的生命仍一无所知（请参阅 8.3“太晚出生？诞生前的生命真相”）。是否，猝死症的孩子想提醒我们，在灵性世界的门槛那儿，生死相连？这些孩子所留下来的问题直指我们，直指尘世，而且很特别地，直指死者和未出生者聚合的世界。当我们探究这些问题时，我们的生命被深化，而且被丰富——这是另外一个值得感恩的理由，这些孩子在短时间内与我们相处，是一份礼物。

9.3 处理身心障碍或慢性病童

9.3.1 身心障碍者的生活

由于缺乏光与色彩的面向，先天或因意外失去视力的盲童，他们的经验领域会受限，只能经由触觉来形成对周遭事物的心象。他们其他的感官变得更强、对细节更敏感来弥补视力的缺乏，因此比起明眼人，视障孩子的听觉及触觉变得更敏锐而准确，而且更能结合情感表达，这使得这些孩子更能接收一个人腔调的内在特质或任何其他听觉上的表达。心情和细微的心灵样貌确实经常被明眼人所“忽略”，然而盲人却更容易契入这些经验。

过去所有的聋哑人士都被认为是智障，如今我们知道，他们表达思想及情感的能力之所以受限，是因为他们无法经由说话来学习思考。手语已使得听障儿童得以发展出正常的智力。聋人的心灵世界充满了深邃的宁静，对他们而言，物体在表面呈现它的自然状态与特性，任何内在化都有困难。因为他们知道，他们无法触及一种更深刻、更富情感的知觉类型，因此，他们处在一种变得多疑的危险之中，而且他们也很难达成一种信任奉献的态度。

盲或无嗅觉的儿童，他们的情况又是如何呢？哪些面向的经验是他们无法体验到的？他们的何种情绪感受力最强？当儿童受限在轮椅上、跛足、不能跑，或者是没有手臂，而只有手指残肢？他们如何经验这个世界？我们常发现行动不便的儿童有着高于平均值的情绪能量，似乎所有郁积的意志因无法转换成身体的活动，而变成情绪的能量。这种现象在兔唇的儿童身上也很明显。因为基因或其他特殊疾病倾向的体质，原本需要用来形塑骨架的一定能量，未能被导入形塑身体，而仍然被保留成心灵活动之用。因此养育这类儿童绝非易事，因为尚未学会处理多余的情绪能量，他们似乎总是“快撑破了”，超负荷运转而无法自制。

另外一些儿童必须应对体内器官在先天或后天的损害。一个自三岁就罹患糖尿病的孩子，学会更有意识地估量自己的食物及身体的活动量，并在很小的年纪就要为自己负起更多责任。他的家人在处理胰岛素注射和血糖测试以及评估他的代谢状况时，也学会了以有意识的思想和行动来替补胰脏因自体免疫失调而遭摧毁的细胞功能（胰岛素分泌）。

另一个案例是，一个11岁的女孩因为停止成长而且总是苍白无力而就医。医生发现，她因为先天的累进状况，肾脏只是勉强运作，而且最后将停止运作。洗肾的生活将会如何呢？器官移植的意义为何？这类疾病的意义为何？

我们该如何帮助有心脏病、糖尿病、风湿、气喘、干癣或癌症的病童呢？本书的前提——儿童发展与克服疾病是相关的过程——有助于了解这些严肃的问题。每种疾病都隐含了特定的使命，是一个发展、学习和成功克服的独特机会。学习认出这种机会是克服问题的第一步。然而这个使命无法被概化，每个个体对此使命都有不同的发现与经验。例如，我们不能假定所有的盲人都有相同的问题要解决。因此我们想在此提出一些有助于处理个别案例的基本想法。

9.3.2 实用的建议

面对儿童疾患或身障时，我们首先必须至少在某个程度上学会处理自己的恐惧、焦虑及担忧。在此过程中，问问我们自己，一个有慢性病或身障的孩子，因其限制所体验到的世界在哪些层面与常人不同？我如何帮助我的孩子从有缺陷的经验中学到重要的功课？如果我们能达到此种态度，则从中衍生出来的洞见在应对孩子的状况时，便可能会较有用处。

有一个重要的考量点是，学龄前儿童经验到自身残疾的程度，取决于周遭成人的做法。孩子经常是在父母恐惧、不当的过度保护，或在孩子面前讨论病情，或以悔恨与同情的表达等溺爱他们时，孩子才会知觉自身的残疾。但若能以实事求是的态度，给予残疾的孩子足够的照护，并与其他正常的手足一视同仁，他们将经验到自己是“正常”的。他们会认同自己的状况，并找到应对的方式，而不觉得自己的状况“应该”有所不同。此种态度为他们日后一定会需要的内在自信奠定了基础。当震撼来临时——例如：孩子由于跛脚或斜视被当街戏弄，或他注意到人们以为湿疹会传染，因而在公车上不肯坐在他们身边，父母的首要任务是告诉孩子：这类的反应是很正常的。2 ～ 4 岁的幼童可以用故事、活动或看其他东西来转移他们的注意力。对于较大的孩子，我们可以说：“那个男孩一点都不认识你。如果他知道你真正的状况，他绝不会这么做。”或是：“每个人总有些事，是其他人不喜欢或会嘲笑的，我们不必为此沮丧。”我们还可以为年纪较大的孩子说《熊皮人》和《丑小鸭》的故事，这类故事描述了如何学习去承担不堪入目及丑陋的外表，进而将之转化为分外美丽且极有价值的东西。我们也可以告诉他们，牡蛎在外物进入壳内时应对痛楚的方法。它们以层层的珠母包覆异物，使其无害，最后还形成一颗耀眼的粉白色珍珠！

学龄儿童视其情况及成熟度，或许可以公开和父母讨论他们的残疾或慢性疾病。以糖尿病童为例，在每日的共同生活中，我们至少可以让他们明白——我们珍视他们通过面对疾病，学会对自己身体负责的能力。

在很小的时候，罹患慢性病的孩子便有自信在社会中为自己的残疾请愿，并寻找会在他们独特的人生任务上帮助他们的人。在这些对话中，公平性的议题必然会出现。例如，为何其他的孩子比较好过？还有为何有人享受轻松奢华的生活，有人却过得一贫如洗？为何外在及个人的境遇允许某人得以远赴重洋，享有绝佳的学习经验，而另外一个人却无此机会？这类问题不仅挑战生病或身障的儿童，对健康的常人亦然。无人可免于了解个人命运的需要。本书第 8 章探索儿童疾患的目的，对此议题有更多的讨论。

9.3.3 身障和慢性病的任务和目的

人类健康的身躯，如创世纪所言乃“上帝的形象”。健康的人类——挺直站立、活动自由，并拥有所有身体的潜能——是一个自主的存在，并且展现出人体全面发展的可能与能力。然而疾患却总是在此完美的身体上强加了限制。正如我们说健康的身体是人类未来的形象。每种疾患也都可以说反映出了身体必须完成的一个功课，那就是——身体必须通过自己的挣扎和努力，来达到这个健康的神圣形象。

有些健康的个人可能也注意到，在神圣形象的追求上，他们的成就有多么微小。我们或许可以自由并直立行走，但是我们是否真的自由而直立？真的克服千百种依赖的内在自由，以及真正的直立——也就是“正直”——这两者都是极难达成的。然而，健康的个人得以自由地意识到自己的不完美，并为自己的发展设下目标。是否选择要采取行动往这个方向迈进，完全是他们自己的决定。但对生病的人来说，状况就不同了，他们的自由早已受限；他们的疾患指派了一个清楚的任务给他们（请参阅8.1.5“天命中的自由与必须”的讨论）。

爱滋病的例子，特别反映出个人天命通过残疾和慢性病的运作。在身体层面上，爱滋病的特征是——和所有免疫系统变弱有关的各种症状。在一个曾经盛行内因性防御、自我保护，以及生物性认同和维护之地，如今我们面临了这些能力逐步衰退，程度到达失去一己的生物性认同，以及维护此认同的能力了。随着疾病的进展，身体的结构因感染、溃疡、肿瘤和神经功能失调而崩解。要在这样的一个身体里适度地自我表达，就变得越来越不可能，即使意识仍被完整地保留。这个身体变成一个舍身或“无私”的形象。

和其他的时代比起来，爱滋病所彰显出的任务，更是针对我们这个时代吗？今日，不管是个人或是社会的自我中心程度，都是人类进化过程中前所未见的。我们的政治和经济无视于自然栖息地和整个种族的生活型态与文化，这是一个现象的“宏观”层面，但也显现在较小的格局上，一直到家庭关系也是以一种几乎所向披靡的趋势，对我们追逐自我中心、野心和权力的能力毫不加以约束，并投入越来越多的时间和金钱在日益稀有的消费上。而就在个人和社会的自我中心达到高点之际，突然出现了一个极度相反的疾患，呈现出一个开放、牺牲个人特质的身体形象。这个疾患让我们看到，如果我们的文化要往前迈出决定性的一步，这整个世界需要学习些什么。那些因爱滋病所苦的人，在身体的层面上经历了、也展现了一个属于我们大家的任务，那就是努力克服自我中心。从这个角度来看，爱滋病患是我们所有人的代表，爱滋病是一个“代表性”的疾病。所有受爱滋病所苦的人，都在身体的层面上经历自我中心的克服，也就是一种无私的本质。在这个层面上，他们被迫去学习一个现代文明必须对其自由意志有所知的功课。对爱滋病患来说，死于这个疾患意味着他们无意识地在肉体的层次上，走向无私的理想境界，此乃现代人类最重要的理想境界。他们将会携带这个能力进入下一世的生命，这个能力带有潜意识的讯息，会培养出他们利他的生命态度和对世界事物的强烈兴趣。

在他们来世的生命中，爱滋病患将遭逢一个越加自我中心、物质至上的文化。他们目前的生活正储备他们能以正面的方式来抵制这类文化。

正如爱滋病会发展出无私，在一个人们越来越自我保护并尽可能为自己的行为卸责的时代中，青少年的糖尿病也会培养出对自己和个人身体负责的态度。人们为自己所购买的巨额保险，或所有旨在涵盖各种可能事件的合约，皆不言自明。与糖尿病共存的人，学会了如何安排一天的生活，并能意识自己的行为，且具有弹性。举例来说，有糖尿病的孩子在小小年纪就学会评估食物对血糖的影响。他们以“意识”代替正常状况下“无意识器官”的功能，这对发展可靠性和责任感，以及采取行动的能力，均有极大的助益——所有这一切，是未来人世间所迫切需要的能力。

9.3.4 以疾患作为一种潜意识的灵性经验

任何一个循着我们的思路一直探讨至此的人，现在必定会遇到一个问题：人类的疾患和痛苦的经验，以及灵性的发展，和灵性的成长，其中的关联究竟有多紧密？我们在物质身体的层面所完成的，也会对灵性发展有显著影响，反之亦然。从这个角度来看，疾患是灵性经验的一个物质投射，或是如斯坦纳曾经阐述的**灵性生命的物质想象**（图景）（注 1）。我们该如何理解这个陈述呢？就我们如何看待一个疾病的发展而言，这句话的意义为何？像爱滋病的症状是如何发展的？一种疾患真的在不同的层次上反映出其他的事物吗？如果是的话，那是如何发生的呢？

要了解这一连串复杂的问题，关键就在以太体的独特特性（请参阅 8.1.2“疾患和人智学架构下的人体组成”和 14.4.3“最初期的纯思维活动迹象”），以及它与其他身体结构成员间的互动，该结构呈现出相反的图形。

健康的身体以一个完全整合、完全和谐的神圣形象出现；生病的身体则是以看得见的形式，呈现出个人和人类在灵性发展上所面对的任务和挑战。从此处着眼，疾患成了一个无意识的入门过程，它在一连串重复的地球生命中的重要性，如此被呈现出来。没有任何一个人的经历会遗失；一切都会形成他们未来发展的

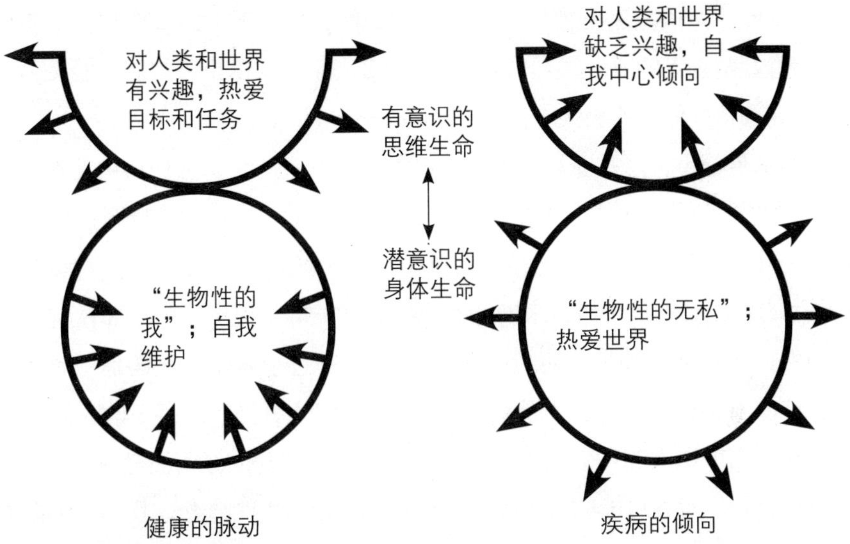

一部分。在某次的地球生命中，经由疾患而被迫得到的受苦经验，将以灵性天赋的形式呈现在未来的生命中。这个天赋如果有意识地被培养，将能强化这个人的自我觉醒以及对自由的体验。

9.3.5 再生的真实性如何？

这是每一个患有严重残疾或慢性病儿童呈现给我们的未说出口的问题。我们该如何理解并肯定这种无法享有职业、家庭或掌握个人生活的天命呢？如果这些问题的答案是“严重的生理缺陷没有什么意义或目的，这些儿童不能有任何发展，而且他们其实不应该被生下来”，那么所有关于人类的自我及其天命的事物都应该被质疑（请参阅 8.1“儿童期疾患的目的是什么？”）。在此，我们想提出不同的问题，那就是：“从这里，将会有什么样的观点引领我们继续前进？”宗教上论及的，上帝深不可测的意志及恩典，会在将来补偿我们在此生命中所被否定的。然而，这两个观念借由个体通过反复的尘世生命而变得更加明确。以下是两个儿童自发性地表达出这种观念的例子，即便他们不曾听过大人提及再生的观念：

- 一位母亲知道她八岁大的女儿病况严重，即将死于白血症。这个女孩安慰她说：“不要难过，我会再回来的！”
- 一个四岁大的女孩拜访阿姨的家。阿姨两岁半的儿子于八个月前过世，从此，两个家庭常常提及这个不幸事件。那个下午，这个阿姨听到侄女对她两岁大的女儿说："看你已经长多大了！你哥哥大卫回来时，一定很高兴看到你长这么大了！"

儿童从何处得来这些想法？第一个例子中的女孩从未有过任何宗教教育。然而她所说的话与许多失去至亲的人所经验到的相同——他们感觉到过世的亲人仍然在一个心性—灵性层次的某处。孩子非常不像自己的父母，也有类似的经验；再生的想法对于孩子所带来的非常不同的才能等，提供了一个非常直接的解释。当然，各种反驳都是可能的："这些听起来都过于简化，太像是一厢情愿的想法。""没有某种证据，我无法接受。"这个我们死后仍继续存在的议题，无法单由外在证据或诱人的远景得到满意的答案，我们自身的经验更具决定性：这个概念将引领我们看到可能的真相吗？若是我们拒绝再生的概念，我们在生命中经验的许多事物，仍将是晦涩而且无法理解的吗？或者，再生的概念可以帮助我们了解并支持有严重残疾者的命运吗？如果答案是肯定的，我们对于再生概念的有效性及真实性，会有直接的体验。

以下是两个可以协助我们厘清上述问题的例子：

- 想象你遇到一个不能说话也不能走路的孩子，不论卧床或坐轮椅，他都全然地依赖周围的人，他终其一生都在接受他人的帮助。他会发出舒服或不舒服的声音，但无法"做"任何事情。
- 一个16岁的男孩，喜爱在督导下不厌倦地工作。他的头又长又窄，他的身体沉重，语言笨拙，表情温和而开放。在他团体的家中，他在花园里帮忙，每天在屋子里做些一样的事情。在做这些事的时候，他充满了愉悦，与许多所谓"正常人"的态度，形成强烈的对比。这些正常人每天做事的样子，就好像他们宁愿做些其他完全不一样的事。

在思量他们的命运时，借由提出这些人可以在此生中学到什么，还有他们正为来生发展出何种能力的问题，可为我们指出一个有效益的方向。采用这种观点的教师、特教工作者、医生以及治疗师，增多了他们帮助残疾、慢性病童及其父母的方法。举例来说，我们可以理解第一个例子中的孩子，终其一生都在体验"接受"这个课题；终生都要学习——我们必须接受，也要给予；我们应该为所有的机会，感谢其他人及我们所居住和行动的世界。只有在我们决定如何处理所接受的事物时，大我才会显现。当终生除了接受和依赖周遭环境外，无法做任何事时，来生他必将不会犯相信自己不需要其他人的错误。他将不会有自我中心的倾向，只喜爱对他有用的，排斥他不需要的。不知感恩、优越感及高估自己能力将不会出现在他的个性中。

终其一生怀着愉悦定时工作的这位年轻男孩，正接受着特别密集的意志力训练，强化意志力最有效的方法就是全心全意地从事规律的活动，正如我们的肌肉需要每天活动来增强般，我们的意志活动整体而言也需要经常的操练（请参阅10.4“观察并培养健康的节奏”与19.1“概观”）。我们可以观察到，今天许多人都缺乏热情和强烈的意图，有鉴于此，想到毅力可以通过这种意志力的训练来发展，就犹如升起了一线希望。

因此，再生的概念并非“报应的意识型态”，而是提供了我们下定决心去更正错误并促进自我与世界发展的机会。教育家Michael Bauer曾将这种未来导向的再生观点陈述为“再生的观点，是爱的宣示。真正想提供协助的人，不会在一次的尘世生命中，就变得疲累”。这种观点，强调的并非宿命，而是自由意志，让我们能接受生命情境，并使之对我们个人及周遭的世界都有意义。

9.4 爱滋病—— 一项挑战

9.4.1 认识爱滋病

爱滋病或称后天性免疫不全症候群，是在20世纪80年代初期被发现的。虽然HIV（人类免疫缺陷病毒）必须为感染负责（这种情况就像一般传染疾病），但是在疾病的发展上，病原体并非唯一因素，却是真实的。另一个重要的因素，是在免疫系统受损或弱化之前，是免疫系统造成身体受病原体感染的。因此，特别是处于爱滋病危险中的人，是那些内因性防御系统已经弱化了的或——就像新生儿情况般的——尚未充分发展的个人。每个人对病毒的反应都是独特的，且附加因素（称为共因）在疾病最后终于出现前，必定早已存在。到目前为止，尚未研发出任何有效的疗法或是疫苗，但有几种药物对于疾病的进程和免疫不全所导致的疾病是有正面效果的。

有关此疾病的出现、分布、显现症状及治疗，可参阅本书后面的参考书目。关于治疗的部分，可以参考散见于本书各章节中关于强化免疫系统的建议。然而，我们更推荐使用治疗性优律诗美，这是过去十多年来经由许多治疗实务而发展出来的。治疗性优律诗美从婴儿时期就可以开始做，它能强化孩子的体质，使他们可以更有效地面对这个疾病。

在此我们将强调一个有助于应付此疾病的面向，特别是在处理出生即得病的爱滋宝宝，或是通过输血而感染爱滋的血友病患者。我们如何了解并支持这样的命运呢？如何尽可能地帮助他们呢？支持爱滋儿童对于父母和教师都是一个大挑战。要在生命旅程中陪伴已被烙上死亡印记的孩子，我们必须扩展自己的意识，使其超越死亡的门槛。为了让这些孩子能够在完全被接受和理解的氛围中长大，我们也必须要了解这个特定疾病的意义和目的。

9.4.2 面对爱滋病

避开导致感染的情境是从外部避免得爱滋病的一个方法，但这个方法仅建立在害怕被感染的基础上。因此，它只保护个人，而无助于改变我们社会以自我为中心的生命态度。但正如我们先前看到的，这个改变正是我们社会所需要的，借由努力获得一种新的生命观——考量整体地球的福祉，而不是只追求个人的财富和利益——来强化内在的防卫力。

我们希望在这里所提出的观点能很清楚地让大家知道，爱滋病不是只属于我们社会边缘族群的一种疾病，而是一个我们大家都必须认同的问题。得到这个疾病的人所忍受的痛苦症状，也属于我们全体。他们代表我们，为我们受苦，并挑战我们尽可能在此种情况下帮助他们。因此，我们的责任就是确保周遭的爱滋病患们能感受到这个事实。对患有爱滋病的儿童来说，学校和幼儿园所能提供充满爱心的照料和欢迎是很重要的。我们一再地听到父母亲们害怕自己的孩子会被感染，客观上，这个恐惧是没有事实根据的，但也必须靠医师、教师和家长们的共同努力来消解。

附注

注 1 Steiner，R. *Course for Young Doctors*，Mercury Press，New York 1994.

第10章

疾病预防与健康促进

所谓的儿童预防医学，首先是指例行的健康检查、官方推荐的接种、龋齿预防和佝偻病，以及营养和一般卫生的基本知识。然而，父母与小儿科医师的讨论，包含了越来越多的健康科学与 Salutogenesis（健康起源学）[1] 的议题。健康起源学是一个新的，以健康为目的之医学研究方法。它所提出的问题是，到底身体保健之道是否比致病因素重要？健康起源学是第一个提供方法帮助人们了解如何保持健康与预防疾病的学科。在这种意义上，人智医学与教育总是采取一贯的 Salutogenic（健康起源）态度。早在 1919 年，鲁道夫・斯坦纳就要斯图加特华德福学校的老师们注意每天数小时的教学对成长中儿童的影响。在此发展阶段，当物质身体正在建构，任何（无论是在身体、心灵或灵性层面）外来刺激都必须被处理，这些刺激可能对儿童体质各部分的交互作用，造成有益或损害健康的效果（请参阅第 16 章“健康在教育之中”）。

在此脉络中，在瑞典有一个值得留意的教育性研究，调查华德福与公立学校学生的健康差异（注 1）。华德福的孩子比较少接种疫苗、比较少过敏，也明显地比对照组比较少使用抗生素治疗。61% 的华德福孩子感染过麻疹；对照组则只有 1% 得过，有 93% 已接种过疫苗。这个研究并未解答华德福教育方法对此结果有多少的贡献。显然很重要的，我们必须开发出方法，以使这些议题成为科学化的研究。

10.1 健康如何发展？

最近 200 年来，疾病如何发展的问题主导了医学的讨论，而预防这个概念被解读成避免有害的影响与危险的因素。然而，现在健康研究要问的是，尽管暴露

1 Salutogenesis：源自拉丁文—— Salus（健康）；Genesis（起源）。

在疾病中，如何能保持健康？当流行性感冒使 15% 的人口生病时，为何其余的 85% 没被感染？是哪些身体、心理或灵性上的因素最终导致免疫系统弱化进而造成对流感病毒的易感染体质？

医疗社会学家 Aaron Antonovsky 列出三项主要的发展健康与持续健康的成因（注 2）。这三个主要因素包含能在身体、心灵或灵性层面成功地掌握抗性的能耐：

- 克服因营养、活动、休息、气候变化以及其他干扰所造成的新陈代谢失衡等。每个身体、器官及个别细胞都放在关联健康与疾病的区位上，当破坏性因素与病理倾向被克服时，新的健康状态即能不断地发展。
- 在童年与青春期时期建构所谓的“连贯性知觉”。Antonovsky 在本文中也用了德文 Weltanschauung（对世界的见解）这个字来表示。他指的是，我们有可能发展一种有意义的方式处理我们日常的事务，并将之统整为我们个人生命中的道理，且成为我们对环境的领会。一个人能将不同层面的经验（以及每一个新的经验）越有意义地融入建构中的整体图像，这个人就越健康、越有复原力，并且越能激励他们对世界的见解。
- 运用“抗性资源”掌控人生的压力与逆境。抗性资源相当于一个人在生命或工作上，为积极克服难题与烦恼时所能弥补与应对策略的总和。这些策略能正面地克服生活与工作中的问题和烦恼。这些应变力帮助人们免于因过劳、焦虑、压力、失落与被边缘化或处于极端情况（如禁锢、受虐）所造成的完全崩溃。

一些从事特殊教育的人士参照“复原力研究”，亦即尽管家中充满混乱、酗酒、暴力或其他压力的因素，儿童仍能产生抗性并健康成长的因素研究（注 3）。维护与增进抗性的决定性因素包括：

- 为人所爱。
- 有信仰。
- 相信事情的进展，并相信未来。
- 能在处理问题和冲突中找到个人的天命意义，并将之整合成个人的生活经历。
- 有外在的保护与高水准的生活。

- 有稳定的社会环境。

如果健康是身体有能力平衡片面的压力因素，并抵销掉可能的疾病倾向，那么“健康”就会像疾病的种类一样多元。在身体里，在调节体温、确保足够的氧气与营养供应，以及在分解与再生过程间创立一纤巧的平衡状态，每一个人都面临了独一无二的特有挑战。这些努力等同于儿童处理事情的情感与心智一样，需要我们一样多的照顾与支持。

健康需要我们在身体上、情感上及心智上的功用与活动能有序地交互作用。良善的思维真的具有治疗的功效，怎么可能？和平的心情如何提升睡眠并纾解身体的疼痛？为什么一个正向积极的生命态度能振奋精神并促进食欲？这些效果已广泛地被心理神经免疫学研究所确认（请参阅 2.4“发烧的目的及意义”以及第 2 章的附注 2)，并由健康起源学研究所记录存档。然而，对于这些现象的具体了解仍会不断地困惑我们，直到我们不再让自己限制在自然科学的模式之中，并且能够对心性及灵性法则的存在事实，以及这些法则与身体功能之间的关系产生兴趣为止。

10.2 提升心性与灵性的健康

10.2.1 动机与静思

在本书的第二及第三篇，我们将针对提升儿童与青少年健康，举出许多实用的建议。在此阶段，我们希望提供一些成人可以为自己做的范例，而且，也借由形塑提高健康的行为，间接地帮助他们的孩子达到促进健康的目的。

预防疾病最重要、也最迅速的方法，就是热爱工作。工作能产生保持身体健康的情感性温暖（请参阅 2.4“发烧的目的及意义”)。因此，以一种尽可能让自己喜爱工作的方式安排或接近您的日常工作是最基本的。

愤怒、争吵、激动、长期的压力，以及情感缺乏连贯与衔接感，不只是心理上的不安定，也会逐渐损害健康。长期以来，若将这种未经处理的影响带入睡眠中，睡眠也会失去复原的效果。到了清晨，我们较少能感觉精神振奋，以致会较容易罹患传染性疾病。

从个人的直接经验中，几乎所有人都知道这种“情感上的病症”的类型。心理社会压力，就是个人与社会问题的结合，只有借由寻找自我发展的道路或冲突解决的方法，才能被有效地解决。心理治疗、生命史工作或牧灵咨商，提供了许多不同的选择。

人智学静思灵修也提供了静思、专注及放松的技巧，虽然其存在的理由是为了追寻自我的知识及世界灵性的理解，而不是维护健康；而就像所有其他真诚的灵修一样，这些技巧对健康也有着直接且正向的影响。例如斯坦纳的口语静思，其有益的顺序效应，一读便立见效果。在一天当中或重要（或困难）的事件前，时常回想或深思这些字或主题，会很有帮助（注 4）。

我们有充分的理由认为，卫生保健的问题不仅包括日常的盥洗、干净的衣物及适切的生活环境，也包括情感及心智上的卫生。我们在培养心性与灵性生命时，是否如同我们照顾身体般小心？每天早晚简短的静思或专注练习难道不像刷牙一样必要吗？

鲁道夫・斯坦纳在针对紧张与人类的我和实用思维训练的讨论中，提供了一系列非常有效的练习来训练警醒、记忆力、认知及专注（注 5）。其他有关情绪保健的重要议题包括：我们对其他人的看法及感觉；明白我们的想法及感觉会对自己或他人造成伤害或具建设性的影响。我们的想法及感觉会塑造家庭气氛，家中的孩子或青少年也会经验到此气氛并做判断。

10.2.2 艺术的功效

艺术活动是一种令人非常满足的健康促进法。本书的第三篇将会描述艺术对于巩固幼年期及青春期健康的贡献，因此此刻我们只会提及基本概念及参考书目。再次感谢斯坦纳的研究为这领域提供了精准且符合科学的基础。塑型、雕塑及雕刻这些具有创造力的活动，直接刺激并调节了以太体形塑的功能。音乐的定律及其与空气（声音的媒介）的关系，和“星芒体”的活动相符，因为星芒体也具有音乐性的本质。人体的每一个细节都按照特定的比例及数目被精心安排，不只是人体的外型，还包含其生理机能的节奏及相对比例。在 Armin Husemann 所著的《人体的和谐》（*Harmony of the Human Body*）一书中，首度试图全面去了解主导人体的音乐定律。歌唱及其他的音乐活动（还有以不同颜色的“色调”及氛围作画），能使星芒体的活动更趋和谐，其结果是情绪的和谐感反过来对身体的功能起作用。

经由艺术的言语及语言治疗，会直接启动“我一系统”。毕竟，当我们陈述自己或我们所认识的世界时，我们会以最真实的文字来表达。

优律诗美以及医疗性优律诗美，两者合起来构成了一种艺术形式，它结合了雕塑、音乐及演说的主导原则，并将之应用在身体的移动。它对身体的功能有全面性的影响，也调节了人们体质上不同组成的交互作用。

10.3 卫生保健的措施

就细菌学的意义来说，卫生保健包含隔离会传染的病患、消毒房间及物件、穿着保护衣（包括手套、口罩，需要时也戴护目镜），并确保饮用水及食物的安全。若没有贯彻这类的卫生安全措施，当今外科手术及流行病控制的成功，将是不可能的，而医院中婴儿及产妇的死亡率也将停留在 19 世纪的水准。即便如此，每位母亲都知道，她在换尿布台上受到完好保护的宝贝，很快就会在其他人行走的肮脏地板上到处爬行。

避免接近细菌或是学会与之共处，长远来看，哪一个比较能预防疾病呢？此问题延伸出另一个问题：每一种疾病都应该给予抗生素治疗吗？或是只有在孩子没有抗生素就无法克服疾病时才使用呢？经验显示，第一个孩子在婴儿期比较少生病，因为在他们独自成长的过程中，唯一的感染源是父母。然而当他们进入幼儿园后，我们可以预见至少有两年的冬季孩子会经常感冒。第一个孩子几乎将四周的感染源都带回家了，他们似乎待在家的时间比在幼儿园多。第二个孩子也有类似的经验，但是当第三个孩子来了之后，他们经常会被其他年长的手足传染到上呼吸道的疾病，也可能在非常年幼时，感染到十分严重的典型幼儿疾患。然而，这些第三个孩子，后来经常是最结实、最健康的。这种典型的经验回答了上述的问题，对有许多孩子的家庭来说，可说是某种安慰。

10.4 观察并培养健康的节奏

身体的“自我调节和适应能力”，和孕育生命的“时序节奏的协调与互动”，有着密切的关联。

在幼儿时期，培养日常生活的节奏特别重要，因为婴儿尚未发展出调整节奏功能的能力，因此需要大人的支持与激励。

现代生活及工作环境经常使我们无视于基本的节奏，这样的漠视造成了许多不同的疾患或虚弱的体质。最后，经过数年到数十年忽视自然节奏的结果，可能导致精疲力竭和崩溃。相对地，有意识地培养最重要的生活节奏，可以增强身体的抗压能力，并使身体有能力面对生命的挑战。

10.4.1 节奏顺序有何特别之处？

- 节奏是在类似的情况下重复相仿的过程。若精准地测量呼吸的原型节奏，没有一次呼吸会和另一次呼吸有着完全一样的深度或长度，只能说每次的呼吸都和上一次的呼吸相似。
- 每一个节奏会平衡相对的两极。当自然界中相对的元素碰撞在一起时，节奏会居中调节。举例来说，当高低气压系统相会时，天空会出现有节奏结构、如羊毛般的云。在涌动的海水和坚硬的陆地相遇之处，有节奏的浪花型态勾勒出海岸线。上述的呼吸过程也会有节奏地平衡移动和静止的两极。
- 节奏形成每一个适应过程的基础；因为有节奏的重复从不会完全一样，而是会呈现出接近平均值上下的细微波动，所以具弹性的适应也是节奏过程的特征。严格的节拍是完全没有弹性的，也无法平衡或整合差异之处。
- 节奏可替代力量：比起在不寻常时刻或情境下所做的单次动作，任何有节奏的重复动作都能减少心力的消耗。
- 规律的节奏性活动可以培育习惯的发展，而习惯是形成人格和个性的架构。学习定时吃饭和睡觉，安排能平衡工作和休闲、紧凑和放松的每日作息，让我们能确实又有产能地应付每日生活的要求。相对地，当我们不注意内在的生理时钟，反而依赖外在环境，或随顺自己一时的偏好时，就会冒着让自己精疲力竭的危险，因为我们高估了自己所能做的。我们会缺乏适应的弹性、无法维持体力，并失去对健康界线的警觉。

脑膜炎

照片1
这个孩子肯定没有脑膜炎。他可以坐着伸展他的手臂，并弯曲臀部，且伸展腿部时不觉得疼痛。

照片2
这种情况可能是脑膜炎。当被要求坐起来并保持膝盖伸直时，这个女孩会从后面支撑自己，且她的头会一直有点向后仰，当她的手臂向前伸展时会痛。

照片3
这个孩子因脖子僵硬及疼痛，即使在手臂的帮助下，也无法用嘴巴或下巴触及弯曲并抬高的膝盖。

耳朵感染

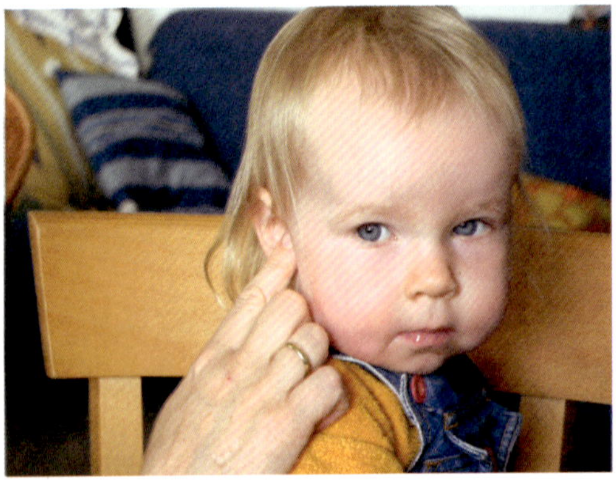

照片4
检测耳朵是否感染。轻按耳朵开口外前方的小小突出部分（耳屏）。耳朵痛的孩子会退缩或将头转开，小婴儿则会开始哭叫。

检查喉咙

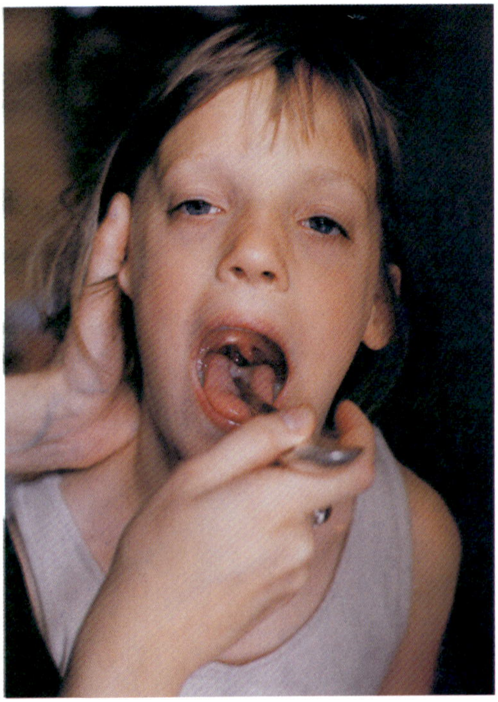

照片5
打电话给医生之前，父母可以自行检查发烧孩子的嘴巴和喉咙。看看他舌头上是否有舌苔，口腔黏膜上是否有丘疹、水疱或薄膜层；最后，请孩子说“啊”，以汤匙柄向他舌根内大约2/3处轻压，瞬间的反射作呕动作会使孩子暴露出他的扁桃腺及喉咙的后壁，它们是红色的吗？是否有不透明的薄膜或有些黏液覆盖？如果孩子声音嘶哑、呼吸有困难或病情严重，医生应该都会做这些检查。

猩红热

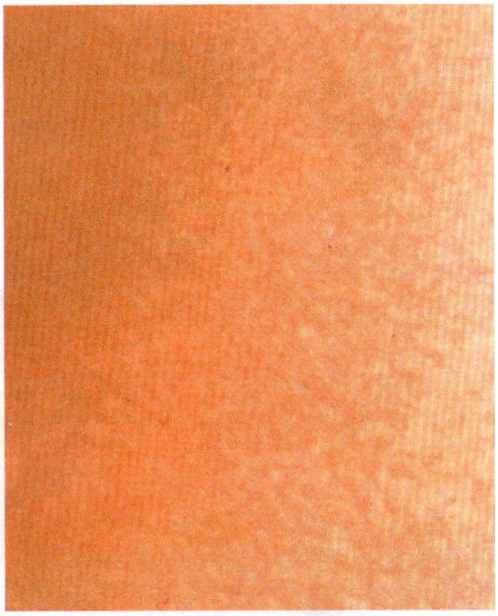

照片12
典型的猩红热疹看起来像是红色小脓包的丘疹。这些疹子主要集中在腹股沟区，通常只出现短暂的时间。

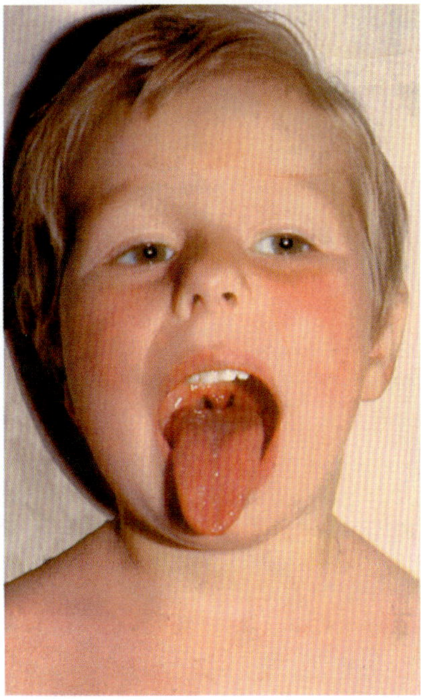

照片13
猩红热的第一个征兆是舌头上有一层厚厚的白色舌苔，经两天后消失，但表面会留下紫红色凸出的点。随着发炎，上颚和扁桃体经常是鲜红色的，而白点或薄的覆盖层也常出现在扁桃体上。面颊是红色的，但嘴的三角周围却仍然是苍白的。

麻疹

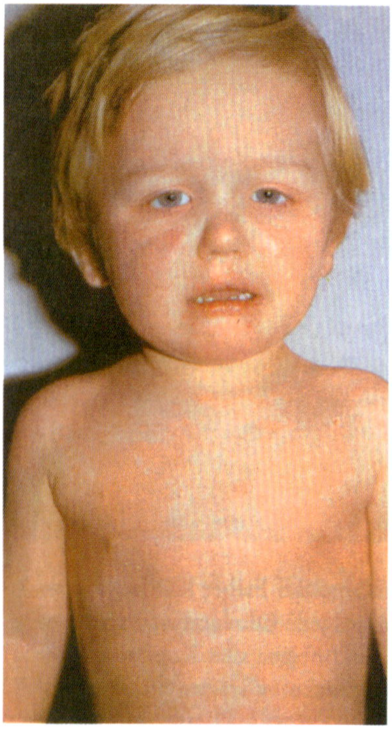

照片10

照片10、11

麻疹的特征是倾向合并不规则丘疹，发疹之前有结膜炎、流鼻水和咳嗽等症状；疹子最早出现在头部，接着便迅速向下蔓延；发疹同时出现高烧。

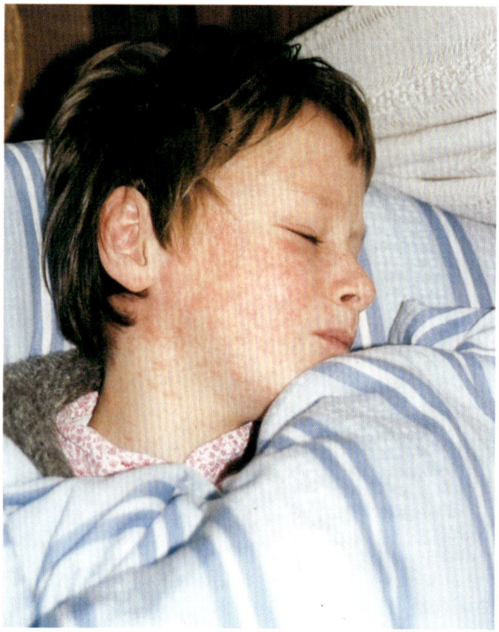

照片11

尿布疹

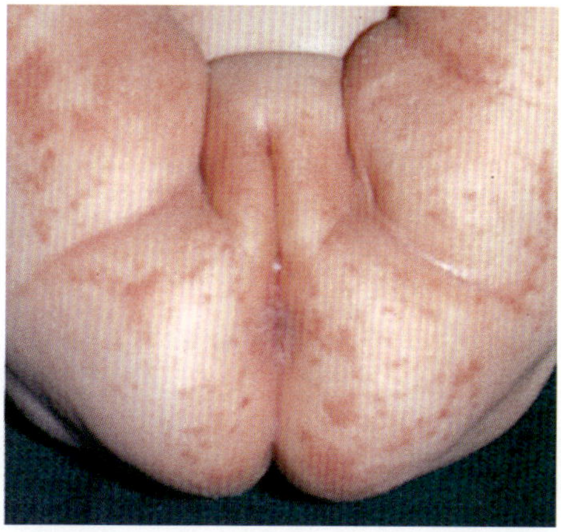

照片8
一个相当严重的尿布疹案例。

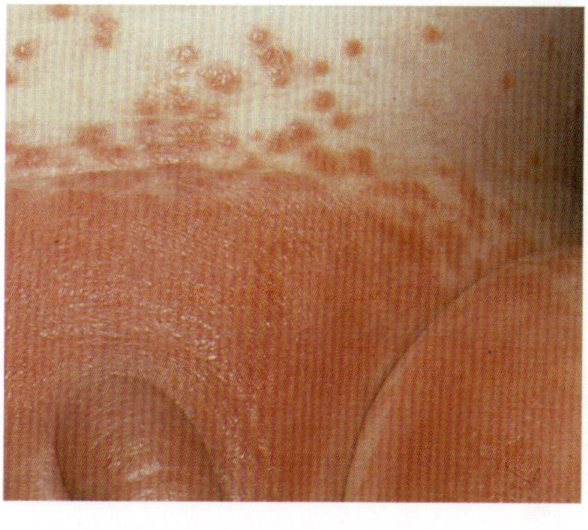

照片9
鳞状的尿布疹使人联想到鹅口疮，那是一种霉菌感染；典型的特征为个别的丘疹会蔓延且合并。

疝气

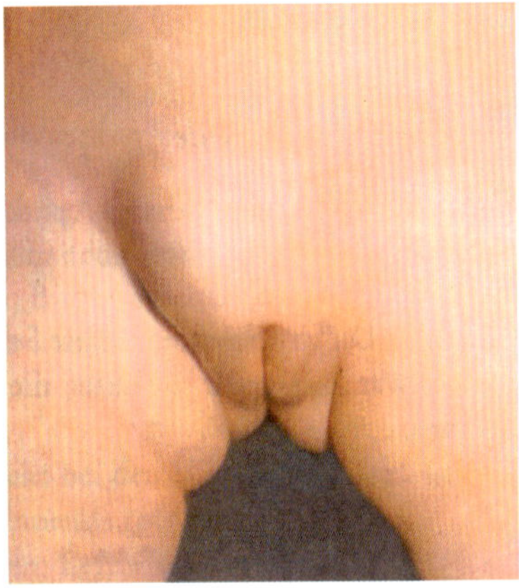

照片6
这是腹股沟疝气。请注意孩子右侧腹股沟的肿胀。

量体温

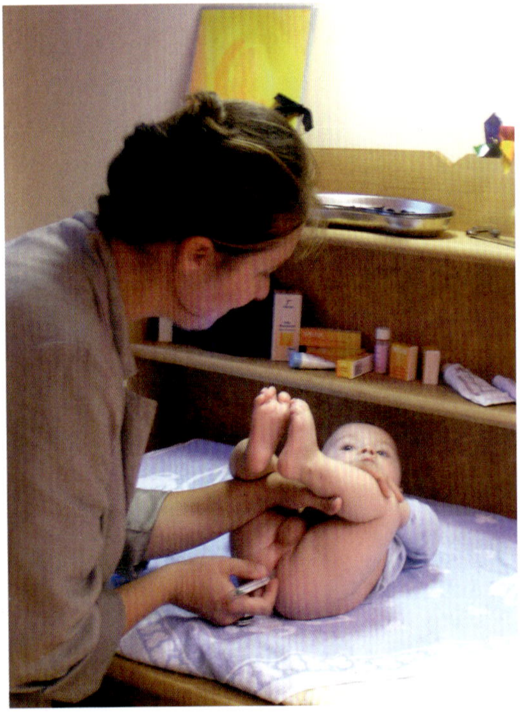

照片7
用一只手放在宝宝两腿下方，另一只手拿温度计，像握汤匙一样握好温度计并插入肛门，同时以小指做支撑顶住宝宝的臀部。

水痘

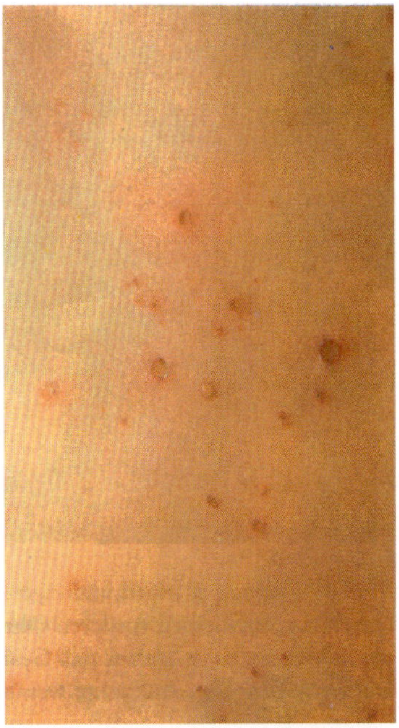

照片14
两三天之内，皮肤会发出如天文图般的各种大小不同的丘疹样式；初期的红色结核夹杂有新的水疱和旧的疮痂，头皮也会受到影响，这些皮疹也常出现在消化道的黏膜和生殖器上。

照片15
这个年纪的水痘通常都是轻微且无须烦恼的。然而，如果孩子的免疫系统较弱，或孩子患有严重的湿疹，请咨询医生以采取预防措施。

疱疹性口炎

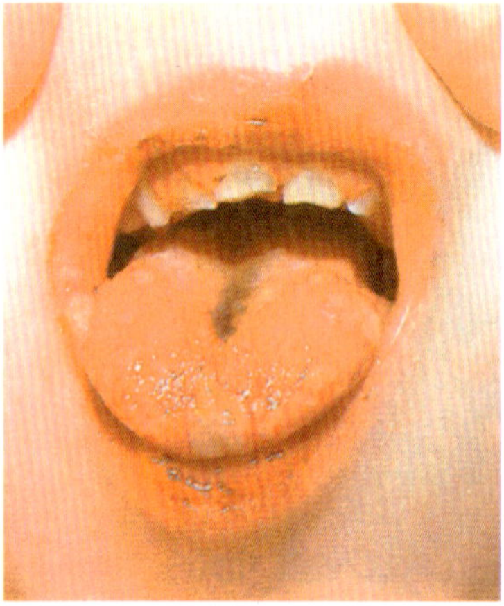

照片16
痛苦的溃疡（口疮）经常出现在口腔发红的黏膜上。

腮腺炎

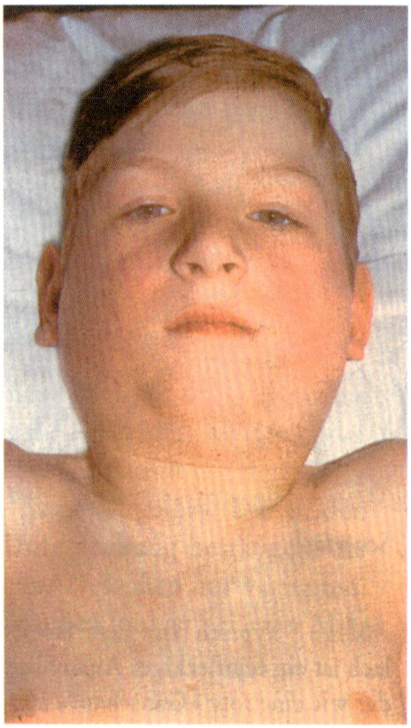

照片17
肿胀（触摸会痛）影响到脸颊后面和耳下区域，结果造成耳垂下部凸出。

- 有意识地重复每个动作会强化我们的意志，因而也会强化我们的行动力。
- 节奏连结大自然和人类一起进入季节的替换、日夜的更序，以及以恒星为背景的行星的许多不同运行。在我们太阳系里，所有调节行星路线的节奏和比例，也反映在植物、动物和人类的生命过程中，并彰显了天地万物的共同源头及相连的生命（注 3）。

一直要到 20 世纪，对于生物节奏和时间结构的研究，才被认可为科学的一支。接下来提供的这一段，是对构成及维持生命过程中极其重要的节奏的一个概览。我们在每日、每周、每月及每年的节奏所做的建议，是为了要激发出一种能再度将节奏纳入考量的新家庭文化。对于我们所做的努力，回报给我们的将是更健康、更有适应能力的儿童（注 6）。

10.4.2 培养每日的节奏

新生儿尚未发展出日夜间节奏交替的上下限，他们的体温（上午比晚上低 0.5℃ /1 ℉）、血糖值、各类荷尔蒙和血液盐及其他新陈代谢过程的波动，尚未与太阳同步。

一个人日后的结构、弹性和适应力等节奏系统，取决于婴儿时期一些与吃饭、洗澡、玩耍及睡觉等相关的日常小活动如何铭印在他的脑海中。所有的器官，尤其是新陈代谢和消化系统的大型器官，一定要协调它们的功能，并学会如何优质地共同工作。在培育该项能力上，吃与不吃、活动与睡眠之间的轮替极为重要。为促进婴儿发展 24 小时节奏，特别注意在早上起床及晚上就寝的时间（如果可能，要永远都大约在同一个时间）。早上，一首早晨的歌曲、一起看向窗外，这样的过程就被鼓励了。从很小开始，婴儿的上床仪式可包含点燃一根蜡烛、唱几个音符（可用简易的儿童竖琴或七弦琴伴奏——最好是五声天韵[1]的曲调），并在道晚安前做个简短的晚祷。

越能在宝宝出生后的最初几周和几个月里，清楚地形塑一天时间，如：早上

1 五声天韵，是五个不含半音阶音调的音阶，就像D-E-G-A-B。五声天韵旋律有一种轻快、开放的特质，而且任何一个音阶皆可当尾音。在华德福教育和治疗教育中，最常使用的五声天韵的乐器是笛子（直笛）、七弦琴和儿童竖琴。

在家，妈妈做家事；下午，外出以背巾背着到外面玩，宝宝将越能强烈地经验一天的时间及白天及晚上间的差别，而且能以他的以太体作出反应。

10.4.3 每周的节奏

星期的名字反映出一个事实，那就是在过去，它们和在恒星的背衬下移动的行星（包括太阳和月亮）有关。

- 星期日——太阳 Sun
- 星期一——月亮 Moon（法文 Lundi）
- 星期二——火星 Mars（法文 Mardi）
- 星期三——水星 Mercury（法文 Mercredi）
- 星期四——木星 Jupiter（法文 Jeudi）
- 星期五——金星 Venus（法文 Vendredi）
- 星期六——土星 Saturn

这些天上的行星各具独特性——既遥远又朦胧的土星；闪亮的木星；闪烁着红光的火星；在清晨或夜晚的天空中，放射出温暖光彩的金星；而难以捉摸的水星，只能在几天的日出前或日落后的片刻瞥见；月亮经常变化它光体的形状；太阳则高高耸立在这些行星之上，光芒普照四处。加上练习，我们便会觉察到一周的每一天都各具特色。在节奏的时间生物学和研究上显示，七天的节奏，即是强调包含回应适应性及痊愈过程的重要节奏。认知到此一周进程的节奏特色，便能支持并将七天的节奏稳定下来，使之能成为弹性对抗压力和各种伤害的基础。

举例来说，星期天较有欢乐的特色——悠闲地享用早餐，饭前或饭后可唱歌或朗诵。一周的其他日子也可以有各自特别的早晨之歌或活动。分布在每天的固定工作，会令人充满欢乐的期待，并为每天的特色定调。诸如拜访亲友、在家接待客人、翻阅照片或演奏音乐的小型文化习惯亦是如此。过去几个世纪以来，人们渐渐脱离了一年、一个月，或一周的节奏，越来越普遍存在的工作倦怠症显示了缺乏节奏感对健康所造成的毁损有多么严重。“要有足够的时间”，必须有意识地从逐渐形成的时间态度做起，也就是通过活动的交替和停留来形塑时间的节奏、顺序，以及时间穿插出现的间隔（请参阅第 16 章的图表）。培养宗教和静思生活的态度也是如此；学习并发展内在能量和能力的秘诀在于，将内在工作分配至反复的每一天或更长久的节奏之中。[1]

10.4.4 一个月的节奏

从 Climatherapy（水土治疗学）[2] 中我们知道，四周疗程的复原效果明显高于两周或三周的疗程。而当一个人真正筋疲力竭时，则需要 2 ～ 3 个月来恢复体力；四周的假是不够的。月的节奏是深度修复、习惯养成及稳定下来的节奏。一个新习惯的养成至少需要四周，华德福学校便善用此事实，尽可能将教学分成四周为一主课程的模式。

可培养月的节奏活动包含：看月历的图片、唱和月份有关的歌曲、观察自然界季节性的变化及从事相关的农耕及园艺。随着月份的更易，我们也会换穿不同的衣服。

在计划假期时，只要可能，我们建议您尽可能考虑四周的节奏。当目标是要休息及放松的话，我们不建议只休短促的假期。短暂的休息对成人来说，也许是个增进健康的步调变化，但对孩子来说，却可能会带来紧张，因此孩子常在一个短期的旅程中或回家后感染疾病。

10.4.5 一年的节奏

婴儿的物质身体需要为期九个月的妊娠期，再加上出生后的前三个月，才能成熟到眼睛可以聚焦、双手可以抓取。另外还要一年的时间来学习走路、另一年来学习说话，之外还要一年才能开始独立思考。物质身体以年的节奏持续成长，四季气候及光线的变化都会刺激身体的变化。同样地，每种儿童疾患也会在生命

1 在此脉络中，我们想要特别指出由鲁道夫·斯坦纳为现代人所阐述的佛陀“八正道”，其中包含了一周内的每一天的特定练习：星期六——专注于个人的概念性活动（正念）；星期日——努力做正确的判断（正见）；星期一——有意识地逐渐形成谈话的态度及用词的斟酌（正语）；星期二——省视自己的行为过程（正行）；星期三——追寻正确的人生观（正命）；星期四——正确地评估个人的工作长处及能力（正业）；星期五——企图尽可能更多地从生命学习（注7、8）。

2 指将病人短暂或长期移居到适合其疾病复原之气候区的治疗。——译者注

中的某些特定年龄里最可能或最不可能发生。

长期性的适应也跟随年的节奏。当我们在同一个地方居住一年以上，也就是说当我们第二次经历一年中的一个季节时，我们会觉得熟悉而舒适。当我们在那儿住了七年以上，我们会感觉好像是“当地人”。此外，就像我们庆祝生日，以及每年的季节庆典一样，庆祝一年一度的历史事件周年纪念日是种很好的传统（请参阅 23.3“宗教教育的实践面向”）。

附注

注 1 Von Alm，J.，and J. Swartz，Atopy in children of families with an anthroposophical lifestyle，*Lancet*，1999. 353：1485–88.

注 2 Antonovsky，A. *Health*，*Stress and Coping*. Jossey-Bass，San Francisco 1979，and *Unraveling the Mystery of Health*. Jossey-Bass，San Francisco 1987.

注 3 Opp，Fingerle，Freytag，（eds.）. *Was Kinder Stärkt. Erziehung zwischen Risiko und Resilience*，Munich 1999.

注 4 Steiner，R. *Verses and Meditations*. Steiner Press，London 1972.

注 5 Steiner，Rudolf. *Overcoming Nervousness*（Lecture of Jan 11，1912）. Anthroposophic Press，New York 1978，and *Practical Training in Thought*，Anthroposophic Press，New York 1978.

注 6 Endres，Klaus-Peter & Wolfgang Schad，*Moon Rhythms in Nature.* Floris Books，Edinburgh 2002.

注 7 For a thorough discussion，see Glöckler，Michaela（ed.）*Gesundheit und Schule*. Goetheanum，Dornach 1998.

注 8 这些一周里某一天的练习出自 *Seelenübungen* Vol. 1，Dornach 1997.

第二篇
健康成长的根基

所有的教育都是自我教育；身为教师和教育工作者，我们不过是提供一个环境让一群儿童进行自我教育而已。我们一定要尽可能提供最好的环境，使得这群受教于我们的儿童都能如他们自己内在天命所要求的那样进行自我教育。

——鲁道夫·斯坦纳

第11章 出生后几个月

11.1 预备分娩

11.1.1 预备在哪里分娩?

现代分娩可以选择的范围从在家分娩至医院（附设或未附设新生儿门诊）的产科门诊或住院分娩，直至专业的“高危险妊娠中心”的分娩都有。

若因医疗的理由需要在医院分娩，或只是觉得在医院分娩比较安全而且比较舒适，您可以事先询问是否有 24 小时住房的选择可能。在刚开始几天，为了发展关系，婴儿与母亲应尽可能有更多的时间在一起，这是很重要的（照片 18、19）。大多数的分娩医疗中心，会更扩大范围地结合父亲来照顾婴儿。在分娩前及分娩时，父亲可以给母亲支持，而且如果愿意的话，父亲还可以参与新生儿照料的教学课程。

假设在怀孕期间，新生儿已经有需要留在医院照料一阵子的迹象，例如婴儿可能早产或体重过低，那么，选择一个设有分娩科及新生儿科部门的医院生产，即能避免生产几天就与婴儿做不必要分离的困扰。

婴儿出生之后立即被放在母亲的腹部上，并盖上温暖的布，医院让婴儿、母亲和父亲有一个纯粹经验彼此的机会。如果母子俩都平顺健康，紧接着，第一个喂奶的机会就来了，因为通常婴儿出生后不久即能强而有力地吸奶，而且从珍贵的初乳中婴儿能多多受惠。

出生时，新生儿皮肤上覆盖着的白色乳状物质是胎儿皮脂，是天然的保护，几小时之内即会被皮肤所吸收，因此没有必要让婴儿一出生就沐浴，而婴儿身上少量的血迹通常以一块布轻轻擦拭即可。

有些医院努力将分娩的环境布置得如同传统的在家分娩般又舒适、又亲切，科技设备都放置在不起眼的角落，这样即免除了冷漠及不友善的气氛。分娩团队中，还有外科及儿科医师谨慎地陪同、随时待命以备紧急之需。

11.1.2 预防措施

在许多国家里，几乎所有的助产士及产科医疗中心都被要求在出生后立即施予维生素 K 预防法。

在许多医院里，新生儿仍被施以硝酸银眼睛滴剂以防治淋菌性结膜炎。该传染病是生产过程中经由母亲阴道感染而得，在工业化国家已很罕见。其实，只要能及时发现，结膜炎是可以有效治疗的。此外，硝酸银点药水本身可能造成严重的眼睛刺激，抗生素眼睛滴剂也可以作为疾病预防的其他选择。但我们建议——如果需要，这些都应该保留在治疗时使用。

11.1.3 早产儿及不健康的婴儿

有一些怀孕未满 35 周，甚至是足月的婴儿，在出生或出生后几天，有可能还需要特别的护理照顾。在此情形下，不可避免地，婴儿和母亲需要有短暂的分离时刻。所以无论是否被允许，您最好询问母亲是否能住进新生儿的单位，或一个邻近房间等的其他选择。现在的探访通常不严格指定时间或固定白天多少小时。医院允许父母陪伴婴儿、更认识婴儿并能亲自照顾婴儿。

几乎所有的新生儿特别护理单位，都会迅速地将婴儿安置在斜躺着的母亲胸膛上，或是与父亲以“袋鼠姿势”进行肌肤的接触，小婴儿可以在那儿休息好几个小时。以这种方式，婴儿不只感受到父亲或母亲的心跳与呼吸，通常也能产生安定的效果并刺激婴儿的呼吸作用；而且许多以这种方式处理的婴儿，也比较不需要氧气补给。在生病严重的阶段，婴儿通常无法接受母亲哺育，但只要健康状况好转，他们应该尽快接受母亲的初乳或哺育，因为初乳对早产婴儿特别有效用。即便是幼小的早产儿，母亲也越来越被鼓励喂母乳。

新生儿及早产儿越来越普遍地被安置在“窝里”，即便在一个能产生包裹感的保温箱里，为保护婴儿感官免于暴露在过度明亮的光线中，也还会再加上遮盖物。

11.2 第一印象

当母亲所有的时间都能与她刚出生的婴儿在一起时，她快乐探索的眼光经常会看见婴儿自我搜寻的目光。婴儿有形的肉身虽然娇小、没什么经验，但在心灵层次上，他却似乎大而宽广。出生后几天，他的每一个动作，睡着时吸吮的姿势、呵欠，还有手指头的每一个小动作……都被很快乐地观察着。有时候，几乎听不见他的呼吸，但偶尔连续几个较深的呼吸，或伸懒腰时的一个小呼噜声又打破了安静。当母亲弯下腰向着他时，他以好几个较深或较快的呼吸对着她的出现作出快乐的反应。如果婴儿睡在母亲的房里，有时候，她会观察到他的眼球在闭着的眼睑下"游泳"（甚至在眼睛张开时也会，这是一个早产儿明显的现象）。在这个阶段，睡与醒之间仍然是交错进行的。

婴儿的注视虽然尚未能聚焦或停留在物体上，然而这却暗示着他的心灵经验现在正在与视觉的感知做首度的连结。我们大人会本能地寻找婴儿在个性上的表达，虽然他们和后来即将成为的可能大不相同。当他的双眼张开时，他的眼睛似乎在母亲的周围寻找些什么。在他疲倦之前，他的眼睛会定在那儿停留一会儿，然后才闭上。但不久，他的眼睛又一次张开，而且像要寻找什么似的。这种"观看与不观看"互相交错的节奏是婴儿很重要的初始自我经验的一部分。经由反复的感官印象，婴儿经验着自己存在于地球的真实性。接下来的几个月，经由努力连结彼此间的知觉，他更加清楚地发现自己。之后，在两三岁左右，他将会在"我"这个称呼上总结他的自我活动经验。

这种借由外界感官印象以体验自我的渴望，加强了新生儿的一切活动。当饥饿时，他贪婪地寻找乳房，非常熟练地吸吮，同时饱享他的一餐。在没有进入熟睡的时刻，他感受周遭的声、光、冷、暖。远在婴儿有任何一天、一小时或一分钟的知觉之前，他已经将心灵经验完全地交托给为他形塑时间感的"接受或自制""欲求或满足"的交互作用了。

当家长回忆起他们的第一个孩子的第一天生活时，通常都会说，他们知道从此以后所有的事情都不一样了。一个孩子的出生，再多的准备也无法模拟那种真实的奥妙经验，一个全然无助的小生命，竟感动并形塑了那些在他周围人的情感、思想和行动。

11.3 例行健康检查

母亲们不一定都知道他们的宝宝在出生之后就立即接受了新生儿健康检查。在英国，这是助产士或儿科医师的法定责任。

回家之后，您当地的医师或健康视察员会立即负起宝宝后续发展的责任，提供喂奶的帮助和处理的建议等。有些地区提供婴儿及学龄前儿童例行健康检查（儿童健康手册）时间表。家长也可能领到一份可以记录儿童生长及发育的表格或小册子。该表册于每次健康检查时填写，疫苗预防注射也在记录之内。

例行健康检查的目的在于以及早发现、治疗及监控的方式，处理每一个无论是身体或心理上失调或发展迟缓的儿童。一般人只有在孩子生病时才咨询医师，因此这些儿童健康发展的检查纪录，对家庭医师而言是一个很好的追踪掌握。这些检查的范围主要包含**早期识别心脏缺陷及先天性髋关节问题；身心发育失调、感官知觉、营养及新陈代谢等；而疾病预防方面则包含接种、软骨病及龋齿预防；沟通的失调、原因，以及与儿童教育相关的问题等**。

早产儿有更多脑性麻痹及视觉问题上的风险，因此需要做特别的检查。这些所提供的检查以及与医师讨论的机会，能帮助家长在子女发育的进展上增加信心。在儿童身心发育的重要阶段，当进展与能力变得明显，或失调或疾病的特征消失，这些推荐的健康检查都能标示出来。我们也建议您对选择性的疫苗预先思考，哪一些是您想要子女接种或不要接种的，因为这些例行时间表与要求或建议施打疫苗时间的安排都相符。如果检查结果呈现出可能有病理上的偏离常轨时，就需接受指示做科学化验。之后的检查包含尿液分析等。四岁儿童（或进入幼儿园之前）也有可能施行结核菌素注射液的试验。

11.4 培育幼儿感官印象

11.4.1 声音与音调

当进入新生儿房间时，即便婴儿没有出声，我们也会立即本能地改变行为；即便是活泼喧闹的小朋友，也会在靠近摇篮时安静地踮起脚尖走；反之，当婴儿哭闹时，在他身边的人就急躁起来。父母亲欢喜而挚爱的话语和表达，与婴儿发出的每一个吸引父母亲注意的声音，微妙地交互作用。

甚至在出生之前，婴儿的听觉已经完全地作用，他的身体深受父母周围的声音及各种噪音所影响。我们建议尽量少让胎儿和新生儿暴露在录制的音乐及机械的噪音中。在儿童生命的初始几年，我们对儿童所做的每一件事都将深深影响他们的发展，甚至形成他们持续一生的习惯。

最初，任何机械的骚动，无论是户外的建筑器械或室内的真空吸尘器及洗碗机等，都是陌生而干扰的。对这类型声音的反应，睡眠中的婴儿通常是呼吸转换或脉搏加速。大人需要考虑婴儿环境中的声音是否适合他的年龄。我们的听觉经验含括了一个很大的范围，幅度从绝对的无声遍及人类的声音、乐器的声音及机器的声音等。您越能敏锐而细心于婴儿的听觉环境，婴儿长大后就越能分辨细微的声音。

身为小儿科医师，我们经常必须要求一些因婴幼儿发烧而打电话给我们的母亲关闭刺耳的收音机音响。在儿童学习说话与思考之前，他们无法让自己与环境中加诸于他们的感官印象保持距离，特别是噪音。一个人让自己与感知之间保持距离的能力只能渐进地发展，这需要等到人能叫出事物的名称并开始思考这些事物之后。**一个孩子完全无法将世界关闭在外，特别是在生命的第一年；他的整个身体非常敏感，他被迫参与影响他感官的效果。**这些冲击的敏锐指标是呼吸及循环节奏上细微或不太细微的改变。当然，这并不表示当有婴幼儿在屋子里时，我们就需要限制所有的音乐享受，不过这确实意味着我们应该努力将之与婴儿拉出一个距离，并且努力调整自己，选择适合孩子感官的音乐。**我们应该尽可能避免婴幼儿受到机械似的噪音以及媒体，例如收音机、电视、录影带及录音带等的“音响轰炸”。**

声音与音调对婴儿的作用之大，在观看婴儿游戏时显而易见。如果放一个会嘎嘎响的塑胶玩具在宝宝的手上，或悬挂一个能制造声音的汽车在他的摇篮上，从婴儿的动作看，效果是很明显的，他摇动着身体踢脚的姿势就好像是向内踢的，这和玩一个简单的附有滑动木片的木制打击玩具效果完全不一样。婴儿的动作应对着他所觉察到的声音，明显变得从容而规律。在此两种情况下，婴儿似乎都因声响而快乐、兴奋，但后者的情形，他显得更沉着、自持，而且更能处理感官的印象。

由父母所哼或唱的简单曲调对婴儿的效果更是不同，婴儿会惊奇地停下来，他的动作变得更放松，如果这时候他有点累，他很快地就睡着了！在对这些音乐开放自己的同时，他的心灵更向睡眠投诚。

11.4.2 新鲜的空气与湿度

大家都赞同婴儿需要新鲜的空气，但住在大城市里，当打开窗户时，我们就得吞下我们所吸入的。将婴儿放在冷空气当中是好的，不过要避免风寒，而这也是婴儿床需要有纱帐的另一个务实的原因。无论是否要开窗户或者开多久的窗户，不仅应以户外的空气与噪音而定，也应以室内的干燥度而定。一个很好的解决方法是，在一天中大开窗户数次，前提是当婴儿在另一个房间时。同时，应避免婴儿时常暴露在烹调或香烟的气味之中。

关于空气中的湿气，大多数现代暖气系统都将空气吸得太干了，这对儿童是不好的。在暖房装置上面悬挂盛水容器会有帮助，但却无法蒸发足够的水气以完全补充被蒸发的水分（一天要好几公升）。要达到这个湿度只能靠电器设备，但您也可能因为担心引起噪音或细菌等其他风险而不想使用。若您因为家中成员有经常感冒等的健康理由必须购买加湿器，请一定要买那种不靠马达操作、可使用一般自来水，而且不需过滤器的加湿器。这类型的加湿机是利用在两个电极板间将水引至沸点的原理。如果您没有加湿器，最好的替代方法是在婴儿房里经常简单地喷水。或者，您也可以在低处（儿童无法触及之处）放一个小电热板煮水，让水分持续蒸发。若您的婴儿有呼吸的感染，请在水里加几滴纯桉属植物油（不是直接加在暖气机上）以增加空气湿度的品质并减少如臭氧及氧化亚氮气的刺激。

11.4.3 阳光

在半昏暗之中，新生儿张开他的眼睛，似乎寻找着什么，但如果您让光线直接射入摇篮里，他们的眼睛立即再度闭上。然而几星期之后，他们开始向不同的方向四处瞧，即便房间更明亮一些。现在是时候了，您可以让婴儿在开着的窗户旁或户外睡觉，只要避免风直吹或太阳直晒。他的脸可以看得见蓝天是很重要的。视天气而定，刚开始从一天 15 ～ 30 分钟，然后逐渐地增加至两小时或更长的时间。当然您需要时不时看一下婴儿，即便他已睡着。

对某些人而言，只要想到让一个三四周大的婴儿睡在户外蓝天白云之下，这就是违背常理了。即便婴儿已经温暖地包裹而且戴上了帽子，然而就温带的纬度而言，这是确保您宝宝发展健康身体所能采取的最佳步骤。从清朗蓝天而来的光线是仅次于母乳能激发骨骼健康成长的最有效方式了。[1] **若能让婴儿的前额一天接触两小时的蓝色天空，婴儿就不会得软骨症**。在阴霾的气候或工业地区，可能连续几个月都看不见蓝天，这就需要采取其他预防软骨症的措施，而在比较多阳光的区域通常就没有此必要。我们迫切地建议，不要让您的孩子在幼年早期接触太多阳光（很少有日光浴是暴露全身或大部分皮肤的）。**过多的阳光会造成全身早熟、硬化，以及神经系统过度负担**。为证实这项说明，只要想想在过度的日光浴之后，您自己的皮肤及精神的过敏状态就会明白。在此，也请您节制日照。

11.4.4 冷与热

新生儿的体温调节系统尚未成熟，因此很容易受到干扰（请参阅第10章有关节奏的内容）。在寒冷环境中出生的婴儿，即便包裹得很温暖，出生好几小时之后体温仍不及常人。医生与家长需要知道在婴儿出生后的几天甚或几周，持续地保持婴儿的温暖还是非常重要。

不管情况如何，一定要确保婴儿不受寒冻。至于浴室内，加风扇式加热器不如加发光式加热器，但发光式加热器不可直接放在婴儿的头顶上，否则，等婴儿皮肤变红或像是上了大理石花纹般的颜色，您就知道您做错了。在户外时，穿着温暖的婴儿，暴露的双颊和小手冰冷是正常的。然而，最好盖上一条毛毯，让婴儿的手脚都感觉温暖而舒服。婴儿光着的头会散发掉许多热气，因此在户外时应该戴上厚的羊毛制童帽（照片21），而室内则戴轻软的，也许是丝质的帽子（照片29、32、33、34）。炎热的天候则在此规则之外，但这种情形，您的宝贝应该戴上遮阳帽（照片22、46）。

在婴儿刚出生的几个星期里，您可能需要放一袋温暖的樱桃核或谷物在他的床上以加强保暖（不要使用热水袋，因为有漏水与烫伤婴儿的危险）。但要注意樱桃核或谷物也不能太热，即使很短的时间，40℃（104 ℉）也能“烫伤”婴儿

1　经由高高在上的蓝天所传送的可预防软骨症的紫外线辐射波长，远比接近水平面朦胧的天空好。我们相信极化作用的阳光也是重要的。它使得蜜蜂能在空间中自我引导；而只要经过些练习，人们也可以觉察海丁格刷（瞬间的浅黄色图像，形状如一捆稻草）。从与太阳的关系而言，整个清澈的蓝天、明亮照耀的表面结构，当然会有非常不一样的影响。

敏感的皮肤。如果婴儿的房间是寒冷的，或者如果您不想使用羽毛褥垫，可以帮婴儿穿上羊毛睡袋或盖上类似重量的毛毯。

如果您宝贝的手经常无明显原因的冰冷，为他穿上长袖的羊毛内衣会有帮助。找找看柔软的婴儿羊毛内衣厂牌，如果找不到这种质地的，在羊毛衣下穿棉质的内衣也可以。我们也建议使用羊毛的尿裤及短袖连衫裤，因为羊毛有特殊的性能，可以吸收水分达本身重量的 30% 不致觉得潮湿，而且蒸发湿气不致冰凉了肌肤。羊毛的排汗功能也优于任何人造纤维，并且比较不会对皮肤造成闷热。这也是为什么沙漠游牧民族的 Bedouin（贝多因人）要穿羊毛或羊皮制的衣着。有些人不喜欢羊毛，因为皮肤会痒。如果羊毛起了毛球或毡合，即便是柔软的羊毛也会令皮肤发痒，因此洗婴儿的羊毛衣要很小心地使用微温的水及适当的洗洁剂。生丝内衣和小圆帽很适合皮肤非常敏感的婴儿。生丝纤维调节温度的功能几乎和羊毛一样好。纯棉内衣本身只有在很温暖而且温度变化不大的气候里实穿。人造纤维不可能好，因为会闷住体热又不吸水。

我们之所以这么详细地讨论羊毛衣着，是因为身为小儿科医生，我们常看见婴儿的穿着不够保暖。我们很少看见穿着一层又一层毛织品、羊毛帽戴到眉毛、额头不许有一丁点儿凉意的另一种极端。看过这两种过冷或过热的极端就能了解中庸的必要了——在对的地方，对的时候，做对的事。过多的温暖、过度地保护身体会妨碍身体有效地发展体内温度调节；然而，不够温暖或更糟糕的是故意让婴儿暴露在寒冷之中。在这个生命阶段，这样做都会使得婴儿无法对常态环境产生本能的反射作用，而引发过度反应。这两种情况都会造成婴儿对温度的变化无法作出有弹性的、适中的反应。

11.4.5 地心引力以及新生儿躺卧的姿势

从抱婴儿的经验，我们知道新生儿还没有足够的力气对抗地心引力抬起头或直立起身体来。他们只有在俯卧的时候，能很短暂地抬起头（照片 28）。很少人知道刚出生几个月的婴儿身体会因为地心引力而造成变形的事实。如果一个婴儿的头老是偏向一边（例如朝着光或朝着向他走近的人），那么他那一边的头就会有一块扁平的区域。这个变形有可能一直延伸至躯干骨盆。如果等婴儿三个月大之后才发现这种强加的姿势，那么已造成的损伤将难以完全矫正。为避免变形的发生，每次放下婴儿时，要记得更替头的摆放姿势。如果婴儿的头部已经变形了，医生可能会建议您持续一段时间不时地转动婴儿的头，使他朝向相反的另一边。

如果婴儿已经能自己转头，而且比方说他喜欢转向光亮的一边，你就必须将婴儿（或婴儿床）转向，让头、脚对调，让光线从另一边照射。

其他可能使得婴儿将头偏向特定一边的原因包含：出生时**锁骨骨折**、**肌性斜颈**（歪脖子，请参阅 1.8.2“肌肉斜颈症”）或婴儿头部有肿块。[1] 无论因歪脖子还是头部肿块导致婴儿喜欢偏向某一边，这些实际状况都需要与医生讨论。

睡姿：仰睡、侧睡或趴睡？

根据最新研究显示，美国专家在 20 世纪 60 年代曾提倡趴睡的姿势，结果造成婴儿的猝死显著增加（请参阅 9.2“婴儿猝死症”）。现在则普遍建议让婴儿仰着睡，不是侧着睡，也不是趴着睡；而且不需要枕头。如果婴儿的头骨较软，或后脑勺开始出现扁平部位，自制一个 20 厘米见方的枕头，然后填入松散的小米谷粒。这种枕头可以在一个较大的范围上分散婴儿头骨的重量。

当婴儿醒着的时候，请让他能仰躺着，看人的面容或其他目标或玩自己的小手；也请让他有机会趴着，让他学习抬头（之后是肩膀、手臂及手）。如果您的婴儿特别喜欢仰卧，请记得在一天之内，当您与他游戏或说话时，固定让他趴个几次。如果他仰着睡睡不着，就请在白天时试着以背带将他背在怀里，给他充分的身体接触；晚上，则卷一件运动衫或其他属于妈妈的衣服放在婴儿床里。

请务必确认被子之类的物件都安置妥当、安全，以免婴儿的头陷入被子之下。

11.5 自发性的动作发展

“所有的教育都是自我教育”，这样的格言当然也适用于婴儿的行动学习。大人必须经常记住，婴儿的天性是模仿、探索。愿意让宝宝自己去看出所有人类可

1 胎头水肿（在分娩时于胎儿先露部位形成的肿胀）一两天后会消失，但血肿（因血管破裂而形成之凝固血块）则需要等数星期或数个月之后才消退。最好不要让婴儿躺压血肿的那一边，直到复原为止。

能有的不同的新动作，单只是观察，就需要我们很大的耐性及意志。因此非常重要的，布置一个让婴儿能自我探索的环境，让婴儿随着不断更新的机会学习并掌握行动与平衡的法则。学习如何自主行动这件事，不只能确保身体平衡及耐力的稳定，同时也帮助婴儿学习信任自己的潜在能力，并获得一种独立及自由的感觉（请参阅 12.8“感觉、知觉、经验及自觉”）。

我们不太需要再提，每个婴儿有他自己运动发展的“时间表”。如果您对婴儿的每一个新活动类型（翻身、以手肘扭动前爬、爬行、自己站立起来，依靠或不依靠外物支撑的行走）的出现耐心等待，您的宝贝将受益良多；同时请避免提供任何固定性的支撑或“帮助的手”给孩子。让孩子自己学会这些活动，亦即提供了孩子一个在其他领域发展也能一生受用的基础。

11.6 观察新生儿的排泄及其他身体功能

11.6.1 让喝奶后的婴儿打饱嗝

所有的婴儿喝奶时都会咽下不少空气，特别是使用奶瓶时。为减少吐奶并让您的婴儿尽可能睡得安稳，婴儿胃里的空气必须排放出来。其做法是：让婴儿的下巴靠在您的肩上，请记得垫块布在您肩上以防婴儿吐奶；接下来，许多父母快速反复地拍婴儿的背，这很可惜！如果您能抱着婴儿坐下来，让他依偎着您，然后您轻抚婴儿头部顶端柔软下沉的卤门区，以您的指腹轻柔地按压，婴儿会觉得更舒服、愉悦。

11.6.2 连串的打嗝

连续打嗝是因为横膈膜突发的节奏性收缩所造成。这很容易因为胃部的冷空气、因为父母放下婴儿或帮他翻身时的动作太快，或因为婴儿的一个过大的饱嗝所引起，不过，也经常有不明的原因。新生儿连续打嗝，表示父母不需要再等待婴儿打饱嗝了，等了也是白等，但可以确定婴儿将不会吐奶，因为横膈膜暂时性的收缩使得进入胃部的入口关闭了。在婴儿的腹部盖上一条温暖的布，即可帮助防止连续打嗝。

11.6.3 大便的软硬度及频率

喝母乳的婴儿，在解出孕产期最后几周所累积的肠内黑色或深绿色的胎便之后，即会有黄色或浅绿色且带有独特香气的大便。偶尔，大便也可能变得很稀、深黄色的，或只是干酪般软硬度的扁豆形状的固体微量而已。通常，婴儿解便的频率变化一天之内约在 2 ~ 6 次，但喝母乳的婴儿，其频率可达一天十次之多，或每十天才解一次；只要婴儿没有其他症状，而且似乎也茁壮成长，就没有理由恐慌。当添加新的婴儿食品之后，通常解出来的大便就会有所改变。味道变得比较不好闻，颜色是黄或褐色，软硬度呈糊状或软膏状，频率通常变成一天 2 ~ 4 次，或至少两天一次。这时，如果大便有发酵的味道，可能是霉菌（**白色念珠球菌**）感染的征象，而绿色的软便则表示有轻微的消化困扰（消化不良）。如果婴儿的大便含有血迹，包含与胃酸接触后变黑的血红素血丝（请勿与香蕉纤维混淆，因为看起来很相似），或大便颜色变淡，呈灰白色，并伴有明显的黄疸，请立即请教您的医师。

11.6.4 小便

出生头几个月，婴儿的尿液几乎没有颜色，只有在黄疸明显的情况时才会变得稍微有点黄。尿液留在尿布上一段时间即会产生一种刺鼻的阿摩尼亚气味，特别是如果婴儿是喝配方奶。阿摩尼亚会引起婴儿尿布疹，因此您需要注意这个气味，且需更勤于为婴儿换尿布，并特别注意照顾与清洗婴儿的皮肤（只要清水洗）。如果天气很热，而婴儿又喝得不多，他的尿液即很容易因为无害的磷酸盐沉淀而变成砖灰色。解尿疼痛常因为是尿道感染，这种情形尿液通常会有臭味，或至少和平常的气味明显不同。尿道感染应接受医生诊断和治疗。如果经过两餐婴儿的尿布仍是干的，则婴儿可能是发烧或口渴，是否需要医师的专业指示，应视其他症状而定。

11.6.5 出汗

在生命的头几个月里，出汗是不寻常的，但如果婴儿太热、喝太多，或发烧等，就有可能出汗；但有时候也可能是一般无法确定的生长力失调；在婴儿约六周大时，无明显原因而出汗增多，有可能是早期阶段佝偻症的征兆；如何预防佝偻症，请向您的医师请教。

11.7　更换尿布及相关的问题

11.7.1　尿布技术及其影响

由于布质的尿片比较能为婴儿保暖，而且可以免去处置的浪费，因此有越来越多父母避免让新生儿使用抛弃式尿布或尿片。新生儿可以用纱布尿布，再包上能吸水的羊毛尿裤或类似的裤子（请参阅附录 2.1），换上尿布后，再帮婴儿包上大块的拉绒棉布或法兰绒布（毛织品在此目的上也很实用），而不是穿上连身裤或裹腿毛线裤。视季节而定，您可能需要多加一条松针编织的羊毛毯包住全身。臀位出生的婴儿常有髋关节发育不全的情形；通常从一开始即需要有宽大的尿布帮助婴儿保持两条腿分开。再多折一条宽条的棉布放在两腿中间也常可达到此目的。等到婴儿开始踢开这些束缚时（通常数周后开始），两腿间有暗扣的“连身裤”或“连身衣”应该是另一个实用的办法。此时，您可能会发明出结合两条纱布变成一条三角形的包裹布，而另一条长方形布则放在婴儿的两腿中间。过不了多久，您可能为方便清洗，想给婴儿加一条尿布衬垫；而未经漂白的原色羊毛尿裤有助于尿布之定位。白天可以为婴儿加件羊毛连身裤，晚上棉质连身裤可能又更实用，最外层再包上前面提过的松针编织羊毛毯，这样婴儿就不会无节制地乱踢，而是会感受到一些阻力，也从而体验到自己。

我们建议不要让年纪很小的婴儿全天候任意地自由活动。如果您在婴儿出生的头几个月里仔细观察他许多不由自主以及反射性的动作，您将觉察这些动作触动起他的能力，使他能放眼环视他的周围。显然我们需要支持他安静观看的活动，您了解一个婴儿的眼光越是安定、越是留神，他就越容易学习使用他的双手。因此，选择一种能约束婴儿乱踢，而且限制婴儿乱动的技术放入设计的尿裤是很重要的。

不过，婴儿的尿布也不能包得太紧，而致他的髋关节完全不能自由活动。太紧的尿裤会对髋关节的髋臼窝发展造成负面的影响，这是对所谓髋关节发育不全症（髋臼窝发育不良），或韧带虚弱而造成髋关节松脱的一种特殊情况考量。在这些情况中，髋部最终可能会脱臼，因此尽早辨识、尽早治疗髋部问题非常重要；当今的诊断是由超音波影像确认。如果在婴儿学步时，疏漏了髋关节发育不全症或先天性髋关节脱臼，而仅仅视为婴儿不稳的步态，就会造成后来需要外科手术矫正（通常需要牵涉好几个手术）。

如果您从一开始即使用背带背您的婴儿（照片23），首先，请将他斜放在一条羊毛毯上，然后将毛毯下方的棱角折上来盖上他的双腿，再拉起左右两侧的棱角把婴儿包裹起来。这样，等到您要将婴儿放进背带时，他的全身，连他的脚，就已经全被温暖包裹了。

11.7.2 清洗、沐浴及皮肤护理

婴儿的皮肤一如大人的，都有一层细致的天然油脂，其特质是无法复制的，没有道理每天将这一层油脂洗掉，再擦上其他的脂肪。大多数情况，婴儿一星期沐浴一次便已足够（照片20），没沐浴的期间，每日以一条柔软的毛巾和舒适温热的水（不需要肥皂）洗洗婴儿的脸、包尿布的区域，及皮肤的折叠处；不需要肥皂，只以清水清洗通常便已足够，即便是被尿液、大便或吐奶弄脏的区域。大便沾黏的痕迹或尿布疹的软膏都是脂溶性的，可以葵花子油去除，这种清洁方式比皮肤护理油经济多了。

最好的婴儿皮肤油都含有金盏花属或春黄橘属植物油。在婴儿的颈部、腋下、耳后及尿布包裹的部位、皮肤褶叠处薄施一层这样的植物油即可，不要在这些区域使用爽身粉，因为粉末与水气结合会变成碎屑，造成发炎。爽身粉作为治疗，仅适用于轻微的皮肤炎，例如婴儿背后或胸廓上的痱子。无论任何情况，爽身粉的尘埃可能造成婴儿咳嗽，而且对他的肺脏是危险的。

11.7.3 更衣台上的乐趣

出生后初期，婴儿在更衣台上会与父母产生相当多的接触。在更衣的时候，一般而言，婴儿已经吃饱了，心情很好，也预备好要享受活动与接触了。在清洁时与清洁后的片刻，清洗或抹油在婴儿的皮肤上，能同时提供必要的与嬉戏的目的。您可以哼、唱，或与婴儿谈话，以及逗他的小手、小脚玩游戏。数周之后，你即可预期听见他首度回应“寻求接触”的声音（请参阅14.3“学习说话”）。随

着几个月过去，当婴儿开始要求您抱他起来，接着学转身，然后学爬，更衣台上的游戏时间变得越来越活泼。那个当下，您可能需要对周遭保持清醒的判断力，您必须确认婴儿手上有好玩的东西让他忙碌着，他就不会跌落台面。如果宝宝实在精力充沛，将这个小家伙放在地板上更衣也许更安全。

虽然时下非常流行婴儿按摩，而且广受热情推荐，但除非是医师处方，我们还是建议不要给婴儿规律性、系统性的按摩。对婴儿而言，对自己身体的关注应该来自自然需求、自动产生的，而不应该是被计划设定的。您宝宝对于感官知觉的深层按摩需求是经由您将他抱在怀中或背在背带里而获得自然满足的（这会使得他在环境中感觉舒适，请参阅 12.8“感觉、知觉、经验及自觉”）；而婴儿自己想活动、探索的渴望将提供他所有其他触觉感官的需求。

“发现”的过程有两个面向，每当婴儿注视或触摸某样东西、力图让自己的身体直立或爬行时，他即是在学习“理解”自己和周围的环境。大人处理婴儿的每一件事情，都会有一个附加的因素——我们执行那件事情的态度。焦虑退缩、过度热情而夸大言语、忙乱的活动、有意识或无意识地使用教育原则、害怕宠坏宝宝、渴望确信孩子的身体强健，所有这些难以捉摸的面向都不应该列入考虑，我们才能对孩子的进展产生适当的反应。我们需要有耐性，而且以一种乐意的、钟爱的态度，而不是焦虑的，或特定的应该如何做的想法，才能帮助您提供富于想象的、自动自发的，以及对孩子发展有利的促进因素。

11.8 摇篮

关于婴儿床，我们建议使用篮子或摇篮，并以单一颜色的布料全面衬底，且在婴儿床顶挂上粉紫色的纱帐。纱帐可以阻挡冷风的干扰，并让愉悦的微光进来，有助于平静的睡眠。如果摇篮放在靠近窗户开口的位置，纱帐可以阻挡直接照射宝宝的阳光（这当然也阻挡了紫外线，而在考量预防佝偻病，需要有阳光之时，将纱帐往后拉一些，则大部分直晒的阳光受到阻隔，但宝宝的头却仍然能接触到蓝色的天空）。无论您是否在自制的弯轴摇架上放个洗衣篮或是一种古式的有四个轮子的摇篮，或任何其他种可动式的婴儿床或摇篮都没关系，但重点是要可以放在您自己的床边。父母经常不会考虑到这一点，结果每天晚上妈妈都得起床无数次。婴儿床的床垫最好是一片式的妥善填充的平坦垫子，填充物最好采用天然材质，例如马鬃、木棉或海草等。婴儿应该根本不用枕头，要不就自己以小米或米粒填充做平坦的枕垫（请参阅 11.4.5“地心引力以及新生儿躺卧的姿势”）。谷粒可以适应婴儿弯曲的头形，而且不会像羽绒枕那样蓬松，不会阻断他的气管。

11.9 适当的婴儿车

以背带背或抱孩子的方式是一开始最好的方式（照片 23），只要婴儿冬天时穿得够保暖，而且绑得够正确。背带以及以后您可能用得着的其他背负方式（照片 24），使得父母从婴儿很小的年纪开始，不管去哪里，都能把婴儿带在身边。这特别使得母亲有较大的机动性，而婴儿也能经验更多母亲的日常活动。不过，请记得，要避免环境吵杂、气候状态极端，以及感官印象对小婴儿不适合的地方（请参阅 11.4“培育幼儿感官印象”）。

宝宝被大人背着或抱着走时，他可以体验大人节奏性的行动，以及肌肤上的压力。这些感觉作用不但可以促进婴儿的自我觉及舒适感，也同时提供了他往后学步时的模仿典范。反之，宝宝在婴儿车里被推着走，倒像是要预备他开一部车呢！

当您无法避免使用婴儿车时，请选用一个基底高而且弹簧坚固的；大轮子车坐起来比较平稳，而高度则可以让宝宝避开集中在地面附近的汽车废气。如果真有可能，请订制一个让婴儿可以面向着您，并能与您保持眼光接触的婴儿车或折叠式婴儿车。可惜的是，大部分的现代折叠式婴儿车都是让婴儿背对着推他的人，只要孩子再长大些，就需要更长久的眼光接触。

11.10 婴儿游泳

只有极少的例外，我们建议婴儿不要游泳或在户外洗澡。因为这类活动常常与温度的变动有关联，而且水中的氯气或污染物，以及其他儿童的喧嚷声，所有这些都会让婴儿高度敏锐的系统过度负担。我们也认为在体验水的浮力之前，婴儿应该（经由直立与行走）先学习对抗重力。

婴儿经由自发性的动作、快乐的重复，与大人一起做小游戏等，运动神经发展将获得相当充分的刺激；而大人也为婴儿能熟练每一个新动作而感到骄傲。不过，在日常生活中找出这种游戏及活动的基本时间是很重要的。然而，您怀中抱着婴儿坐在电视机前面则是被排除在外的。

第12章

从婴儿到学步儿

12.1 日常惯例活动

当你的宝宝开始学习行走，而且能自己走向某一目标物，这就表示他从婴儿进入到学步儿的成长阶段了。他放弃爬行，喜欢站立，这表示宝宝的双手得以自由地抓、拉，而且能在伸手可及的范围内仔细地探索。当宝宝能够自由独立走动时，他的日常活动即发展出一个完全不同的面向。他可以独自走动，可以跟着你从一个房间到另一个房间，可以在家庭餐桌上占有自己的席位。这个全新的情况对其他家庭成员造成了挑战，他们必须容许这个最小的成员以适龄的方式参与，而不是只让他成为关注的中心。这个转变能否完成以及如何完成，建构了这家人往后的互动基本模式。**当孩子经验到他真正的需求被认可且受到尊重，当他的情绪被幽默且耐心地对待，甚至当他的行为失控或要求过多时，能被稳定地规范出一个界限；在这个过程中，孩子将受益良多。**

宝宝的睡眠习惯也在这个时候开始改变。在他们第一年的生命里，无论在哪里，室内或户外，宝宝都会在上午和下午各小睡一会儿。通常一岁之后，孩子就只在下午小睡；若在室外或靠近窗边，就会难以入睡。请思考一下，您正在学步的幼儿，请勿让他花用大半美好的白天时光睡觉，而要让他在午睡之前或之后出去外面活动活动。如果他午休的时间不要太晚，而能提早一点的话，到了晚上，宝宝就显然比较容易入眠。一旦形成日常惯例，就能让饮食与睡眠的时间达成规律；如此宝宝会减少闹情绪，不会以焦躁或散漫的情况结束一天的时光。**小小孩最喜欢固定的生活习惯了。**体验规律的作息，能让您的宝宝在“自我感”上表现出安全及信赖的感觉（请参阅 12.6“度假的地点”），也是最能帮助他发展学习动机与意志力的基础（请参阅 19.1“概观”）。

12.2 排便与大小便训练

在宝宝两岁的这一年，他的消化系统受到最大的挑战，因为咀嚼仍然不足，但他却想要尝试每一样能吃的东西。他的排便间隔变化很大，一天可能数次，甚至可能脏湿到肩胛骨上，大便看起来是尚未消化完全的，而且通常闻起来是酸的。如果其他方面还好，而且体重也没减轻，您的小儿科医师只会简单地称这种情况为“大肠急躁”。将饮食的时间规律化，并且限制会造成胀气或轻度腹泻的食物，例如粗燕麦片、全谷类或粗辗谷类，以及生食等，多少能帮助他的消化作用。此时，宝宝排尿的频率减少，但尿量增加，且产生更强烈的气味（请参阅 11.6“观察新生儿的排泄及其他身体功能”）。

为了方便，当宝宝可以更独立活动时，大多数的父母会改用抛弃式尿片，但一些有经验的母亲（想象那垃圾成山的结果）仍持续成功地使用布质尿片、吸水羊毛尿裤，和“宝宝长大”连衫裤。穿这种连衫裤，当需要换尿布时，气味是一种讯息，但它能充分包容宝宝的大便，且能保持宝宝皮肤的清新。由于学步儿的小便频率减少，尿量加大，很快地，当需要换尿布时，他们也开始会表达，因此他们很少有尿湿很久的困扰，因此湿冷、皮肤红肿等问题也消失了。在此阶段，您也比较能预先辨识出关键时刻而迅速地更换宝宝的尿布。

第二年，请无须急着计划大小便的训练任务；这个过程可以很简单，如果您能找到一个结合座椅和便盆的高椅子，比较理想的是便盆座可以分离，那么在两餐之间，便盆座即可放在地板上使用。有了这类型的座椅，要在餐后脱除宝宝的尿裤即成为一件简单迅速的事，然后花个十分钟与宝宝、与家人进行愉悦的“餐桌对话”。随着一点儿小运气，这个方法即能奏效，您的宝宝将发展出规律的排便时间，而且之后也能持续转换至便盆椅或马桶。您越能轻松而按部就班地处理这个过程越好，最终，不要介意什么时候，您宝宝的如厕训练就会完成。您越能不强调如厕训练，宝宝就越有可能理所当然地学会使用马桶。

12.3 宝宝的第一双鞋和衣物

学步儿非常受到鞋子的吸引，喜欢拿鞋子穿穿脱脱的；之后，还会从鞋子辨认穿鞋的人，而且很喜欢穿别人的鞋子（和角色扮演）。当然正扮演着“爸爸”的学步儿一定知道“妈妈”或“大姐”就要走进房里来了！

然而，刚开始穿上鞋很不容易。学步儿倾向卷曲着他们的脚趾，而不是伸直着脚趾套进鞋子里，因此，在他的双脚完全地套进鞋子之前，请尽可能地帮忙松开新鞋的鞋带。

鞋子会使得脚变得被动而且容易受伤害。对于“学步”的宝宝来说，鞋子没有帮助。如果是为了这个目的，光着脚丫，或穿上袜子、软底拖鞋还比较好一些，因为对脚部最好的发展即是足够的保暖。宝宝初始的脚步，户外草坪是一个很好的选择；而在室内，天然纤维地毯则提供了各种触觉的感知作用。

在童年时期，扁平足是正常的，因为脚的弓形发展是重力抓地的结果，通常要等到四岁之后。儿童没有学习行走，就不会发展弯曲的足弓。当今的整形外科医师也赞同，真正的扁平足是后来发展的，只有那些会威胁、影响到整体姿势的极端特例才需要引入矫正鞋。其他的情况，效果最好的是刺激自主活动并以脚尖步行。以这类活动设计游戏并将之谱成歌曲或念谣，远比刻意地要求效果更好。当您穿梭在屋子里，单纯地“学鸟飞”或“像小精灵般踮脚尖跳舞”，您的宝宝就不可能失去兴趣，因为他会跟着您踮起脚尖模仿。

童鞋材质最好是不加衬的皮革；童鞋底部最好是平坦的。合成皮或羊皮毛加衬的鞋，通常只包裹到鞋底以上，不含脚底的部分；这种鞋不太能像羊毛袜般全面地包裹脚部、有效地保护脚部温暖，而且合成皮并不吸水，还会增加流汗及罹患香港脚的可能性。当然，您需要挑选尺寸够大的鞋，以便在冬天时，宝宝的鞋还能容纳厚实的羊毛袜，鞋店的店员能帮助您决定宝宝鞋子的尺寸。

鞋子的用途是增强我们在粗糙的地面上及天候不佳时的行动力。在水洼或雪地以及泥泞或碎石的地面上行走，以厚实的鞋底和踏实的脚步最有利。在铺整过的路面上，软的鞋底走起来很舒服。为满足不同的需要，有许多童鞋类型可供选购。**总而言之，鞋子的功能在于保护脚部，及对抗不利的环境状况。一双脚的健康功能及外形，是经由使用与活动长成的，而不是经由穿鞋穿出来的。**

关于**衣着**，从宝宝头几个月和头几年的生活经验中，如果您已能辨识羊毛的优点，您就会持续避开人造纤维，也会不吝惜地给学龄前孩子穿羊毛制的内衣。1～4岁（或有时候甚至到六岁）的儿童睡衣，一件天然、未经漂白的羊毛针织睡袋能均匀地保住宝宝的温暖，也能让他自由地变换姿势。这个年纪，孩子仍然可能在夜里踢开被子，却可能不会自己再盖回去。您为宝宝选择的日间穿着应以实际为主——也就是能活动自由、耐穿、保暖且吸汗的。除此之外，宝宝对于某项特别衣物的喜爱，也有助于创造健康的周日或假期的气氛。

衣着的颜色又如何呢？按照鲁道夫·斯坦纳所言，颜色的“后像”会影响人们的心理（注1）。当我们盯着一个红色表面看了一会儿之后，我们的心中即会产生绿色的后像。因此对于一个过于好动、倾向“将头撞墙”的孩子，若穿上红色的衣着，即能不断引起舒缓而镇静的绿色后像，结果产生和谐的影响。相对地，帮比较倦怠、行动缓慢，或孤单、退缩的孩子穿着蓝色为主的色调，将能引发活泼的黄色与橙色的后像，能助长激发出更大的活动。童年早期，身体与情感生命间连结特别紧密，因此在这个年纪，学步儿对于颜色的后像经验远比成人更为深刻，而其影响儿童身体体质的程度，与其他任何影响一样巨大。

12.4 游戏围栏与婴儿床：是牢笼吗？

对宝宝而言，游戏围栏是一个介于他熟悉的小床和仍然感觉很大的房间之间的中途活动区域（照片26、27）。当然游戏围栏的制作应该很坚固，有木质的栏杆及稳固而高于地面十厘米（或四英寸）的底座。如果游戏围栏的底座不是抬高的，就有必要在栏杆底部贴上狭长布条镶边以阻挡沿着地板吹来的风。上方栅栏横木的每一个衔接处，也请以长布条或其他织物缠绕，以免夹到宝宝的手指。请选择一个大部分时间宝宝都看得见您在工作或休息的地方放置游戏围栏。等孩子更长大些之后，再预备一个安全、能让宝宝完全自由活动和探索的房间。

一个六个月大的宝宝，在每次换好尿布后，即可将他放进游戏围栏里，只要他醒着，无论他玩耍或是看着您做事情，或您只是单纯地在他旁边进行一些工作小方案，请让他尽情地待在那儿。这样的安排，当宝宝哭闹时，您即能免除非得进入宝宝房间察看不可的麻烦；而且这样做也能避免孩子成为局外人，而是您生命中的参与者。因为您总是在做事情，而且知道接下来要做什么，您的宝宝即会有足够的机会操练他模仿的冲动。他可以开始模仿您的直立；他利用抓紧围栏的栏杆，第一次用力地将自己拉起，进入站立的姿势。

上午，宝宝醒着的时候，他们大多数都乐意待在游戏围栏里。如果疲倦了，您可以为他盖上被子，让他待在游戏围栏里，或将他放上床去；因为他对于眼神接触的需求满足了，所以他比较能无需保护地上床。另一方面，下午的时候，大多数的孩子喜欢在户外，因此这显然是一个散步或类似活动的时间。

孩子一旦开始自主行动，他必然会觉得游戏围栏是一种限制。此时，您自己的态度是最敏感的。有一个简单的区隔：利用游戏栏作为处罚，这时，游戏栏确实会变成牢笼；或是利用游戏栏作为您投入工作时的一个安全地方，要不然如果宝宝无拘束地四处爬，您根本无法工作；这种情形，游戏栏单纯只是一个因真实生活所需而加诸的界线。当然，没有游戏栏，您的宝宝应该有更多的活动自由，但当宝宝在地板上到处爬的时候，您就需要一再地中断工作去移开东西以确认宝宝的安全。

如果您对游戏栏仍存有疑虑，我们鼓励您至少投资一个附有轮子的婴儿床，而且最好装配有实心的床头板和床脚架上的横板，以及足够高度的床侧，以防学步儿爬出床外。当宝宝生病或睡不好的时候，这种可移动式的婴儿床特别好用，因为在夜里您可以将它移到您自己的床边。即便在白天，当您必须在屋子里忙碌时，期望宝宝能自己一个人快乐地待在卧房床上，那是不切实际的。一个可移动的婴儿床至少给他一些活动的自由，而不是随意将他放在地面的凉风或灰尘中。在婴儿床里，如果宝宝倦了，还可以自己躺下来休息。

12.5 装点布置宝宝的房间

当您在安排宝宝的房间时，如果有足够的空间能隔出宝宝房，您即能为未来的需要做计划。由于整个现代制造业正专心致力于装备儿童的房间，在此我们将提供两个范例，无疑地，我们更喜欢第二个。

- 一个房间，有白色的天花板、实用的乙烯基地板材质、同样实用的合成纤维地毯，以及色彩鲜艳并重复着各种球类、帆船、玩具娃娃等主题的壁纸；窗帘的颜色是亮丽且明暗对比的，还有一个婴儿食品公司的月历挂在墙上；家具设备是橘色可清洗的塑胶制品。看着这个房间，您可以明确地指出，这装潢可要花不少费用。

- 墙壁和天花板漆成温暖的浅粉色，一个角落和斜屋顶则贴上花费不多的木嵌板。地板布上，铺着黄麻纤维地毯，有一部分铺了拼布毛呢毯和一张羊毛皮毯；家具设备包括重新磨光的衣柜、一个未润饰的小木桌子，搭配几张儿童尺寸的椅子。一张简单的架式床铺，一个放玩具的木架子，以及几个可以用来或爬、或坐、或建构的箱子。妈妈喜欢的照片挂在墙上，而在婴儿床上方是一幅文艺复兴时代的天使图（可以让注视天使照片的睡前习惯成为一项孩子喜欢的活动）。窗帘是为预备午睡时舒适的昏暗而选的，颜色也不与墙壁作明显的对比；整体房间的色彩使得访客感觉很舒服。

在生命初期，能在一个适当的空间里度过数年生活，对于儿童未来的发展非常重要。但如何能确信您对颜色与家具的选择是对的呢？只要问自己，是否每一项物品的里外都一致？一张未加工木桌的木材纹理、结构和比例，以及桌面和桌脚的厚度完全吻合于它的内在质地与外在目的。相对地，一张镶饰的桌面底下隐藏的是粗略的塑合板；它的表面给了质地的幻觉，但它的本身并不真正具备那个质地。

壁纸又如何呢？一般给儿童的典型样式一定是亲善儿童、活泼可爱的。然而我们的领会是什么，如果我们只取其表面价值？实际上，我们曾在哪里见过永无止境地重复同样的图案或不真实的图像呢？究竟我们在哪里看过有无数的小猫、球，或挂在空中的小红帽呢？更别说它们经常被漫画手法画成怪里怪气的（请参照12.7“适龄游戏与玩具”中所描述的娃娃的脸，照片64 ～ 67）。墙壁以单一颜色彩漆，虽然会觉得好像房间全部都一样，但组成图案的壁纸却会把不合适或与完全不相干的元素加诸于墙壁之上；鲜艳色彩的组合会钝化我们对单一颜色的浓淡色度的敏感性。如果您对于这段陈述有理解上的困难，只要比较一下高速公路服务站，以及您在树林散步时的许多细微的浓淡色度，以及绿色、青紫色、棕色等偶然相遇后的混合色。在第一个场合里，颜色加诸印象在我们身上，但在第二个场合里，它们吸引我们的心灵向外而且变成积极地投入觉察的过程。**幼儿是否经常暴露于漫画、耀眼的颜色以及平铺的表面上，或被允许保留细致、和谐、有呼吸空间的各种浓淡色彩的经验；在感官印象对器官发展仍然有极大影响力的这个年纪，这些感官印象会对儿童造成大不相同的结果。**

另外一个重要的因素，您自己是否喜欢在宝宝的房里消磨时光？如果您都在房子的其他空间做有兴趣的事，而且不将针线或其他的事带进婴儿房里，那么孩子就只有在睡觉的时候才会使用他的房间。小小孩想要也必须要被允许在妈妈在的地方玩耍。

很重要的，请不要将乱成一堆的玩具藏入抽屉或篮子里。只要在宝宝出生后的头几年里，您以身作则，无需要求他的参与，每天一次愉快地将他玩过的玩具捡起来，放回玩具的搁板架上，那么，十足模仿的力量将保证他自己之后会喜欢收拾整洁。

12.6 度假的地点

初为人父母者，常想要尽快重拾昔日的度假习惯，而如今宝宝来到，宝宝的需要却和父母大不相同。对一个小小孩而言，每一个场景的转换不只是强制他撤除熟悉的生活空间，同时也可能引发他自我意识的危机，因为儿童的认同感建基于觉察熟悉的脸孔及物品。再度看见同一件事，对一个小小孩而言，就像成人回忆先前的想法。成人的认同感以储存在记忆中连续而不受阻碍的心智图像为基础。对于尚未发展思考及抽象推理能力的小小孩而言，感官经验提供相同的效果。这表示，如果为了健康理由或为了居住地的气候不佳，您喜欢经常改变风景，只要您的宝宝年纪还小，您最好就反复回到同样的度假地点。如果您年复一年地持续在放假期间回到同一个地点，您的孩子熟悉了那个地方、那个房子，以及所经历的生活方式，他即能更快地适应水土，而且会期待辨识并重新体验他所熟悉的假期世界。这样的经验会强化孩子的自我意识与认同感。

如果孩子的母亲或双亲因健康或职责所需必须旅行，则孩子应该带在身边跟着旅行，或留在家里给孩子熟悉的人照顾。在同一个时间内，幼儿与照顾者及熟悉的环境分离，会造成情感上的创伤；因此除非紧急情况，不应该让孩子遭遇这种情况（请参阅 14.4“学习思考”及第 15 章）。

太阳眼镜

在讨论度假与旅行的主题时，有一句话是关于太阳眼镜的：除非有例如医疗上的眼睛感染或色素沉淀失调等必须戴上太阳眼镜的症状，我们建议不要让学步儿或学龄前儿童戴太阳眼镜。无论如何，这个年纪，有许多合理的健康的理由，儿童不应该过度曝晒在阳光下。在户外游戏或四处活动时，一顶好的防护性遮阳帽（有帽边或帽舌的帽子）就能提供足够的保护；不过如果您要久坐户外一段时间的话，则请务必选一个有遮荫的地方。如果眼睛能与天然的颜色在环境中自由互动发展，眼睛即能学会最好的功能。幼儿的眼睛对不同程度的光亮已有很好的适应，包含从凌晨与夜晚的幽暗微光，直至正午的灿烂太阳。

对于学龄儿童，我们建议特别是在度假的环境，需要戴上太阳眼镜，例如长途跋涉、山间徒步或数小时的海滩游玩等。像这类情况，应选用镜片延伸到头部两侧，能同时滤除从两边而来的日光的太阳眼镜。

12.7　适龄游戏与玩具

时下，随时可以买得到各种玩具这件事本身即是一个问题。儿童已经被玩具工业所定义的“适龄”产品淹没了！任何充分观察过幼儿全神贯注游戏的人会知道，幼儿的活动与这些标榜所谓能提供什么功能的玩具，几乎没有关联。在环境中，能使儿童变成倾向自然而主动自发的是游戏，而非玩具。他看到别人做什么，他就也要做什么。一个两岁大的宝宝拿起一根棒状物，热情地在地板上“搅汤”；他要像妈妈一样转动炉子上的旋钮；像爸爸一样“喀嚓”按一声照相；或者在晚餐前，研究如何从碗柜中拿出来叮当响的碗盘。最能让他满足的是活动，而不是去看完美的塑胶娃娃，或是动物漫画。但是如果一个娃娃的脸上什么也没有，或只是点上三个点代表脸部，那么，宝宝的想象力将能自动创造出其余的部分（照片 64 ～ 67）。宝宝可以决定娃娃是笑的、哭的，还是正在生气或累坏了的。娃娃脸上永远都是微笑，或更糟糕的，是会讲话的娃娃，将会造成僵化宝宝想象力的一个虚假后象。若一直盯着泰迪熊的玻璃眼珠看，也会麻木宝宝的眼光。

什么是适龄的玩具？举例来说，一岁的小宝宝只需要一个以一小块纯蚕丝和一点羊毛即能制作完成的简单娃娃：撮一团厚实的羊毛球，然后以一块软丝布从正中心向下包覆住这团羊毛球，再以一条丝线缠绕绑紧这一团，这样即形成了上面一个丝质圆球，下面一段没绑进去的垂下来的布。丝质圆球即是娃娃的头部，下面的那一段布即是身体部分；而下面的这段布有四个布角，请利用对称的两个布角，在其尾端上各打一个小结，形成娃娃的两只握拳的手；而这即是适合一岁大孩子的玩具。往后，您可以再给宝宝一个能站起来、躺下去的木头娃娃；更长大些时，再做一个手工的法兰绒布娃娃。任何能激发想象活动的，以及够普通、能有许多不同使用方法的物品，即是适合孩子的玩具。玩具可以是一根手指头：你看手指头是怎么动的，你看它什么事都会做；玩具也可以是枕头的一个角，你可以将布角折弯，可以对着角戳进去，再拉出来；可以是一个打开又关上、将东西放进去又倒出来的罐子；可以是一块在桌子上敲的木头，试试它还会发出什么样的声音。再之后，也许是水龙头或塞子，或瓶盖等可以舀水、灌注一片小水塘的；可以拿来当作鼓敲的一个罐子和一根汤匙也相当有趣；一个羊毛填充的，可以滚、或抛、或推的针织彩色球；甚或是一小块可以玩许多“打开、盖起来”等游戏的彩色布等。

很重要的，身为孩子的父母、叔伯或姨妈、婶婆的，应该给予孩子有益的玩具。现代玩具，构思完美而充满理性，没有为孩子留下想象的空间，而且其材质、色彩及形状等，常违反现实和美感。那些高度精致的很吸引人的动作，以及颇具视觉效果的科技玩具，将会使孩子变成观察者，而非主动的参与者。游戏的目的是要通过独立的活动及创意的想象，提供儿童身体健康发展的机会。鲁道夫·斯坦纳在其《儿童教育》（*The Education of the Child*）一书中说：

儿童的学习，不是因为教导，而是因为模仿；他们的身体器官在物质环境的影响中成形。若我们能在环境中确保儿童适切的色彩及光线，儿童即能发展健康的视野。同样地，若儿童能目睹道德在他的身边运转，健全的、实质的道德感即能在他的大脑及循环系统中发展；而如果一个孩子在生命头七年的经验，仅止于他人的愚蠢行动，那么在往后的生命，他的大脑就会长成最适合于那种愚蠢的状态。如果我们能观察得到人类头脑发展的过程，我们当然就会提供那些能刺激儿童头脑造形活动的玩具。任何单单由绝对精确的形状所组成的玩具对儿童的造形力会有麻木及硬化的影响；而任何能刺激生命内在形象的则有相对令人满意的作用。

有意义的活动和手的灵巧都与头脑发展相连接。最能预防语言问题与识字困难的游戏是那些需要灵巧的手、平衡感及空间方向感的游戏。

这种启发性的洞察观点，经常与开发新幼儿消费市场的经济利益目的相冲突。然而，如果家庭能了解什么会损害儿童、什么会增强儿童，即可避免如内心空虚、冷漠、想象力与创造力缺乏等深远的负面影响。当今许多父母已经开始察觉，毒品依赖弥漫的一个重要因素，是因为在我们的生活里，我们从很小的年纪即被教导依赖“娱乐”设备，而没有留下空间进行充分的自主活动以及充分地投入环境（有关激发自主活动的建议，可参考华德福幼教团体的出版物，请参阅本书最后的参考书目）。

12.8　感觉、知觉、经验及自觉

儿童使用感官的方式，特别是在生命的头三年，将影响他发展中的自我觉察以及他对自己身体的体验，进而构成他如何本能使用身体的准则。

近几年来，因为人类认出自我觉察，及一定智能的成就必须倚重感官的互动和谐，因此人们越来越强调感官教育。新的治疗方案，如感觉运动统合治疗，已经发展至能提供密集的训练以补偿发展上的不足以及感官功能的教育。这些对于感官教育的重要性的观点，特别在儿童早期，我们想再加上另外一个来自鲁道夫·斯坦纳研究的看法。

儿童感觉器官的发展取决于他如何使用感觉器官的能力，而使用感觉器官的能力又基于他所被给予的模式及刺激，在我们认为此理为真的同时，这却只是整体概况的一部分。此外，**相对于发生在儿童身上的每一件事，他以全身反应，而且是基于他所接收的感觉印象反应出来。儿童以全身看、听、闻、尝**。儿童对一个正向的经验欢喜地跳起来，即是一个全身的反应。整个身体，在儿童期就像是一个大的感觉反应器官。整个发展中及成长中的身体接收最重要的知觉刺激，并具体而整体地反应。

因此，以最真实的话来说，感知的教育对儿童体质或体质的形塑，不只在情感及心智两方面的发展，对全身的发展，也都是很重要的。儿童早期的感知经验受到身体相关功能的支持，形成我们自我感及自我觉察的基础。因此，在这一点上，基于鲁道夫·斯坦纳对人类官能的研究，在感知教育上，我们要以几个重要的观念作为我们的经验总结。除了传统所认知的感觉，斯坦纳又增加了生命、语言、思想与“自我”觉察等描述（照片 76 ～ 94）。

一方面，我们所经验的自我觉察，是建构在统整的感知经验基础上；另一方面，自我觉察是由思想的活动所支持，而思想又预备并解读我们的感知作用。经由感知光与色彩，我们经验自己是一个充满光的存在，而且还被赋予了色彩的特质经验。谁不知道我们有非常多种类的气氛是以色彩及光的语词来形容的？

经由外在的冷热，我们经验自身存在的寒冷或发光的温暖。除了口尝与鼻嗅，我们也（比喻）说某人有“好品味”，或者，如果我们对他的行为反感，我们可能称他为“臭人”。很有趣而值得注意的，是我们以身体为导向的触觉、生命感、移动感及平衡感可以唤醒我们最深处的存在经验。我们的触觉使我们意识到自己，并激起生存中的信赖。我们的生命感则培养我们包容及和谐的能力，移动感给我们一种自由的感觉；而我们的平衡感，是一种内在平静的安宁经验。

在以下的表格中，我们概括总结了 12 种感觉活动和自我经验的形式，以及伴随着有害影响，培育他们的最重要良机。由我们感官所传达的这 12 种特质，是健全自我觉察的资源。

触　觉

传　达

身体界限的经验（经由触觉）；

来自身体接触的安全感；对自身生存的确信

感官教育的建议	应该避免的有害影响
• 您的宝宝应该在感受被保护并相信自己能应变的平衡中，也在身体温柔接触和自己独处的平衡中。 • 允许宝宝经由接触而发现周遭环境。	• 照顾者缺少情感参与。 • 过多的保护或过多的独处。 • 接触时较多与照顾者的乐趣相关，较少与爱孩子相关。

生命感

传　达

舒适安逸及事件间的和谐感

感官教育的建议	应该避免的有害影响
• 节律的生活习惯。 • 充满信心的生命态度。 • 合理的时间安排；也即是和谐而务实的安排。 • 愉快的用餐时间。	• 冲突、暴力行为、焦虑。 • 忙乱、担心害怕。 • 不满。 • 缺乏节制。 • 神经质。 • 事务杂乱无章，没有条理顺序。

自我移动感（运动感）

传　达

自我动作的觉察；动作熟练的结果则是经验自由和自我掌握

感官教育的建议	应该避免的有害影响
• 容许孩子自理——为自己做事。 • 房间安全到宝宝能无须督导地游戏；宝宝应能接触到房里的所有东西。 • 每项活动都有意义上的关联。	• 规矩过度严格。 • 因为家长的被动性，或缺乏积极行为的榜样，而导致刺激不足。 • 坐在电视机前固定不动。 • 让儿童变成观察者的自动化玩具。

平衡感

传　达

平衡与弥补的经验；休养生息之处；自信

感官教育的建议	应该避免的有害影响
• 有动作的游戏：跷跷板、踩高跷、跳跃等。 • 当应付宝宝时，能沉着而确实。 • 家长应努力发展内在平衡。	• 缺乏活动。 • 躁动不安。 • 内在冲突或焦灼不安。 • 沮丧或隐忍服从。

嗅 觉

传 达

芳香物质的信息

感官教育的建议	应该避免的有害影响
• 找出不同气味的经验（植物、食物；城市及乡村等）。	• 通风不足的房间。 • 过度强烈的气味。 • 令人作呕的感官印象及行为。

味 觉

传 达

甜、酸、咸和苦的味道；

与嗅觉搭配时产生的复合而又特殊的味道

感官教育的建议	应该避免的有害影响
• 烹调食物的手法应展现食物本身的味道。 • “品味”鉴赏人与物。 • 充分美感的环境。	• 滋味的感觉始终如一、偏于一方（例如：蕃茄酱滥用）。 • 评论乏味或不得体。 • 没有美感的环境。

视 觉

传 达

光和颜色的感知作用

感官教育的建议	应该避免的有害影响
• 大人自己展现出对大自然中细微颜色特性的兴趣，以吸引宝宝对这类事件的注意力。 • 衣着及室内布置的色彩组合协调。	• 注视愚蠢或有害的图像。 • 俗丽刺眼、强烈对比的色彩。 • 沉迷电视。 • 悲观的态度。 • 缺乏兴趣。 • 周围环境黯淡无色。

温暖感

传　达

冷热的感知作用

感官教育的建议	应该该避免的有害影响
• 经由选择适龄的衣着培育宝宝温暖系统的发展。 • 情感上及灵性上的温暖气氛。	• 夸大不实的强健法。 • 房间过度温暖。 • 宝宝穿得不够暖和。 • 冷漠、无人情味的气氛。 • 夸大或虚伪的热情。

听　觉

传　达

声音与声调；

开放一个人内在的、情感的空间

感官教育的建议	应该避免的有害影响
• 说故事或朗读时，依宝宝的能力调整说话的速度。 • 唱歌或玩乐器。	• 过度的听觉刺激，特别是电子媒体（不牵涉个人情感，太大声、太快）。 • 谈话肤浅而虚伪。 • 冷酷的声音或语调。

语言感

传　达

结构和表象的觉察，包含一句话的声音结构

感官教育的建议	应该避免的有害影响
• 声音语调、语意及身体语言温暖、热诚。 • 在自我表达上能敏感于个别差异。	• 负面的语意。 • 冷淡而模糊的行为（孩子从不真正知道您是悲伤或快乐，是距离很远或正专注着）。 • 任何形式的谎言或虚假的印象（例如所说、所想或所感觉的不一致）。

思想感

传 达

一串思维的意义

感官教育的建议	应该避免的有害影响
• 培养准确性及真实性。 • 事物之间彼此关联。 • 在环境中经验有意义的连结。	• 无意义的行为。 • 混淆困惑、不协调的思想。 • 意义扭曲的关联。 • 无意义的联想。

自我感及“其他”

传 达

对另一个存在的印象；对另一个人的特性结构之直接经验

感官教育的建议	应该避免的有害影响
• 婴幼儿期，在身体和情感上，拥有与抚育者慈爱的亲近关系。 • 成人间彼此相爱，同时也爱孩子。 • 家庭文化鼓励探望及社群聚会。 • 真实地意识到别人（Martin Buber 的一本书：《你》）（注 2）。	• 缺乏对他人的兴趣。 • 使用传媒及虚拟的现实，不涉及真正的生命体验。 • 人类的唯物论观点。 • 缺乏兴趣、尊重，或其他。

在论述过健全的自我觉察能唤醒这 12 个面向的感官经验之后，我们必须强调，感官并不产生自我觉察，它只是提供本身相关的信息。有一句古希腊谚语说：“如果我是国王，而我不知道我是国王，我就不是国王。”灵性的人类存在——“我”——是永世的；但这“我”所“知道”的，也只如它在世上，在一个人的身体里生活之后，开始觉察自身的那么多。

这个灵性存在，这个“我即是我”，是发亮的、温暖的，有亲近与排斥的能力，而且被赋予了内心的安定，还有自由、和谐与信任的能力。这些特质使得它能经由感官作用的印象而变得有意识，并且能经验自身在一个身体里面，是一个独特而能自给自足的独立存在。我们在身体里面以及经由身体所获得的自我觉察的程度，是我们在世上所经验的一个很精华的部分，也是我们在死亡时会带着进入灵性世界的部分。这儿，我们触及了“体现”的意义或人类在世的生命。我们并非只是在死时溶解，之后进入灵性世界而已，因为在我们进入灵性世界时，我们保存了已发展的自我觉察。

附注

注 1　Rudolf Steiner，*The Education of the Child*，Anthroposophic Press，New York 1996.

注 2　Martin Buber，*I and Thou*，Charles Scribner's Sons，New York 1970.

第13章 婴儿与幼儿营养

在婴儿时期，营养议题是最急切的，虽然在整个童年阶段也都关联紧密。数十年来，有越来越多母亲再度发现喂母乳对宝宝的健康以及社会性发展的种种好处；而且，对于断奶中的宝宝以及宝宝的饮食转换至家庭饮食时，引介补充性食物是其中一部分，也产生了新的见解。

在本章的前半部分，我们将专注在前述的主题。后半部分的目标则放在无法哺乳（或选择不哺乳的，无论何种原因）而又选择不使用商业婴儿奶粉的母亲。这部分我们提供了：以稀释牛奶为主且依年龄区分的瓶装食品调制法，同时也针对特定饮食需求的瓶喂婴儿，提供实用性的提示。

接着，我们将讨论个别食物的正反两面，以及在营养上这些食物对儿童的重要性。

无论如何，营养绝非仅仅是提供能量活力的一个问题而已，人类的健康与自然世界的健康，非常倚重于我们面对吃与消化，以及我们如何栽种食物的态度。本章的结尾囊括了：消化过程的本身、食品生产的工业化、基因改良食品的发展，以及营养与意识关系的见解等。

13.1 母乳哺育

直到20世纪70年代，有许多文化上的理由，哺育母乳变得很突兀，甚至受到许多现代看法的阻挡，幸而在此干扰期间，问题已大有改善。借由助产士及母乳协会的领导者，一个新的哺育母乳文化已然开展，他们以聚集而成的丰富经验及印刷的文宣品等，广泛而全面性地提供建议，并回答任何可能提出的细节问题。然而目前在许多国家里，特别是社会弱势群体，仍然几乎没有母亲哺育婴儿。自90年代起，大多数西方国家的健康关怀机构、助产士，及母乳哺育顾问（请见本书最后之相关组织）等已经开始为每一位初为人母者提供母乳哺育的建议。

这里有一份关于母乳哺育原因的列表，可以协助各地的母亲们，教育自己及邻居们清楚了解有关哺育婴儿的好处。

- 母乳哺育创造了婴儿与母亲间的亲密连结；这是一个非常直接的方式，让母婴双方经验我们人类是彼此需要，也是为彼此而存在的。
- 母乳总是容易取得、清洁卫生，而且预先加温过的。
- 母乳的成分能配合婴儿理想成长之所需。
- 母乳哺育简单，节省金钱，又节省时间。
- 母乳哺育可以刺激产后子宫收缩，使之缩回它原来的大小。
- 母乳哺育的婴儿较少有感染，或即便感染了，症状也较轻微。
- 母乳哺育大多能保护婴儿免于危险的炎症性消化失调、败血病及脑炎等。
- 婴儿出生后六个月完全母乳哺育可以预防儿童期的过敏症发展。

实际的问题

要如何学习母乳哺育呢？请向您的小宝宝学习！一位健康的访客、助产士、有经验的母亲，或母乳协会的咨商员，也能在喂乳姿势上给您一些不同的小建议。

哺乳的频率

如果可能的话，出生之后的头几天，母亲应全天候与宝宝在一起；当还在产房时，宝宝应放于妈妈的胸部，以便他能随时随地被照顾，即使夜里也可随时吃到奶。这表示他能获得所有最高滋养的初乳，而且不会延误奶潮来时的吸吮。若有人提供协助，且能胜任工作，母亲应欣然接受；并尽量让自己在哺乳间隔中尽量放轻松，得到充足的休息。在此阶段，两小时间隔的喂奶是最合理的；如果只准宝宝每四小时吸一次奶，而且又因担心造成乳头龟裂而只让宝宝吸吮单边的乳房，也许会使得奶阵不足。总之，在这个生命阶段，宝宝应置放在母亲温暖的胸部上是正确的观念；让宝宝听熟悉的心跳声，这个观念，对早产儿更为真实；在早产儿被放入袋鼠式的胸背袋里时，他们比被单独隔离时表现得更好。同时我们也知道，母亲与婴儿的心跳会更趋协调同步。

当婴儿开始吸入更多乳汁时，喂奶的间隔时间也会延长。只有在这个阶段，每次的喂奶才能真的成为清楚的“一餐”。学会如何解读宝宝的行为非常重要，并非每次伸懒腰或一个不舒服的征象就表示“我要吃奶了”。如果您不断地以喂奶回应宝宝，宝宝即会将之视为一个习惯，那么您就无法建立宝宝的规律节奏了。这即是我们建议刚开始时两小时喂奶一次的原因所在，渐渐地，再视婴儿的需求，可延伸至三四小时。大约六周的时间，即应该有可能在夜里有长达八小时的中断时间了。

每一次喂奶的时间应该多久？

您和宝宝想要喂多久，就多久。只要几个星期，吸吮力很强的婴儿大约可以 7 ～ 10 分钟吸完一边的奶，所以总共约 15 ～ 20 分钟。每一次喂奶都应该把一边的乳房完全地喂完，因此至少可以减轻另一边乳房的压力。

如果乳汁仍然不足，该怎么办？

一开始就喂奶，而且家事获得充分协助的妈妈，很少会有乳汁不足的问题。请确定喝得够、吃得好、充分休息，并保护好上半身及手臂（含手肘）的温暖。使用催乳药饮或专门的药膳之前，最好请教助产士或授乳专家。如果您真的乳汁不足，不够哺育宝宝，请详见本章随后在“瓶喂婴儿的营养”的建议。

如果您打算之后完全母乳哺育，那么在婴儿出生后的头几天里喂食以牛乳为主要成分的奶粉制品就错了。有过敏倾向的婴儿可能变成对牛奶敏感，而且在一段长时间的完全母乳哺育过后再开始喝牛奶，极可能会产生严重的过敏症状。

黄疸的真实情况

大多数新生儿，特别是吃母乳的婴儿，在产后数天或数周里，看起来有点黄黄的，这种情况通常无害。针对严重的黄疸，请参阅 5.2“皮肤呈现黄色／黄疸”。

如果婴儿体重没有上升，该怎么办呢？

一位经验丰富的健康专家的见解，就像天平一样好用，但如果您怀疑宝宝的体重上升得不够快的话，请在喂奶前，先称一次宝宝的净重，数天之后再称第二次，您即能知道宝宝的体重是否上升了。不要等到数周之后，因考虑宝宝体重增长不足而去看小儿科医师，那不是对宝宝最好的关注。如果您需要确定婴儿每天的吃奶量，一天之内，即是从早晨的第一次喂奶至晚上的最后一次，您可以在每一餐的前后称量婴儿（包着尿布）的体重。重量之间的差异总和即是宝宝那一天的吃奶量。“宝宝吃完了一天的奶之后，我的乳房里还有乳汁”这句话本身，并不一定表示您的宝宝吃得太少了。

母乳哺育期应该多久？

正式的建议，完全的母乳哺育是六个月。大部分的婴儿在 6 ~ 12 个月大时会自动断奶。在生命的头几个月里，有足够身体接触的婴儿，罕有断奶问题。

母乳中的毒素

母乳中的毒素并非全都来自母亲当时的饮食及所呼吸的空气。因为毒素储存在人体脂肪里，它们会积聚一辈子，而且无可避免地，有许多毒素是胎儿在发展期时即已遭受感染了。最近几年来，中欧的母乳毒素已显著降低，不再有任何对扩大母乳哺育的正式劝阻了。

所有证据都显示，我们应该，很重要的，尽可能从很小就开始不要食用有毒的食物，这样母乳即能再度成为上天所想要它成为的。

不做母乳哺育的原因

母亲有开放性结核病，或者（某些病例）有严重的乳腺脓疮，即不应进行母乳哺乳。人类免疫缺陷病毒的感染，应视进展阶段而定，需要就医请教专家（请见 9.4“爱滋病——一项挑战”）。

若婴儿或母亲任何一人受感染或消化功能紊乱，无论有无发烧，都可继续母乳哺育。母亲的乳汁很快即会包含有适当的抗体，可惜的是，在母乳哺育的婴儿中，肠胃胀气及腹部疼痛并不罕见（请参阅 1.7“腹部疼痛”）。

完全母乳哺育的婴儿，排便频率应该如何？

从十天一次到一天十次都有可能，通常母乳哺育的婴儿，他们的安康与排便频率及软硬度完全没有关联。甚至连偶尔的绿便，也是没问题的。

母乳哺育的母亲应该如何饮食？

只要不至于便秘或过度胀气，任何正常、健康的食物（最好是有机或生机栽培的）都可以吃。香草茶、标明低钠的矿泉水、7% 杏仁奶油的稀释液、牛奶、酸奶，或是淡味的天然酸奶酪等饮料都很受欢迎。除非您有乳品相关的过敏湿疹，否则不需要避开乳制品。如果您有低血压的征候，可以多喝些液体，而且在喂乳之后偶尔可以请自己喝杯咖啡。即便您乳汁充足，有些催乳药饮（通常调配有大茴香、茴香及葛缕子籽）也不错，因为这些都有助于预防胃肠胀气，一天大约可以喝到三杯。各种水果及现榨的果汁也值得尝试，但刚开始不要一次喝太多。如果似乎是在您喝了某种果汁之后，发现宝宝胃肠胀气或发尿布疹，那么就请试着换别种果汁，等几个星期过后，再少量地试饮原先造成问题的那种果汁。

抽烟

怀孕期间抽烟会显著地降低婴儿出生时的体重；而喂奶期间，因为尼古丁被分泌在母乳之中，所以抽烟也会造成婴儿的伤害，更不必说让婴儿暴露在二手烟的各种威胁之中了。抽烟也会增加婴儿猝死的风险（请参阅 9.2“婴儿猝死症”）。

酒精

如果怀孕期间酗酒，会造成胎儿身体畸形及心智发育迟缓；而在母乳哺育期间酗酒可能造成婴儿上瘾，甚至持续至断奶之后。我们建议在怀孕及哺乳期间，完全地戒绝酒精与尼古丁。

乳头龟裂

通常，正确的哺乳姿势可以预防乳头龟裂，熟练的助产士或哺乳的咨询顾问可以示范正确的哺乳姿势。留少量的乳汁在乳头上自然干掉，或涂少量的圣约翰草油（金丝桃属）可作为乳头皮肤保养的预防性护理。药膏及乳头防护剂应该保留到情况严重时才使用。

乳汁分泌闭止

即便伴随着轻微发烧的乳汁分泌闭止，您可以在授乳前20分钟在受感染的乳房上敷以潮气的（不全是湿的）热湿敷布或放一个热水袋。在宝宝吃奶的时候按摩乳房，以帮助压挤出乳汁来。哺乳完毕之后，您可以选择再敷以另一条热湿敷布，或使用一个凉爽的夸克湿敷膏药（quark poultice）。对于乳汁分泌的深层闭锁，通常将桉（树）属植物糊膏浸在水里加热，再以医用海绵将糊膏抹在乳房上是很有效的。

乳腺炎的病例

即便伴随着高烧，患乳腺炎的母亲通常仍然可以持续哺喂母乳，但遵循内科医师的处方仍是必要的。

牵涉局部麻醉的牙齿处理

局部麻醉之后，应将乳汁吸出1～2次并丢弃。当您预备治疗牙齿，并猜想可能无法哺乳时，如果您有足够的乳汁，可以预先吸出，放入消毒过的瓶子，并冷藏保存备用。

药物治疗

每当您的医师开药给您时，应询问医生该药物是否可能伤害您母乳哺育中的宝宝，而且如果可能，要选择不会分泌到母乳之中的药物。

乳汁够多的健康妇女

应该尽量把乳汁送给有需要的婴儿。有许多早产儿及病情危急的婴儿，全靠这样的帮助而维持生命。当今因为有爱滋病的威胁，许多母亲拿不定主意是否让自己的宝宝接受陌生人的乳汁。不过应对这个新来的问题，大家有了一个方法：接受者的家长应该认识捐赠者，而捐赠者必须愿意做爱滋病的病毒检验。如何能让乳汁送至需要的婴儿口中，视个别情况而定；一般而言都是有需要的婴儿家长自己一天去取两次。卫生学上的善意引导是必要的，这样，乳汁才不致在送到婴儿处之前受到污染。

乳汁仍然不足吗？添加补充性食物如何？

如果咨询并没能产生预期的效果，或者因为其他理由，您不得不给宝宝喂食补充性食物，而您又不想购买市场上的婴儿奶粉，则请利用随后的“乳品调制法一”。我们也希望您能找到一位对以牛乳为主要成分的补充性天然配方奶有经验的医师、助产士，或母乳哺育专家。您自己的乳汁越少，您宝宝的饮食即越接近非母乳哺育的婴儿。

寻找母乳哺育顾问

国际母乳协会（La Lèche League International）

地址：1400 N. Meacham Road，Schaumburg，IL 60173−4808，USA

电话：(847) 519−7730

网站：www.lalecheleague.org

以上是国际母乳协会的世界总会，该网站上有许多进入各国分会的连结。

13.2 母乳哺育婴儿的补充性食物

现代母亲的母乳哺乳期间较长，基于这些母亲的经验，对于引进补充性食物的时间和顺序，我们已做了更新的建议；而营养生理学家及过敏症专科医师如今也做了以下的基本建议：

- 母乳是六个月以下婴儿唯一理想的食物。
- 如果可能，应延缓饮用牛奶及其他乳制产品。
- 从满六个月开始逐渐添加各种补充性食物，包含蔬菜、水果及谷类。

依照这些指导方针，完全以母乳哺育的婴儿，不需要给予任何补充性食物，甚至如同我们先前建议过的，连几茶匙的柳橙汁或胡萝卜汁都不需要。六个月之后，即可在每次喂奶之后逐渐增加蔬菜、水果或谷类食品等的数量。引进新食物，每周不要超过一种。试着给宝宝苹果（无论是天然的、磨碎的，或煮的）、煮熟的洋梨、桃子、洋李，或樱桃，或捣成泥的莓果（无论是单独吃或加入谷类食品之中）。一旦宝宝能接纳蒸煮的水果或蔬菜后，您即可拿一片生的水果或蔬菜给宝宝啃咬，让宝宝有接触、啃咬、品味及吞咽等的新机会。这些经验可以促进宝宝对于食物的自发性行动及独立自主性。蔬菜应该经蒸煮，并添加一茶匙品质优良的蔬菜油以增进营养价值。不应该经常食用硝酸盐含量高的蔬菜（请参阅13.5.6“蔬菜与生菜沙拉”），应该尽可能食用新鲜的，而且宝宝不可食用重复加热的硝酸盐含量高的食物。对这个年纪的宝宝，最好的是无麸质的谷类（稻米、荞麦、玉米和小米）。这些谷类只要以沸水烫过并沥干水分后即可煮食。一岁的婴儿也可以给予奎藜籽，先洗过再以沸水氽烫以去除一些苦味。在一些罕见的案例里，黏稠的谷类（小麦、斯佩尔特小麦、燕麦、大麦，以及之后将采用的裸麦）可能造成无法忍受的名为麸质过敏症 / 乳糜泻的症候群（请参阅随后之“麸质不耐症”）。对母乳哺育中的婴儿，通常所有的谷类只要水煮即可，无需加盐或糖，变化天然的味道可以加一些水果或蔬菜。有人说，大麦的谷类加一点水果汁混合，可增进其中铁质的吸收。如果可能，我们建议您让宝宝食用 Biodynamically（生物活力栽培）的食物（请参阅 13.4“食物的品质问题”）。如果没有生物活力的产品，则以有机食品替代。

当宝宝对您所给予的食物样品越来越显出兴趣，您可以在正餐开始时即给予这些食物，然后将母乳当作“点心”，或反过来进行亦可。到八个月大之时，宝宝将会变得熟悉一整套新的食物范围，而且您将会知道宝宝喜欢吃什么，可以不成问题地消化什么。到那时候，您的乳汁将开始减少，而您也可以开始加入乳制品。在谷类中可以开始混合一点淡味的天然酸奶酪，如果您的宝宝很能接纳，可以试着喝全脂牛奶。当您的乳汁减少到原来的一半分量时，大约一天需要 200 毫升的牛奶以防蛋白质或钙质不足。当母乳哺育接近尾声，400 毫升就够了，随后几年，这个量也是足够的。

在用餐时间，坐在高椅子上看着父母的宝宝有足够的机会可以啃咬苹果、胡萝卜和其他蔬菜和食粮。宝宝的门牙能胜任处理这些食物，但一些未经辗制的谷类菜肴，无论是否浸泡或烹煮过都应避免，要等到宝宝的臼齿长出来再吃。在此同时，碎裂的谷类比较适合。

如果宝宝的日常饮食包含了多样化的水果、蔬菜和谷物，那么，即便有时您也依赖市场上的婴儿食品，宝宝都非常不可能会缺乏维生素。欧盟规章规定，所有的，特别是给 5 ~ 36 个月婴幼儿的食品，都必须添加维生素以增加营养。例如，在这个年龄群组的目标，是所有谷物及面粉（稻米、斯佩尔特小麦谷物、长牙饼干等）的产品都要有维生素 B 的营养增强。长期以来，以人造维生素增强食品的营养价值，已经是美国和其他一些国家的惯例，其目的是为了预防因为不均衡的日常饮食而导致的维生素不足。而在欧洲，食物的种类众多，且随手可得，这项规定显然没有意义，而且对于有心投入天然食物供应的制造商造成困扰。如果您想避免喂食宝宝或学步儿添加维生素的食品，可以选择未经处理的原料，然后自己制作这些食品，或特别选择本意上不是供应给小宝宝的品牌。

真正对于过敏有危险的儿童，权威的建议，要在周岁前避免牛奶、蛋、鱼和坚果类。然而“过敏危险”经常太概括地被诠释。除了有家族过敏史的儿童之外，我们建议您以前述的方式引入牛奶。

按照最近的建议，有较长时期的母乳哺育，对宝宝颚骨的发展较有利，而且可以预防懒惰的日常饮食习惯，因为比起奶瓶，吸吮母乳要花更大的力气。大多数完全母乳哺育的婴儿，从不使用奶瓶，却能一上餐桌便轻易地学会以杯子啜饮。

潜在的营养问题

在我们的经验里，像“不吃肉的宝宝，发展上会缺乏铁质”（或不喝牛奶的会缺乏蛋白质）之类的争议很少适用于以多样化饮食喂养的婴儿。**不过，如果您的乳汁开始减少，而您仍旧回避给宝宝钙质丰富的牛奶时，宝宝的钙质摄取即会遇到真实的瓶颈。**在某些情况下，这个问题可能是因为黏稠谷物（特别是燕麦）中的 phytin（植酸钙镁营养剂）结合了食物里的钙质，使得钙质无法溶解而恶化，也可能因为阴郁的冬天而触发软骨病。警告总是从这些案例里不断释出。因为这个年龄群组的儿童母亲不太能利用咨询，而许多家庭又不太愿意与医师讨论有关营养的问题，大量的先制教育责任即落在母乳哺育专家的身上。

13.3 瓶喂婴儿的营养

除了母乳，任何婴儿食品都必须考虑“人造的”问题。所有的替代品都是一种妥协，而在尚未开化的生活环境下，这些替代品甚至可能是危险的。婴儿奶粉在全球市场上随处可见，因为它们容易经销，而且大部分的婴儿都消化得不错。很遗憾地，在经济弱势的国家里，随着使用婴儿奶粉而致婴儿死亡率明显增加的事实，这对它们的流行几乎没有什么影响力。

快速检视奶粉的成分，显示出厂商非常精心地试图调整婴儿奶粉的组成成分，以符合母乳的营养价值；除了聚足一切可以想象的微量元素、矿物质及各种维生素的分量外，每一种婴儿奶粉都借由增进外观、耐储时间及口感等而包含了一些使该产品更具经济竞争力的化学物。不过，相当明显地，所有这些组成成分并不能加总成为一项具生命力且不含添加物的天然健康食品。对于许多因想经历并了解他们宝宝的食物里都放进了些什么样东西的父母，而制作他们自己的“天然”配方是十分合理的。我们想要支持这样的努力，因为现代的婴儿奶粉，就像它们的先驱者，可能有一天会显示出它们的不足或甚至有害。大多数食品过敏都是在发明配方之后才出现的这项事实，也是一个值得思索的问题。

最近数年来，研究人员及制造商已通过更深一层地分解他们产品的蛋白质成分（水解蛋白），以处理婴儿对奶粉的不耐反应问题。事实上，有些“低过敏原”的婴儿配方奶粉更容易消化，但很可惜地，口感不足（请参阅随后讨论的可供选择的做法）。

13.3.1　可供选择的天然婴儿奶粉

除非孩子有明显的家族过敏史，否则出生后头两三个星期的宝宝，**牛奶**仍是构成大多数奶瓶喂养最好的基本成分。然而，只要可能，牛奶应该等到母乳哺育六个星期之后才引进。由于牛奶的蛋白质含量高，对于九个月以下的儿童必须稀释，而且还必须加入乳糖和脂肪，才能更接近母乳的成分。牛奶大约有四倍的母乳矿物质含量，而且在钙和磷的含量上也都相对地高。

马奶有高的乳糖含量和少量的酪蛋白，最接近母乳，但如果马奶是您宝宝唯一的食物，则不论喂食时间长短，每 100 毫升必须添加大约 2.5 克的油脂。很难能找到马奶，而且有的话，也只是一些从特别的酪农而来的冰冻了的。因为非常昂贵，对于长期的使用而言，那不是个务实的选择，但却可帮助早产儿、患有湿疹的婴儿，以及乳汁不足的母亲弥补缺口。

13.3.2 乳品的品质

如果可能，可向生物活力农场，或其他善待动物且富责任感的农场购买新鲜且油脂粒非均匀分布的乳品。如果不能，请尽可能购买最新鲜的全脂的或经低温杀菌法消毒的市场乳品。我们不建议保久乳或以高温巴氏杀菌处理的乳品。婴儿喝的事先未经巴氏杀菌处理的乳品，必须尽速加热至 80℃（175 ℉）再冷却。为防止细菌活动，这种加热在夏天是特别必要的。

神经性皮肤炎反应

有越来越多母亲选择母乳哺育，而且延长母乳哺育期，因此对牛奶产生神经性皮肤炎反应的婴儿已不多见。通常，神经性皮肤炎是一暂时性的反应，在转换您宝宝的饮食之前，请咨询有经验的变态反应学医师（请参阅 5.10“慢性内因性湿疹、异位性皮肤炎或神经性皮肤炎”）。对于真的无法接受牛奶的婴儿，请试用羊奶或先前谈的马奶，或最后一个方法，用部分预先消化过的低敏感性婴儿奶粉。如果您的宝宝有多重性过敏症，咨询您的医师是很重要的。以马奶为主要成分的乳品喂养也许有帮助。

13.3.3 不同类别乳汁的组合成分

营养

平均价值基准（克／100 毫升）	母乳	牛奶	马奶	羊奶
乳糖	7.0	4.8	6.2	4.2
油脂	4.0	3.7	1.5	3.9
蛋白质（总数） 酪蛋白	1.0 0.25	3.3 2.7	2.2 1.2	3.7 2.9
矿物质	0.21	0.74	0.36	0.8

牛奶以其蛋白质及矿物质的含量高而胜出，但若将之稀释，则乳糖含量就太低。马奶的矿物质含量低，近似于母乳，但油脂却不足。羊奶则相当接近牛奶。

免疫球蛋白的平均质

毫克／100 毫升	新生儿	初乳	母乳	牛奶
免疫球蛋白 A	2	620	100	3
免疫球蛋白 G	1030	30	11	60
免疫球蛋白 M	11	38	4	3

显然地，母乳中含有新生儿仍缺乏的特定免疫球蛋白。

加值的油脂

杏仁奶油功效很好，因其所含的油脂已经乳化了。蔬菜油可作为替代品，但乳化时很难不起泡沫，而且会较容易黏在奶瓶壁上；请寻找已去除苦味且经毒素检验的认证品牌的杏仁。

添加谷类食品

曾经被推荐作为宝宝第一道食品的各种磨得很细的婴儿谷物，如今被视为不再适合四个月以下的婴儿，不过四个月之后，您可以开始为宝宝添加米粉；其他的谷物则应等到六个月以后再逐渐加入。

不同谷物的优缺点

米粉非常容易消化，也能让宝宝的排便稍微硬实些，而且也是在宝宝腹泻时，您唯一能给的谷物。研磨精细的燕麦能使排便稍微软化些；大麦容易消化，全麦面粉通常不拿来作为宝宝的谷物；如果您想使用，请事先筛滤，或选择筛滤后留下的粗粒小麦粉；最好不要使用有香草精调味的谷物种类。小米片有时候可以早至宝宝四个月大时即可引入了，之所以推荐，是因为它铁质的含量。再一次推荐，只要有可能，请利用生物活力农产品（请见本书参考书目“营养与生物活力农耕”部分）。即溶产品已经越来越取代家庭自制的宝宝谷物，然而，即溶食品在口味及质感上都比不上家庭自制的。

麸质不耐症（腹腔疾病）

偶尔，有孩子（甚或大人）在吃了含有麸质的谷物（小麦、大麦、燕麦、斯佩尔特小麦，及裸麦等）之后，有腹腔疾病的症状。这些症状的特征有：体重无法增加、腹胀、排便量大（一天的量大于一大杯）、易怒等。由于现代妈妈的母乳哺育时期较长，因而延后引进谷类，因此发病的征兆可能比较不明显。然而这些疾病仍然可以通过抗体检测以及小肠黏膜切片检查而诊断出来。有腹腔疾病的儿童对于谷物的麸质成分很敏感，这些成分会侵害他们的肠内衬。如果您怀疑宝宝有腹腔疾病，请咨询小儿科医师，因为谨慎检测以确认诊断结果是必要的。

宝宝的食量

在宝宝出生后的头几个星期，逐渐地增加您所选择的乳品分量。接着，直到他的体重达 6,000 克（13 磅）之前，可尽量给他他所想要的（直到一天总量约为他体重的 1/7 ~ 1/6 为止）。之后，日饮总量应维持约略相同（介于 800 ~ 1,000 克，或 3.5 ~ 4.5 杯），直到宝宝一岁为止。牛奶量的给予请不要超过总量的一半（400 ~ 500 毫升，请见 212 页后彩图表 1 及乳品调制法）。其他饮品则不需要，但如果您的宝宝想要，请在一餐之中提供，而不要在两餐之间给予。

补充性食物

如您在日常饮食变化表 1 ~ 4（212 页后彩图）所见，若非喂食母乳，您可以提早加入各种水果与蔬菜汁，从一天 1 ~ 4 茶匙开始，然后逐渐增加至 10 茶匙。如果您以母乳哺育，您也会想提前开始建立一个完整的水果或蔬菜餐食。

清洗奶瓶与奶嘴（奶瓶上的橡皮奶嘴）

在头几个月之中，请将使用过的奶瓶及奶嘴，一天煮一次，然后放置在干净的碗盘巾上待干。每使用一次之后的奶瓶，请以热水和奶瓶刷冲洗。奶瓶刷也请在热水下冲洗，然后将其挂在可快速干燥的地方。在杀菌消毒之外的时间，奶嘴可以瞬间滚烫的方式清洁；我们不建议使用杀菌剂。

您应该知道的乳品事

细菌的增长：温度超过 5℃（40 ℉）之时，因腐坏而引起的细菌会活跃起来。以浸泡方式预先在水中冷却装好的宝宝乳品，这样乳品就不会在冰箱里维持太久的微温时间。冷藏的温度只需比结冰前的温度稍高一些即可。请注意，放置大量未经冷却的食物进入冰箱，到达期望的维持温度，可能需要好几小时。

巴氏消毒法或煮沸能杀死大部分病原体，包含结核病病菌。虽然巴氏消毒法摧毁乳品中的某些营养价值，但对于预防感染性的腹泻是很重要的（特别是在夏天）。只要能做得到，急速加温或冷却未经处理的乳品，可以减少营养的损耗。未经处理的乳品，以家庭的应用，只需加温至 75℃（170 ℉）即可。

灭菌消毒法或高温处理的巴氏消毒法：高温处理（UHT）的巴氏消毒法包含将乳品简单地加温至 140℃（285 ℉）；而灭菌消毒法则是较长时间地将乳品维持在 100℃（212 ℉）或以上。两种技术都保证灭菌消毒，产品也能维持更长的时间，然而因为它们是完全无生命的“食品”，我们并不推荐使用。反复的检测已经显示，这些乳品含有大量的死细菌。

均质化处理：打断乳品中的脂肪球，使之碎裂成更小粒，这样奶油即不会浮升至上层。这对乳品包装工厂有利，但对消费者则无此必要（有一难以证实的推测指出，乳品均质化处理是罹患动脉硬化症的因素之一）。

13.3.4　以乳品为主成分的婴儿奶粉

本章中的婴儿食品调制法，是基于 20 年的实践经验。其中蛋白质、脂肪及碳水化合物的含量均与市场上的婴儿奶粉相符，但没有添加维生素及矿物质。如果在您的调制法中，有可能基于所使用的乳品，维生素 D 的含量不足；为预防软骨病［每日需摄取的维生素 D 量约为 300 IU（1 μg=40 IU）。美国市售乳品已添加维生素 D］，有关添加的分量请咨询您的小儿科医师。由于所有以牛奶为主要成分的婴儿食品均缺乏维生素 C，请从六周大开始给予宝宝少量的果汁（请参阅 13.3.5“引介蔬菜、水果及谷物”）。

调制法一：对象为 0 ~ 3 个月婴儿：33% 乳品，加杏仁奶油及乳糖。这份食谱适用于 0 ~ 3 个月婴儿。

变化：50% 乳品，加杏仁奶油及乳糖。

当宝宝三或四个月大时，您可以在调制法一上做变化：增加乳品分量至 50%（即是一份奶对一份水），并减少杏仁奶油至 3%。

调制法一：1/3 的乳品加杏仁奶油及乳糖（乳品乳糖）

容量： 制作瓶数	600 ml 4~6	750 ml 4~5	900 ml 4~5
1 份牛奶	200 ml	250 ml	300 ml
2 份水	400 ml	500 ml	600 ml
4% 杏仁奶油	24g +	30g	36g
6% 乳糖 *	36g +	45g	54g

* 乳糖量与母乳中乳糖含量相符；请勿以其他糖类替代。有些健康食品店从乳浆中提出乳糖，这样的乳浆仍含有维生素 B_2。

\+ 第一次请先使用克秤测量出表中的重量，之后可以茶匙掂估重量。

做法说明：

以少许温水掺合杏仁奶油，加上乳品、乳糖及其余的水，并简单地加热至少到 80℃（175 ℉）；然后过滤装入瓶中并盖紧瓶盖。不立即使用的瓶装乳品在放入冰箱前，应以浸泡方式预先在水中冷却，如果没有冰箱，请一定要每餐前个别做准备。每一瓶的分量应该只足够一餐使用。从日总量（不超过宝宝体重的 1/7~1/6）分配在每天的餐次中，能找到每餐的奶瓶分量。请寻找杏仁奶油的品牌，要能保证不含杏仁苦味及毒素的才行。

调制法二：50% 乳品，加杏仁奶油、乳糖及谷粉。

在吃过推荐的调制法一的分量之后，若您的宝宝仍然饥饿，请转换至本食谱。虽然小婴儿们一直都能像过去般地耐受米粉，但我们的建议是延后添加谷物，直到您的宝宝四个月大之后。

调制法二：一半的乳品加杏仁奶油、乳糖及谷粉 *

	每日总量（依体重而定）：公制（英国的）	
容量： 制作瓶数	600 ml 4（后来 3）	800 ml 5（后来 4）
1 份牛奶	300 ml	400 ml
1 份水	300 ml +	400 ml
2% 谷物	12 g ‡	16 g ‡
3% 杏仁奶油	18 g ‡	24 g ‡
4% 乳糖	24 g ‡	32 g ‡

* 或者使用不含奶粉的即溶米谷粉。
\+ 在烹煮结束时，仔细地测量并补回被蒸发的水分（约 10%）。
‡ 请参考调制法一的测量注解。

做法说明：

将米粉（例如 Holle 婴儿谷物）的乳脂与水合并，然后简单地烧煮，或按照包装盒上的说明做。接着加乳品、杏仁奶油，及如调制法一所说明的乳糖，并再简易加温至 80℃（175 ℉）。

调制法三：67% 乳品，加米粉及糖；杏仁奶油，随意。

当您的宝宝五个月或六个月大时，如果他的体重增加不足，或者他吃过正餐之后仍然饥饿，您可以提早转换至本食谱。本食谱可使用至宝宝九个月大，再换成全脂乳品（无需添加米粉及糖）。最晚在宝宝一岁时，奶瓶可以杯子取代，并可给予少许面包。

调制法三：2/3 的乳品加谷粉 * 及糖

	英制的每日总量（依体重而定）		
容量： 制作瓶数	750 ml 4（后来 3）	500 ml 3（后来 2）	250 ml 1
2 份牛奶	500 ml	300 ml	165 ml

续表

	英制的每日总量（依体重而定）		
1 份水	250 ml +	170 ml	85 ml
2.5% 谷粉	19 g ‡	12 g	6 g
3% 糖	22 g ‡	15 g	7.5 g
1% 杏仁奶油（随意）	（8.5 g）	（5 g）	（2.5 g）

* 或者使用不含奶粉的即溶米谷粉。

\+ 在烹煮结束时，仔细地测量并加回被蒸发的水分（约 10%）。

‡ 请参考调制法一的测量注解。

做法说明：

如果想要的话，谷粉量可增加至 2.5%。如果您使用非即溶性的谷粉，或自己研磨，请在熄火前煮 3 ~ 5 分钟。为了让谷粉能吸入水分，可能需要多留点额外时间。到了这个成长阶段，可以省略杏仁奶油。在此调制法中，糖的部分可以使用蒸发的甘蔗汁，或大一点的幼儿可用麦芽精或蜂蜜。

调制法三中第一栏的 750 ml 中含有 500 ml 的牛奶，这稍微超出宝宝生命第一年的最少蛋白质需求量（400 ml 的牛奶量）。但如果您每天按照本调制法中间栏的 500 ml 喂宝宝，那么蛋白质总量却又不符需求；为弥补差异，宝宝可以除了奶瓶正餐外再加 70 ml 的牛奶，或加一点白色软干酪在果泥餐里。右栏显示的是一瓶奶的量（通常在早晨时给予）。

如果这份食谱造成您宝宝便秘，请试以乳糖或麦芽精取代糖。少许的柑橘类果汁也会有帮助，但也许最好的方法是以巴氏消毒的家庭自制或市面贩售的酸奶酪取代牛奶。

一般性重点

当宝宝有排便松软的情形，请以 3% 的砂糖或蒸发的甘蔗汁取代任何本调制法里的乳糖，并暂时地减少杏仁奶油的量。

肠气（胀气）以及呕吐，通常除了归因食物之外，还有敏感性的因素（请参阅 1.7 “腹部疼痛” 及 4.1 “呕吐及腹泻”）。如果乳糖过度发酵而造成胀气，请以 3% ~ 5% 的砂糖或蒸发的甘蔗汁取代任何本调制法里的乳糖。如果您怀疑宝宝是对杏仁奶油敏感，请以等量的葵花籽油取代，并在喂食之前彻底地搅拌或摇动。对牛奶或谷物过敏的，请参阅 5.10“慢性内因性湿疹、异位性皮肤炎或神经性皮肤炎”及本章之“麸质不耐症（腹腔疾病）”。在决定转换宝宝的日常饮食之前，一般来说可向有经验的医生咨询。

13.3.5 引介蔬菜、水果及谷物

如果您是以人工营养而不是采用市面贩售的婴儿奶粉喂养婴儿，请大约从五周大时开始，以小茶匙喂宝宝水果及蔬菜汁。一日的分量建议，无论是放入奶瓶中喂食或加入青草茶或胡萝卜汁稀释，一般是 1 ～ 3 茶匙的纯黑醋栗或其他新鲜的浆果汁；不然，可以 3 ～ 4 茶匙的柑橘类果汁（若没有引起尿布疹，可加到十茶匙），加上 1 ～ 4 茶匙的胡萝卜汁（您可以自制小分量的胡萝卜汁，先磨碎胡萝卜，再以过滤器挤压；而少量的糖可以使得果汁较滑顺）。持续这样的分量至少到宝宝开始吃蔬菜或水果餐为止。

调制宝宝的果汁，最好选择未施农药的柑橘类以及生物活力的胡萝卜（请参阅 13.4“食物的品质问题”）；水果糖浆例如沙棘（Sandthorn；Hippohpae Rhamnoides）和野莓（黑刺李），通常，至少在宝宝吸收的分量之内都含有大量糖分，而维生素 C 却不多；因此，如果知道糖的含量，您可以利用它们来作为甘甜剂，但请勿将之作为果汁的替代品。若在您添加果汁时，孩子得了尿布疹，请先停用几天，再以小量重试。如果宝宝仅以母乳哺育，请延缓引入果汁，直到宝宝六个月大（请见彩图表 1）。

为宝宝制作蔬菜餐

请将蔬菜煮至软烂做成浓汤，为六个月大或更大的婴儿蒸煮蔬菜并捣成泥；请以胡萝卜开始，再加入冬季南瓜、节瓜（zucchini）、结头菜、白花椰菜、茴香、菠菜或叶菜类（一周引入的蔬菜不超过一种）等。前列最后三种蔬菜类型因会积聚硝酸盐，请勿经常煮给宝宝吃，也不可回锅重热。刚开始，胡萝卜必须煮较长的时间，但这样做并无损害。不过，只要您的宝宝能接纳无须煮得极烂的食物，对于一般的蔬菜，快速蒸煮还是比较好。如果您的宝宝是奶瓶喂食，请在喝奶之前，以茶匙计量，或加在奶瓶里喂他（可直接吃，也可混合奶瓶里的东西吃）。

如果是以母乳哺育，请在喂奶之后再给宝宝蔬菜。

至少六个月大，孩子才能以汤匙喂食。有时候，您可能会有一阵子需要加少许的香蕉、苹果、龙舌兰糖浆或糖，以帮助宝宝调适新的口味。直到宝宝能吃一份完全的蔬菜餐为止，请逐渐增加蔬菜的分量（烹煮时请勿加盐，但可加少许奶油或葵花籽油）。六个月之后，所有已经长牙的孩子即可给予他所熟悉的生的蔬菜棒让他啃。我们不建议肉类或任何其他补充性食物（请参阅 13.5.9“蛋、肉和鱼”）。生物活力的农产品是比较好的选择。瓶罐装的婴儿食品绝对是一个折衷办法；这里面最好的是以生物活力的南瓜属植物、胡萝卜或其他个别蔬菜等制作而成的。

制作水果餐

在沸水或淡味酸奶酪中浸润过的一两片面包干，加上洗净的去皮、去核，且精细研磨过的苹果（所有最好的选择是“狄美特”或“生物活力”的农产品），您可以加少量的糖或蜂蜜，视季节而定，可以利用覆盆子、红醋栗（经由过滤器榨取）、桃子、香蕉、草莓或果汁等。对于需要增加体重的较大婴儿，请再加几匙全脂的松软白干酪。必须从少量开始，然后再逐渐增加至全餐的分量。我们也推荐六个月及六个月以上的更大婴儿啃咬适宜的水果片。

以乳品烹煮谷物

以奶瓶喂养的五个月大宝宝，可以有一顿晚餐不是喝奶瓶的奶，而是以乳品烹煮的谷物；同样的餐食也适用于母乳哺育，从未喝过奶瓶的断奶婴儿。使用相同于您原先冲泡乳品时的奶、水比例。在加入乳品及一些新鲜的水果之前，请先烹煮您以水的比例选择的粗粒小麦粉、燕麦薄片、大麦糊，或（以后的）小米（不使用麦麸）。在调制宝宝日总量的谷物时，请记得计入使用过的乳品。

苹果与谷物

有些父母在宝宝四个月大之前，即开始在半流质的谷物中加入少量焖过或磨碎的苹果。如果您的宝宝胃口较大，而且体重增加太快，这是一个适当的解决之道。

其他的饮料怎么样呢?

假设一个大人如同一个六个月大的婴儿，以同样多的液体量对比固体的食物量进食，那么他摄取的液体日总量将达十公升（夸脱）；换句话说，相较于大人，在日常饮食中，婴儿摄取了相当大量的液体。一次又一次地，有人告诉我们要给孩子——特别是婴儿——充分的饮用，因为他们的需求较高。然而，建议的量通常是超过的，这可能造成不恰当的饮用习惯；而且如果饮品是甜的，就会伤害牙齿。当然，在炎热干燥的气候里；在宝宝发烧，或腹泻、呕吐发作之时，您的宝宝确实需要额外的液体（请参阅 4.1“呕吐及腹泻”以及 13.5“一些特别的食物”）。

13.3.6 转换成学步儿的日常饮食

从婴儿饮食转换成学步儿的饮食，在您的宝宝接近第一个生日时即开始了。起初，当您的宝宝坐在高椅子上与其他家人一起用餐时，转换的意思没什么，只不过是持续熟悉的食物而已，但不久您将会注意到，宝宝的吃不再单单只是饥饿的动机。现在，只要您吃，他就也要吃，而且，您可以开始给他一些面包。在某个特定的时刻，他将也想要握住汤匙，想要学着自己吃的混乱过程开始了。当这个时刻发生时，请小心不要让宝宝太快转换至完全多变化的成人食物。

13.4 食物的品质问题

“品质”，总是与食物如何被生产有关——即是它在整体大自然脉络中特定而特别之处。这与量的分析无关；量的分析是我们所知道的，例如存在于全麦面粉里有多少蛋白质、脂肪、碳水化合物，以及微量元素等。而“品质”则与出现在小麦、马铃薯、稻米与豆类里的独特构成成分面向比较相关。“如何”的疑惑也会引发栽种、储存，及烹调配制的争论。例如：在谷物与马铃薯类之中，淀粉品质的差异，其不同的起因不仅是包围它们的生长环境状况，也是在收成之后的不同加工处理所造成的。我们饮食的整体品质，来自我们所吃的不同品质的个别食物种种变化的交互作用。因此，兼有来自植物不同部分（根、茎、叶、花、果）

的食物是合理的。在植物生长发育之时，这些不同的每一个部分，均与环境的能量有不同的交互作用。地、水、风、光及温暖，在根、叶、花里各有不同的作用。就品质而言，食物的淀粉是沉积在植物的根部、叶部或是在花部，会产生很大的不同，但该差异却无法以数量分析区辨出来。一个在地上，有风、光、温暖环绕而成长的物质，比一个在地下、在根部成长的类似物质，更能提供人体绝对不同的能量。为了消化食物，也即是为了打破食物的特质，我们能立即引发必要的、不同类型的精力。我们日常的饮食越多样化，我们就越需要不同的能量以供应消化的过程。我们所有的身体功能（从运动功能开始，经由本能的、概念上的，和想象力等的功能，以及相关的近融感和离斥感等）也都相应地被激发了。

从对照人类与植物，并描绘他们不同器官系统的极化关系，鲁道夫·斯坦纳对不同食物能供应不同刺激的观察，提供了一个概念模式：人类的感觉神经过程相当于植物根部的活动，因根部可从土壤中感知并吸收盐类及其他化合物的存在。另一方面，人类的新陈代谢及繁殖过程相当于花、果发育的植物上面部分。在人类里，这相对的两极，由相当于植物叶子之呼吸器官的节律功能（循环与呼吸）做调节。这些关系使得一切变得清楚明白；例如为什么吃根茎蔬菜或根茎制成的果菜汁及茶等倾向能补给人类感觉神经系统的活动。相比之下，自古来以花、以苹果，及其他水果制成的茶即被用来刺激新陈代谢的功能。显然地，避免不均衡的日常饮食非常重要，从长远的观点来说，器官系统在刺激不足的情形下，可能导致缺陷及功能虚弱。

另一个品质的议题，是讨论什么样的环境能使得植物或动物生长兴旺。例如，在猪排或香肠的不同效益上，一只生活在适应物种生命、没有药物刺激或人为限制其活动的环境下所养殖的猪，比一只食物单一、其他自然需求又不被重视的情况下所养殖的猪，更能有所提供。同样的道理对于植物也适用，以非天然氮肥栽培的樱桃萝卜或莴苣，比未施肥的相对品种含水量更高，但特殊风味则减少，而且也较不适合存放。以合成氮肥刺激而种植的菠菜含有较高的硝酸盐，而樱桃萝卜则有反常的根茎形状。这种施肥类型也使得植物的开花和结果倾向较晚或完全没有，因此，必得在土壤内加入钾与磷盐，才得确保开花适时且足够。

因此，以健康方式培育土壤、植物、动物而成的产物，才是我们建议作为进餐用的食物。要求每年施用无机肥料，使得土壤越来越贫瘠，且作物轮替不均衡，甚至更深一层剥削土壤的农场经营方法，不是正确的远见；为求取最大经济效益，完全聚焦在数量面的养殖方法，亦非高瞻。就长远的观点来看，像这样处理大自然的方式，必然会对整体利益造成伤害。生物活力农耕将生物系统间的交互作用纳入考量；努力维护土壤、植物、动物以及人类健康的方法，才是最可靠的。在本书参考书目中，列举了一些**肥沃化生物活力法**（有一些完全是新发现），以及多年经验的最适化作物轮种、对抗有害生物及动植物繁殖等的文献。这些真正高瞻远瞩的方法甚至可以用在贫瘠或过度开发的土地上。经过生物活力处理几年之后，土壤会越来越有恢复生机的迹象，并且有益的细菌及其他微生物会再度进入土壤。植物培植的生物活力实验，也能对基因性操作的种子提供健康的选择（请参阅 13.7“基因改造的食物”）。

13.5 一些特别的食物

13.5.1 适合婴儿及学步儿喝的茶

我们通常会推荐婴儿和学步儿以及消化不良的老人喝茴香茶与洋甘菊茶。在冲泡茴香籽之前，如果先行压榨，即能释出更多的茶。这些茶只需短时间冲泡，并在其色泽仍呈淡黄色时滤出。至于*洋甘菊茶*，请使用当地生产的或购买天然的花，而不是茶包。苹果皮茶和玫瑰果茶比较不寻常，但也非常受到推崇。玫瑰果茶是以去茸毛的玫瑰果仁调制而成。果仁大约沸腾十分钟，若事前浸泡过夜，则仅需煮 3 ~ 5 分钟。玫瑰果混合在茶包里的，通常都含有木槿花，会变成红色有酸味的茶。然而，纯粹的玫瑰果则会成为一种愉快、温和而提神的饮品。

孩子们也喜欢**薄荷茶**和**柠檬香蜂草茶**（不过，对曾经呕吐的儿童不建议喝薄荷茶）。**柠檬香蜂草茶**有一种不是人人都喜欢的甜味，但若加几滴柠檬和少许蜂蜜，则大多数孩子都喜欢。当您的宝宝感冒或正要发烧，特别有益而有效的是诱发出汗。有一个咳嗽糖浆的替代品很有助益，是以*款冬花、狭叶车前草及鼠尾草*，每朵取 1/3，并以蜂蜜及柠檬调味。有许多讨论有药效的草药的书籍也提供其他有用的诀窍，可资参考。

对于学龄前儿童或更大的孩子，在暖和的夏天早晨，请以一大壶没有甜味的茶开始（您也许想要加一点果汁提升滋味）。在不致破坏他们正餐胃口的情况下，每当孩子渴了，他们可以喝这种茶（应以这种茶取代所有的汽水与冷饮）。

除了夏天之外，最好限制孩子只在用餐时喝水。几年前，有饮料制造业者设法说服许多父母：孩子应该被允许想喝多少就喝多少，因为他们“需要更多水分”。结果，无以计数的牙齿造成永久性的损坏。最后，许多饮料的糖分被去除了，但这些饮料持续干扰正餐的节奏，并造成了轻微的依赖，接着就从汽水转换至其他刺激性的饮料了。幼年在父母陪伴下即学会在规律的时间内满足饥与渴的孩子，比较有兴趣于他们所进食的东西是什么，而且也更能在两餐之间密集地专注于其他活动。如果我们视我们的内在器官是个充满智慧的、专为调节体液内生命过程行进的系统，我们即能更倾向规律地进食，并支持内在器官的节律性功能。

13.5.2 乳汁

牛奶已经成为我们文化里最重要的食物之一。**马奶**更相似于母乳，但只能从专业的酪农场才能买到，而且非常昂贵（请参阅本章前述之“马奶”）。

山羊奶比较容易取得，而且对某些有过敏症倾向的家人，这是一个可以取代牛奶的选择。不过最好先了解您所饮用的山羊奶，是那些合理喂养动物，而且不是长久将牲畜关在栏子里的酪农所生产的。山羊奶的安全处理与牛奶相同（请参阅 13.3.2“乳品的品质”）；但山羊奶的叶酸 / 维生素 B 含量较低，单一而长期地饮用可能会造成贫血。

婴儿全脂乳品的**日进食量**应逐渐增加约至 400 毫升（1¾ 杯），且应依前述进行稀释。在某些情况下，您可能需要暂时增加宝宝的进食量至 500 毫升（2 杯），但这应被视为极限了。宝宝的饮食一旦拓展到其他乳制品如酸奶酪、克菲尔发酵乳，以及后来的乳酪等，便没有最少饮用量了。太多的乳品除了会破坏宝宝对其他食物的胃口，也容易助长感染。

从三岁开始，进食大量的乳品，偶尔会造成**消化紊乱，因为得了乳糖缺乏症**。如果牛奶不能适合体质，而酸奶酪却没问题的话，这些孩子即可能是缺乏这种酵素，请征询小儿科医师。

偶尔，奶蛋白过高的饮食（例如太多松软的白干酪）可能会造成便秘，而粪便是灰白色的。

提到乳汁时，我们主要会想到奶瓶装或纸盒装的样子，然而这个形象，模糊了隐藏在大自然状态下乳汁的实质事实。其实，在小牛犊吸乳或小婴儿哺育中，我们只看见乳汁的第二个特征——小家伙热切的活动、他们与母亲形成特别的关系、他们的满足，以及他们成长与茁壮的事实。斯坦纳称这个吸乳的授与受，是自然界为了成就“身体的教育”而准备的，因为经由消化温暖而鲜活的乳房乳汁，婴儿成长中的身体，即能与发育及形塑人体的能量紧密结合。作为一个攸关生命活动的刺激物，形塑即将使用一辈子的身体，世界上没有任何其他食物可以取代乳汁。只要有一点可能，每个孩子都应该享用到乳汁。

为了适合人类的饮食，牛奶必须专门且钟爱地预备，并需增补其他食物。但是，仍然有许多合适的食物可供选择，而非让宝宝太早即吃大量的大豆和谷物或肉类和蛋等（更多有关以牛奶水解成分为基础的所谓低过敏原婴儿配方奶，请参阅 13.3“瓶喂婴儿的营养”）。

13.5.3　脂肪

对于婴儿及学步儿而言，油脂是一个蔬食的重要增添，因为油脂很能让人饱足，而且能增进脂溶性维生素的吸收。冷压种籽油是较好的选择，而葵花籽油及橄榄油则是最好的类型。

在儿童饮食中，奶油是最常见的油脂。在少数案例中，基于健康的考量，有人可能转成食用特别的人造黄油（乳玛琳 Margarine）。请避免变硬的人造油脂，因为这类油脂不包含代谢活跃的不饱和脂肪酸。而在许多甜食及糖果中可以发现饱和的人造油脂，这是要尽可能避免甜食及糖果的另一个原因。

13.5.4　谷物

最早的谷物，大约是在西元前五千年，经古波斯文化，从各种禾本科植物中精挑细选开发出来的。从那时起，这些印欧谷物（以及远东的米及美国的玉米）即在农业生产中挑起了大梁。

就品质而言，谷类的特征受到阳光密集且直接曝晒所影响。在谷物转化成面包时，亦需有水、空气，特别是火的投入；在烘烤时，水、风及热的元素必伴随其内；烘烤面包，是消化过程前为预备谷物容易消化而展现的一种方式。在所有引入面包的文化里，都高度重视面包。在面包里，大自然的过程和人类的努力相互补足；这样的相得益彰，在庄严的面包祝圣仪式中（基督教文化）达到最高潮。

最近，谷物的消耗量已大幅减少，一方面是因为油脂及蛋白质消耗量的增加，另一方面是马铃薯消耗量的增加。20世纪60年代反潮流兴起，我们经历了家庭自制面包的重新引入，菜单上也有了什锦谷物的菜肴。大规模的实验实施于混合谷物、利用发酵面团以及其他试验性的发酵法，如蜂蜜—盐巴法等。没有任何幕后操作之类的活动，一个新式的家庭烘烤及自然原料的文化就展开了。

全谷物面包必然是粗糙、沉重且难以消化的，这是一个错误的观念。即便碾磨非常精致的面粉，也可以经由烘焙的过程释出包含在整体谷物里的一切营养，且制造出容易消化的全谷物面包。各类粗糙的面包，对于长期受便秘之苦的成人是指定的食物。

在选用食物时，我们相信，给予谷物一个大空间是很重要的。不像我们所吃的根茎、叶类和花等，谷物非以不均衡的方式刺激人体（请参阅13.4“食物的品质问题”），而是支持人体各种不同功能的和谐互动。在增加谷物消耗量一或两个月之后，您必然会注意到，伴随着更大的警觉，它对您在思想上焕发活力和灵活性的正面影响。

13.5.5 马铃薯（土豆）

马铃薯的原产地是西南美洲，在安第斯山高地种植马铃薯已经超过两千年了。需要特别指出的是，从种类上讲，马铃薯是茄属植物科的一员。大部分茄属植物是有毒的，而马铃薯甚至含有少量的龙葵毒，龙葵毒会因细菌侵扰，或因曝晒于阳光下块茎变绿而增加毒素浓度。因此，吃马铃薯中毒的案例偶有所闻。我们也知道烘烤或油炸冷藏中的马铃薯会增加黄麹毒素的浓度，而黄麹毒素是一种众所皆知的致癌物质。

以马铃薯和谷物作比较，我们发现马铃薯与谷物趋向相反方向。马铃薯是生长在地底的茎源块茎（非根），而谷物却是显现于阳光与空气之中的，这在特质观点上即造成了区别。根菜类及其他地下营养贮存器官，相当于人类的感觉神经系统；果实倾向刺激新陈代谢系统，种籽和谐地促进所有器官系统的功能。马铃薯植物在地底下移转了一些发芽的活动，因此，它无法具体地刺激神经系统或节律系统。结合毒素结构潜能这件事，使得在地下贮存器官中作为食物的马铃薯，是一个非常明显的异数。鲁道夫·斯坦纳评论说，以马铃薯为主的饮食较利于理性、反射性的思想，会削弱大脑组织活跃且能沉思的思想基础。也即是说，马铃薯比较提升局限于考量生命物质面的概念性活动。

从这个观点，以马铃薯为主食的普遍性，以及当前我们显现出来的完全依赖表面感官而知觉的物质主义思考方式，这两件事的巧合，就不出人意外了。显而易见地，我们并没有暗示吃马铃薯即是唯一造成物质主义原因的意思。我们只是要表明，吃马铃薯，在意识上，可能会有这样的改变。

从这样的观察我们可以得出什么结论呢？我们可以试着逐渐限制我们马铃薯的消耗量，而选择谷物、根菜类，及其他蔬菜等。当使用马铃薯时，我们可尝试更多不同的形式——沙拉、面团布丁、泡芙，或自制的炸薯条等。既然买了有机马铃薯，我们可以充分利用马铃薯在食用上的优势（高蛋白质和高维生素含量）而避免其附加的缺点。**我们建议，在怀孕及生命第的一年，当大脑正趋成熟，正在建构主要步骤之际，一定要避免吃马铃薯。**同理，有神经方面疾病以及恶性肿瘤的患者，也应该避免吃马铃薯（注 1）。

13.5.6 蔬菜与生菜沙拉

所有的成人都知道（而且会告诉孩子们），吃蔬菜和沙拉对每个人都很好。如同 13.4“食物的品质问题”所领会的，蔬菜与沙拉的价值不只在于所含的营养成分，也因为它们在充满生气的自然界中，与其他众多不同能量间的关系。在紧急状况的情势，或营养不均衡的饮食里，蔬菜中的微量元素与维生素就会变得非常重要。关于婴儿的营养，有一些细节是很重要的。

直到 20 世纪 70 年代，人们都还认为喂奶瓶的婴儿，从五周大开始即可安全地喂食生胡萝卜汁；而三个月大即可喂食煮烂且捣碎的胡萝卜泥（太早引介胡萝卜常造成胀气）。不过，对胡萝卜的不耐症或过敏症案例，最近以来一再增加，胡萝卜成为了最具过敏性的蔬菜。这种现象可能与种植的方法和／或消化功能上的一般性衰退有关联。所以，有神经性皮肤炎的宝宝，无论如何，只能在六个月之后才引入胡萝卜饮食，而且初始仅能稍微尝试。无论如何，母乳哺育的婴儿不应在六个月之前喂胡萝卜汁。胡萝卜里有一些黄色素会储存在体内（请参阅 5.2“皮肤呈现黄色／黄疸”），其余的则转化成维生素 A。因为煮过的胡萝卜能

周岁前的日常饮食变化

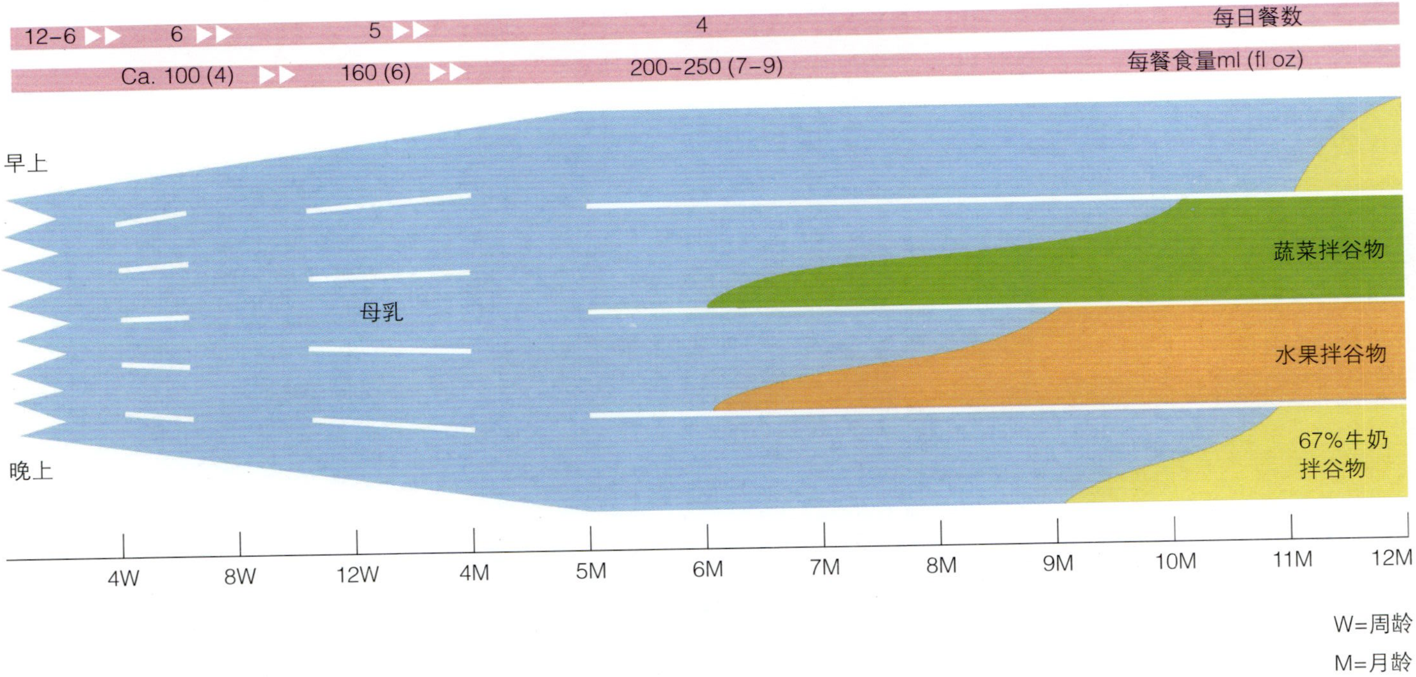

表1　完全母乳哺育婴儿的饮食计划：宝宝的年龄由左向右增加；每日的次数请由上往下阅读（随着宝宝成长，晚上的哺育减少）。水平的栏框指出最常见的餐数。宝宝的日常摄取量逐渐增加至800～1,000 ml（28～35 fl oz）。到了6～10个月，可以引入水果和蔬菜餐（混以谷物）。当母乳量开始变得不足时，可以调配谷物牛奶餐。大部分的宝宝大约在九个月大左右开始自动断奶。在本范例中宝宝不需要喂奶瓶（详见附录3）。

周岁前的日常饮食变化

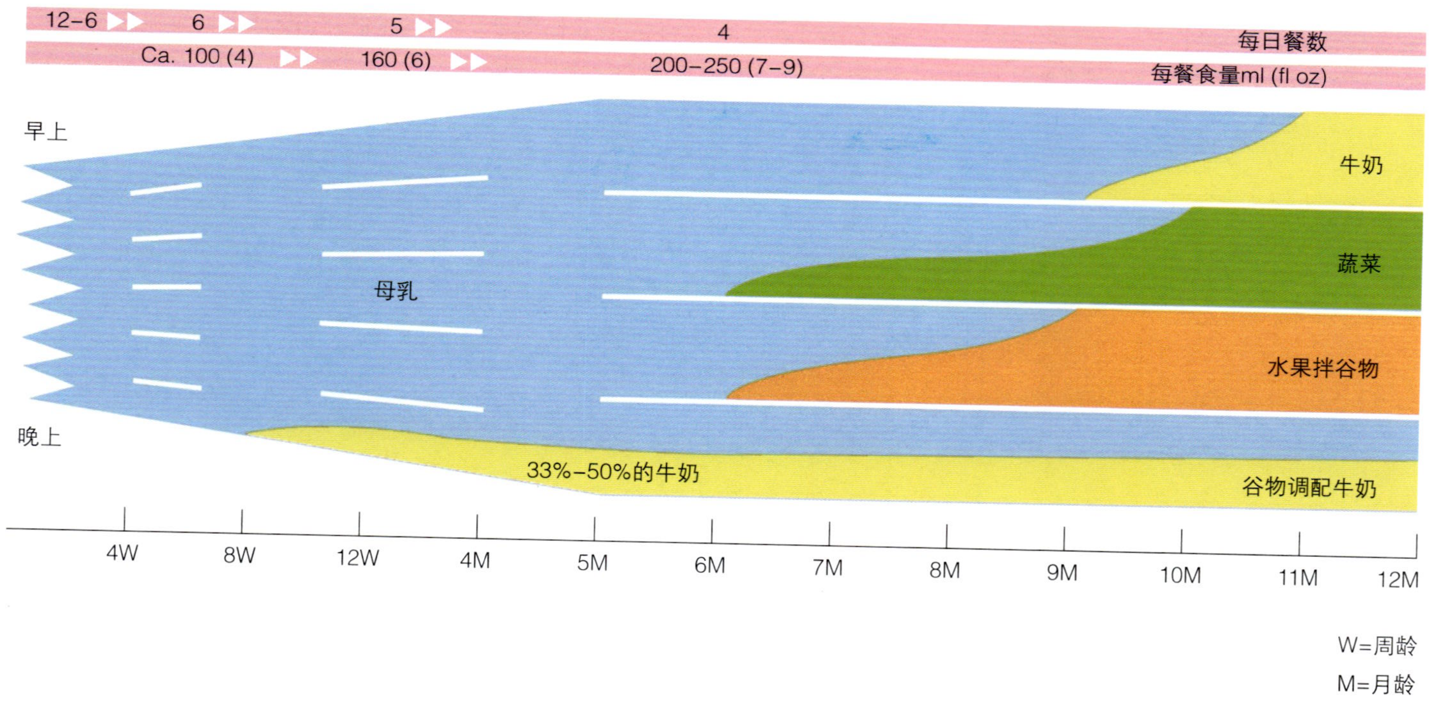

表2　尽管咨询了乳汁分泌，如果母乳的供应仍然不足，我们建议以稀释的牛奶补充喂乳。晚上的补充喂乳是最好的，因为这些补充喂乳对母乳的供应及母乳哺育的节奏最没有影响。

周岁前的日常饮食变化

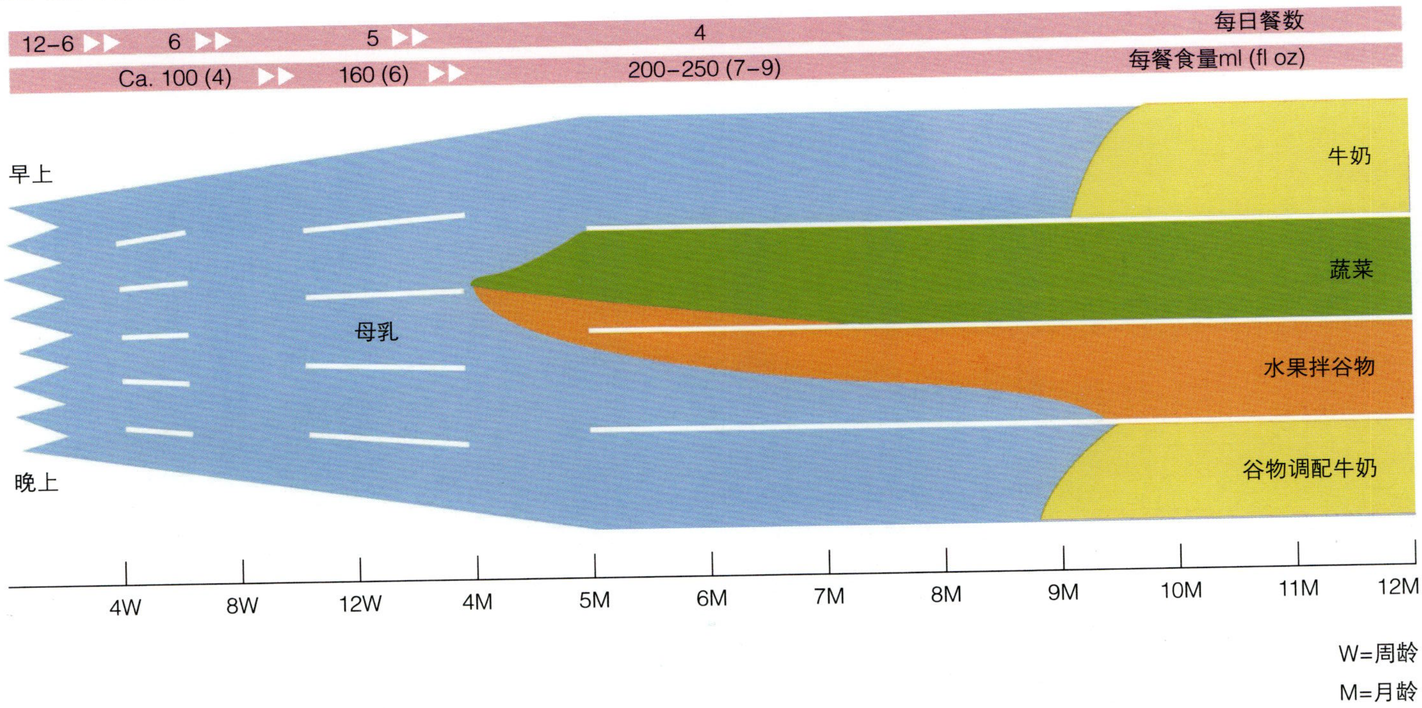

表3　母亲重新开始半天工作的五个月大婴儿的饮食计划：在宝宝四个月大时，母亲开始提供宝宝数茶匙熬烂的或制成浆的胡萝卜浓汤或混合米粉及加有少许油的苹果酱。五个月大时，宝宝一天中的第二餐可以交托给日托的照顾者或配偶之一方负责。在此情况下，母亲的乳汁无法满足第三餐的量，因此在下午的时候，母亲引入拌以水果的谷物。在九个月大的时候，这个宝宝相当快速地就自己断奶了，不过这么快速地断奶，既不需要也不寻常。宝宝6～9个月大时，日常饮食中的钙质含量相当低，在宝宝的水果谷物餐或蔬菜谷物餐里加上总量大约100 ml（半杯）天然酸奶酪或牛奶将可弥补差距。

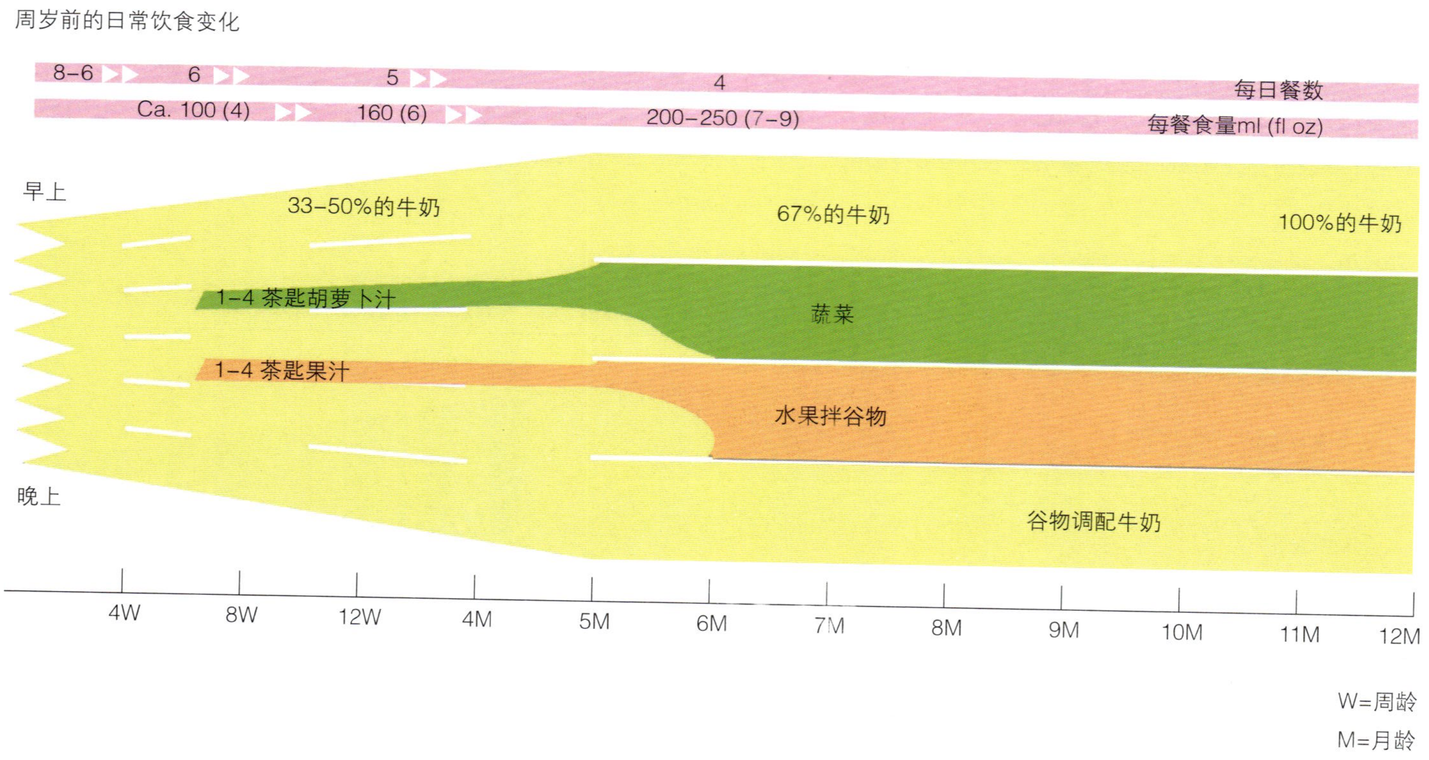

表4　非母乳哺育宝宝的饮食计划：在出生1～2周内，应该使用马奶（请每100 ml加2g的葵花籽油以增进营养价值），而不是稀释的牛奶。本计划是以本书之调制法为基础，且近似市售婴儿奶粉的营养含量。因为没有添加维生素D，所以有关软骨病预防的测量，您需要向小儿科医生咨询。

产生结实的粪便，因此胡萝卜是对抗腹泻很好的预防措施。然而，磨碎的生胡萝卜，只有在宝宝一两岁之后才应该加入饮食，但腹泻时绝不可以。

请别期待在宝宝生命中第二个六个月时，他会有一个完整的蔬菜餐，但您可以让他尝试各种不同的蔬菜。为了激励宝宝对食物的好奇以及咀嚼的兴趣，我们应该给予所有六个月或更大的婴儿大块的生蔬菜，让他们能好好地试验他们的牙齿。

重要的是，要能辨识硝酸盐含量低的蔬菜（如白花椰菜、结头菜、绿皮胡瓜、茄子、冬南瓜等），和硝酸盐含量高的种类，如菠菜、茴香、甜菜、沙拉什蔬等。请勿经常提供硝酸盐含量高的蔬菜，不应该储存过久，也绝不能回锅重热，因为在某些情况下，硝酸盐会转化成有毒的亚硝酸。而菠菜，与早期认定相反，其铁质含量并不特别高，且菠菜中的草酸含量会使食物中的钙质无法溶解，因此，菠菜与乳制品不可同时食用。

几乎所有的蔬菜都能转换成引人入胜而又好吃的沙拉。请试试淋上酸奶酪或酸甜的柠檬沙拉酱，或加些葡萄干或几片橘子。少量地品尝，成长良好的生蔬比煮过的蔬菜更具芳香滋味，更激发咀嚼，也更令人觉得满足、滋养。

13.5.7 水果

大部分的婴儿都喜欢吃水果，万一您的宝宝例外，您可以将磨碎的水果泥或榨好的新鲜果汁隐藏在白色软干酪或谷物食品中。宝宝并不需要大量的水果，对于一个实在较喜欢吃其他食物的宝宝，半个苹果和一点点柠檬汁就足够了。

只要有可能，应该让宝宝吃未施药、未上蜡的水果，这样他们即可以连皮，整个都吃。我们真的需要坐下来，而且注意听孩子们的提问：“这个苹果可以连皮一起吃吗？有没有药物残留？”当我们目睹食物是危险的，是有毒的，或是在判决产品是否新鲜、值得信任之前，我们必须先检查标签；而我们的孩子会有怎么样的生活印象呢？在感谢食物使我们免于饥饿的同时，成人们应该随时展现出对食物的深思熟虑，以及值得信任的经营管理典范。

虽然所有的孩子都喜欢香蕉，但务必不能让宝宝吃太多。香蕉虽然富含有益的营养，但却几乎没有活化精神的能量。吃香蕉非常有饱足感，但却可能造成便秘；而且在某种程度上，香蕉会有使婴儿昏昏欲睡的倾向。再者，香蕉在绿色时即采收，这样的成熟过程并非完全没有疑虑的。柑橘属水果就完全不同了，即便完全成熟，柑橘果实仍继续完好地挂在枝上。食用柑橘有使人耳目一新、精神活化的感觉。同样地，不需要大量地吃。我们建议宝宝每日吃数片或数茶匙没有加工处理的柑橘和浆果。

13.5.8 糖、蜂蜜及其他甜料

在食物中，糖很独特，因为它很容易结晶，但却不是盐类。它比任何我们讨论过的食物都更接近无生命的矿物质。工业用的糖可以无限期地保存。糖是一个运输活力的工具，糖是在植物的绿色部分合成，并以淀粉或果糖的形式储存于根、叶、茎、花或果实里。对于人类，糖提供了一个几乎不需、或完全不需消化作用的现成活力补给品。因此，糖并不像新鲜植物所表现的那样，能刺激器官的生命活动，但它可以替代健康身体所能充分自我制造质量的一项本旨。

尽管如此，在我们身体生病、劳累，或精疲力竭时，吃糖可以不需劳动消化作用，即能补给我们所需的精力。这功效对一个虚弱、疲软，体重不及 880 克（一磅 12 盎司），可能无法存活的婴儿特别明显。当早产婴儿躺在保温箱中，糖水滴在他的嘴唇上时，一尝到了甜味，他立即显露出生机，甚而向下“感动”至脚尖，而且为得到更多糖，婴儿会伸展嘴唇；这滴糖水成了生命的渴求之水。

感受滋味，对于成人已不再是一个牵动全身的活动，但是甜味仍会对我们产生直接而交融的作用。酸、咸、苦味的特质令人更醒觉而激进；但甜味则是舒适、环绕、安定而且具激励性，它同时也直接强化我们的自我感，让我们在身体上更感惬意而有力，但这效力会激发人反复地想吃糖。我们享受短暂的促进，却没有注意到随之而来的衰退；为了弥补这衰退，我们会增加糖的用量。典型的“糖瘾”儿童会焦躁不安、无法聚焦、无法专注。自从糖的引介进入后拿破仑时代的欧洲之后，糖消耗量越来越大，甚至直接影响到文明的疾病如蛀牙及糖尿病等的蔓延。

还有一个令人关注的发现：许多糖尿病成人患者，在童年及青春期时有过许多极度的情感或智能上的挑战；而遗传因素也在此疾病上有所作用。每一件削弱身体和情感活动以及妨碍我们自己成为自己屋舍主人的事，都会促使我们糖分的新陈代谢出轨。因为血糖是血液中一种“自我”活动的表达，当我们筋疲力竭或需要增强最高生产力时，吃糖可以激励“自我”，然而太常吃糖会使得“自我”

不习惯自己消化淀粉及制造糖分。若组合了其他削弱“自我”的环境及遗传的因素，又再摄取了过多的糖分，即会增加糖尿病及其他新陈代谢虚弱类型的问题，特别是后来生命中的成瘾行为。

虽然如此，这并不表示从婴儿食物中完全排除糖分即是恰当的结论。我们也看过许多苍白而瘦弱的婴儿，他们的日常饮食无糖；但在数周之内仅添加了3%的糖溶液至奶粉之后，婴儿即变得健康而红润。糖是一个极其活跃的物质，必须非常小心处理；也许节制使用是正确的，但仍应依宝宝的气质及体质而定。

哪一类的糖对宝宝最好？**白砂糖**应该谨慎使用。一再的结晶会排除所有的杂质，因此白砂糖缺少了所有呈现在未精炼的甘蔗或甜菜根汁液里的一切矿物质及维生素。一般而言，天然且未经精炼的产物，均含有动物与人类在消化该产物时所需的一切物质。在压榨的甘蔗汁、甜菜根汁或水果汁的糖分中均含有足够促进身体消化过程的微量元素。在天然食品商店里可以买到**蒸发的甘蔗汁或甜菜根产品**。平常的红砂糖不适合婴儿，因为红砂糖只不过省略了最后几道精炼阶段，而且整个过程均含有各种微量的添加物。

乳糖，味微甜，仅适用于婴儿。大体上，果糖并无特别的优势。葡萄糖无须消化作用，所以能迅速升高血糖，可是这通常是不受人欢迎的。然而，比如当因呕吐以致血糖降低的时候，它又可能变得非常重要了。

如果您无法买到蒸发的天然甘蔗汁产品，请将就以白糖与其他健康食品化合使用。广受欢迎的糖代用品有**龙舌兰糖浆**和**枫糖浆**等，这些都很昂贵；而像黑杏子、椰枣、无花果，及葡萄干等**干燥水果**，也能帮助满足渴望。

蜂蜜不应该纯粹用来作为糖的代用品。蜂蜜是一种经历程序相当复杂的结果，它起始于花蜜，又结束于蜜蜂的特殊处理活动。因此，蜂蜜对人体的影响，不像糖那么中性。蜂蜜是一个高度活跃的物质，会刺激人体新陈代谢。就其本身而论，蜂蜜很容导致婴儿腹泻。鲁道夫·斯坦纳建议老人、硬化的人吃少量蜂蜜，可以预防并治疗软骨病和过敏症。我们建议，要等到九个月大之后，才能给予宝宝蜂蜜；不过即便在那时候，一天之内，也请勿给超过一茶匙的量，并请将蜂蜜溶解在食物之中。

我们不建议**人工甜味料**，因为一方面人工甜味料对人体的影响并非完全没有问题；另一方面，为了本身的目的去鼓励一种甜的口味，却没有引发相关的消化作用，是没有意义的。

13.5.9 蛋、肉和鱼

自从人们发现饮食中若缺乏特定的氨基酸——建造蛋白质的基础材料，人即会有蛋白质不足的问题，因此人们投注大量的关心于蛋白质的摄取。的确，人体无法合成所有这些基础材料，但在食物中却可获得所谓的不可或缺的氨基酸。在肉类产品中，这些特别的氨基酸含量很丰富，而乳品里也有完全的蛋白质。就较小范围而言，这些有限的氨基酸也出现在豆科植物中，如在大豆里，也在杏仁及其他坚果里。所以也不一定要吃肉、鱼，或蛋。饮食的习惯在世界各个不同的地区有不同的发展：东方人比较倾向素食主义者的饮食；美洲，特别是南美洲人，食肉最多；而欧洲人的饮食需求与偏好，则在前述两者之间。

以下的观点也许可以帮助您决定什么时候开始喂宝宝蛋和肉。

在生命的初始几个月里，母乳蛋白质含量低（约为牛奶蛋白质含量的一半），毫无疑问地是宝宝最好的食物。在这个阶段，甚至在宝宝出生后整整两年，他的头脑持续成熟到能作为思想的基础为止（与此过程相比，在神经系统和感觉器官的发展完成很久之后才出现的“青少年快速生长期”，主要作用于成长肌肉组织及身体实力）。因此，直到宝宝三岁为止，随着大自然在母乳中所提供的示范，给予宝宝所谓的奶素饮食（乳制产品、谷物、蔬菜及水果等），是很合理的。当宝宝的自我意识觉醒，并开始称自己为“我”的时候，他对某些种食物的个人直觉偏好会变得比以前更稳定。在此阶段，一个孩子是否成为素食者已经显而易见。一些孩子不论何时吃到肉和蛋都会吐出来；而对另一些孩子来说，它们则是最受欢迎的食物。

一个有五个孩子的家庭，饮食情况如下：长子，从三岁生日开始，每当有肉和蛋端上桌时，便会很高兴地适度地吃一些；老二对畜产品有一种难以理解的食欲，因为喜欢的香肠、鱼或蛋，会乞讨别人盘子里的肉，而自己盘子里的其他东西则搁到一边；老三追随姐姐的榜样，要求在三岁的生日餐上吃鱼，结果非常失望地发现——他不喜欢鱼！肉和蛋也都不特别吸引他，虽然有时候他也会吃一点。老四，明确地，是一个素食主义者，所以没有人为他做生日鱼餐！而老五比较像老大。从这个范例来看，对于食物偏好的发展，个人的直觉，而非模仿，才是关键的决定因素。

另一个在生命最早几年应该避免吃蛋和肉的原因，是因为蛋和肉会激发身体加速生长和增加体重。无论如何，人类的生长和动物的生长不同，为了有时间发展情感与智能，身体的成熟变得十分漫长。

总而言之，对于婴儿与学步儿，我们建议采取奶蛋素食；对于较大的儿童，请提供饮食多变化的高品质食物；这些食物应适合个人需求，但不过度强调蛋白质。如果您的宝宝倾向偏食，若有必要，请尽各种努力，用点技巧，反复地要求宝宝吃广泛而多变化的食物。

13.5.10 盐分与矿泉水

我们不应该用盐调味婴儿食物，学步儿也不该吃很多咸的食物；他们从食物与乳汁当中所得的盐分是足够的。对于偶有明显表示喜爱吃咸的孩子，虽然盐不会造成伤害，但这偏好对注重整体论的医师而言，也许是一个体质上的重要讯息。

我们有时候会被问到：在旅行期间或宝宝腹泻时，当父母为婴儿与学步儿预备食物时，哪些品牌的矿泉水是合宜的？通常，纳含量低的即适合。法国的父母一般会使用 Evian 水；而 Evian 水在其他国家也可以买得到。许多矿泉水品牌的矿物质含量都很高，因此该年龄的宝宝无法适当地进行处理；而且，如果用来泡牛奶，最后都可能引起发烧和水肿。

13.6 营养与思想

我们已经从好几个观点讨论过食物品质的议题，这是一个了解连结营养与思想的首要条件。人类的以太体，我们称之为完成生命法则的身体，不仅是生长、更新及生殖的表现形式中极其重要的活动承载工具，也是我们的意识思维的生命——亦即是，思想本身的活动（请参阅 14.4“学习思考”）。

鲁道夫·斯坦纳与化学家 Ehrenfried Pfeiffer 相谈，当被问及人类的思想能如何引导我们回到灵性世界的真实觉察的问题时，斯坦纳作了一个极具开创性的回应：“那是营养的问题。”我们如何理解这句话所连结的意思？人体为了处理所吃下的食物，需要发挥能量。越是自然的、基于栽培或处理的结果，意即，越“有活力”

及越"被赋予灵魂"（畜产品）的食物，人体就需要应用更多能量分解食物并转化成为人体的物质。一方面，太多生冷的食物，有可能造成身体负担过重；另一方面，食用已经改变本质的，用最真实的话来说就是已经"死了的"食物，也可能是几乎没指望的。在这种情况下身体本身在食物"本质改变"及消化食物的过程中所做的太少。从快餐到各种加工食品，这几乎成为现代人制作食物的趋势。

虽然个体差异很大，但每个人都必须为自己找到适当而平衡的饮食，一面倒的生食饮食，在消化过程中，冒有太过度投入以太体的危险，以致几乎没有留下多余的精力可以用于思考的活动。相对地，若一个人太偏重吃充满添加物及化学成分、本质上已经改变的所谓"营养"食品，那么以太体就又太少地参与工作了，这样，它会变得懒惰，这种懒惰会以"思考虚弱"的形式显现出来，即它只能反映感官所传递的物质化思考。这类思考很难对激活自己精神本质的以太能量变得有意识。

静思的思想，让自己从感官知觉中释放，又进入宇宙活泼根源的以太灵性本质中探究的静思思想，是由消化工作刺激以太体所供养的。这并不表示，吃喝本质已改变的食物长大的人就不能实现灵性活动；这只是表示，对于他们来说，要实现灵性活动，在实质上会变得更困难，这需要他们花费比一般常态更大、更多的努力。

从这个观点，童年的滋养物具有极高的意义，因为消化器官（以及伴随他们的人类体质上的高阶成员——以太体、星芒体及自我组织）只有在儿童成长发育时，才逐渐学会做它们的工作的。如果它们在生命的早年受到"良好的教育"——意即是，受到适当食物的刺激和强化——而且如果这个过程也伴随着相呼应的儿童的情感及灵性能量等的教育，儿童的思想也必将学会主动积极地"消化"并"处理"意识的实质内涵。以健康的方式刺激身体的消化作用，可以促进一个孩子主动积极地发展思维的生命。在成年期，很明显地，在身体健康的维护上，食物不再是唯一的因素；对于有影响力的宇宙关联，勤奋的灵性功课以及静思的"消化／领悟"变得越来越重要。我们不能"单靠面包而活"是相当真实的，特别是对成人而言。在进餐前的唱歌或祷告等令人愉快而具疗愈功能的习惯，能使得即便很小的孩子也能经验这个滋养物与意识间的连结（请参阅第23章"儿童为何需要宗教教育？"）。

以下，提供一个该关系的图解总结：

儿童期的以太体	
发育能量进入思维能量的转化仍在萌芽阶段	意识的思维活动
确保发育及更新的以太能量占优势	无意识的身体活动
老年人的以太体	
以太能量应用于不受身体约束的思维活动占优势	意识的思维活动
不再生长；更新能力衰退	无意识的身体活动

13.7　基因改造的食物

这里并不是一个能正确认识有机农法及生物活力农法优点的地方。但是，我们真的想表明世界上农业先驱者们无法估量的工作，他们对抗并弥补越来越远离自然的现代土地化学及农业科技，他们以自然的农法聚焦于土壤的疗愈与更新。虽然科学家们再三坚称，巧妙处理基因及化学的单种栽培是必要的，因为要解决世界人口的粮食问题；然而我们必须指出，这种宣传活动已经反复好几十年了，但约占世界总人口数的3/4仍然营养不良，而这种情况，过去数百年来一直没有实际的改善。

再者，对于发展中国家的农耕援助，其结果通常不是从小农夫手中取走土地，再将之移转给农事企业，便是鼓励种植更多能获利的作物，但却以牺牲当地人口主食的需求为代价。养育世界人口的问题，没有社会的及灵性的定位，将不可能获得解决！

在此我们想指出的一点是，利用生态学上有益的农法所生长的食物才是儿童需要的食物；这类食物含有以太能量，而且（在“合于品种发展”的畜牧业情况下）蛋白质是有品质的，因为它们让动物与大自然和谐生活。新陈代谢发展良好的成人能感觉得到，他们可以消化任何东西，而且他们大部分都能独立于所吃的食物之外。至于儿童，无论如何，他们的身体正处于发育之中，他们的消化功能正接受他们所吃的食物的塑造及教育。在食物的选择及预备上尽最大可能的关注是恰当的，即便以时间和金钱的观点而言，所牵涉的选择是昂贵的；但投资回收的却是儿童往后生命（请参阅13.6“营养与思想”）健康的品质（及意识！）。

在此脉络下，我们也一定要处理基因改造食物的问题。基因改造食物是从20世纪70年代晚期开始进入栽种养殖的；利用操控微生物的基因，除了制造酪农产品和发酵食品之外，这些改造的食物包含：大豆、玉米、稻米，及其他谷物等品种。在作物种植与栽培上，操控基因改造食物可能比使用自然农法培育的食物含有更高浓度的芳香物质或蛋白质。但若想单就“数量”考虑基因改造食物即能导出令人满意的赞成或反对的结论，那也是极不可能的事。无论如何，一株植物的基因物质即是这株植物的以太体的运输工具，因此当我们思考基因操控的意义时，我们一定要应用非数量的标准。所有基因改造的生命形式有一个明显的特性，那就是它们的繁殖能力（也即是它们以太体的稳定性）降低了。基因改造的生物无法超越倍数世代地繁殖；它还需要不断地从健康、自然的存在形式中重新创造才能存活。我们不希望这类食物对健康的成人造成明显的伤害；成人能消化这类食物，一如他们能消化所有其他的食物；但是儿童因为先前所讨论的原因，绝不该被给予任何基因操控的食物。

在栽种/养殖的食物是否“合于品种发展”的相关辩论愈演愈烈时，对于人类及大自然世界均具有未来导向并具有疗愈效果的农务及增强土壤的方法，也越来越受到支持。这不只适用于源自植物的食物，同时也特别适用于畜产品。在此，无可否认地，消费者将有最后的决定权。我们只能期待疯牛病的危机没有被遗忘，进而能说服农业政策逆转。

附注

注1 请 见 Renwick，J. H. et al. Neural-tube defects produced in Syrian hamsters by potato glycalcaloids，*Teratology* 1984. 30 该动物实验结果支持了大脑和背部的外观畸形与怀孕期间大量食用马铃薯有相关的怀疑。

第14章 儿童发展与社会环境

14.1 学习看

在稍早的章节里（请参阅11.2“第一印象”）我们曾经描述过新生儿的注视无法聚焦，婴儿虽然好像在寻找着什么东西，但那只是维持方向而已。接下来的几个星期，婴儿维持张开眼睛的时间越来越长了。在喂奶时和喂奶后，他通常会盯着妈妈头部的方向看。他的眼睛可能反复地转向一个没有特别东西要看的方向——也许是有点距离外没什么值得注意的一片墙或一块布。如果您转动他的头，只要可能，他的眼睛还会继续地顾盼同样的方向。这个与生俱来的反射作用，便是众所周知的“娃娃眼现象”，是视觉定向学习中的第二阶段；它可作为早产儿介于睡眠及眼球随意浮动的运动，以及婴儿的视轴真正与环境中的物品连结阶段前的过渡时期。起初，当您进入婴儿的视线时，他似乎不受到您的形体出现所影响，似乎穿透了您在看。之后，他变得能觉察您，开始以加快呼吸及移动眼睛和四肢作为反应。他的眼睛开始停留在您的头上，而当您走开时，他的眼睛会跟随。然而如果您维持静止不动（当母亲知觉到宝宝的眼睛正在“吸取”他的举止时通常会这么做），您可以在婴儿的瞳孔下方看见您的倒影，那表示他看的地方，比较是您头的上方一点儿或头的一侧之处，而非直接地看着您的眼睛、鼻子或嘴巴。

在视觉发展的阶段，令人惊讶的事情是宝宝带着情感参与他所看见的一切。当他看见妈妈，他的反应是安定、快乐而专注的；但如果是一个不确知的、疲惫的、急促的人进入他的视线，他会变得焦躁不安，也许他的嘴巴会在焦虑的瞬间有不满或噘嘴的表情。虽然宝宝尚未能清晰而明确地觉知，但他确实“看见”些东西，那即是他身边大人的情感状态。这种类型的觉知在您靠近宝宝睡觉的摇篮边时也会很明显，您可能注意到，通常是瞬间一个细微的单侧的微笑。我们也很难避免这种影响，即便宝宝眼睛闭着正在睡觉之时，他仍觉察着什么。

在真正能觉察真实的物体之前，**视觉的定向与觉察情感的状态**在同一个时间出现。我们可能会好奇，是否婴儿能觉察隐藏在大人全然以物体为导向的视觉背后的纯粹心灵特质。该思维解释了中世纪画家仍然在天使、圣母，及代表着人类崇高面向的圣人头上画出光圈的原因。在一次看医生的时候，一个母亲问我们："为什么宝宝总是看着我的头上而不是我的眼睛？"我们的回答震惊了他，但也满足了他："在这个阶段，孩子对你的光圈长什么样子较感兴趣。"

在此关联下，婴儿特别受到发光的、闪亮的或红色的物体吸引就很合理了，这些物品所赋予人的感官印象，与婴儿所觉察的一个人充满了亮光般的感官印象很类似。

在婴儿四五个星期大时，当他的眼睛与您的眼睛相遇，宝宝首度出现您盼望已久灿烂而从容的笑容。他的目光已从外围转移至您眼睛的中心位置。换句话说，他已经发现物质的感官知觉所在，在此，心—灵特质在物质生命里直接显明。旁观者一定能感受到亲子四目相接时所传达的那种心灵相会的欣喜感。"你在这里，我在这里，我们都在这里"这句话，或多或少贴切地表达了这个时刻。成为人最关键的首要事物——找寻并知觉另一个人——他已经掌握到了。当知觉到母亲或父亲时，宝宝喜形于色，而且从此之后，他会一直试着要与父母的眼光相遇。之后数年，如果他感受不到父母一天至少一次的慈爱、理解的眼光停留在他的身上，他会觉得不满足。在学校也是一样，如果孩子没有遇到一位老师真正以关爱的眼光注视着他的话，他的进展会受到阻碍。

在人际互动关系发展之时，您的宝宝也会开始注意其他的东西。当您抱着他经过窗边时，"一些有光的东西"会映入他的视觉范围。随后，在他仰躺着的时候，当有"会动的东西"出现或消失，或者还连结了"其他会动的东西"时，宝宝会随之变得兴奋活动或静止不动；就在他的小手接触到东西时，他的触觉作用也被引发了。在此阶段，当宝宝开始建构自己双手能随意地交互作用时，他从视觉知觉中清楚地学习到触觉的特质。触摸自己，正如同吸奶时嘴巴周围的触觉知觉作用一样，会强化宝宝对自己的知觉；母亲的爱抚，同样也唤醒孩子的自我经验。

在此阶段中，宝宝看见了**什么**变得非常重要；而且宝宝所觉察的内容是否合宜或互相冲突，会造成很大的差异。例如，一块画上月亮图案的布，与它里面所包装的音乐盒没有关联；一个塑胶制能嘎嘎作响的玩具，和玩具上的图案或玩具所发出的声音没有什么关联。对照之下，一根木棍，即便拿来制造声响，但外型依然是木棍。宝宝从喜爱的日常用品中，可能看见诚实或不诚实；大人若不能在此人生阶段，帮助孩子作出清楚的区隔，日后孩子将很难能自我明辨。误导或不真实的感官印象会对感官知觉的可信度埋下怀疑的根底，因为这表示形象的层次，虚伪也无所谓的意思。不要低估确实性的环境对宝宝的重要性，在此阶段，每一个他所觉知的印象仍会深深地渗入他的潜意识里。

大约五个月大左右，宝宝开始区别熟悉的和陌生的面孔，他能将特定的声音与眼镜或发型联想在一起。他认同熟悉的面孔，排斥陌生的面孔，而且开始害怕不认识的人。任何不常和宝宝见面的人可以很容易地观察到一个有趣而重要的层面——小小孩害怕陌生人。宝宝对陌生人的排拒程度（例如不开心地黏着您，或者拉开嗓门大哭的迹象），视宝宝和您，以及宝宝和陌生人的距离而定。如果陌生人出现，宝宝在您的怀里，他也许可以容忍一公尺的距离，但不能再靠近了；如果宝宝在尿布更换台上，距离您比较远，他的容忍极限就会缩小，需等到这位不熟悉的陌生人坐下，或您将宝宝抱在膝上之后，宝宝才可能再度开朗。活动可以引发信任感，因此如果一个不熟悉的人能转移宝宝的注意力，而且开始跟他玩，这不熟悉的人便可以与孩子亲近些。

跟一岁的小宝宝说“你不需要怕这个人”，您可能会让孩子反而更警觉那个人的确是个陌生人，而使得他更退却。这时候，您只要抱起孩子，尽量拉大孩子自在的范围，也就是让孩子能退回（倒退）到更先前的发展阶段。

我们最重要的目的，是要认知宝宝的视觉领域是一个关联性的实体，但也是一个总是改变的实体；宝宝的视觉领域会随着他的共鸣感或排斥感而改变；而且，大多是因为妈妈的榜样而定。在孩子有精神的时候，他的视线是延展的，当他累了，范围就缩小。当他吸收强烈的或其他奇特的色彩或刺激时，他的视觉领域也会扩大。例如，当爸爸一个人回家的时候，宝宝可以立即认出爸爸，但他无法从一群人当中认出爸爸，除非等到爸爸离开团体，朝宝宝走过去。这个例子说明，独一的而且有关联性的事件比多重性的印象更能吸引孩子的兴趣与关注。

直到现在，我们已经细想过宝宝如何与人目光相接。在某个特别阶段，无论到什么程度，他会开始故意移开视线。这个阶段最明显的转换是“躲猫猫”的进展，小孩子真的相信当他们闭上或遮上眼睛时，别人就会消失（照片88）。有时候，当您的宝宝终于能在一段时间之后再见到您时，他有可能欢喜地无法迎接您的眼光。意料中地，有一天，孩子会因羞耻而移开目光。在此阶段，大人的出现可能表达出对孩子做错事的警告。而避开目光成为一种孩子羞耻的表达，他觉得自己已与您切断连结。羞耻是一种强而有力的感觉，必须小心处理。“自我”本身会对其行为的后果感到羞耻，并且想要改正错误。在以后的生活中，因羞耻而脸红，仍然是一个“自我”宁愿当下情况不被看见、想要躲避其他人眼光的表征。处理过孩子的人都知道，在这一点上，大人可能犯下很大的错误：我们不是以关心，而是以慈爱的眼神及话语，一心想消除孩子生命中的一切困难与责任，根本地表明孩子完全不需要经历羞耻。相对的另一极端，则是以道德教条概念压垮孩子人格的审判式父母。

我们在此所描绘的视觉领域及“舒适的范围”，是您的孩子在情感空间中已能有意识地经验自己的部分。该心灵空间是否扩大或缩小，将依他时时刻刻的情绪心境及机敏警戒的程度而定。

14.2 动作发展及学习行走

宝宝还在母体中时即已不停地活动，即便怀孕本身也是活动——卵子缓慢地移动，精子快速地活动，精子穿透卵子并与之结为一体。后续的发展也充满活动：流动、旋转、转动、内卷、分裂、结合、分化、一起或分别成长，甚或为整体新器官的结构而溶解。出生前，我们所谈论的胚胎成长及发展的运动，出生后，宝宝持续成长，而这些活动将仍然继续。然而随着时间一周周地流逝，外在活动的作用日益摆脱天生本能的部分，而由有机体完全决定如何运动（照片28～50）。

- 在小儿科医师的例行检查中，可能有各种不同姿势及反射性活动的检查：
- 在放松的姿势中，新生儿所有的关节都有些微弯曲，看起来还有些卷曲状；他的手臂与腿部是弯曲的，手指也有些闭合（照片32）。
- 当您触碰婴儿一边的脸颊时，他的头会转向那个方向，并努力尝试吸吮。
- 如果在婴儿躺着时，您将他的头转向一边，他那同一边的手臂会依着他仰躺的床面上向外平伸，且对边的手臂会弯曲到头的高度，但无法将两只手臂离开床面举起。

- 如果您举起婴儿并让他的脸朝下，他的头往往会悬挂在他背部水平线的下方。
- 如果您将婴儿举在半空中，并让他的侧边朝下，则他位于上方的腿将会比下方的腿更弯曲。
- 如果您撑住婴儿让他的脚底板接触到平面，婴儿即会推动他前面的腿向前迈步，接着另一条腿会跟着移动，然后原来的腿又再反复动作，那样子看起来好像是在走路。
- 如果您让婴儿趴下，他会抬起头来并转向一边，好让他的鼻子不受阻碍(照片 28)。
- 如果您以婴儿躺着的姿势抱他，并让他的头稍微后仰，则他的手臂会突然一会儿张开，又一会儿合在一起。
- 让婴儿仰躺在一处平实的表面，当您在接近他头部的表面上轻敲，他的手臂即会向外运动。
- 如果您在半昏暗之中将他抱起，他会睁开眼睛。如果您将手指头放在他手上，他即会以拳头握住不放。
- 如果您让他光着身子仰躺在温暖的地方，请仔细观察，您会在婴儿的手臂和双腿交互踢动之中看见四脚动物正在行走的雏形。

在大多数天生的反射动作转换成随意的动作之前，大约需两个半月的时间。这段期间，您的宝宝开始会尝试一些如握拳、吸吮、抬头等活动（照片 30）。当婴儿在接触平面，两脚仍持续踢动，但原本相关联的手臂姿势消失之时，也即是他不自觉地停止踏步动作之时。如果我们比较人与动物的发展，我们会领悟到人类本能动作的消失，是具有重要意义的一步！在出生之后，动物能迅速地利用反射性踏步动作学习行走。幼马出生后两小时即能赶上马群的行动了，然而人类的婴儿却忙碌于建造头脑及身体其他的部分。一个人学习站立与行走，便需花费一整年的时间努力。当学会的时候，人即“站在自己的双腿之上”，并自己决定要往哪儿去。不像动物，人类不受制于器官，或受迫盲从于本能倾向。如果我们比较不同品种的动物发展，立即且明显可见地，发展越快的动物，越倚赖器官，而且，它们所有继续存在的能力很少是“经由学习”得来的。而发展越慢的动物，越需要经由学习，且需要花更多的时间扩展能力。

因为必须学会一切帮助“成为人”的事物，我们才能自由地运用我们的能力；而随着每一项新技能的学习，我们自由运用能力的选择权也因而扩展。这即是为什么比起动物的成熟，人类的发展显得特别迟缓的原因——我们必须花上16 ~ 20年的时间发展成熟。但也因为如此，我们可以发展终生学习及独立自主。因此，在人类婴儿中，若反射作用的模式持续存在，即显示发展上的失调，必须尽快请医师诊断。

宝宝三个月大时即能控制他的头，也能将头直立撑起。当趴着时，他能稍微抬起头与肩膀（照片29）；就这样一个月又一个月地，宝宝的头抬得更高，首先，他利用两只前臂作为支撑，后来是合拢着双手做支撑（照片32）。五六个月大时，他打开了拳头，并以他张开的手臂支撑自己的头及上半身（照片34）。身为大人，如果我们玩瞎子捉迷藏，或以张开的双臂在一黑暗的房间里探索方向，我们即能体验双臂仍然保留着支撑功能的迹象。

当宝宝三个月大仰躺时，他举起的手出现在自己的视线范围里。接下来的三个月期间，他学习抓握东西（照片35），任何会动的东西他都塞进嘴巴里。他的抓握能力慢慢成熟，从简单的握拳到抓握，到会用圆胖的食指和大拇指指尖捏紧东西。与此同时，宝宝征服了他周围的空间。他抗拒的动作，显示他接管自己身体的程度。三个月大的宝宝已经不再喜欢人家撑住他的头了；六个月大，如果你碰他的肋骨胸廓，他会把你推开。垂直站立的成长力量也从头部继续向下发展。这个进程，您只要想到一个母亲如何抱不同年纪的孩子，答案就变得明显了：妈妈托护着新生儿的头，扶着三个月大婴儿的肩膀；而当宝宝六个月大时，她的一只手抱住宝宝，另一只手就只需撑住宝宝的背部中间；八个月大时，妈妈只需撑好宝宝的骨盆和腿部；11 ~ 13个月大时，妈妈只需使用一只手臂让宝宝坐在上面，另一只手即可做别的事。大约十个月大时，宝宝能挺直地坐在稳固的平面上（照片36、37）。小宝宝以头为中心，上半身前倾地坐在以脚和骨盆形成支撑的三角形底边上。

在五或六个月大时，越来越增强的向外伸展的快乐会取代幼小婴儿典型的弯曲或卷曲的姿势。在这个年纪，宝宝喜欢仰躺着，伸展四肢，同时充满活力地踢腿；请勿将这个能帮助宝宝接受周遭环境的伸展趋势与直立的发展混淆了。在此阶段，直立的能量只下降至他的手以及背脊的中、下阶段，但伸展的趋势已经掌管全身包含他的腿部；例如，他能伸展他的腿撑起盖着他的毯子。当他被直立地抱着时，他也许也会弯曲他的腿上下晃动，但并未显示出其他准备好站立的迹象。当您扶起宝宝进入直立的姿势时，他的头虽仍直挺，但他不像以前那样能转到侧边。

不管是婴儿早期的弯腰曲背或是伸展开放的姿势，都不是人类真正移动运转的前兆。直立行走与婴儿的第三类活动有更密切的关联，这类活动又与向下驱动的直立能量相关，需待生命的第三个月始可辨识。该类活动即是宝宝学习翻身的第一步——转动躯干。

大约十个月大的宝宝坐着时，他的手开始变得可以完全地掌握东西。一开始是单纯地以握住为主，之后是故意放手，而更后来是把手上的东西丢掉。宝宝尚未能完全掌握自己的脚，那是他身上唯一遗留下来仍然会一直让您平安无事接触的部分。接下来，宝宝先达成单脚跪，不久之后，他会抓着家具或游戏栏的栏杆将自己拉直。当宝宝学会将自己拉到站立的姿势时，他尚未学会如何重新坐下，所以预计会有些痛苦的片刻。

这个年纪，宝宝已经找到一些早期的临时移动运转方法，不管是趴着、坐着或以四肢爬行，他可以在地板上或滚、或扭转、或推动自己。他可能会坚持使用任何他第一次学会的运动形式，而该形式在一定程度上也取决于他在什么样类型的外在条件上学习。我们建议不要使用人为的移动辅助，像学步车、弹跳秋千等，因为这些都十分干扰宝宝个别化的学步过程，宝宝会投入他自己尚未能掌握的活动，结果他独立的自主性因而蒙受损害。

有些孩子在学会行走之后才学四肢爬行；有些从未在地板上使用过手臂移动自己的身体；还有些十个月大就能像其他一岁半的孩子一般行走。家长经常询问我们，怎么样才算是“比较好”或“正常”，这样的问题实在无法以一般的措词回答，因为人不似某种类型的动物，每一个人类的发展都是独特而个别的，一直都在“太早”与“太晚”之间、在身体与心一灵的层次上交替作用。在对的时间里做对的事是生命真正的艺术，无论是意识还是潜意识，每一个个体都朝着这个目标前进。早熟通常都伴随着缺乏内在的自由；少年得志者多半受到天赋才能的影响，他们可能只是使用天赋，不太需要努力获取许多新才能；而大器晚成者必须经由耐心与努力获取他们的能力，因此在如何应用上，他们有更多的自由，通常也更理解其他人的问题。学习行走，无论如何，介于 10 ～ 18 个月的年纪都可以视为“正常”（照片 41、42）。

学会行走之后，学步儿还有一系列其他需要练就的任务——爬楼梯、跳跃、单脚跳等不胜枚举；在学步儿脚步宽阔、强劲的步伐转化成九岁以精准为主的矫健脚步之前，行走本身仍需经历许多变化。一如直立行走般，其他形式的活动也需要经由模仿习得，这些自主性的动作没有一样是天生的能力。因此，鼓励孩子运动发展最好的方法就是给他提供良好的示范。您可以很确定，您的孩子将模仿您所有忙乱或懒散的动作，还有您撞击地板的脚步有多重或多轻。通过吸收周围大人在动作中所传达的心灵意境，孩子也借由动作学着传达他自己的心灵波动。

14.3 学习说话

其实从宝宝发出的吵闹或哭叫声中，我们可以觉察出宝宝是饥饿、疼痛、困倦、疲软，或是感觉被忽视等的征兆。在宝宝首度有意的微笑后不久，大约八或十周左右，当他呼出的气遇到唾液，他便开始玩上颚所制造出来的喉音。听着自己发出的各种声音，宝宝更努力反复尝试（这些隐约的声音只有在宝宝心情好的时候出现——换言之，通常是在喂完奶、换好尿布之后。在社会福利收容机构成长的孩子，从不会发出这类声音）。受到宝宝的发声所吸引，您会本能地模仿这些声音，宝宝会大吃一惊，之后，又试图复制您的声音回应您，然后每天反复地以轻微的变化发展一种“对话”。三个月大之后，这种类型的声音构成会停止；通常，接下来的几个月，宝宝只单纯地倾听。

大约六个月大，宝宝开始发出不同的强而有力的像喇叭般的“吖—叭—啦”的声音——伴随有节奏的双踢腿，如今还包含了唇音。这些声音是单纯的欢喜的自我表达，这些声音的内在和本身并非要形成语言。要形成语言，宝宝必须要听见周遭的其他人说话。在接下来的几个月期间，宝宝会复制声音的实例，并渐渐地学习说话。从一开始，很明显地，宝宝的单词话语即是“整个句子”，包含了意思和内容，并超越了仅只是名称而已。概略的举几个可能性，“妈妈”的意思可能是“妈妈，过来”“妈妈，你在哪里？”或“妈妈，抱我起来”。类似地，“车子”和“汪汪”代表整个句子和整个事件。当宝宝学会更多语句时，他会逐渐开始描述活动并归结成两三个字的句子：“爸比车”“汤烫”“妈妈回家”。

有一个例子，一位妈妈告诉他 18 个月大想跟他一起上街购物的宝宝说：“不行，你不能去。街上太吵了，那里有好多人，而且有很多车子会喷出臭烟。”那天下午，照顾宝宝的阿姨后来报告说，宝宝说了好几次：“妈妈—街—车—冒烟！”从婴儿语言中的别名和缩短的语句中显示，当孩子模仿说话时，每次都是表达整体概念的。

复制孩子早期尝试性的话语，且以婴儿语言与孩子交谈，会剥夺孩子模仿语言的样式，而孩子也可能会好一阵子陷在一言半语的阶段里。大人在孩子的周遭，使用普通的语言较合适，因为这样会让孩子有大量机会经验所有母语中的细微差异。大多数孩子在一岁之后不久，即能说出他们的第一个语词。值得注意的是，父母为教师或学者等的孩子，在学习说话上经常比较慢，也许是因为孩子需要花较多的时间才能了解并应付他们父母所说的广泛的词汇。不过几个月之后，他们追赶上来了，而且在语汇及后续生命中的表达能力方面，他们倒是迎头赶上并到了一个新起点。而父母语汇有限的孩子，无法学习他们没有听过示范的话语；这些孩子通常比较早开始说话，他们初始的词汇有限，只能等到进入学校，有机会接触到更多不同的语言刺激之后才开始追赶。

若儿童所接触的成人语言是做作、炫耀、莽撞无礼、夸大，或委婉而不带情感，或任何其他方式的“不真实”等情况时，他们的语言将非常难以矫正。当察觉到大人话语中及声音中所传达的观感并不符合大人自己内心的经验时，孩子对于语言中所表达的真实或虚伪的敏锐感将被破坏。孩子会将大人同时也传达心情与情绪的语言与他们所听见的意思一起合并处理。在理解个别话语的意思之前，他们会先了解大人音调中所表达的情绪。其实在他们能掌握意义的所有细节之前，他们会先经验并模仿语言中所传达的愉快、严厉、冷淡、锋利或和善等。

通常，学习说话并不需要刻意练习。当孩子语言发音不正确时，最好避免修正。说话是一种非常直接表达的途径，如果您为了修正而中断了他的连贯，您就扰乱了孩子尝试即时沟通的努力。从这项大人行为中，儿童唯一学会的是中断他们父母的谈话。如果您单纯而持续地发出他有问题语词的音，而且特别让自己发得清晰而美好，为什么不能让孩子说个几年的“劳上”（楼上）或“吸藏器”（吸尘器）呢？您知道，最终您的孩子一定会与您一样发出正确的音的。

几乎所有的儿童偶尔都显示过口吃的征兆，因为他们沟通的冲动颠覆了他们自我表达的能力。耐心及漠视口吃将能帮助克服任何暂时性的问题。如果您的孩子发展明显的持续的语言问题如口齿不清或口吃，很重要的，在第五个生日之前，要避免窄化地聚焦于练习或语言治疗。让说话过程太早或太刻意，会干扰孩子自然模仿的过程。在此阶段，最好的修正方法是每当孩子在您身边时，永远都要说得完全而清晰——而且最重要的，**要说得够慢**！儿童歌曲、童谣及阅读童话故事（或更好的不是阅读，而是父母说故事），都能鼓励孩子对说话的声音以及他自己自我表达的能力感到开心。

“语言治疗是矫正语言障碍的唯一途径”，这是一个非常普遍存在的错误观念。我们已经看到，运动神经的发展先于说话的学习，而语言可视为身体活动的蜕变；比较小的喉部活动反映了比较大的身体总体活动，这即是为什么语言障碍几乎总是伴随着明显的粗动作或精细动作发展障碍。在促使棘手声音变得清晰的改善上，通过像抛球、踩高跷、平衡活动、穿串珠及类似的游戏等来追补运动的技巧，会有令人惊喜的功效；而对于学步儿，适龄的优律诗美特别有帮助（请参阅 21.4“治疗性‘优律诗美’”）。

如果孩子到四、五岁时，说话的问题并没有改善，建议您去看儿童语言治疗师。当再也没有任何理由不以特别的练习和训练课程解决问题时，大部分儿童在到达就学年龄时，会发展出一种努力改善任何残留语言问题的兴趣。

最后，我们仍想处理双语教育的议题。这是一个现代常见的情况，母亲可能来自一个国家，而父亲来自另外一个（他们甚至还可能居住在第三个国家）。这些儿童开始说话时有点晚，但一开始后就会两种语言的语词交换着使用，令人惊奇地，他们很快即学会区分语言，并以两种语言自我表达。之后，他们经常以令人羡慕的悠闲学习额外的语言。但当问及双语的成人是否愿意以同样的方式养育他们自己的儿女时，他们通常会说：“不愿意，我要我的孩子以一种语言开始，而且，在他们真的对当地语言非常流利之后，晚一点才开始学第二种语言。”有一位先生特别密切评论自己使用双语的情形，他补充了类似这样的话：“例如，我以西班牙语做梦，以德语思考，以任何所需的情况选一种语言说；但两种语言，我都不觉得完全自在。”

接下来，我们将解说思考如何引领语言至一个重要的范围。为此我们建议，至少在孩子够大、能对自己称呼“我”之前，仅以一种语言教育孩子。每一种语言，在文法里都有它自身存在的独特逻辑。该逻辑结构不仅影响我们如何思考，也影响在我们在思考中有多少安全感。完全认同这样的结构，能支持儿童的思考学习，也能帮助儿童强化人格。

在真实生活中，如果您要以一种语言教育孩子，而家里的其他成员习惯使用双语，那可就不容易了。这里有些小提示：请一直以同样的语言对您的宝宝说话是很重要的，如果较大的兄弟姐妹或朋友之间经常说第二种语言，那么请要求他们与宝宝直接说话时，确定每次都使用当地语言。在宝宝学习说话时，单单只是听见别种语言，不太可能会造成影响。如果您要宝宝学习您在家里所说的语言，而非您在街上或与访客交谈时所使用的那种语言时，您亦应以同样方法处理。如果您的母语即是宝宝即将认同并成为模式的语言，这种情况是很幸运的。然而，如果宝宝的主要照顾者是一个国内的帮手，只会说当地语言，那么情况就不同了。这种情形，每当与宝宝在一起的时间，父母即应该说当地的语言，即便他们说得并不怎么流利。

14.4 学习思考

思考是什么？它是能力，它让我们能辨识出事件的来龙去脉、意义，及我们一切经验的结构。我们在“知觉”与“没有知觉”，或“超知觉”之间做事物的区别，我们以我们能理解的，无论是看得见或看不见的经验作为感觉的基础，例如仅仅经由概念，我们能理解数学的种种关系。我们的思维生命中包含了我们用来理解我们所经历的一切事物的一系列关系。它让我们觉得自己与周围的世界有关系，而且是其中的一部分。在我们自己与其他人的生命中，当我们将想法转变成事实的时候，我们体验到自己就像是个“协同创造者”一般；我们将自己的活动并入一个更大的环境脉络中；我们体会某些外在世界的法则存在我们的内在，我们也学着在其中更自由且自主地活动。接下来我们将描述在学习思考过程中的几个典型阶段，作为成人，我们有机会从儿童身上观察到这些阶段。

14.4.1 “连结身体”的智能

早在宝宝还不知道他手里拿的东西是一个“积木”之前，他就已经知道如何处理这个物件了。对他而言，他还没有抽象思考的过程，还不能对两个事件创造有意义的连结，他还在直接经验事实的感官过程中；他触摸、观察那个积木，甚至还尝尝它的味道，倾听它的声音。他体验积木的重量，以及积木掉下来还可以再捡起来，然后又再掉落的一切。他发现不管积木会不会滚动，他知道积木一直都保持不变。您可以观察宝宝，他从他的视线范围反复地移开积木，而且从不厌倦于再“遇到”它。借由这种动手操作及感官活动，他享受体验物件不变——或所谓的物体恒常性——的乐趣。

当大人试着要形成一个小积木的概念时，我们会从它的位置、形状、耐久性、与环境的关系，以及它与我们一己的关系等观点去描述。我们会利用思维去了解宝宝经由感官所体验到的。成人能区分感官知觉与概念，也能联系它们相互间的关系。对我们而言，这世界可以分成“我”和“你”；“我的”和“你的”。但对婴儿而言无法区分，因为他总感受着自己是过程中一起进展、不可分割的组成部分。对他而言，感官知觉与概念并没有区别。因此，以下是了解幼儿心智过程的关键：对成人而言，我们已经学会如何分别处理抽象思考及感官知觉的活动，但对幼儿而言，却仍然是单一而统一的经验。这即是为什么成人觉得还能接受的声音、气味及口味等的感觉，对儿童却非常强烈，就像是“事实充满”！我们的童年记忆还持续保有这项特质，因此，会比我们往后的记忆还更鲜明而强烈。

就感官知觉和思考均依附个体的身体主导而言，幼儿有独特的模仿力也是合理的。幼儿的整个身体适应他所感觉到的每一个细微之处；他将全身最大可能的天赋才能，应用于感官经验上。孩子记得他所感觉的。例如，在妈妈搅拌锅子里的汤一段时间之后，宝宝仍能在游戏中重复妈妈的动作。有一位妈妈告诉我们，她 15 个月大的儿子坐在游戏栏里，突然中断了游戏，合起双手，就如同他每天晚上与父母所做的那样祈祷。孩子维持这个姿势好一会儿，直到有其他引起他注意的事情为止。

因此可以理解的，儿童的模仿能力是三项因素交互作用的结果：严格来说，儿童借由**知觉**的帮助理解事情；而仍然在感官知觉里活跃并且与感官知觉密不可分的思考，是直接理解个别的知觉意义和不同知觉间关系的能力。**思考**，是在我们有能力区别“了解”和“知觉”的过程，并且在有能力独立自主实行它之前，我们让身体可以“练习”连结“知觉”，以进入“了解”的东西。换言之，儿童新获得的技能，将持续成为“**身体的记忆**”。儿童的模仿以及示范行为之间的高度相似性，是因为模仿与示范之间具有共通的思维（照片60）；任何有瑕疵的模仿范例，是因受到知觉的偏颇以及身体器皿缺乏经验所局限。在模仿的脉络中，只谈“运动智能”将会是一种误导。宇宙的法则呈现于万物之中，亦即，这之中只有一种智能。在生命的第一年期间，无论到什么程度，这个智能专门针对身体工作。经由宝宝在过程中主动地参与，智能引导宝宝的身体和感觉器官成长并发展。

因此，思考的第一步发展，是宝宝智能的直接知觉，或环境周遭物件以及事情的意义。

当我们将一个盖子盖在锅子上，我们这样做，是根据情况固有的操作规则；当有人想出去，我们就开门；东西用完了，放回原位；若下雨，则关窗；弄乱了，就清理等。成人可以与事件保持距离，并客观地评述；小宝宝不同，他主动地知觉，并且在过程中总以为要直接参与，因此他能在自己主动的游戏中，仿效周遭环境的意义。到了思考活动能从身体活动中区分出来，而且变成可以“抽象”化且内化时，模仿的能力便逐渐退化。在此之前，无论到什么程度，人类已经越过了生命中最伟大的成就了，亦即学会行走、说话，与思考。如果婴儿一出生就会思考，结果会怎么样？如果他们严苛地对抗每一项学习与适应性的必要步骤，并且带着怀疑问：我真的想学那个吗？如果他们得刻意且有意识地让自己的身体去适应学习行走和说话，那么，他们就必然无法精通这些技能，进而达成婴儿所拥有的天生本能的智能程度。另一方面，儿童是以非常强烈的程度在“知觉”行动、物件以及事物的意义或无意义，这表示，勤奋积极的成人对于幼儿的智能将如何开展，负有极大的责任。

14.4.2 说话如何影响思考

当宝宝开始学说话的时候，思考发展的新阶段也就出现了。这里也一样，在宝宝对声音或语词的思想内容有任何适切的理解之前，他也是创意地模仿大人说话。说话是一与人往来的活动经验，而思考则纯粹是一个人的内心活动，这内、外两种语言的分化，是缓慢的，就像以下例子所呈现的：一个小男孩在公园潮湿的小径上捡拾树枝，当他看见地上有一根会动的“树枝”时，他停了下来，仔细地思考；从真实的生活中，名称与特质从知觉中浮现，他判断：“这不是树枝”。在此阶段，小男孩已能试着在他单纯的“内在生命”，心—灵的初始中寻找正确的语词。他能体会到蚯蚓这样的东西，但还不知道如何称呼它。

在思考发展中，一开始是“知觉”的直接感官经验阶段，接着是命名列举（以单一的语词或句子）的阶段，该阶段也预兆了未来，理解的出现是通过“纯思维”进行的。在过渡至纯思维阶段之前，儿童环境中的一切事物突然变成能“说话”了：一个滚走的球，一根敲响的棍子，以及一阵风急速地吹过房子，门的转轴嘎吱作响或砰然关上，或水声汩汩流入排水管里，然后完全消失了——每一项事物似乎都有它自己的生命以及要说的话。这拟人化的知觉模式会在接下来的几年间，持续存在于儿童典型的想象游戏之中：爷爷绑着鞋带的大靴子看起来好像是那个在附近四处走动、面孔严峻、身材高大的人；在黑暗中，烤箱门摆出威胁人的架势；苹果发笑；梨子扮鬼脸；一片面包把自己转变成一只老鼠或一匹马；而玩具柜里绿色的半圆型积木，从浇水桶变成汽车，又变成有着钟声响起的教堂塔楼等任何物件。甚至，说悄悄话使得一切变得更神秘：如果悄声地说话，您更容易听得见事物想告诉您的话。即便是手指头也可以说话，而且还可以说故事给彼此听。

在这个年纪，语言仍然能施展魅力。晚餐之后，当小家伙们逗留在餐桌旁，企图多拖延五分钟时间上床，这时，可能再也没有什么可以比得上“来吧，我们来玩‘开计程车’”的耳语更能找得到愿意在你肩膀上开车的孩子。在开往洗手间的路上，方向盘先在桌子和椅子附近绕绕转转。同时，下一位候补登记上洗手间的，已经很渴望能轮到他担任计程车司机了。

在此阶段，越来越能使用准确的指称列举以表白意涵，并增补或取代经由感官知觉的直接理解。这样，思考发展的第二阶段即告完成。

14.4.3　最初期的纯思维活动迹象

在思考发展的不同阶段，先前章节中已经说明的，其间并没有明显的开始与结束的清楚区分。反而，这些不同阶段的不同重点或重要性，要持续至随后几年，甚至要到一个新的元素出现而且上一个阶段的影响减少之后，才能被察觉。记忆能力的诞生是纯（抽象）思维的最初迹象。在生命的第二年，学步儿与环境仍有高度的认同感，他们称呼自己“安安”或“福福”，或任何他听着妈妈称呼他的。这样年纪的孩子，要是他的头撞上了桌角，在体验着害他十分疼痛的地方之时，他甚至会对着桌角打回去。如果您带着他到隔壁房间，他看不见那冒犯他的桌子，他的眼泪可能很快就停了，但如果他很快地又看见那“撒野”的桌子，他可能又开始哭起来。如同我们先前所描述的，他的记忆仍然与真实物件的知觉连结，因为他的思考与感官知觉仍维持在具体的结合上。宝宝还不知道思考是一个独立自主的活动，因此，这个年纪的一切记忆都是“局部”的记忆。

随着最初始的“我意识”的隐约出现，无论到什么程度，记忆开始从感官知觉中抽离，并且变成一独立的心灵要素。许多儿童对于这个时刻的体验是既快乐又害怕。这时刻的发生通常与突然觉得孤单——一种特别强烈的感觉印象有关，或是在一种自己与环境相抵制的不同感增强之时。例如两岁三个月大的可可进入厨房，看见妈妈正在做饭；炉子旁边立着一个空篮子，他以双手抓起篮子准备带走；可是妈妈说：“请放好，那是爸爸要用的。”可可放下篮子，挺直着身体说：“不要，我要拿给爸爸！”

当孩子开始区分自己与环境的差别之时，最初的“我经验”也是这个时刻的特色。宝宝不再满足于感官知觉及指称列举事物，他要以内心所创造的思维活动补充他的所见。不久之后，还会有典型的热情的“为什么”问题来支持这个发展过程。

我们看见，孩子学着将感官知觉关系的经验内化成思考的行为，计有三个学习阶段：首先，他们经由直接的行动与自发性的模仿，了解这些知觉关系。接下来，他们开始领会什么是指称物件的语言含义，并在物件与名称之间创造连结。最后，当儿童直接地经验他们自己的自我想法，并称呼自己为“我”，而非使用别人称呼他们的那个名字时，直接的内化成洞察所需的相关能力就浮现了。从“记忆”担任完全的内化心智经验开始，孩子也进入了第一次对自己说“我”，这个直接的内化的洞察的自主思维活动是一个逻辑上的必然结果，是很明显的事实。

同样值得关注的，孩子在第二、第三年的生命中，他作为说话语词字串的婴儿语言，在孩子第一次说“我”、在他快速并完全掌握语言的文法结构逻辑之后数周之内开始消失。从这个时间点向前，儿童相互连结的思维结构，年复一年地持续扩展，该思维在换牙之时（请参阅 14.9“我的孩子是否准备好上小学了？”）会经历更深一层的转化，而直到青春期与成人之间，抽象概念终于出现了（请参阅第 16 章）。

我们将内在思维结构的分化与发展，归功于我们逐渐获得释放的以太体能量，因为这些能量不再需要用来建构物质身体了（请参阅第 8 章）。对于教育与医学，思维与以太体关联的发现，是斯坦纳博士的研究中最有意义的洞见之一；在他与 Ita Wegman 医师合著的《治疗的根基》（*Fundamentals of Therapy*）一书中，斯坦纳写道：

这是最重要，一定要知道的：人类平时思维的能量，是一精炼的形式和生长的能量。有一灵性元素在人类的有机体内，在此形式与生长中自我揭示。因为在我们往后的生命过程中，该灵性元素，届时，将要出现并担任思维的灵性动力。

换句话说，我们思考所使用的能量与身体生长与更新所使用的能量是相同的能量。这个事实已对教育与医学产生深远的影响，而我们也将一再地回到这个点上探讨。这说明了为什么就思想与完全负责管理自我思想的观点而言，“法定年龄”只能等到身体停止成长之时。而这也解释了为什么学习创造性思想的人的心智生命，直到生命晚年，虽然头脑已经老化，却还能日益活泼且机敏灵巧的原因。因为不再需要花费“更新”的能量（请参阅 13.6“营养与思想”及 17.1“生命过程与思想活动”），持续地从老化的身体中释放出来。在死亡之时，当残存的生命能量从身体的思维能量形式中分离出来，所有过去的生命意识及“忘记”的记忆会以罕见的清晰及完整图像的形式向这位逝去的人显现。这种一生图像的全面性概观，发生于物质身体松脱了对生命（或思维）体的掌握之时，经历过濒死经验的人亦曾做过类似的描述（请参阅参考书目寻找 Kbler-Ross、Moody、Ritchie 及 Steiner 的相关著作）。

孩子年纪越小，他的思想就与他的身体成长能量更紧密相连。因此，儿童的思想与他后来长成的抽象经验并不相同。儿童的思想比成人的思想更活泼、更具创造力与想象力。为此原因，培育并鼓励儿童思考的最好方法，是对他们讲故事（另一方面，枯燥乏味的抽象语言及思考性的游戏就不适合了）。童话故事——特别是格林兄弟所撰写的童话——不仅在总体上描绘个人如何朝向人类进化的理想而奋斗，同时也描绘所有生命中主要的关系和相互连结的信念。

在童话故事中，我们发现良善奋力搏斗邪恶，并开启成长与转化的过程。童话故事无须说明，它的图像本身即已自我说明了，而且，它能持续地在儿童的心、灵之中作用。在童年时期听过许多童话故事的人们发现，到了成年期，他们比较容易领会内在成长及自我教育的想法。内在成长的目标，与一个人自己的高阶存在是结合在一起的。在童话故事图像中，我们对此高阶存在的追求，即是国王的儿子追求公主，终而结婚的冒险经历。

任何一个反复说同一个童话故事的人，将变得渐渐能了解故事中所隐含的真理。在许多情况下，我们成人觉得故事的内容“残忍”或“暴力”，因为我们误解了故事的象征特性。在这方面，幼儿少有禁忌，而且能单纯地接受与恶龙搏斗，是在寻得美善之前必须通过的考验之路。

唯有以过度夸张的方式呈现童话故事的情节时，儿童才可能受到惊吓。邪恶与战胜邪恶，在人类真实的心灵生活中扮演相当重要的角色；不动情感的说故事方式，能让孩子在情感上，对童话故事中所描述的负面生活经历觉得“自在”。对儿童的成长有帮助，是不否认也不过度强调邪恶的存在。尽管如此，童话故事还是能帮助儿童学会面对生活中的这个面向；为此原因，我们无意争论“因为童话故事的内容有暴力，所以儿童不应该看童话故事”，虽然我们也只建议那些良善最终都能以胜利者姿态出现的故事。

许多安徒生童话故事并不适合儿童，因为理解一个成长危机的悲剧结局，在情感上需要有一定的成熟度。

不像童话故事，漫画书不能增进却会腐化儿童的思考能力。更多有关这方面的主题，请参阅 26.3“漫画书与图像的世界”。

14.5 学习行走、说话及思考：童年期与成年期的发展步骤

当我们从孩子的学习行走、说话及思考阶段描绘儿童的发展时，我们成年人看到了什么？

- 孩子依靠自己的双脚，把自己拉直、站立起来，并逐渐开始决定往哪里去。他学习掌握自己的动作，并利用这些动作表达自己的意向。
- 孩子开始会说话：当孩子开始称呼自己为“我”时，这显示“自觉”的

思想开始，在此之前，孩子不会说谎。学习说话，最初只有说实话的意思。

- 孩子开始自我思考：最初，孩子通过称谓，体验他所说的人、物的区别。在称呼自己为“我”时，孩子首度觉知自己是一个人（从每一位2.5～4岁的孩子眼中，这项闪耀着火花般喜悦的发现，是显而易见的）。从这个时刻开始，记忆的能力就像一条红丝线般，贯穿他随后的生命史；他独立自主的内在思维生命已然开始了。

这些事实激起许多议题：

人类发展的基模会变成什么样貌？在往后的生活中，我们是否还能再以如此的荣耀感称呼自己为“我”？我们是否还能像小小孩那样确定自己是谁？如今，我们已经有了意识，我们内在的生命是否能真实地自我觉察？我们不是经常只反省外在的状况吗？我们不是只要稍能掌控生活，就很高兴了吗？

我们的真理感发生什么事了？在我们客套且墨守成规的措词中隐藏了多少虚假？当我们问候人“你好吗？”之时，我们是否真的想知道对方的感觉如何，或感觉什么？

身为成年人，我们是否真实地站立在自己的双脚之上？有任何人觉得自己不受人操弄，或没有与自己的命运违逆？我们是否真的能自我决定要往哪里去？

约翰福音书中记载了以下的经句：“我就是道路、真理、生命。”（约翰福音14：6）。我们能从一个幼儿的发展阶段，直到他说“我”的时刻为止，体验这些话语的实际状况。

一旦“自我觉察”被点燃了，不管到什么程度，往后生命可能存在的危机也同时开始建构：我不知道往哪里去，以及我不知道我真的要什么。我的社会环境充满了不真实和妥协。我知道我不是某某什么，但真实的我，是谁？

任何一个从这种存在危机中脱困而获得胜利的人，在回顾时，会视该胜利为他的或他的自我的真实诞生。在文献上，在宗教和秘学的书籍上，这种经验被称为重生。这也是基督与尼哥底母在夜里对话的主题（约翰福音3：1–21）。这内在的得胜或重生，对着我们自己的真我——我们内在的灵性或神性，冶炼出一个意识的连结。幼年时期，这神性的力量在不知不觉中工作，并给予幼儿能量，让他们能在自己的双脚之上站立及行走；能学习说实话；且能有内在精神的生命。行走、说话，及思考，是所有个人及宇宙人类表达自我存在的基础。日后，如果我们能在生命之中，有意识地连结这些在我们自己幼年时期不知不觉中工作的能量，我们将从我们的内在发展中发现三个目标：

- 肯定我们的命运，一如我们独特的生命道路，在帮助我们自己成长之中，从每一件事情中学习我们能学习的。
- 在我们的人际关系、社会生活中追求真理，并且不做内在的妥协，而这是更加重要的，因为我们的外在生活经常要求我们适应的能力，以及妥协的意愿。
- 培养并为自己发展内在的生命（我们内在的心性与灵性）负起责任。

如同鲁道夫·斯坦纳在他的演讲里反复强调的，即便是最有智慧的成人也能从孩子身上学习。每当我们细想儿童的发展时，斯坦纳的该项陈述即获得验证；大家也都有目共睹，儿童发展呈现出人类最高理想发展的自然图像。当成人能有意识地学着应用，这在幼儿不知不觉中的行动、经验以及身体层次的图像，即能转化成最崇高的道德能量。

14.6 游戏团体适合我的孩子吗?

独生子女的母亲经常想知道如何克服他们自己的孤立感，并帮助他们的学步儿在团体之中学习自我掌控。合作性的婴幼儿游戏团体，提供婴幼儿游戏同伴，并提供母亲社会性、相互性支持、自由时间，且给予实质帮助的机会。

如果家长能规划一些如烘焙、编织、歌唱或音乐演奏等的活动，游戏团体的聚会即能创造出趣味盎然的友好气氛。但就引导孩子而言，如果成人们只是在一旁谈话、编织或喝咖啡，那就很难能引起小娃儿们的兴趣。

发展社会性技巧，无论到什么程度，还需要有其他非由游戏团体所提供的条件。人际关系的学习进入及培养，需要有榜样，那是小宝宝和学步儿无法提供的，因为建立一个持续性的“我—你”关系只有等到大约三岁，当孩子开始称自己为“我”之时才发展。在他们发展至这个时刻之前，日常生活中能有一些持续性的、熟悉的养育照料者（或只有一个），是最好的促进儿童建立适当社会联系的方法。同一屋子人的持续一致性，比游戏团体更能在此面向上有所完成。

父母亲的引导，和／或孩子的保育，是另外一个滚雪球的问题，因为在面临养育学步儿的工作上，有越来越多的夫妻或单亲父母有无助甚或疏离的感觉。有鉴于快速下降的出生率和许多先进国家的人口老化，以及许多儿童在贫乏的人际关系中成长的事实，对于关心儿童如何持续发展他们日后生活所需的社会性技能而言，这是极为重要的因素。将此问题放在心上，当今，有许多华德福幼儿园所赞助的亲子课程，提供家长有关如何满足学步儿发展所需的具体建议与引导。幼儿需要教育性的方法，让他们能尽可能体验到最大程度的慈爱的关注、趣味盎然的活动，以及可信任的人际关系。也许，对于可能在不同方面被忽视的儿童的任务，就是打破家庭的藩篱，以请求其他慈爱的成人能够提供日后相互了解及尊重所需的环境。

14.7 幼儿园所、日间托育及幼儿教育

有许多国家对于三岁以上的幼儿，提供或鼓励进行学龄前的幼儿课程，也有许多家长甚至需要婴幼儿的日间托育。虽然父母亲常常因为需要工作或其他原因，不得已地将未满三岁的幼儿托付给陌生人照顾，但充其量这只是折衷的办法。久经试验的替代办法包括：双亲轮流外出工作，或一群母亲轮班照顾彼此的孩子，或雇用保母／管家等。其他可能的选择还有非正式的日间照顾，或一个有空间、时间及能力，且能在白天再接纳另一位小朋友的家庭，或一位家庭主妇在家里照顾一位或更多位小朋友等。当没有这些解决之道时——而且通常真的就是没有，那么，日间托婴中心即成了学步儿在进入幼托园所前的过渡时期。一个好的幼托园所的经历，可以扭转一些在大型日间托育中心因为刺激不足所造成的损失。值得赞赏地，如今有许多研究人员为促进婴儿发展及早期干预，以许多不同的模式持续工作，因此，有特殊需要的特殊儿童也可以找到许多资源。

当母亲有可能全天候在家，这时候的问题就可能会变成：究竟**为了什么**，我的孩子需要上幼儿园？还有，该从**什么时候**开始上呢？这些问题必须以个别处理的基础做答。在一个有利的环境下，当父母之一能在家，而且邻居有些玩伴，当然就没有必要上幼儿园。是否需要，应依家庭的日常生活而定；家长有无提供适当幼教经验的能力，或正在考虑的幼儿园所的生活信条，以及最后一点，也是最重要的一点——幼儿园所的老师的性格。对于一个来自高科技的家庭，在一个强

调烘焙、烹饪，以及洗洗刷刷的幼儿园所上学，可能很有助益。相反地，一个强调电子媒体、卡通，或早期智能训练课程的园所，则让孩子留在家里是个明智的判断。若家庭中的气氛紧张，而又没有规律的日常生活节奏，在与家长谈话后，我们就会建议送孩子上幼儿园所。在这种情况下，与幼儿园教师谈谈话，可以提供家长经常需要的育儿知识，并帮助家长学习如何在家庭中彰显对孩子的关爱。

即便有慢性疾病或生理缺陷，或尚未有如厕训练的孩子，也没有理由回避上幼儿园。当然，在此情况下，请您务必与幼儿园教师深入讨论您宝宝的状况，如果需要，也请与小儿科医师讨论。从群性的观点，生理上有缺陷或患病的儿童融入幼儿园所的班级群体里，是极为重要的一件事——不只是为了他们自己，也为了健康的儿童，健康的儿童也需要学习包容和顾及并尊重与自己能力不相同的人。

14.8 我的孩子什么时候准备好上幼儿园?

如果您的孩子可以持续做一些简短的差事或独自行走，例如：他会在住家的附近四处游走，或自己从家里走出去并能自己找到路回家；或者，他去玩伴家里玩，但不要等您去接他，而决定要自己走回家，这表示您的孩子已经准备好可以上幼儿园了。而如果他还是“拉着您的围裙带子不放”，这就表示他还没做好上幼儿园的准备；但如果他的情况如此，您可能就需要自问是否您的行为已经阻碍了他独立自主性的必要发展。

第二个准备好上幼儿园的征兆是您的孩子能倾听童话故事，而且是从头到尾地倾听。这显示他的心智程序已能反应所说的引导话语，因此，他已经准备好接受在团体之中生存的挑战。

在我们的经验里，这两项准备好上幼儿园的征兆，通常出现在三岁半左右。如果这些征兆在您四岁的宝宝身上尚未显明，我们建议您与医师讨论（幼托园所的一天应该是什么样貌，请参阅 16.2）。

14.9 我的孩子是否准备好上小学了？

在大部分的国家，进入小学的法定年龄约在 5 ~ 7 岁。然而，有一定程度的成熟迹象显示，如果可能的话，最适合送孩子入小学的年龄，是七岁的年纪。

14.9.1 体型的变化

学步儿的体型与学龄儿童的体形差异非常大。学步儿，相对于躯干与四肢，头的比例非常大。他的整体轮廓是圆圆的，四肢短短的；而且直到两岁，在生理上，他可能都还是弓型腿。他的手指短短的，充满了肉肉的脂肪。他的躯干没有腰身，而且在腹部上方的肋骨角度是宽阔的；他的腹部突出，就好像他的身躯没有足够的空间容纳腹部。但是学龄儿童看起来就完全不一样了：他的手长、腿长，而且手能绕过头顶，并以手指摸到对面的耳朵；在他的肋骨和骨盆之间，有明显的腰身，同时，肋骨在腹部上方形成一个锐角，如今，他的腹部是平坦的。他的头、躯干和四肢正朝向成人比例的方向推进，成人的比例将出现于青春期——下一个体型上的大转变时期。

14.9.2 恒齿的开始

当第一颗永久的臼齿或门牙出现时，这表示恒齿的珐琅质——人体内最硬的物质——已经完全形成了，而有机体的“珐琅质形成”活动也接近了尾声。大体上，几乎没有教育工作者会注意这个现象。然而，华德福的学校却很关注这件事。先前我们已经讨论过的人智学概念，当个别的器官或物质在身体内完成发育之后，“器官成形”的活动也将会发生变化。当然有一部分的能量仍会被用来作为更新及器官的维护，其他的即可用来形塑我们的思维（请参阅本章前述相关内容）。不过，这样的事并不完全发生于牙齿的珐琅质，因为珐琅质不会更新（正如我们从看牙医的痛苦经验中知道的），原先作用于牙齿珐琅质发展的所有形塑的能量，变成可以给予“我”用来作为思考的用途。因为这形塑的能量不负责更新的工作，它们从物质的身体上完全解放出来，可以用来作为形成抽象概念及轮廓明确的心智图像。直到现在，儿童才在学校发展抽象记忆的工作，而且直到现在，他们才能理解并记得课程的题材。

14.9.3 学龄期的思想

幼儿在很大的程度上，依赖重复的语言和习惯性的活动来支持他们的局部记忆。例如一个四岁的幼儿，对于听过许多次的故事，您只要说出第一句话，他即能复述——甚至是一字不漏的。能记得所有其余的部分，只因为整个故事是潜意识地留在记忆里。之后，等到完全内化的记忆力发展了，孩子即能自行启动记忆的过程，而无须外界的提示。这种后来的记忆类型，不受感官知觉的真实所限，即显示孩子已经开始能够抽象思考了。这个年纪典型的渴望学习，表示这些能量到了这附近时间变得可资利用了。现在，孩子在回应直接的问题时，能够不受具体情况的支配而搜集记忆，因此他能够复述一个几天前在幼儿园里听过的故事。这显示了思想及记忆的成熟，是"上学"所需的能力。

一个孩子以复制事件的行为来表明他很"了解"这个事件，这种儿童典型的模仿能力，到了这个年纪，就逐渐减弱。换句话说，当模仿能力衰落，也即是孩子准备好上小学的时候了，这个极为令人印象深刻、极为可塑性的模仿阶段已到了尽头。从前，经由模仿在潜意识中发生的学习，现在必须过渡到意识的学习过程了。

14.9.4 肢体的灵巧及语言的表达力

在一般情况下，小学年龄的儿童能唱歌、能发出言语中所有的语音、能以完整的句子复述故事，并能以各种不同的方式与人对话，且能表达出自己所想要说的话。

就身体的灵巧度而言，小学年龄的儿童应能够：

- 以单手将一个球抛向空中，并以双手接球。
- 平衡。
- 单脚站立，并以单边的身体单脚跳、向前跳和向后跳。
- 以脚尖站立，并以脚尖行走。
- 穿串珠或手指编（显示孩子的精细动作技巧已充分发展）。
- 做重要的家务事，例如摆放餐具、清洗和擦干碗盘，及诸如此类的工作。
- 自己穿脱衣物、系上自己的鞋带，以及扣上衬衫的扣子。

14.9.5 社会成熟度

何时送孩子上小学的决定，当然不能只以任何单一迹象的成熟为基础。做决定的最关键问题在于，孩子发展的兴趣究竟是在幼儿园或是在学校里能获得最大的满足。如果有疑虑，家长应该与医师或学校的心理师，就孩子整体的心智和身体的状况进行讨论，并一起做决策。

群性的观点也应该一并考量；在任何一个班级里，年纪最小和年纪最大的孩子的经验是非常不同的。如果能够，应该尽最大的可能，让生理有缺陷状况，或在某特殊领域发展迟缓的儿童，都能与同样年龄的孩子一同入学。

我们建议家长绝不要在“入学成熟度”面谈之前做特殊的指导。通常受过特殊指导的孩子，当与必须决定他是否足够成熟可以入学的老师或医师相遇时，他们会遇到完全的心理障碍。

当一个孩子准备好在一个相当大的学校社群班级里承担起自己的身份时，那是他在群性上准备好要上小学的时候了。这种类型的成熟包含了学习调整自己的兴趣配合其他人的兴趣（跟着老师的协助），并变成“完全的耳朵”，亦即能刻意地控制自己的手、脚活动。在这个年纪，“倾听老师所说的”必须取代模仿的冲动，以作为自主活动的最重要刺激因素。换句话说，当本能的模仿活动逐渐减弱，儿童接受大人言语指导的动机也日益增加。一般而言，群性成熟比智能成熟更晚一些时候才出现，而且，通常大约直到 7 ～ 8 岁才能完全地学习群性。

生命中的第一年

照片18

照片18、19，出生后，母亲与婴儿应该在一起。

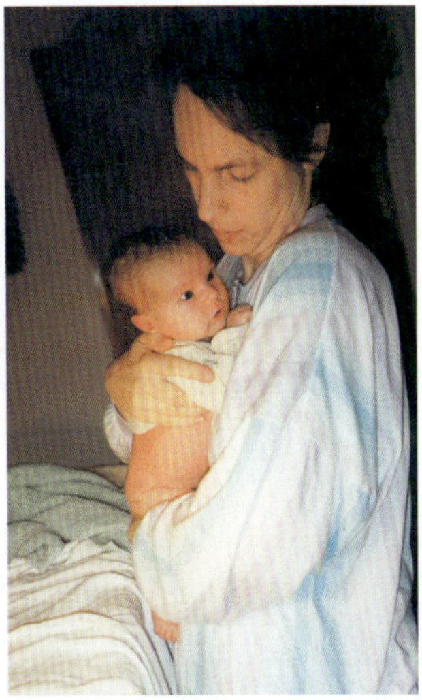

照片19

洗澡

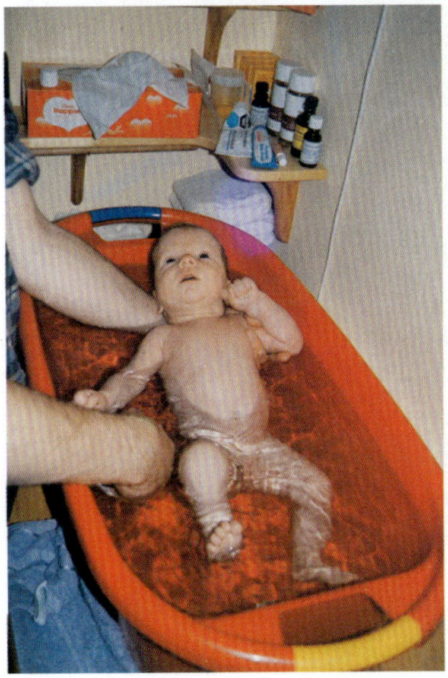

照片20
请稳固地撑住宝宝的头，并以您的左手握住婴儿的左上臂。

保护好孩子的头部

照片21
羊毛帽可以保护宝宝头部的温暖，以免宝宝着凉或感染中耳炎。

照片22
遮阳帽可避免晒伤。

运送孩子

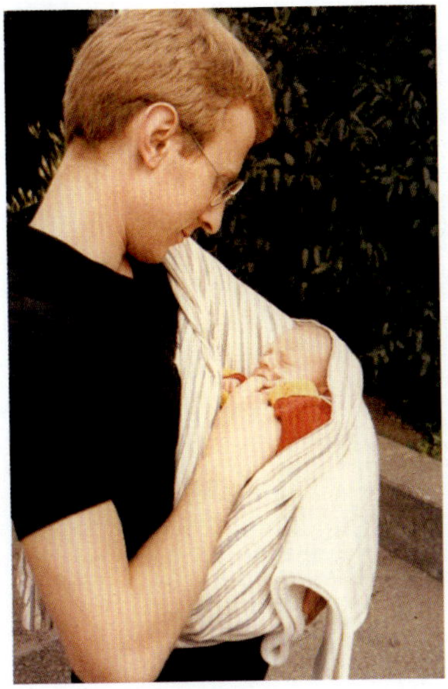

照片23

照片24

照片23、24，可以将婴儿放入背带背着。小婴儿应背在胸前，大一点的可以背在背后。

照片25
折叠式顶蓬婴儿车能保护宝宝不受到过多的日晒。理想的婴儿车应有大轮子、优良的弹簧及尽可能高的高度。

安全的玩耍

照片26
以游戏围栏作为活动范围。

照片27
底部可以抬高的游戏围栏。

婴儿的发展

照片28
因为刚出生不久，六周大的宝宝四肢仍然有点弯曲。从一开始宝宝就会在趴着的时候抬起头来。

照片29
八周大的宝宝抬头时不再皱眉头了，但双手仍然紧握。

照片30
渐渐地，他发现他的手了。

照片31
刚开始试着要翻身。

照片32
眼神直视前方，一只手肘已从支撑的角色中得到自由了。

照片33（左下图）
开始向前移动了。

照片34（下图）
以舒展的双臂和打开的双手支撑自己（六个月大）。

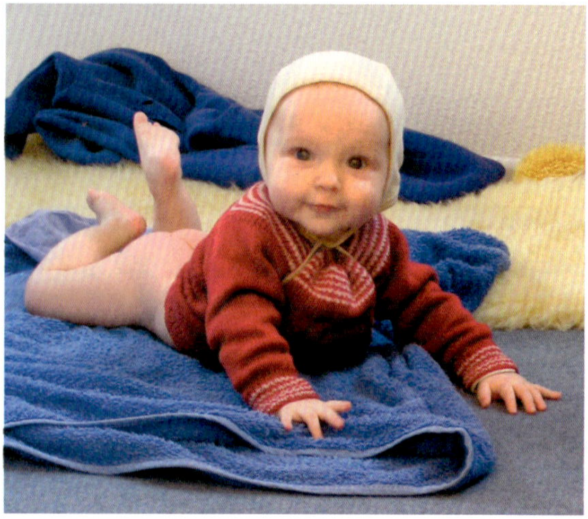

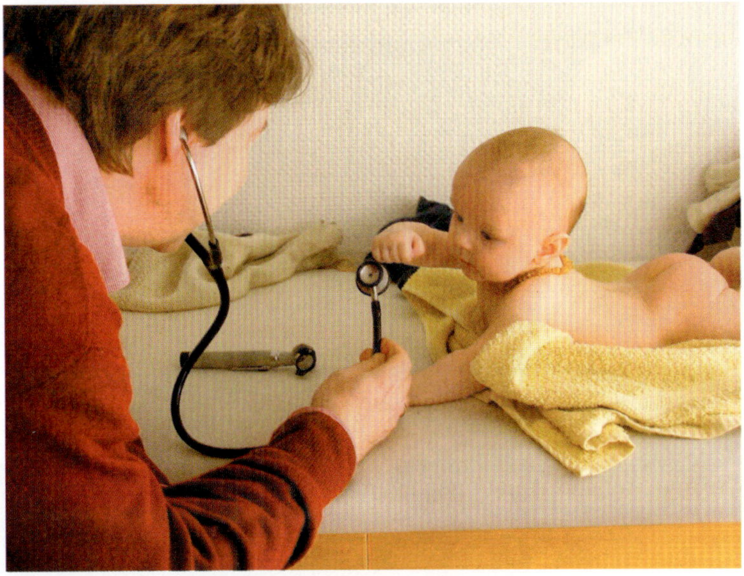

照片35
六七个月大时可能会用一只手自由地抓握东西了。

照片36（左图）
照片37（下图）
照片36、37，坐起来，双手都自由了（约十个月）。

照片38
充满想象的运动力。

照片39
爬行的年纪（10～12个月）。

照片40
一岁时能站立，虽然仍需要一只手的扶持。

照片41

照片42

照片41、42，刚开始自由迈步，要小心地掌握平衡。

照片43

照片44

照片43、44，再没有什么是安全的了。要么就转移学步儿的注意力，要么就强迫自己转移注意力。

照片45

照片45、46，掌握好平衡就可以确保行走了。

照片46

照片47

照片47、48，两岁大的孩子一步接着一步走，而四岁大的孩子几乎可以跑下楼梯了。

照片48

照片49
整个身体运动都跟着活动进行。

照片50
勇气伴随着信任成长。

第15章 “成为一家人”——连结儿童、母亲与父亲的关系

“母亲”“父亲”及“孩子”这些词语一直以来都有两种意涵：生物上的意涵及理想上的意涵。通过受孕、怀胎及出生的过程，婴儿使得女人成为母亲，也使男人成为父亲。对女性而言，成为母亲主要是身体上的过程，婴儿占有母亲的身体，并在她的体内发展。另一方面，男性虽然启动了身体进入运转的过程，但身为父亲，他主要经验的是情感的层面。他的角色是观察、怀孕和分娩的支持。在婴儿出生头几周或几个月之后，这个支持更延伸至家庭生活基本物资的供应。这些需求冲击着父亲的本能情感，他乐意尽己所能地确保母子均安，并扶养她们。但如果这些努力遭遇挫折或受到贬抑，他会有受伤的感觉。父亲特有的能力是，在身体及情感上与母亲和孩子同在、认同她们，并将她们放入心思意念之中。来自父亲的支持，会让母子在深深的归属感中得到情感上的安全感。

由父亲的关爱所开启的情感空间，让母亲的特有能力获得最有效的发展，他所能贡献的是在婴幼儿养育阶段，充满爱意、心甘情愿，并且耐心地执行许多一再反复的工作。当物质上的烦恼越少，他就越能完全地付出，直到孩子展现出自发性的兴趣、能习惯每天几小时外出的时间为止，换句话说，直到孩子准备好上幼儿园之时。到这时候（设若这三方关系仍维持完好如初），孩子与两个成人间的关系，以及两个成人彼此间的关系，均深刻地影响孩子，这关系使得孩子人性的良善发展成为可能。

即便父母或多或少变换了角色，这理想三角关系的基本意涵继续存在不变。孩子维持居中，他视要求与获得为理所当然，他接受父母双方的支持；而父母陪伴孩子发展、欢喜孩子的进步，并接纳孩子以爱和信心作为回馈的礼物。在此父慈母爱的理想图像中，孩子感觉自己的生活及其与父母的关系完全无忧无惧。无论到什么程度，父母亲代表了父母神性的原理，而后代子孙则代表了“永远的变化”，这是所有宗教都知道且尊崇的，这些原理在基督教的三位一体中得到最高的表达。

任何一个人，曾经在童年时期经历过自己的存在被无条件的爱所肯定，也即是说，一个人按照自己原本的样貌被爱、被肯定，再加上他的父母全然地追求真理、良善以及人性；当他回顾童年时，即便当时的物资匮乏、环境恶劣，他仍能充满幸福的感觉。在 Jacques Lusseyran 的自传《*And There Was Light*》一书中，他描述自己身为一个失明孩子，父母对他的爱成为保护他一生的“神秘盔甲”。

不是什么秘密，大部分我们做父母的，甚少能接近理想，然而这些理想的思虑能让我们对于日常生活上的问题推断出什么样的结论？以下，我们将讨论健康专业人员在儿童的例行检查中所一再遭遇的一些疑难、问题及情况。

15.1.1 角色对调

如果父母双方都同意角色对调，角色对调就不会引起问题。让男人学习担任母职，并没有比女人在外工作更困难。当负担家庭生计的人是母亲时，若能看见父母双方努力抱持乐观的态度并协调他们双方天生的以及新学会的能力，这是多么美好的事！如果是被迫的，是因为家庭里父亲失业造成的，情况就会比较困难了。这种情况要避免屈服认输需付出很大的努力，特别是在母亲也找不到工作时。即便这样的情况，无论到什么程度，父母努力维持的积极态度，抓住机会与朋友和邻居建立联系，并设法让自己对人有所帮助，这即能提供孩子非常正向的模范。

15.1.2 单亲教养

在我们的经验里，一个自信的单亲妈妈很少有需要医师来解决的问题。她能合一地呈现母亲与父亲的角色，她所创造的人际网络使得子女能找到需要的角色楷模。然而如果单亲妈妈对儿女有不切实际的期望，或父亲原可消解的，但在父亲缺席的情况下，应用了不合宜的儿童教养原则，即会产生困难。这种情形，如果大人没有任何其他承诺关系帮忙平衡这种情况，分离的双方要经常为孩子最大的利益考量，培养彼此友善的接触。

然而，我们更常看见非常不同的版本，那就是妈妈和孩子或孩子们被父亲遗弃。这几乎一直是一种最不希望发生的境遇；母亲当然希望并期待在一个完整的家庭中养育儿女。一般而言，这类案例到外在环境安定下来而且内在创伤稍微痊愈之前，至少需要两年的时间。不过，在这种非常难堪时期的末了，母亲倒是经常变得比以前更为自立且自足，这对他们的儿女会有正面的影响。

15.1.3 上班的母亲

在一次例行的周岁幼儿检查时，一位母亲突然绝望地问道，是否对幼儿而言，一个专一且可靠的照顾者比一个快乐而知足的母亲更为重要。当下，医师不了解她所指的关联性。这位母亲解释道，当怀有孩子的时候，她中断了自己的学业，如今她简直再也无法忍受了。她曾经想要做对的事，且要完全地陪在孩子身边，但现在她注意到自己越来越消沉。她无法接受他先生的生活一如往常的事实，而她想放弃所有的努力去追求自己的教育，却觉得很有压力；也觉得自己因企图逃避母职而受到指责。

这个例子是许多母亲的命运之一，站在个人的立场而言，即使他们都呈现相同的问题，这些都必须被尊重且被克服，那即是：如果我无法负起完全的责任，我能如何适当地处理？在某种程度上，当今许多年轻母亲的悲剧是，她们一开始时很高兴地拥抱母职，然而后来，她们发现无法应付与孩子被局限在家里的日常生活。在多数的实例中，婴儿的父亲全心投入事业之中，亲戚也住得很远、无法提供支援。而另一个促成因素是现代各种教育系统聚焦于事业的表面性，疏于提倡或甚至承认内在发展、厚实的关系及文化活动的美感与价值等。

感觉家庭枷锁的年轻妈妈们，可能浮现根本的问题：我知道我对生活的情况不满足，但真正的理由是什么？因为我并非完全出于自由意志或慎重选择？在成为事实之后我是否仍可选择？为了自己，也为了孩子，如果一个自觉停滞在角色里的母亲可以以一种积极的方式面对问题而不是放弃，那会是一个很大的纾困。亲朋好友是最重要的资源，当父母无法或无意对调角色时，这种情况的解决之道即是寻找支援，如同前面“游戏团体”章节所述及的（请参阅 14.6“游戏团体适合我的孩子吗？”）。有一位女士发现，在她抛弃了害怕其他人会看见或评论她家庭的不完美之后，她发现能对邻居、朋友、祖父母，及其他能替代祖父母的长辈开放自己的家庭，是很有帮助的。如果成功了，这样的努力能给一个母亲时间，即便一天只有 15 分钟，去发展一个像学习外语或练习吉他等的兴趣。能看见母亲完全地投入一个与他们全然无关的学习之中，对儿童而言也是很好的。后来——最迟，当所有的孩子都上学了——她将有更多在家庭之外开创的机会。

15.1.4 领养与寄养儿童

实例：

- 一对有两个孩子的夫妻，申请领养第三个孩子，他们说他们愿意接受残疾孩子。当他们知道有一位没能照顾孩子的年轻妈妈即将生产，他们甚至自愿在孩子未出生前便领养这个孩子。出生后的前两年，只不过为了存活，这个小男孩就需要动好几个大手术。虽然耗尽了所有的精力，这对养父母实事求是地陪伴男婴度过所有这些住院治疗及其他困难。虽然有身体上的残疾，这男孩长成快乐、完全融入家人及学校班级中的一份子。
- 另一对夫妻，自己的孩子已经长大，他们决定接受儿童之家或有社会性障碍背景的孩子，包含身体多重重度残疾或罹患慢性病的寄养儿童。在他们的照顾下，孩子们活泼成长，并成为快乐且信任人的人，即便当医术治疗失败之时，他们仍感到安全。
- 一对中年夫妻在多年的等待之后终于开始有了子女，他们接受了一位妈妈放弃养育的新生婴儿。一段时间后，他们发现这个婴儿患有严重的先天性新陈代谢失调，小女孩经历一次次的住院治疗，虽然在照顾时，养父母的生活型态及命运受到了很大的影响，这个案例，明白地提供了加深亲属关系的机会。
- 有时候也会有悲剧发生。一对富裕的夫妻在独生子因车祸过世后不久，有机会认养了一个和他们儿子同样年龄的男孩。然而，他们的新儿子却无法弥补他们生命中的缺口，以致他们的关系越来越困难而不得不把男孩送回儿童之家。

当我们在办公室里见到寄养或被领养的儿童时，我们经常有些说出口或没说出口的问题：这是一个什么样的命运？这里，以世上人间生命为背景所发生而反复演出的这一切，到底怎么了？虽然这样的问题没有直接的答案，但从观察家庭的情况，会有些可能解释的微光。你看见很有趣的，父母与领养儿童间的关系正如他们在家庭中与每一个亲生子女的关系一样，各不相同。有些关系很单纯，父母与子女很自然地相处，关系充满了爱与感恩。然而，也会有“黑羊”出现，有孩子从一开始就无法达成父母的期待，很年轻便离开家，或者，有人后来会说，在爸妈的家里，他总觉得自己像个外人。有可能在这一世里，有前几世未获解决的"包袱"仍持续存留人间，或者，他可能借由奉献、照顾幼小而获得相当程度的转化与补救。有两个命运面向特别适用于领养与寄养家庭的父母：一方面，亲子关系可能就是以前几世即已错综复杂的命运为基础；另一方面，这一世可能是未来导向的星宿的起点，是一个为来生共同任务而预备彼此认识的机会。

15.1.5 短期寄养

依照一般通例，避免在同一时间内将婴儿或学步儿带离母亲及她的住处是很重要的，例如一位生病康复中的母亲，将她八个月大的婴孩寄托在一个临时托育的地方，有环境上的转变，再加上照顾者的转变，这种加倍的影响是很严重的。婴孩习惯"新妈妈"、新住家，进而感觉一如既往般地安全与快乐大约需要一个星期的时间。而当妈妈再来接他回家时，孩子已无法立即接纳妈妈，孩子又需要花一段时间才能进入自己原本的环境。

只有等到我们开始对自己说"我"的时候，我们抽象记忆的能力和我们个人的本体感才会变成"红丝线"般环绕着我们所有的思维和记忆蔓延。尚未发展这种觉知特质的婴儿，必须在日常生活中通过至少与一个熟悉的人，以及相同家庭物件的相遇，进而体验意识的延续性。他们唯有通过与其他世界的接触，亦即是，经由知觉的感知力体验一种本体感。婴孩的环境经验越是牢固、平稳，他的自我感就越强健；而迁移、换保母，或母亲长期住院治疗，孩子的人格发展即会有负面的影响，并常导致生存的不确定性、缺乏自信、缺乏对世界的信任等，除非在这段期间内一个有慷慨大爱的代理母亲，带着这个婴孩回这位代理母亲的家。若一个小婴孩需要经常住院，情况也会如此，除非是孩子的母亲或亲近而熟悉的亲属能陪伴住院。

15.1.6 如何发展和谐的家庭生活？

家庭和谐的主要因素，是相互的感恩与赏识，只要家庭真正和谐，感恩与赏识也可能保留在不言而喻之中。当夫妻一方不能赏识或感谢对方时，真正的对抗就会降临。婚姻中的夫妻双方经常需要好多年的时间才能领悟到每个人只能改变自己，而非对方。在家庭中，感恩与赏识对一个在工作中已获得认同的男人可能不是那么重要，但对于一个几乎将自己完全奉献给家庭的女性而言，那是不可或缺的；但他的配偶经常无法充分地觉察两人不同处境中的差异。即便在个人的弱点或坏习性已明显呈现之时，感恩与赏识的意思是反复地肯定正面的。感恩与赏识营造出温暖、支持的基调，是激发另一个人改变的唯一方法。

15.1.7 母职是合情合理的职业

发达国家认同婴儿的特别发展需求，在不同的程度上为母亲或父亲提供财务资助、产假及父母亲的职业保障等。我们也借此机会强调，作为一个母亲，本身即是一个完全合理合法的职业，换句话说，为子女的身体和情感夜以继日地陪伴在侧。在一个理想的世界里，它的合法性将会从政府基金以财务报酬的形式被认可。特别在学龄前阶段，儿童的身体健康与情感福祉仰赖于有家、有父母能赏识他们、有时间陪伴他们，而不会为财务的理由被迫外出工作。我们建议，母亲要暂停外面的工作，只要有可能，要自己教育孩子。**对孩子而言，在生命的头三年，体验安全感、信任以及始终如一的钟爱关系是无法替代的。**

如同任何其他职业，母亲应该有休假。虽然有许多人并不想要，但为了个人发展以及处理母职重担的理由，有定期的暂停，能沉思或不受别人需求所限定的时间，是非常珍贵的。这可能意味着有丈夫或其他人能帮忙照顾孩子并处理家庭杂务，让母亲可以每天有一个小时给自己；这也可能表示，母亲可以一周有一个晚上或一个下午不工作，甚或一个月有一个完整的周末，甚或一年有个两周外出度假的时间。对每一个母亲而言，虽然最切实可行的解决之道有一部分需仰仗于先生的工作情况，但这必须也反映出她自己的性情与兴趣。

15.1.8 人的连结

人类是遗传与环境的产物吗？其中的一个因素是否比另一个因素更具影响力？这个问题被专业及非专业人士不断地重新检查、反复讨论。在研究上，例如基因学、社会学、儿童精神病学、社交小儿医学等领域也不停地有新的报导。在一本标题醒目的《分别的生命：为什么兄弟姐妹会如此不同的原因》（*Separate Lives: Why Siblings Are So Different*）一书中，行为基因学家 Robert Plomin 和发展心理学家 Judy Dunn 针对这个主题提出了他们的研究结论。他们说，如果遗传和环境是仅有的决定性指标，则同胞兄弟将会比他们实际上的更相像。Plomin 和 Dunn 发现了第三个决定影响发展的因素，那即是每一个孩子与环境中人事物的个人连结。这个高度个别化的关联方式决定了一个人或一件事是否强烈或如何强烈地影响一个独特的孩子。来自相同家庭的两个孩子可能有非常不同的连结，其差距之大可使其中一个孩子后来描述他们的母亲是一个非常有爱心的人，而另一个觉得自己从一开始就没有被爱、被重视，虽然从他们母亲的角度，他对他们两个的照料都是相同的。

在第 7 章讨论儿童时期的典型疾病时，我们试图表明儿童会重新修正他们所遗传的身体以适应于他们自己的用途；以此新见解看来，遗传与环境因素变成只是一个素材，让儿童以合于自己能力的方式借以具体化身成为个人。就这个观点，特殊遗传才能的选择性表达不能只是被视为基因的巧合。在一个家庭里，老大遗传卷发，老二直发，老三是祖父稀疏模样的头发，都不是“巧合”，而是孩子在出生前“计划好的”。每一个人在出生之前即已存在而且活跃，他选择特别的父母，因此就有了遗传的基础，他在这个基础上发展他的人格。

类似的情况也发生在儿童如何应对环境的因素与影响。一个孩子很明显地从很小的年纪即开始贪婪地吸收所有能推动他发展音乐能力的事物，而另一个孩子则展现了对所有技能的特殊兴趣。这里，我们再度触动了再生的议题。为何有些儿童会有如此不同的生命开端？他们打哪儿学会要在一件事情上主动而专心地追求所需，并学会在另一件事情上变得比较被动地经由影响而接受塑造？对于任何在心中存留这些疑问的人，当他观察儿童如何发展时会领悟到，这一切都很清楚，我们的生命并非如同空白的石板般开始的。长才与偏好，目标与倾向，以至于某些疾病，在今生中突出的，是前世凡尘生命的果实。

儿童从呈现在他们面前的遗传与环境的各种可能性之中，选择发展某些他们天性上相关的，而对于其他的则“不予理会”或转化改变。我们努力教育子女的目标，以及我们塑造儿童环境的方式即是要引导这些选择性的过程，保护儿童的经验不过多或过少、过早或过晚。另一项任务，是预防儿童只按着倾向而独占性地发展。我们从每一个尘世生命中所获得的不是要限制在特殊“天赋”才能的实践，而是同时也囊括提升、扩大并持续个人的人格发展。宽广的才华以及造成阻塞的可能性都存在每个人里面。儿童需要社会环境中鼓舞和助益性的影响力以发展他们自主的行动。不利的环境会挫败他们的意志并危及他们对生命目标的进展。领悟到我们有多么容易阻碍或促进孩子的发展，似乎令人惊恐；但这完全是事实。天性并不会产生精致完美的人类。儿童有赖于大人有意识的帮助，以及更深一层的影响。这个发达的接受能力以及易受攻击的状态，与人类的灵性本质相关；而人类灵性本质造就了我们每一个人的自我决定及自主的存在。没有偏好、没有不确定性，以及没有选择和犯下过错的机会，自由，是无法想象的。在所有的儿童教养、教育以及自我教育中，最重要的任务是鼓励自由而非滥用自由。

15.1.9 住户合作

单亲教养，在某些大城市里占全部居民的50%以上；这也是造成住户合作越来越受欢迎的原因，有些还有政府补助。住户合作仿自社会早期的大家庭模式。投入这类计划而联合在一起的人，他们以保留隐私可能性以及生活型态自主性为前提，渴望组织成一个既熟识、又具支援性的邻里，以分担他们的各种责任。从老至幼——单身女性、年轻的家庭、室友和残障人士等——聚在一起并管理他们共同的生活空间。有许多案例，他们甚至一起建筑。住户合作经常可能包含帮助生活自主性有困难，或者难以在公开市场上买到合适住宅的人。对于儿童来说，住户合作提供了丰富的社会经验，同时也保留了亲子关系，因为在社区生活与个人生活间之间，每个人可以自己决定自己的平衡。

第三篇
健康在教育之中

爱不主导，

但最重要的，它形塑。

——歌德《童话故事》(*Das Mächen*)

第16章

健康在教育之中

儿童期待大人教育他们。他们模仿我们、不断地问问题，而且想做任何我们所做的事情。他们愉悦于有安全而快乐的环境以及清楚划分的日常生活惯例。在这段身体成长以及到达法定年龄前的情感及智能的发展期间，我们能做些什么帮助他们达成最大的发展值，并稳固他们未来的健康呢？有什么概念可以引导我们？我们应该采取什么步骤？我们能否建设性地将人类通用的理想——**真实的**了解、**亲爱的**关系以及**自由的**行动——应用在养育儿童及提供健康的看护等实际工作上？或者以某种方式让20世纪的战争、我们狂乱的日常生活，以及面对日益严重的环境恶化时产生的文化悲观主义等取代这些理想，迫使这些理想进入其背景，或对这些理想表示怀疑？

我们的儿童，他们自己提供了解答。每一件他们所做的事显示给我们的是，他们赋予这些理想非常大的范围。即便是个婴儿，他们容光焕发、充满信心地看着我们。他们年纪越小，越能原谅所有我们的错误以及偏离正轨的行为，而且充满盼望地接近我们。他们不也是那些总是对我们诚实、开放、甘心情愿爱而且充满希望的人们吗？

更甚于其他一切的，**养育自由的儿童**意味着将合宜的时间选择列入考量。任何我们过早启蒙的事物对于尚未预备好且无法独立处理环境中新元素的儿童将造成打击。在此情况下，我们并非赋予他们能力而是“修剪”他们。相反地，任何我们太晚引进的技巧及学科再也无法吸引他们的兴趣，结果他们无法完全地欣赏其价值。前者的后果是依赖，后者则是不感兴趣——此为一个人自主活动中两种不同方式的“不自由”。因此适龄教育是**健康发展**的必要基础条件。

养育可爱的儿童，以丰富的人际关系生活为基础——培养儿童与人、与环境、与物品、与事件等的良好关系。儿童随着被允许做某些事，或被禁止不能做某些事的当中，学习处理“是与非”；这样的过程扮演着决定性的角色，因为给爱的能力也牵涉到对其他人生活情况的尊重，因而也要有能力从“拒绝”中看见正面的意涵。如果我们无法真正学会处理是与非、处理共鸣与抵触，或承认失败与错误都是生命中的一部分，那么，在以后的生命中，有多少关系将因这样的事实而受苦？例如像“现在请让我独处一下”，通常并不表示要将爱收回，那只是指出，对我而言，展现爱对方最好的方法是让对方在此刻安心。朝向人性体谅导向的教养是**健康情感生活**的必要基础条件。

养育诚实的儿童是经由我们的努力，以我们的行动和谐我们的思想与情感促成的。重点不是我们应尽可能地展现美好以期留给别人最好的印象，而是我们应该呈现我们的真实样貌。鼓励您的子女留意事物的状况、培养他们的知觉功能、刺激他们自主的反省等，都是发展**灵性精神与心智健康**重要的帮助和必要的基础条件。

16.1 教育与身体健康

从婴儿到青少年的整个成长阶段，我们和孩子们所做的每一件事，我们应该自问，这些活动对他们的身体发展有什么影响？会促进或延缓他们的“适龄”成长和成熟的发展过程吗？下图说明不同器官系统的几个最重要的成熟阶段：(1) 神经系统和感觉器官；(2) 循环和呼吸系统（节奏律动系统）；(3) 新陈代谢／四肢运动系统（含生殖的器官）。神经系统与感觉器官发育到完全功能约需 8 ～ 10 年的时间，但纤细的中枢神经网络系统终生都维持着相当程度的可塑性。接下来的发展阶段是直到 14 ～ 16 岁时功能才成熟的节奏律动系统；而新陈代谢和骨骼系统，到达完全成熟需要等到成年，大约 20、22 岁左右（见下页图）。

因此，如果我们希望以促进身体发展的方式养育并教育儿童，我们必须自问，我们能如何协助这些按部就班陆续成熟的身体过程。

婴儿生命的第一年，在任何特定的时间，我们很容易从行为阅读他的发展需求。当他对我们微笑，我们的心就温暖，我们会不由自主地报以微笑。我们的快乐加深了他的快乐，以致他的身体兴奋地踢来踢去。当他哭叫，我们知道他需要人抱、对话、吃东西或做些什么。只要我们找对了他的需要，他立即很满足地安静下来。不过，接下来就没那么简单了！孩子很有兴趣地抓起四周的每一样东西，他不知道烛火或利刃的危险；他着迷地爬向彩色的、图像闪烁的电视屏幕，不过，

身体“发展与衰退”的过程与“思想成熟”之对应阶段

箭头指示的是那些无须用于生长、发展及（老年的）更新，而可转用于思想的能量。在死亡之时，思想的活体——以太体，会从崩解的物质身体中脱解。

这并不表示看一团团快速跳动的颜色就是一个合于刺激儿童知觉的方式。

很明显地，至少在这个年纪之前，塑造儿童的社会环境与生活环境是成人的责任。儿童不由自主的行为显示出他对所有事物的开放，他准备要学习、要参与。成人应该遵循哪些原则？我们应该用什么样的标准学习分辨什么是对儿童有益的、什么是有害的？并且从中一次次地帮助自己决定什么是或多少是对当下的孩子适当的。

第一个我们要问自己的问题是：什么样的活动能促进头脑中枢神经组织的成熟及其与感觉器官、内部器官以及整体运动器官的连结？答案很简单：任何尽可能多含意义、熟练及协调性的，而且不需外力帮助的独立自主性活动！经验显示，对一个脑部受伤的婴儿，例如以自我调整的方式让他练习健康的体操活动，或治疗性的婴儿“优律诗美”都是有效的治疗法。由此观点，在这个年纪提升智能最好的方法，即是鼓励孩子进行协调性的、适龄的粗动作和精细动作。身体的成熟有其根本的法则，**在每一个功能上做合理的要求时，每一个器官都能发展到最好。**

为了在真实生活中举例说明，以下是以华德福教育导向原则为基础而发展的幼儿园小朋友一天的生活（更进一步的讯息，请参阅书后参考书目）。

16.2 幼儿园的一天

在幼儿园开门后一个小时之内，孩子们陆续进来。家长们将年纪较小的孩子直接交到老师手中，年纪大一点的已经跑在妈妈前面，很有信心地独自或结伴走进门。脱下外套和鞋子之后，小朋友向老师打招呼。老师通常一早就忙着工作了；较小的孩子喜欢待在老师身边，看一看或者帮帮忙；而年纪大一点的孩子已经胸有成竹地想着特别的游戏。他们共同将桌子和柜子排放在一起，挂上布，布置成游戏室，或是消防车、垃圾车、救护车，甚至是海洋轮船。四五岁的孩子喜欢创造马车或火车载运石头、球果和其他小东西。他们也喜欢帮布偶娃娃穿衣服，喂他们吃东西，然后带着他们去散步。或者，拿布或纱布将自己打扮起来，他们变成了妈妈、护士或邮差。

幼儿园早晨的第一个阶段，以老师为安定的中心，周围充满了各式各样热闹的自由游戏。虽然他自己也在做事，可是他很有兴味地看着孩子们的活动。只要确定这个“大家庭”的生活情况又活络、又有组织，他无须介入。他选择做些简单、容易理解，而孩子们也会觉得好玩，而且想要模仿的活动，像双手洗衣服、烤面包、准备点心等等。偶尔，他放下工作和一小组孩子们一起帮布偶娃娃庆生，或者搭船去旅行（当然是被邀请的），或者安慰某个小朋友。当有冲突或问题行为引起他注意时，他会介入排解争论中的小朋友。

游戏时间快结束时，老师开始收拾自己工作的地方。有些孩子注意到了，也开始收拾他们的东西。直到最后一个孩子也快乐地加入这个活动之前，约需7 ~ 10分钟时间。等教室打扫干净，孩子们上完洗手间，大家就聚在一起做团体游戏。团体游戏包括诗歌朗读、律动游戏与唱游。内容主要聚焦在一年的循环、季节性的农家活动和大自然的变化。宗教庆典也占了很大部分，而且也常是幼儿园日常生活的高潮。由于在一段时日里，每天都重复同样的游戏和歌曲，不知不觉中，孩子们学会了许多诗词与歌谣。这样的团体游戏时间，有些幼儿园是放在所谓的晨圈（Morning Circle）里。孩子们会齐声朗诵一首诗或一段祈祷文，然后合唱颂赞早晨的歌曲。大团体活动之后是早点心时间，早点心通常包括面包、玉米片及其他小餐点，还有水果与茶。

点心之后，也许是另一段自由游戏时间（通常是在游戏场或沙坑），或者如果可能的话，走路去公园或散一小段步。上午的结尾，孩子们松散地围成圆圈再次聚在一起听老师讲童话故事。较小的孩子喜欢（也需要）坐在老师身边。老师以说出画面的方式表达故事的情节，是忠实、平淡、简单的叙事体，而不是夸张、激动，令人害怕、迷惑的演说。他们感受到老师对自己所说的每个字、每句话的喜爱。老师不让自己所说的故事有任何更动，孩子们发现了会立即纠正他，因为有好几个星期，他们每天都听同样熟悉的故事。大部分的故事取材自格林童话，因为格林的文体、结构或内容都特别适合激发并丰富儿童心灵中的幻想与情感能力（请参阅14.4.3“最初期的纯思维活动迹象”）。

就这样，幼儿园的一天有两次可让孩子们自然地投入适龄活动的大时段。在过程中，他们受到两方面的启发，一是丰富的游戏选材，一是老师的典范。他像妈妈在家里般地周旋于各式各样的家事活动，除了烹饪、烤面包、洗衣服，还修补衣物、烫衣服、修理玩具或画水彩等其他艺术性活动。通过如此丰富的选择，每一个孩子达成“以他的方式”“在他的阶段”里找到了适合他此时发展需求的模仿活动。至于模仿什么、如何模仿，以及是否模仿等，则由孩子自己决定。此外，也有两次比较短的时间做团体活动（团体晨圈游戏、点心和听故事）。这样，自由游戏与团体活动两次转换的进行就像是两次大的呼气与吸气。

幼儿园里这种日日循环的课程型态需要家长的充分合作，例如一直会有家长对童话故事有意见。他们可能觉得童话故事太残忍或太说教。家长会的时间是老师介绍童话故事给家长的绝好机会。家长们应该体验老师温暖、忠实的语调，平静而感人的史诗般的叙事方式。大多数童话故事，尤其是格林童话，充满了清晰的人性坚韧与人性软弱的不同图像。邪恶的出现只是为了帮助良善的得胜，并且提供更多来自内心深处的如谦虚、友爱、毅力、诚实、勇敢与忠诚等有情有味的人格特质发展。

从幼儿园自由活动中可以观察到，经常看电视而很少有机会参与创造性活动的孩子，通常不知道如何合宜地将自己融入团体的发展之中，他们宁可在一旁观看或捣蛋——视性格而定。这样的孩子大约需要半年时间，才能学会必要的社会性融入技巧。将孩子托付给以华德福理念为导向的幼儿园的家长们，一再地发现孩子回到家时充满活力，而且为家庭的日常生活带来鼓舞与观念上的改变。例如有些孩子在家也要求做餐前祷告，有些会要求兄弟姐妹或父母一起完成他们在幼儿园里学过的唱游，或说他们听过的童话故事。

这样的幼儿教育是从学龄前儿童的生活需求产生的。早晨时间，孩子们做自己喜欢的活动，模仿前一天、甚至于上个星期所发生的事情，他们希望以游戏的方式再玩一次，并一步步加深他们的理解。**这个年纪的儿童对于事情从来不会满足于只经验一次，他们总是想通过继续与重复与事情连结**。这种自然的方式强化了儿童的意志力，也是技巧和做事的能力。这个意志力的教育是幼儿园整体循环课程的导向。强化意志的力量需要反复，就像肌肉需要通过锻炼强化一般。幼儿园教师越认同他自己的工作，他的典范作为就越能激发儿童模仿与做事的意志。他所努力形塑的循环课程都是放在一种能使儿童学会使用他们自己所有的感官，并投入各种可能的活动方向里。

不过，最重要的是要了解，这一切活动都是发生在开心、忙碌的气氛之下；儿童是以自由的方式拥抱他们的游戏场，任何组织条理分明的老师从不扫兴或强力地干扰他们的活动。如果点心时间到了，而一个小朋友正热衷地沉浸在游戏之中，老师必须找到一个方法帮助孩子从他的“工作”转换到餐桌上去。当然，这是个难以处理的时刻，要把孩子从游戏中拉开去做别的“更重要”或必要的事情时，任谁都很熟悉那种孩子的哀声与抱怨。如果老师可以运用团体已经建立的规矩，这种转换就很容易。有些小朋友只要看见收拾，或听见敲一下杯子，就知道点心时间要开始了。在家就困难多了，因为需要做的“更重要”的事常常不一样，所以必须以个别的方式完成。更重要的是在游戏时间结束前几分钟，先给一个预备的信号，例如说：“你盖了一座多么漂亮的古堡啊！古堡中的人已经坐下来吃饭了吗？我们也马上要开饭了，再过几分钟我会来叫你。”

不了解儿童活动的指导法则可能对儿童造成许多伤害。当儿童按照他们自己的意思行事，他们所经验的自己最像“他们自己”。成人之后，我们对**自由的经验与意识**奠基于我们在孩提时如何活络地表达我们的冲动，以及自由地使用我们的游戏空间。在儿童的意向和活动上不停地打断或修正，会对他们意志力的发展和身体的成熟有破坏性的影响。当孩子快乐而活泼地游戏时，他们的生理功能行进平顺；若挫败则进入“停滞”，这种现象必不能低估。我们的孩子终须与他们的身体功能和器官共度岁月，他们的发展一定要现在就活络激发、合宜使用。

越小的孩子，他们有机的组织体越不成熟（尤其是神经系统），发展也越容易受到干扰、影响。**因此，最有意义的帮助和最严重的伤害是发生在生命的前三年（注1）**。基于这个理由，我们建议，如果可能的话，请让您的孩子在家待到三岁。然而，另一方面，也许您有许多不得已的因素而不可能这么做。坊间有许多标明为幼儿提供适龄刺激环境的私人或公家单位或机构，在选择托育时，重要的是能提升您孩子的发展，以及他学习并合一使用自己身体“化身成人”的进展过程，而母亲（和父亲）仍能维持自己是孩子生命中的中心支柱。如果能找到，孩子不仅能得到适龄、适合感官发展的鼓励，也能得到人性的情义连结。有一些自己未曾有过和谐童年经验的父母发现，现在，他们可以经由他们的子女体验什么是真正的“当一个孩子”了。最近数十年来，华德福教育工作者已经更加致力于关注生命初始几年的儿童教养议题（注2）。

当您从身边许多不同的玩具中为学龄前儿童做选择时，我们建议您自问：您选择的玩具是否能激发独立、富想象的创造性活动？做得太精致、太机械化的成品玩具对于一个没有自我保护能力、只有模仿本能的幼儿来说，会有明显僵化幻想力与创造力的负面影响。以乐高积木堆砌建构，对十岁的儿童没有伤害，但是对五岁的孩子，操作只有一定组合方式的规格化积木却严重地限制了他们的想象力。材质本身的虚假也是伤害，乐高积木建造出与我们平衡感冲突的建构，因此也干扰了平衡感的发展。当以普通积木建构时，不平衡即倒塌，显示儿童尚未完全理解材质及重量的影响；而乐高却因为摩擦力牢固了积木，因此呈现了虚假的感官印象。

如果我们注意观察儿童玩电脑游戏或遥控汽车、火车，很显然地，他们所能做的只是着迷地观看，或顶多只是再度拆解、组合——一些只有稍后阶段才能促进发展的功能。当儿童的身体还非常地以活动为导向，且仍然受到自我活动所形塑时，如果太早引介这样的玩具，对他们的独立性、创造性活动，以及意志力发展会有破坏性的影响。

总结

在学龄前阶段协助幼童发展最重要的方法有：

- 通过典范角色，启发儿童自发性与创造性模仿。
- 提供鼓励自发性活动的游戏材料：让想象力有足够的空间，而且总是有重新创造可能性的简单东西和材料。
- 通过提供各种适龄的感觉活动，活化并维护知觉感官（请参阅 12.8“感觉、知觉、经验及自觉”）。
- 通过反复规律地执行早晨、用餐和晚上就寝前的小小仪式，建立良好习惯的基础。
- 设计节奏规律的每一天、每一周、每个月以及每一年的循环周期。
- 全神地关照儿童建立习惯性的活动时间，例如起床、就寝以及一天的进、出活动时间。
- 基本上，不用言词教育儿童。换言之，在满足儿童的模仿需求时，行动比语言的表达更重要。

尽可能提供儿童接触大自然的机会。

- 避免接触电子媒体和科技性玩具。
- 将儿女放在您的意识之中，即便您的日子充满各种责任。对于经常不在家的父母亲，这点尤其重要。这样在回家时，亲子关系即可快速建立。

- 寻找快乐和值得感恩的理由，再没有什么比快乐与感恩的气氛更令孩子们喜爱了。

16.3 青春期前的求学阶段

青春期前的就学年龄阶段，如同我们前所述及的，人的呼吸与心血管循环系统大约至 16 岁时达到发育成熟。再一次，我们必须考虑哪些活动与学习过程有助于相关器官的发展及其功能的发挥。在这一点上，有作用的体能活动当然有帮助，但不一定能满足身体年龄的特定需要。这个阶段，**呼吸及循环的节奏与品质更直接而特别地受所有儿童情感生活面的限制**。轻松、喜悦与兴奋的期盼会有一种温和的刺激作用：儿童的心脏稳定跳动、呼吸顺畅而稍稍加快。无聊、缺乏热忱、不抱希望、惊吓和沮丧减缓儿童的呼吸与心跳。对照之下，恐惧与不安促使儿童心跳与呼吸不规律地加速，也破坏了呼吸与心跳之间和谐的频率关系。

越来越多儿童只做他们想做的；他们对一个活动的感觉，成为他们主要的动机。学习的决定在于他们当下的情感“是否”和“如何”被满足。除非他们已经养成良好的习惯，否则他们做像打扫或擦桌子等“无聊的事情”的仅存动机是想要给成人一点特别的帮忙而已。他们对周遭事物的评断，基于个人的喜欢或不喜欢、接纳或讨厌；换句话说，全凭感觉。

在前一个发展阶段，教育上的努力是善用幼儿在活动和模仿意志上的天生才能。接下来的这个阶段，对父母和师长仍然重要的是利用儿童特定年龄的才能，这时，儿童判断事物的能力及倾向是以情感、审美和个人品味为基础。所有形式的艺术活动——运动和演说、声乐与器乐、泥塑和手工艺等艺术应用，都是特别重要的方法。这些艺术活动让儿童的情感生活得以在美与丑、或成功与失败的张力下，努力艺术性地自我表达。如果这个年纪的孩子缺乏艺术性的机会，他们天生以好恶为判断基础的倾向会转向知性面的单一判断，而且还会应用到其他人的行动上，而其结果就是批评、牢骚，以及某种程度不悦地抵制大人的要求。

艺术在儿童情感上的激励以两种方式产生效果：被动的感知和主动的创作。

当一个孩子聚精会神地反复练习一段乐章，或是运用色彩创作一幅画，他的感知和他的行动和谐地交互作用，进而互为增强。

举例说明我们刚刚所叙述的（我们鼓励在家，或在其他形式的教学环境里应用这种发展性的教学原理），让我们快速看一下华德福学校的基本教学。从一个三年级的数学课程谈起，这一天的主题是质数。老师可以简单地定义观念，他向学生说："一个质数是一个只能分给自己和1的数。"他也可以说："在数的世界里，所有的质数是寂寞的乞丐，是穷人中最穷的。在世界上，他们都是孤独的。他们只能分给自己，他们没有亲友可以分享东西。质数是'乞丐数'。"这个例子说明艺术化的教学法也可以应用在科学或需要运用心智能力的学科上，并非仅止于艺术课程而已。

"只有用心，我们才能真的看见。"这句谚语正确地指出进入该年龄团体的方法。然而，这表示小学教师不能只依赖标准版课本。他们一定要配合学生当下的经验，同时为这一群坐在面前的特定的学生加入他们自己的论题。他们也必得不断地为他们所教导的学科鼓起新的热忱。任何这样用心工作的老师，自然会被公认为"受爱戴的权威"，并成为儿童在好、恶情感生活中发展的最好的参考定点。能以爱为基础地尊敬、至少景仰一位老师，同样可以帮助儿童发展健康的自尊。这对缺乏健康家庭或学校关系，情感生活和自尊发展受到影响的儿童尤为重要。人唯有在支持与信赖基础的关系脉络中被肯定与承认，稳定的自我价值感才得以发展。

从这个背景状况来看，在这个发展阶段里，再没有一个比想法上很枯燥、情感上又很无聊的课程更有问题的了。这简直是在练习一个不相干的表面关系！心智上，他们大概知道课程在讨论些什么，但是心并没有投入。当一个人的内在心灵被要求分割，情感和思想分道扬镳，个人与课程间建立不起关系，与老师的关系也不能发展。

在学校生活里，十岁是儿童发展中特别敏感的时期。斯坦纳称这个时期为"儿童卢比肯（Rubicon）进化"，因为恺撒（大帝）渡过卢比肯河之后，就不能再回头了。同样地，在某些点上，儿童经过了九岁，到十岁的生日就告别了童年时光，无法回首。通常父母都能精确地指出这个时段，参观过小学三四年级的人也可以立即看出孩子的改变：一个开放、没有自我意识的孩子，眼神突然间变得严肃而内缩了，他好像正安静地测试着老师。他对自己的身世以及归属父母的安全感，不再认为是理所当然了，他被情感淹没了，首次感受到面对自我命运的孤独感。这个时期，有些儿童可能会询问自己的身世来历，他不是为了要"弄清楚"性教育，而是希望知道具体的出生情况，因为他想调查，比方说自己是不是别人生的，如果是，谁是他真正的父母？为什么会被领养而到新父母的家呢？在这样的追寻背景下，有一个自我认同的议题，不是传承自父亲或母亲，而是一个全然属于个体追寻的议题。在三岁左右，伴随着说"我"而出现的自我是一个想象的自我，而现在添加的这个"我"是一种情感深入经验中的我。他经验到自己是一个独特的、不同于父母的人，这也使得他产生强烈的孤独感。孩子现在变得能更精准地检视他们到底是要听从谁的话、谁是真正值得他信任的人。他对于不公平的事比以前更敏感，而且不像从前那样容易原谅别人。随着这一切，良心觉醒了，良心成为是非、善恶和美丑的判断权威。

总结

在青春期前就学阶段协助儿童发展最重要的方法有：

- 培养"对谈的文化"，让孩子加入成人有趣的谈话。
- 经常在心中保有这些问题：
  - 我们上次谈话是什么时候？
  - 什么时候我给儿女时间和关注？
  - 我是否关照孩子的自我认同感？我是否给孩子足够的赞美？或者对我而言，表达不满比赞美容易？
  - 我如何处理错误与不当行为？我如何帮助儿女欣慰地由错误中学习，而不（只）是发现事情很糟糕？
- 维护人际关系、建构艺术化的课程。
- 在基本的议题上，全天候提供清楚的引导，同时也纳入孩子们的希望。
- 鼓励艺术活动，尤其是学习乐器。
- 尽可能不允许接触电视及其他媒体，而且只有在事前约定才可以。一起收看节目并讨论您们所看见的。

16.4 青春期后的求学阶段

您若曾留神观察青少年的“顿悟”，在他们经过自己的努力而后真正明白了某事时，您可以知道这种经验如何让他们真正地“挺起胸膛来”。这是任何一个坐在中学教室里的人的日常经验。当听到好问题时，课堂中参与讨论的学生会挺直而坐或至少是警觉的、有点紧张的姿势，即便他们身体往后靠或以手托头。然而，那些没有参与的学生，就比较是手脚摊开、放松的坐姿，或是头撑在桌上或靠在臂弯里。

思考活动刺激的不只是神经系统的活动，整个新陈代谢与四肢系统也会为之紧张而活跃。从年轻人行走的姿势和动作，我们可以观察到他们是否因为内心受到“鼓舞”而蓬勃、是否因为有了好点子而精神振奋，或什么都没有。从走路的样子，远远地，我们可以辨认出有毒瘾的人；有活力、有理想的年轻人也能被辨识出来。我们可以从一个人如何动作、如何看待事情，以及如何撑起整个身体，看出他是否有生命的方向感、喜不喜欢面对挑战，或者是否在童年或青少年发展时期没有建立起与这个世界的积极关系。我们的身体姿势与生活态度是彼此相呼应的。**我们挺立，是因为内心**的因素和肌肉的力量撑起来的。就灵性角度而言，并不是学过挺直站立的人就能这样真实地挺立在自己的双脚上。

有意思的问题与引导对话的课程可以启发学生科学思考的能力、实验的精神，并帮助年轻人获得必要的自治能力。好的想法日渐取代典范角色与可敬权威的地位了。对青少年而言，重要的成人是那些理解他们并且帮助他们理解的人。现在，他们可以向不喜欢的人学习；他们学习区分人的因素和客观的事实。当他们希望走自己的路时，他们也更有意识地抵制以前信任的人的影响。

这个年龄，独立思想的发展使他们能与不愉快的事件保持距离，也能自我保护。他们已经不再像从前一样容易受到事件的影响与伤害，也不再需要像从前一样模仿了。现在，他们可以好几个小时与人辩论或谈论哲学。如果课程无聊，他们也能让自己想些自己认为满意、有趣的事。事实上，许多灵光一闪的想法、诗句与图画都是在这种时候产生的！完全不像小时候那样毫无创意地在桌子上乱涂、乱写了。

教育家 Michael Bauer 曾经针对青少年阶段的教育方向提出建言：“从事教育

的人不能强迫更不可空口说白话；他只能挑战青少年的警觉、说鼓励的话、问启发性的问题。许多教育方法什么也不做，但克服障碍，并在路上散发光亮，但教育工作者不能只满足于此；只有当每一个学生能无需花费力气地在内心里浮现出一位独立自主的教育家时，他们才可以戴上他们的桂冠。”（注 3）

总结

启发中学生最重要的方法有：

- 培养问问题的文化。
- 做朋友与同伴。
- 尊重青少年逐渐形成的自由和自我信赖的觉察，而将自己的期望搁在一旁。
- 召开“家庭会议”共同作决定，回顾决策的好坏结果并商议下一步该怎么做。
- 学习欣赏个别差异。
- 大胆信任青少年；让他们知道您支持他们，而且渴望见到他们生命所将带来的一切。

附注

注 1 请见 Karl Knig 的 *The First Three Years of the Child*，Floris Books，Edinburgh 1998.

注 2 Heckmann，Helle. *Nokken，a Garden for Children：A Danish Approach to Waldorf-Based Child Care*. 请向 Waldorf Early Childhood Association of North America 购买。

注 3 Bauer，Michael. *Menschentum und Freiheit*. Stuttgart 1971.

第17章
以养育和教育作为预防医学

17.1 生命过程与思想活动

在本书第一、第二篇，好几个不同文章的脉络中，我们曾经提到斯坦纳在灵性科学中发现的，我们称为不可思议的“思想活动”与包含“再生和痊愈”的身体生命过程有着相同的源头（请参阅 14.4“学习思考”）。

从童年及青少年到成年，思想发展的典型步骤与身体的生长与发展成熟同步发生。思想，源自身体器官的完全成熟，在发展期间逐渐地产生新能力，亦即生长的活动转换成思想的活动。例如，直接与感官印象连结的幼儿幻想式思想，与神经系统及知觉感官的成熟同步发生。同样地，下一阶段的意见导向思想与身体节律功能的成熟同步，因为意见的形成不外是一种节律性的权衡，以及思维与问题的对策。最后，当新陈代谢及骨骼系统达到完全成熟时，独立自主的、具辨识力的思想与创造性思考即展现身手。

然而，到了生命最后 1/3 的阶段，当身体更新的能力下降，健康的长者出现了新的灵性发展的可能性。由于新陈代谢及四肢系统的性能减弱，因此在更新力量上的“积蓄”盈余转而以思想创新潜能的形式出现。从老化的节律及神经感官系统所“释放”出来的能量也都作为同样的用途。长者的智慧以一种新的理想主义、成熟的判断，以及活泼、图像化的内在生命展现。

细想身体和灵性两者的成长与发展过程之关联性，导引出以教育作为保健与预防医学的新观点。越能多以不同的方式促进器官系统健康成长的方式刺激儿童与青少年，就越能有效地预防提早老化，并减少疾病的发生。此为本书所有教育建言之目的。

当我们思考以适龄教育激励合于生理原则的器官功能时，最平常的问题是，如果忽视了这些激励会如何？在神经感官、节律与新陈代谢／四肢系统上的不恰当要求，会让人在中年之后较容易罹患疾病吗？这个假设，从医治三种主要与老化相关之慢性疾病的疗效中获得证实；而这些疗法与所推荐的与身体发展阶段相呼应的教育方法有直接的相关。例如，在医治风湿病与更年期症候群患者时，生命史或心理疗法效果非常好（如果探索像生命中的追求与意义、仍持有的理想，或以目前的经验为基础，寻求全新理想主义的可行性等）。有意识地调整老化变迁、针对生命的最后阶段提出新的疑义探究、发展有意义的生活新动力等，特别能预测、改善新陈代谢与运动神经失调的治疗效果。比起那些倚赖药物治疗或因循苟且的人，一些能提问独立问题、再度学习的年长者生活得更有意义。换句话说，帮助青少年成长及“获得”器官功能的类似方法，也能帮助年长者更新及保养器官的功能。

对节律系统的功能失调，搭配疗法一样有效。对冠状动脉或心律不整的患者，建议改变生活型态，包含学习放松，并在白天设法获得休息时间。处理个人的情感生命再度成为主要的任务，特别有效的是艺术治疗（绘画、音乐、说话、优律诗美）。许多患者因为觉察到节律系统及情感相关活动的有效利益，而建立了终身练习某特定艺术的习惯，以维护他们放松及行事更具弹性的能力。

针对第三种与老化相关之慢性疾病症候群，再一次如同学龄前阶段，“尊敬典范”可以很有帮助。当然，这些典范或英雄不再是生命中帮助学龄前儿童调适自己的妈妈和爸爸，而是神话和童话，伟大的灵修者和艺术的真理，以及宇宙万物和人类进化中所称颂的典型。无论是第一次发现或最近重新想起的，这些都有助于刺激、安定并坚固一个老人的心—灵生命；结果，他们有生活所需的自信，而且比其他方法，他们更可能长久地与自己衰退的心智能力合作。

然而，对于未来生命，教育的影响与个人健康状态间的关联，超越了这些基本关系。举例来说：当一个成长中的儿童经历父母或老师的猛烈性情，反复、震惊的暴怒，未来将会如何？大人每一次的暴怒，会使得孩子的身体周边循环突然地关闭、脸色发白。而当这样的事情不断发生，却又没能有足够的关爱及协助、散发与放松，以及允许犯错的纾解经验，未来将会如何？以这么特别不均衡的方式“教养”循环系统，会在动脉供血上留下了细微的健康不足的问题倾向。我们经常看见大人的心灵功能转化成孩子身体功能的例子。成人的情绪问题重现于孩子的体质，形成易感染疾病的身体。例如，口吃的孩子经常来自一个不至于真的口吃，但却说话稍显太快、呼吸略为急促的父母。这样的例子明显指出，疾病与命运及发展的议题息息相关，而大人的自我教育及个人的成长能力，是促进儿童健康、教育性行为的基础。本章节中所呈现的观点即是以唤醒这样的觉察，并强化父母及教师自我发展的动机为目标。虽然许多我们的意见想法似乎难以触及，我们希望，这些观点能鼓励您思考可能的关联性，并进而调适相应的亲职或教育风格——以为备用。在斯坦纳的教育演讲中，他举出了许多可能与未来身体健康发展相关的养育与教育方式，兹列举如下：

教育的影响	对未来生命的效应
1. 快乐、关注、幸福与爱的经验	• 物质身体维持较长久的柔软性，容易与人及环境建立关系
2. 赞美与敬畏	• 爱这个世界
3. 相信生命是美好的，基于对权威对象的爱，有接纳的态度	• 对生命有根本的满足
4. 被教养对世界有兴趣	• 增加对人的兴趣
5. 从生命中学习	• 生命有安全感
6. 不受干扰的模仿	• 与一己的环境有理解与接纳的往来；有开放的心胸
7. 独立追求真理	• 具备勇气与自发的动力
8. 接受宗教的意念、宗教气氛	• 对宗教及个人的差异具包容力
9. 从小学习祷告	• 在老年时能给予祝福
10. 在儿童时如何学习游戏	• 成人面对生命及其情势的方法
11. 认识并爱护植物的世界	• 充满活力的、富弹性的概念
12. 认识并爱护动物的世界	• 强化的意志力
13. 受世界的奥秘吸引；有许多论题	• 对性爱和权力议题有健康的态度
14. 物质主义的教育	• 降低对世界的兴趣
15. 缺乏情感地接受数学定律	• 倾向物质主义
16. 鼓励以批判或怀疑接近生命的教育（缺乏理想主义的追求）	• 倾向情感耗损

续表

教育的影响	对未来生命的效应
17. 纯理论的文法课程	• 倾向引发胃肠性疾病
18. 与爱戴的权威缺乏基本关系	• 找不到帮助自己的力量
19. 过度强调智能及记忆力的小学教育	• 硬化症倾向以及神经系统提早退化
20. 太早学习判断与批判	• 倾向严苛无情的评判
21. 缺乏艺术的、狭窄的智能教育	• 律动性器官功能性障碍，特别是呼吸倾向过度吸入；倾向压抑情感及气喘症候的呼吸节奏混乱
22. 快速的、肤浅的理解	• 心灵提早退化，因没什么可深入处理

17.2 儿童与科技

我们的多媒体和科技的文明吸引了许多成人及孩子的注目与倾心。如果您跟随着这些导引，就能发展出易于使用的科学技术。

17.2.1 了解科技对人类发展的意义

英国 18 世纪中叶的工业革命目睹了产品从手工制造转型至机器化的开端。蒸气机的发明及随后内燃机的衍生提供了量产的革命。当大规模的电力科技应用及家庭电气化的普及，更易于操作的小型机器以及大量的测量仪器也随之开发。1854 年，Heinrich Gebel 发明了电灯泡，1879 年，经爱迪生改良而通用于商业界之后，电力的使用几乎以无法想象的速度普及了全球。电影摄影机与碳粉扩音器也在同一个时期发明。二次世界大战之后，可以取代人脑智慧的机器——电脑及信息技术的发展，于是，第三次重大的科技革命开启了。

劳动体力、通讯与资料处理的机械化，使得人类在身体、心理及知能方面的工作负担大量减少了，但却也同时制造了大量的失业；而且除了贫穷之外，几乎就是疏离、放弃、消沉的传染病症候群。数以百万计的人们不再觉得他们的行动对社会有意义。

由于科技的发展，成果与产品不再直接地与我们的能力与意志力相关。我们个人的工作通常牵涉到自己技术的发展与目标物的相关经验。因此，在教育上涉及科技的黄金定律是：**与机器打交道之前，要尽可能地让自己能身体力行地工作。历史上，**从人的工作到机械化的工作，其转型是顺着阶段发生的。同理，在让渡工作给机器之前很重要的，成长中及青春期儿童要能熟悉且精熟不同工作类型的技术。如果我们不感激机器为我们节省了多少个人工作，一味地期待机器做大量的工作，而丝毫不期待自己做事，我们简直就是培养只知要求、不知感恩的态度。

17.2.2 经由养育与教育，让孩子再次体验科技革命

引导孩子看见例如轻按个开关，就有水龙头的热水、无穷的光或动能……等，都不是理所当然给予的。安排假期，暂时住在一个必须亲手洗衣服、亲自生火或隔着携带型煤气炉火烧热水的孤寂农家或原始露营区，你的孩子即能学习真诚地感谢现代科技的祝福。

在工作交由机器设备代劳之前，要尽可能地让孩子学习自己做事。在视听媒体随着影像、声光、色彩征服他们，威胁、钝化他们的自创造能力之前，要先确定孩子已经学会歌唱、彩绘、陶土塑形、舞蹈及戏剧表演等。

请与老师研商延缓计算机的使用，直到班级发展出相当熟练的基本算数运算能力，尤其是心算能力。为什么在计算机与电脑成为学校固定的工作伙伴之前，儿童需要理解这些节省力气的设备如何工作？而且是在儿童学会执行自己的工作之前，以及学会感恩之前？

您个人的使用能源与科技应该可以作为您孩子的榜样，您应该让孩子体验资源并非无限，而科技应该只有当真的需要与适当之时才使用。

17.2.3 避免大自然、人类、社会与科技间的相互关系混淆

完美与优质化在科技脉络中是可以被理解的。损坏的机器，我们修理；损坏无法修复或过期的版模，我们抛弃。然而，如果我们延伸这种态度去对待人和自然界，则会造成问题。当大人或孩子闲暇时花很多时间亲近电脑或电玩，问题会变得更严重。我们与人交往时，经常缺乏的——全然的专注，对人的反应、提问、需求和关心等感兴趣——在使用平凡的电脑时却惊人地出现了。我们越培养这种与机器互动的心理类型（以预期的方式反应，或要求预期的修正方法），我们就

越习惯那种与人交往时漫不经心的态度，尤其是面对自然界时。人类与自然的反应并不一定可预期；他们以他们自己独特的发展及生活的情况做反应。

与他人共同生活，我们一定要学习接纳错误及错误行为，而且当这些错误无法立即矫正时，也要学习与之共处。我们一定要对新事物及不可预期的事物学习开放。我们局限在与科技互动的心理模式会潜意识地驱使我们与自己的环境疏离，因此，我们与人们的互动变得越来越“功能不彰”也就不足为奇了。

天文学家与电脑防护专家 Clifford Stoll，在其著作《矽蛇油》（*Silicon Snake Oil*）以及《高科技邪说》（*High Tech Heretic*）中表示，他赞成青少年与成年人适当地使用个人电脑，但反对在幼儿园及小学以及在家中使用——这时应该是一个以发展并培植人际关系为最大前提的年纪。在家庭中，祥和、平静、抒发与温暖的经验是重要的——当我们想到家庭，立即涌上心头的特质，绝非是电脑。

第18章 学习有效的亲子教育

18.1 亲子关系的“心灵空间”

以下发生在我们儿童门诊时间里的三种景象，刻划出三种在根本上不同的教养方式，在每一个实例中，“母亲”代表陪伴儿童的家长或监护人。

- “安静坐好！”妈妈正要和医生说话，四岁的孩子在诊疗室里动来动去，一会儿抓起桌上的仪器玩，一会儿尝试要拿电话。母亲开始阻止，有时候，甚至于孩子什么都还没有碰到，就说：“坐好——手拿开——那是医生的——别动那个灯。我得让你坐我腿上吗？你想挨揍吗？”
- 另一位孩子，在妈妈与医生说话时，为了得到妈妈的注意，不停地问问题。他对墙上一幅米迦勒（Michael）与龙搏斗的画很感兴趣。

  孩子：妈咪，画里面的是谁？

  母亲：一个人要杀一个动物。

  孩子：为什么它会吐火？

  母亲：表示那是一只龙。

  孩子：妈咪，绕在那人头上的圈圈是什么？

  母亲：画家想要告诉人们他是个好人，所以就在他的头上画个金色的光环。[停了一会儿之后。]

  母亲：医生，他晚上在床上都很不安宁。

  孩子：妈咪，为什么那个人有翅膀？他又不是小鸟！

  母亲：那表示他是一个天使。

  孩子：妈咪，但是世界上没有魔鬼，对不对？

  母亲：对啊，你知道没有呀！现在请你让我和医生讲一下话。

  孩子：妈咪，我要喝水。[妈妈给他一瓶水。]

母亲：他中午的时候不肯吃饭，我也就不勉强他。

孩子：可是妈咪，你说我爱吃洋芋片。妈咪，我要吃饼干。[妈妈拿出一整包饼干给他。]

母亲：但是我们一个星期只给他吃一次洋芋片，他就不再碰任何其他的了。

医生：他总吃点什么东西吧！你还喜欢吃什么？

孩子：果酱。

母亲：是呀！他从罐子里一满匙又一满匙地舀着吃，一次可以吃掉半罐。

医生：你就这样让他吃？

母亲：是呀，阻止他好吗？我想，孩子知道他们自己的需要。

- 第三个孩子刚开始时自己一个人玩，一会儿之后，他开始四处探索。然后，他走向妈妈身边，小声地问了妈妈一个恳切的问题。接着，自己又安静地回去玩耍。这个妈妈的对话几乎看不出来干扰。

这些例子告诉了我们什么有关亲子关系的“心灵空间”吗？

在第一个例子中，母亲认为告诫与斥责可以纠正行为。相对地，第二个例子中，母亲没有任何自己的主张与决定，完全听任孩子的要求。在第一个例子中，孩子的意志力无法茁壮成长，因为他不被允许拥有自己的经验；第二个例子，孩子的意志力同样地无法茁壮成长，因为他并没有从父母身上经验到必要的阻止，“教导者的意志力”没有作为阻力出现。

这两种不同的态度：权威原则（大都是在童年时潜意识地由父母那儿吸收来的）与反权威原则（或“放任”的方式）正好相反，但每一个都以非常特别的方式塑造亲子关系的“心灵空间”。在第一个例子中，只要孩子有任何主动的行动出现，母亲就立即威胁孩子，以压制、修正他。这种方式，孩子承受至极端时，可能没有选择余地，除了被动地适应，要不就是诉诸采取攻势的触怒。第二个例子中，母亲以融合感压制孩子，使得小女孩无从寻求必要的阻力。这种没有界线的放任之最终结果，使得孩子不得安宁、无确定感、无所适从、暴躁不安，而且苛求——所有都谕示着孩子正在找寻恰当的行为模仿。

至于第三个情形：孩子自己决定找一个他觉得最感兴趣的地方安顿下来。一会儿之后，他感觉大人的注意力不在他身上。因此，他走向母亲，问一个问题，以确定自己是否还“有关联”。他的妈妈不是立即回答他，就是短暂地将他抱在膝上，直到能够轻声地回答他。这之后，孩子“饱满了”，就又自己回去玩了一会儿。不时地，视他的疲累而定，他漂流在一来一往的对话里，有时候甚至对医生说话，以确保自我仍然存在于医生与母亲发展出的“心灵空间”里。在这个例子里，在小男孩与家长之间存在着一种真实的彼此协调。不需要像“不要那样”、“别烦我”或“你不准那样”的话，也不需要冗长的解释。很明显地，这位妈妈言行合一，而她的孩子信任她。她并不需要为了看医生，做任何特别的事“预备”他。

当然这三个例子都有其发展历史。这些孩子在他们出生的头几年里是如何被养育长大的？最后一个例子的母亲一定在孩子两三岁时，就对孩子的心理需求有真实的理解。她的态度是开放的，对孩子付出关心，而当必要时会阻止他的要求。当他一岁，开始学会每一件事，而非花妈妈许多的工作时间追着他后面说“不可以”和“不可以乱动”。妈妈给他一些好玩的东西，将他放入围栏里。她知道孩子什么时候饿了、累了，是否需要关照或者想要自己活动。当必须加以阻止时，她也许只说一次或两次。如果孩子还“听不懂”，妈妈就温柔地将孩子抱开，远离诱使他碰触的诸如电插座等，到另一个孩子也可以看得到妈妈的地方。妈妈边动作边说话，但都是基于当下的情况逻辑以及必要性而定。孩子觉得自己包含在母亲的心灵空间里，而大人们的言行是合一的。当孩子变得越来越独立，我们可以允许他塑造自己的空间，虽然那多少仍与母亲的空间重叠。当母亲必须阻止孩子的要求时，她所针对的是事实情况，而不是出于情绪反应。他的儿子经验到这种奥妙、有价值，而且只有大人才有的客观评论。当孩子需要安慰及陪伴时，妈妈完全地接纳包容，但当必要时，也能说“不”。这种出于挚爱的接纳以及一种强化自我感的交替应用，为健康的自我信赖打下基础。孩子绝不该被期待做决定，决定权最好留给母亲，因为母亲对情况有更适当的领会。

我们相信，这位母亲也曾怀疑自己是否作出“正确”的决定。然而她没有让孩子知道自己的不确定感。无论她做了什么决定，她就是去做，而且尽可能地使之成为确定。

如果您认为自己还没有这位妈妈的这种能力，而且如果您在处理孩子时已经做了“错误”的决定，现在应该怎么办？如果在某些情况，您担心孩子会失控，您不确定自己该说什么或做什么，该怎么办？以下几项经得起时间考验的原则是有帮助的：

- **谨言慎行，言行一致很重要**，这也包含家庭其他成员在内。如果您告诉孩子某些事情是应被禁止的，您的决定就要有约束力，不能因为孩子哭诉与请求而放松。
- **不让自己被激怒**，如果您的孩子闹别扭，甚至想激怒您，您应该分散他的注意力，做点别的事情，直到他对自己的表现厌倦为止。
- **看重自己所做的事**：记得您是为什么而做，即便表面上看起来没什么价值的活动，也不让自己流于消遣娱乐的样子。只要有可能，请让您的孩子一起参与您的活动，不一定限制在“教育性”里。不必告诉孩子您的源起计划，只要让孩子分享您的重要的和喜欢做的事情。
- **每晚回顾白天的事**：您的孩子今天如何？他体验了什么？您或其他照顾者的态度是否符合孩子现阶段的需要？孩子处于哪一个发展阶段？什么发展步骤已经完成了？未来还有哪些发展的？这个阶段，他需要您的是什么？您犯了什么错误？

如果您已经能与您的配偶进入这些建议的讨论，您们可否能决定拿出特别的时间，互相提醒是否言行一致。例如，您是否说了告诫的话，但并没有接着执行？大人的规矩原则态度一致，对孩子而言是种莫大的祝福。反之，养育儿童，再没有什么事比父母亲在规范上的不一致更具破坏力的了。

假设读者使用了本章的建议之后，仍觉得困扰，请就近寻求儿童辅导咨询机构以便进行完整的咨询与协助。

18.2 从大家庭的日常生活范例，探讨儿童的教导问题

18.2.1 争吵

通常，在大家庭中，最好让孩子们自己想出和睦相处之道，大人不要介入。有经验的母亲知道，她无需每次听到一点小争执就要看孩子。然而，当孩子们安静如鼠，适时的检查可能防止浴缸满溢或其他灾害等。当听到尖叫或椅子翻倒声，

那是儿童不直接说："我们需要帮忙！我们自己无法解决！"的表达方式；这时，妈妈需要出来制止。因此，妈妈安静地站在门口，察看混乱，试着理出到底发生了什么事。是孩子们因为玩太久，太累了？是因为这个游戏不适合小小孩，所以他们吵起来？此刻，她可以期望他们每一个人什么？

一个哭着的孩子向她扑过来；另一个马上说："我没有打他。"年纪最大的生气地大叫："他们甚至不让我自己决定我娃娃的生日餐会吃什么。而现在安妮根本不来参加生日会了！"他生气地哭着冲出房间。

这种情形，责骂无济于事——他们自己已经很难为情了。不要问吵架的问题，他们会哭得更厉害。但可以问，像："你的娃娃几岁了？三岁？那么大不是可以吃好几道菜了吗？你们想煮什么呢？"帮助他们安静下来，同时也引导他们如何能包容每一个人的愿望："你们两个人，来帮忙我做晚餐。其他的人收拾房间，这样，餐后我们就可以一起听一个好听的故事——注意，不要让娃娃玩得太累了，这样他才有力气一起听故事。"这个方法停止了煮饭的吵架、导引游戏结束，而且给了孩子一些事做，还有一些可以期盼的事情。如果一个孩子到上床时间还闷闷不乐，问些有帮助的话："你们还会是朋友吗？"如果情况明显不是的话，通常在他的耳边悄悄地说："你知道我们不生气地上床，我可以帮你告诉安妮，在内心深处，你其实很喜欢她的，好吗？"这样就够了。即便孩子不确定是否如此，但妈妈确定，妈妈即可悄悄地在安妮的耳边这么说。

18.2.2 羡慕和嫉妒

在甜点时间，十岁的莎莎很快地又帮自己拿到盘子里最大的苹果。13 岁的汤姆怒视着，但没说什么；可 12 岁的凯玲则抱怨地说："她总是拿走最大的苹果，你们让她就这样拿，很不公平！"父亲问："你们觉得谁该得到？"一阵沉默，凯玲说："可能是你，或妈妈，或也许我们应该轮流。"父亲："有时候小一点的苹果反而是最好吃的，但是你们知道吗？昨天莎莎一个人洗一大堆碗盘，她一点抱怨都没有。你们想，可以让她这一次得到最大的苹果吗？"

这件事情只呈现出羡慕与嫉妒多层次问题的一个面向而已，当牵涉的人真的彼此相爱，打击可能特别强烈。

在决定如何处理这类问题时，先了解当我们认为我们（或其他某人）比争论中的人更应该获得时，我们羡慕会有帮助。我们不喜欢承认我们嫉妒或羡慕某人某事，我们就以公平或不公平的字眼取代，合理化我们的感觉。因此，我们不谈羡慕或让渡，反而我们说某件事公平或不公平。我们表面上正当理由的评论和某种夸大其辞的道德借口，在背后隐藏了我们的嫉妒和不赞成。如果我们真能了解其中关键，就能避免或去除许多争吵及负面的批评。

这种方法、态度帮助儿童学会：生活中并没有天下皆准的道德原则，只是要在每一个个别情况里，一再地寻求更新的决定、更正确的行事方式。以这个餐桌小事件为例，解决之道可以像：下一次，“渴望强烈”的孩子可以选最好的苹果，然后分给他认为最应该获得的人；或是有一段时间让他分送点心。然而，如果他只感觉受到道德谴责，和得到“获得最大、最美好苹果的快乐是不合理的”之印象，他的情感将受危害。终究，显露儿童的缺点，没有给予修正行为的机会，将会侵蚀儿童的自信以及快乐的感觉。像这样的事件，如果您利用机会鼓励新的考量层面或其他正向的特质，即能强化儿童的品格。

18.2.3 收拾整洁

如果一整天跟着其他家人后面收拾东西的话，妈妈很容易就觉得受不了了。唯一解决的办法是：从一开始，大家就一起动手收拾、清洁房间。引导孩子看见当每一样东西都回归原位时，是多么美好的一件事。如果让孩子从小就参与，到长大一点，渐渐地再转换特别的工作责任给他们，他们将为能做需要做的事情感到自豪，尤其是大人总是察觉并肯定他们的努力，即便他们还无法将工作做到尽善尽美之时。

一些可以在转换过程中协助养成责任感的小原则：

- 开饭之前，孩子的书包必须放在他的书桌旁边，不是任意地放在地板上、门旁角落边。
- 外套挂在衣橱里。
- 洗好手。
- 让孩子自己决定以周或月为基础轮流帮忙做一些家事。
- 父母亲不可以忘记学习收拾整洁就像其他自我进步的努力一样，也是种动机与意志的自我教育，要适当地奖励，给予感谢与赞许。

- 避免经常问些，像：“你已经做好了吗……？”“你不是要做……”等的问题。选择适当的时机问这些问题特别重要，这样才不会让他们听起来像“处罚”，或当您的孩子才刚出一些差错，您的问话即变成在伤害上外加羞辱。最好留待孩子情绪好的时候才问。
- 如果可以避免不断地提醒、责备或纠正孩子，偶尔您可以将这些家事视为自己的工作。或者，为给孩子一个快乐的惊喜，就做了。
- 当您的孩子到达上学年纪之后，请养成晚餐之后大家一起收拾的好习惯。当每个人只是做一部分，事情就可以很快完成。
- 最重要的，别以为维持家庭的整齐与清洁是一个可以永远“解决”的问题。很重要的是接纳您的家庭实际可达成的“整洁”程度。总之，应该为生活而整洁，而非为整洁而生活！

第19章 动机与意志力的教育

19.1 概观

如何培养儿童的意志力、勇气与自我认同感？大人如何帮助孩子发展挑战人生的意志力？我们正常的身体能力并不能“自动化”地帮我们行使理解力与尊严，人类的行为是从发展中学习而来的。我们所有的行为必须通过模仿、洞察、经验以及行动中获得，即使是很“自然”的事情，例如吃饭、睡觉、醒来以及性问题等。一切都得通过学习、练习，并经由生命的所有面向，有意识地培育而得；人类的遗传因子与本能必须通过学习的过程加以强化。当孩子因为“还不会做”所有的事，而且还得学习所有的事而感到挫折时，我们大人关爱的陪伴是必要的（请参阅 16.2“幼儿园的一天”）。意志力与动机不同，动机属于情感层面，实践则是意志力的问题。

人类的智慧与心性需要后天培养才能发展。人的意志力需要经历内在及外来挑战的培养，经历能力极限及耐抗力的考验，才能闪亮出所需的新力量。训练意志力有三个黄金定律：

19.1.1 有意识的反复做可以培养意志力

斯坦纳曾经在一场教育演讲中提出意志力发展的基本原则：我们的智能觉得很无聊的“反复”，却是“稳固”我们意志力的基础。优秀的钢琴演奏者都知道，每一次的反复练习都会有强化的效果；但是，如果疏于特别的指法练习，只要几天，他们的整体弹奏就会变差。发展一个习惯或行为并不是一次的努力，而是如实地奉行每一个小步骤，最后才能达成我们期待中的能力。如果您很快地中止了，做什么样的解析也没意义。少即是多，宁可几年内不间断地练习几件事，也不要让自己沦入长期地虚度时光之后，再企图要在几周内改变自己的情况。我们若是经常无法贯彻自己的决定，这将会削弱我们的意志力。若反复如此，人会开始怀疑自己的能力，甚或终致不再信任自己能尝试什么事情。

19.1.2 我能做我想要做的事

“任何我想做的事都可以学会”的感觉对儿童而言是非常重要的。儿童反复练习，大人陪在一旁耐心地支持，直到目标达成。对任何形式的意志力训练，让儿童感觉“我有能力完成，我不会放弃”是重要的。而且，他们已经学会了许多技能，最近的挑战不过是再多学一件事情而已。

19.1.3 任何决定都比没决定好

做决定对许多人而言是困难的。在这方面，儿童需要有值得模仿的典范。最能帮助克服优柔寡断的是觉悟做任何决定都比不决定好。换句话说，试一个可能解决问题的方法，然后再看我们所做的决定是否正确，或需要再修正以使之正确。假使果真错误，这只是另一个采取新行动的机会。能承认错误并从中学习，一样具有模仿价值。儿童能跟在自信而且能掌握决定的大人身旁，是非常好的。但是，在儿童年纪小、还不足以了解事情可能的后果之前，让孩子做决定却是不好的，因为他们无法承担后果。

为能有意识地做决定，我们需要具备有：

- 对所判断事物的觉察（能力）。
- 斟酌正、反面影响的能力。
- 愿意承担后果（负责任）。

儿童能经验大人的行使决定，但是在青春期成熟之前请不要与儿童讨论事情，也不要要求儿童做任何决定。

19.2 意志力发展的三个阶段

由观察儿童意志力的各个阶段发展可以看到孩子所发展的一小步，实为人类历史发展上跨越的一大步。古代，大多数人的行为由外在权威操控。直到耶稣出现，人类才由“你应该”过渡到“我要”。在此过渡时期中，一个特别鲜明的例子便是圣经中行淫妇人的故事。人们将一行淫的妇人带到耶稣那儿。众人问耶稣："根据摩西律法，我们要把这样的妇人用石头打死；你说我们该把她怎么样呢？"耶稣告诉这些控诉者说："你们中间有谁是没有罪的，谁就可以拿石头打她。"结果，人们一个接着一个离去。当只剩下耶稣与妇人时，耶稣允许妇人依照她个人的意愿决定离去。

学龄前儿童的意志力练习来自榜样学习与行为模仿，接受外在的启发与引导。到了上学阶段，儿童则大都凭喜欢或厌恶的感觉决定自己是否愿意学习什么，或做什么；这个阶段儿童的行为动机不再只是由榜样引导，通常是来自爱的教育引导或因为害怕被谴责而产生。到了青少年阶段，成长中的年轻人拥有自己的判断能力，不再受周遭环境的影响。也就是说，他们会自己做决定并陈述理由。如果该阶段的行为能力仍停留在榜样导引或凭感觉决定兴趣与否，即表示儿童尚未成年；也即是说，他的"意志力尚未发展成熟"。

情感与思想必须达到一定的成熟度，才能掌握自我的意志力，并清楚自己的动机。因此，教育者必须体会儿童"当时期阶段"的心理发展。要求儿童完全服从，或威胁、强迫，或不允许孩子表达意见的教育方式，都是不对的。意志力的教育应关照到儿童不同阶段的需求，并以儿童的成熟度与特质为依据。其中最重要的是，以爱与典范作为儿童行为原动力的教育。在这基础上，儿童自然不是因为奖励或谴责，而是真的爱自己所做的。

19.2.1 集中注意力、安静、慎思及喜乐

集中注意力

对儿童而言，与大人一起仔细地观察某些特定的东西，或看着大人全神贯注地工作，可以为他们自己正发展中的专注能力提供最佳的范例。

培养注意力与集中力的重要事项：

- 对事物的兴趣。
- 温暖而灵活地观察。
- 安静的思量。

例如，给予足够的时间，让孩子专心地拆封并仔细地看收到的礼物；让每一

个礼物都是被真诚地“收到”，而不单是肤浅地接受。如果孩子一下子收到了很多礼物，不要让他们一次全部拆封；要让他们一次拆封他们“消化”得了的分量。其余的，等晚一点或甚至几天之后再拆封。

安静与慎思

如果我们观察人们在预备重要的劳务或艺术性的创作时，我们可以看到他们如何将自己的精神“集中起来”，而且变得安静而专注。他们越能在工作前投入专注与静心，就越能将他们的心力与技巧展现出来。对成长中的儿童而言，能有一定的次数，让一些散发平静、安定的人环绕在他们的周围；或在阅读或观察时，让他们只是安静地坐着或全神贯注，也都是好的。有时，受到这种宁静气氛的影响，儿童甚至不敢和沉静中的大人说话，他们只怀着被注意的希望，在旁边找点别的事做。一个总是来去匆忙从来无法沉着完成事情的大人，不可能成为沉静与专注的榜样。我们能如何示范儿童专注的榜样？要学习对我们从事的工作真正下决心做。那需要沉着、冷静并从容地执行，而且是与行动合一的唯一方法。

侵略性行为

从幼儿园至小学低年级儿童天生倾向好动而活跃，以致时而有身体上的碰撞、推挤、捏掐或抢玩具等行为。这些我们所谓的侵略潜能或侵略性行为，其实不过是儿童在身体层次上尚未能完全驾驭自己的意志力，因此无法引导自己的身体朝向特定的行动控制。好动性和侵略性的潜能是相同的，侵略性只是没有适当引导的好动性，所以特别重要的，要让倾向无法安定的和倾向侵略性的儿童能经常有足够久的身体活动，从而引导他的潜能往好的方向发展。至于修正儿童的行为方面，通常需要慎重处理，这也许需要几组家长的合作，以帮助这些儿童在家里、在庭院里，或其他类型的劳动工作里，获得充分的身体活动机会。但别忘了一项人们最熟悉的，最平常的“行走”活动。过去，儿童每天大约必须走半个小时上学，因而他们有足够的机会锻炼自己的意志力和专注力。在行走的路上，沿着道路，他们每天看到相同的事物，或体验季节不同的变化。他们遇到许多人，有时是同样的一些人，有时是一些新面孔。在这样一再反复的练习，一再看到相同的事物，却又总有些变化的日常活动里，不仅可以锻炼意志力，同时也是一种最健康的体力活动。在当今儿童以乘坐私家车或是公共交通工具上学的年代，很少人能保有例行性走路的机会，这对身体的稳定度与意志力的训练非常不利，而免疫系统的活化也通常与此相关!

教育特别具侵略性儿童的另一个要素是发展说话和讲故事的家庭文化，刚开始时最好先大声朗读点什么，接着再回头谈论内容。请多留意可以交谈的机会，例如在厨房、爬楼梯时、散步去河边，或者开车、吃东西或看电视时；打开话匣子最好的方法是提出您的孩子可能感兴趣的问题或想法；而对话上的分歧（争吵或调解）是卸除郁积侵略的最好方法。

喜乐

欢喜地做，爱自己所做的，这种心情态度是在工作与学习过程中最美好的动力；这样的时刻，人完全“融入”自己所做的事情之中。相对地，奖励与处罚以一种特别的方式锻炼我们的意志。然而谁不倾向返回经验快乐的情境，而逃避不快乐的经验？基于人类对奖惩的本能反应，儿童将更难以掌握奖惩的概念，因此通过奖惩，将促使儿童形成依赖他人的正负面评论；这不符合自由意志教育原则。如果您要培养孩子成为自由的个体，就需要有不同的方法。将“行动自由”放在心上，仔细地观察孩子的活动，您的孩子是否有足够的活动机会？无论多小的活动，基础都是发自内心的动机，而且是孩子为了自己而经验的有意义的连结？您是否为他立下典范，提供他喜欢而且是必要的模仿活动？

斯坦纳经常强调，真正的自由及自发性的行动是那些出于“爱”的行动。出于惧怕或期待奖赏而达成的行动是依赖的行为。只有当儿童学会采取一己的主动性，最重要的是“爱他们所做”，才有可能发展行动的自由。(注 1)

19.3 处罚与奖励

当一个孩子突然冲撞父母所设的限制，他意图反叛，而且对抗大人时，他感受到不和谐，他的自我经验着剧烈的痛苦。相对地，如果父母只是观看，允许孩子的冲动活跃地发挥出来，或者父母偶尔允许孩子做一些平时禁止的事，孩子的意志可以自由地发展，孩子会很快乐，因为他“为其所欲为”，他的“意志”得到了认同。妥协、禁止、承诺、请求合作、转移注意力或威吓孩子——从处罚到奖赏，大人有这许多方式可以尝试去影响儿童的行为，而这些范围也存在着许多反思的空间。

身为父母或教师，我们如何学习在这个范围里作出对孩子最好的考量？

我们通过以下的问题与范例帮助大家澄清此一议题：

- 我的孩子偷我的东西。(四岁)
- 他太具侵略性了，我的手已经失控好几次，我曾赏过他巴掌。我那样做，在情绪、心灵上，会伤害到他吗？（两岁半）
- 我的一个五岁孩子，像他哥哥一样很肯定地说："那不是我做的！"但我完全知道他说谎，我该怎么办？
- 我认为我们应该每天至少赞美或奖赏孩子一次，以加强他们的自我价值感。
- 我的 14 岁少年毫无顾忌地将音响开到最大声。
- 他为什么不帮忙做一点家事？他的东西都到处乱放，我做错了什么吗？(13 岁)
- 他变得很懒散而且对什么都没兴趣，我该怎么办呢？（15 岁）
- 他很生气，所以把窗户的玻璃打破了。(八岁)
- 我告诉过他不要碰我喜欢的花瓶，但他不听劝阻，硬拿，结果一个漂亮的花瓶就被打破了。(三岁)
- 我已经很大声地喊了两次吃饭，但还是有一个孩子没到餐桌来。
- 我们家一直都有足够分量的甜点给每一个人，但还是常常为了甜点争吵！

这些是我们在儿童门诊中，经常从家长那里听到的不同种类的规范议题，他们问："我们该如何根据实际情况与孩子的年龄需求，做正确的处理呢？"

无论在孩子或成人之间，冲突意念在所难免。谁可以说谁该做什么？谁该听谁的？谁有这个"权力"？这些都是现代生活中最敏感的问题。在这个讲求平等与共同参与的时代，我们变得越来越能察觉个人自由与自我决定的需求。然而生活中仍然充满局限、困难的工作与必要性等。个人在社会里行使职责——无论是在家庭、职场、游戏区或闲暇之时——我们都必须在社会接受的方式里拿捏我们的意图或行动。如何不以表面行为作为奖赏或斥责的条件，而以孩子发自内心意愿的动力展现自己？最重要的是，让孩子自己欢喜地做、快乐地参与，并带着感激与认同工作价值的心情参与活动。

19.3.1 处罚的例子

学龄前幼儿

当一个三岁儿童不小心打破了妈妈心爱的花瓶，他应该学习知道“自己做了什么事”，经验事情的后果：看到妈妈的伤心，看着妈妈收拾碎片，清除掉混乱。因为这个年纪的模仿能力很强，他也会感受到她的忧伤。但妈妈需要了解像“你不可以碰这个，你可能会把它弄破”之类的命令对于这个年纪孩子是不合适的。珍贵的花瓶不应该放在幼儿拿得到的地方。在这个年纪，如果妈妈很珍视而且也喜欢把玩、搬动某样东西，孩子也会希望“拥有”这个东西。但是如果孩子拿不到这个东西，他就会以自己的想象力创造一个替代品，好像自己也有一个一样。

对学龄前幼儿，身教重于言教，做的比说的更有效力。花瓶放在什么事也不可能发生的地方，孩子拿不到，等于告诉孩子：“你不能碰”。孩子需要“事实”的逻辑，而非“解释”的逻辑。对这种年纪的孩子，大人的行动越清楚与肯定（不是说一堆，或不断重复的解释），学龄前幼儿就越不会争辩或受激怒。他们在大人的正确行动中也会模仿、做有意义的事，并学习谨慎合宜地表现自己。

从抽屉中拿走钱的四岁小男孩，其实不是故意的，因为他经常看到妈妈这样做，这是一种模仿而非偷窃行为。“偷”玩具也是同样情况。在这个年纪，孩子尚未能理解世界并不完全属于自己。他们需要大人一旁协助，在父母带孩子回家之前，先帮孩子将朋友的玩具归还原位。

在进餐时，尽管您已经要求“守规矩”，但是孩子弄得一团乱，还在餐桌椅之间嬉闹、跳来跳去，这种情况该怎么处理？这里的问题是，孩子已经知道您可能不会执行您所说的话。过去，在孩子顽皮时，您可能——笑笑或威吓地——对他们退让；或父母亲之一说：“啊！让他们去吧！”这种情况，唯一能恢复管理的方式是父母亲行动要一致，成为一家之主，否则必须寻求专业人员咨询。

一个五岁孩子说谎又如何呢？他完全知道自己做了什么。大人应该清楚地告诉他，您知道是他做的；您的反应也需显示出您了解他说他没做是因为他不想自己是做那件事的人。大人坚定的眼神以及揭穿谎言的态度，将发挥教育功效。为了孩子更进一步发展的缘故，孩子需要您相信他的悔过，而且您要让他知道您是从他的谎言中看出来的。

经常控制不住自己的父母应该自问：我这样的行为，和我发脾气的孩子是否没有两样？

有些人经常在要求孩子安静、遵守规矩时，无法控制自己而爆发出情绪来，这对孩子的身心发展其实有负面的影响。在幼小年纪，任何惊吓都会影响到他们的器官发育。再者，大人打孩子，大人即做了一个极不良的示范，因为大人的反应与孩子的问题情况完全无关。几乎可以确信的，当机会来临，单只为宣泄遭受的不公平待遇，孩子会模仿，也去打弱小的孩子。成人之后，他可能会纳闷为什么他是一个倾向殴打别人的人。

小学儿童

这个年纪，儿童即将准备好专注于决定如何弥补自己所造成的损害。然而，只有等到他们受到道义心的吸引，他们内在生命的发展，足以让他们听见自己个人的“天良之音”时才可行，但这很少发生在九岁之前（请参阅16.3“青春期前的求学阶段”）。此外，道义心的发展取决于时间过程中的幸与不幸的命运、损伤与受惠的经验等；换句话说，是在真实生活的情况中，而非道德的训斥中发展的。

那个打破玻璃的八岁儿童应该看到破掉的玻璃暂时以一个厚纸板或一块布帘遮着；所以他了解窗户无法透视，损坏的地方仍然在那儿。如果可能，装新玻璃时要让这个孩子在场，这样他可以经验在修复损害时，需要投入多少的工作与努力。这里，再一次地，母亲应该考量意外发生的周围状况，并且细看是否有任何事是她可以处理得更好、更不一样的。

另一个更常见的例子是：晚餐已经准备好了，但是还有一个孩子没回来。晚了15分钟之后，他气喘吁吁地赶回来。他说，他不想在一场球快结束前丢下球就走。这与习惯性迟到或妈妈的话在他心中分量不足而忽视妈妈的叫唤完全不同。他很清楚他的确应该准时回家吃饭，但他真的想完成那场球，那是可以理解的。这种情况，妈妈可以说："我很高兴你打完了，我以为我们要自己吃饭了。"但是如果因为大人不一致的行为导致儿童的习惯性迟到，这个家庭就需要重新一起发展良好的习惯，并制定新的规则——包括迟到了该怎么处理。小学年龄的小朋友喜欢出主意，迟到了该怎么处理，可以由他们自己提出意见。

青少年

到了这个年纪，青少年越来越应该要强迫自己"处罚"或"改过自新"；大人只要在他们做决定时提供意见或协助即可。青少年需要练习顺应自己的行为合乎周围环境的要求。他们应该设定自己的学习与工作目标，并监控自己的进展，且承担错误行为所造成的后果。您 14 岁大的孩子知道家里的每一个人都同意要保持低的音量，所以当他将音响开到最大音量，那不是故意挑衅，或许就只是疏忽了。合宜的方法是，轻轻地提醒他声音太大了，如果他不理会，而继续挑衅时，请告诉他您必须重新讨论这件事；然后，暂时听其自然地放下。当这个问题在"家庭会议"中被提出时，很重要的是，一定要他在制定新协定时采取主动的角色。假若整个情况恶化，胶着到几乎不可能有共识的程度时，后续问题的处理，可能只好请中立的第三者或家庭治疗师协助了。

会把自己的物品四处乱放的 13 岁女孩，可以容许她在自己房间内如此，但在屋内的其他房间则不可以。这里也一样，重要的是达成可以重新检视并且更新或调整的清楚明白的协定。在这个年纪，"处罚"包含了要有为自己行为做补偿的个人体悟，而"奖励"则是当事情圆满达成时的欣喜与对人的感激。青少年甚至比小小孩更需要嘉许与认同，即便只是个微笑或一个表示您已经注意到他们的努力的小小表情，而不是视为理所当然。

如果您的青少年孩子伤害了别人，您应该也一起思考他可以做什么来帮助或使伤者觉得快慰。如果他偷了或损坏了什么东西，应该适当地归还、弥补或更换物品。然而这样的事件，通常也显示出您的青少年孩子可能与您缺少对话或亲近联系，也可能怀抱着失望以致无法解决问题。这也许需要找到其他可以与他对话的人，因为在这个年纪，父母可能不再是做这件事的适当人选。

19.3.2 奖励的例子

- “当我们爬到山顶时，我们全部都可以喝果汁！”当你们在长途的徒步远足时，这种激励可以对您家中成员疲累的肢体增添速度与力量。这种情形，这个奖励确实与你们花费的努力相关，而且能帮助你们欢乐地达成目标。
- “如果你很快上床，我们就有时间再讲一段故事。”这也是一个合理的奖励，因为如果孩子不赶快，时间太晚就无法说故事了。
- “如果你能帮我跑去街角商店买面包，你就可以为自己买个冰淇淋。”这种情形，行动与奖励之间没有关联性。但下面的情况就不同了：如果玛丽安在舍不得离开洋娃娃的情形下帮忙出去买面包，回来时，感受到妈妈对她愿意帮忙的感激。甚至，她可能发现洋娃娃的头发上有一个可爱的红色的新蝴蝶结。

赞赏会如何呢？认可与赞赏能强化儿童的自尊与自我认同感。他从您对他的成就的愉快经验中学习到他所做的事情的某种意义。然而如果您的赞赏是强化且夸大的，他将会有点惊讶地学到他所做的某些事情是如此地值得称赞，而且他可能会认为，其实他根本就可以做些不同的事（而且可以减少一些该做的）。这种疏离类型的方式是不好的，特别是对于学龄前的幼儿。

当您的孩子有比较急切的渴望，想得到什么，您永远都应该严肃看待。有时候有些东西可能是立即的需求，所以应该马上购买——例如娃娃屋门上的铰链。但是其他的情形，就得等到下次生日或圣诞节了，像是“也许到时候我们可以想办法买”。在第三个例子，也许可以考虑转换孩子急切的渴求至别的事情上。例如不买玩具枪，买个球或“射镖”。然而，对于满足孩子特别的愿望，不应该拿来作为奖励或处罚。

究竟“金钱”是否可以成为一种恰当的奖励？如果孩子洗碗盘、清理房间、接受使唤等，我们付钱给他们，我们就教导了孩子错误的社会态度——这听起来有点不得人心。也即是说，工作的主要目的是为了个人赢得物质，而非为了帮忙他人或使他人快乐。当孩子是被付钱做日常杂务，他们通常会花这些钱购买他们认为父母亲可能不会认真看待的，或不可能会让他们拥有的。结果，他们开始下意识地认为，当要实现个人的渴望时，他们就得自己照料，因为在这方面他们不能对别人期待太多。反过来，如果您的孩子感受到您重视他们的需求与渴望，也感受到他的工作对别人是有帮助的，这就立下一个非常好的社会价值根基。那就是，我们通过我们的工作服务他人，他人也关照我们的需求。如果我们在儿童的内在鼓励这样的态度，慢慢地我们即能变化我们当今展现的几乎全自我中心的生活态度，进而转入一个像兄弟姐妹般友爱的、合乎经济效益方向的社会。

另一种情况当然就不同了，例如当您的孩子需要存钱买比较大的东西；这样的事情，帮助他使他能购买得起是恰当的。大约到10、11岁左右，很重要的是孩子要能知道，我们必须赚取金钱才能购买东西。在这个要点上，家长才可以因工作而付钱给孩子；但在这之前，孩子工作只是因为自己喜欢或是为了让别人高兴。付钱的最高原则是工作出于自愿，觉得值得这么做。

不恰当的奖励会养成自我中心的生活态度，做事情不是出于自我意愿，而是优先考虑表彰、美名与经济利益的获得。

不恰当的处罚则会导致态度上，让孩子以为不守规矩与犯下错误是本质的败坏或“邪恶”；而“讨人喜欢”、不犯错，是事情的正常状态。如果在学习和成为人的过程中，我们不能理解人不可能不犯错、不失败，或不失误，我们即是在自己周围建造一个无过失及道德完美的外观或假象。不过，努力从经验中学习，修正我们的错误及不完美，并能允许犯错，都是独特而普遍的人类特质。

当今，儿童的意志力教育比往常更需要受到重视，而且，家长与学校应视其为与智力发展同等重要的能力。

附注

注1 Stiener，Rudolf. *Intuitive Thinking as a Spiritual Path：A Philosophy of Freedom*，Anthroposophic Press，New York 1995.

第20章 睡眠失调与其他困扰

本章我们将讨论一些经常被问到有关父母注意到的儿童怪异行为或身体失调问题。要弄清楚这些问题的精确原因可能需要与家庭医师或儿科医师大量的对谈，有些个案尚有转介至儿童／青少年精神科医师的必要。然而，大部分的家长通常只要有一点对于儿童了解上的帮助和规矩上的建议就足够了。

20.1 睡眠失调

20.1.1 不能一夜安眠

以下几个例子显示出儿童睡眠问题有多么大的不同：

- 一个九个月大的婴儿常于半夜 23：00 ～ 1：00 醒来，只要继续留在床上，他就会安慰不了地直哭。最后爸妈只好屈服地打破原则，抱他到妈妈床上。结果，他立即安然入睡。有一天，爸妈偶然发现，除了婴儿床的栏杆，婴儿床与外墙间没有任何隔离。于是，爸妈在婴儿床顶挂上纱布帷帐，孩子即整夜安睡。原来，沿着墙渗入的凉风吹着了婴儿的头部，以致他总在半夜惊醒。
- 一个两三个月大的婴儿每晚准时地于 11 点 12 分醒来，过了约 30 秒之后又熟睡了。花了好一段时间之后，父母亲才发现，原来是高空中模糊的喷射客机经过的声音将婴儿吵醒了。
- 一个学步儿终于可以关着房门入睡，他的父母对此成绩感到非常高兴。但有个晚上，一阵突来的强风吹过烟囱顶，发出一个类似远洋巨轮的低沉雾角声，他尖叫着惊醒过来，从此不愿意在黑暗中睡觉，关着房门睡着更是不可能。
- 一个在爸妈房里睡觉的婴儿每晚哭啼，即便在妈妈床上一样无法安眠，以致全家也不得安眠。他们耗尽整个小时进行例行的喂奶、歌唱、游戏等活动，但这些影响都维持不长，戏码又得从头上演。当情况呈现加重紧急时，爸妈将婴儿放回他原先睡觉的哥哥的房间。父母当时抱婴儿到自己卧房睡觉是为了避免哥哥总是在婴儿醒来时起身到爸妈房里。很奇怪的，自从那晚之后，屋子里平静了。两个孩子整晚熟睡，没人半夜醒过来。

我们更早之前曾经提过，有时候婴儿在睡眠时好像感受到父母出现，嘴角泛起笑意。类似的，无论多么安静，当爸爸或妈妈踮着脚尖进入孩子房间，有些婴儿或学步儿会张开他们的眼睛一下。但对他们隔邻兄弟或姐妹的大声哭啼，却照睡不误。有时候您只需要给一些空间，不要太担心状况，尖叫中的孩子有可能自己安静下来。相反地，如果您自己不知所措，您的思绪绕着圈转，孩子即可能吵闹得更厉害。

20.1.2 可能原因

儿童睡眠问题原因一如他们的表现方式般，呈现出多样化。以下列举一些可能因素，提供个别案例的检核。

- 孩子那天白天与那天晚上的感觉如何？是否长时间在户外，是否有足够的运动？您是否注意到有任何身体或情绪上的征候——胀气、便秘、出汗、受寒、嫉妒、不满等？
- 您的感觉如何？是否觉得在外工作过度劳累、不快乐、不满？是否觉得不受肯定、过度焦虑，或无法享受生活？是否有其他与姻亲、同住的家人、邻居等的相处问题？您是否为未来焦虑或担忧？
- 孩子的周围环境——床、房间、噪音、收音机、电视机、玩具等如何？（请参阅 12.5“装点布置宝宝的房间”与 12.7“适龄游戏与玩具”，及 26 章等）。
- 孩子是否曾在夜里因一时的正当理由醒来，结果却变成专横的习惯（例如孩子因生病被允许到您的床上睡）？

其他的可能性：

- 孩子晚餐时吃了高纤或易产生胀气的食物。
- 暖和的天气还戴着羊毛帽。
- 有一个年纪较小的兄弟 / 姐妹正处于学习走路阶段（嫉妒的感觉在这时

期典型出现）。

- 白天时不断被阻止与训诫（例如，您是否经常必须在白天命令您的孩子安静，因为要是他在公寓里制造太多噪音，你们就会被赶出去？）。

在仔细考量这些不同的可能因素，得到了一个您的孩子为何无法在夜间安睡的结论之后，接下来的问题是如何解决。接下来将提供一些建议。

如何处理睡眠困扰问题？

对家长而言最重要但却最不被期待的是：**母亲的睡眠是不可侵犯的**。作为一个母亲，您（以及，如果需要，您的配偶）必须确定有足够的睡眠。否则，您不可能在每天工作16～18小时后，仍能维持耐性与好心情。婴儿最不需要担心睡眠不足，因为他们通常很容易补足睡眠。

在夜间，请不要比绝对必要的，还更频繁于起身。或许您可以将婴儿床放在您的床边，当他睡不安稳时，您可以伸手越过栏杆安抚他。当孩子知道母亲在身旁，大多数孩子即可马上再度入睡。要是您无法在卧室里腾出空间在床边摆放小床，您可在婴儿房里置一舒适的床垫陪睡。处理学步儿时，要让他睡在小床里；开放式的床不实用，因为要是他很容易出来，他就比较容易霸道。直到婴儿约一岁大时，您在夜里伸进小床安抚的手都很有效。而往后比较好的策略是让孩子通过昏暗的街灯或走道的灯光，看着您安静地躺在床上。外表上，您完全安静而放松（内心里也要尽可能地保持）。只说一次“好好睡，妈妈也要睡了”即可。那之后，不要对您孩子所说的或所做的做任何反应，五分钟之后，孩子可能吸吮着拇指睡着了。因为小家伙是天生的模仿家，他没什么事可做，就跟着母亲入睡了。要是您每听到孩子一点动静即立刻跃起，情况就会完全不同，您会发现孩子站在床上，提出他所有平常的要求。

允许孩子到自己床上睡觉只能作为最后手段，而且也仅只于您自己能在那种情况下入睡。您可能想要在孩子生病时给予例外，但这种情形，另一位父母最好到其他房间睡。

不管做什么，当孩子在夜里醒来，只要父母之一回应即可。否则要是两个大人的睡眠都受到干扰，接着怎么做又还有不同的想法，混乱即很容易加倍。

大约18个月大，当孩子开始学说话时，他们会发展一种直觉的理解，能衡量父母亲所做的事。这个年纪，他们很快地学会之前还不会的——认知界限。例如：有个孩子在一岁三个月大时生了一场大病之后，养成了每晚醒来一两次，而且会哭闹到妈妈来的习惯。到了生病的不舒服或发烧口渴等正当理由都消失的时候，醒来和哭闹却已经变成一种习惯。

父母亲应该知道，孩子可能半夜什么时候完全醒来或半梦半醒是相当正常的；这与真正的睡眠失调无关。有的孩子只吸吮一下拇指，不久即回头继续睡，有的孩子只是翻一下身，其他还有自己唱着歌入睡的。然而，有些孩子逐渐养成习惯，要妈妈抱他们、给他们奶瓶、亲吻、唱歌、玩游戏……如果持续 3 ~ 5 个月每晚如此，妈妈到了自己极限，只好带着问题请教医生。医生建议让孩子打开房门或开着夜灯，或让他在妈妈床上睡着，之后再抱他回自己的房间睡。您也可以放张床垫睡在孩子床边，或者让他睡在您床边的小床上，但如果孩子叫醒您，重点就是一个示爱的、但明白的告知："好好睡，妈妈也要睡了。"然后："否则妈妈就必须送你回自己房间"（或是就关门或任何您决定的限制）。

即便孩子不了解您的说话内容，他可以感知您语言背后的语气，所以对您所说的话当真是很重要的。如果幸运的话，可立见效果。若不成，您必须不管他防卫的尖叫声，将小床推回他的房间。根据日常经验我们知道，在这个点上，许多妈妈的整个教育哲学便分崩离析了。总之，她们总想要给孩子一切最好的；她们要每一件事都是美好而可爱的。然而事实显示，如果孩子从没遭遇坚定的限制或实在的意向，他们会变得更不快乐、更坏脾气、更不满足。当妈妈改变她的策略，并且在亲子关系中放入理性的行动，孩子对界限清楚的需求即可获得满足。通常这可能会有短暂性的治疗危机，然而，很值得坚持下去，成果很快即可在孩子身上清楚见到。

执行这些基准的最重要原则是以行动表达，而非言语。不要询问、解释或胁迫。通常这些方法对投入这种情况的成人而言都很陌生，在他们理解执行这些基准的目的与重要性之前，需要与儿科医师对谈。你们与儿科医师的谈话也是为了如果您的配偶不同意所进行的，或者如果你们之中有人无法面对混乱时说："我坚持不了了。"后者的情况，医师应建议父母之中神经较脆弱的那一位离开家里，出去度假两个星期。训练孩子养成好的睡眠习惯这段时间，这些方法对于比我们案例年纪更小的孩子不适用。

我们假设，这期间为了将干扰减至最低，您将孩子的小床放在厨房中。现在，戏码开始了：您听到他的哭叫声。您一定要五分钟不理睬，但不可超过十分钟。当这痛苦等待的时间过去，无论孩子安静了或仍在哭叫，请打开房门，以一个友善的声音询问："你已经准备好安静了吗？"然后带他回他的房间（或任何您要他睡的房间）。但如果孩子的哭闹变激烈，请说："当你准备好了，妈妈就过来"，然后关上房门。五分钟之后，再一次，无论您的孩子是否平静或哭叫，请重复同样的做法。您安抚的态度是重要的。如果您过去不一致，您做的不是您说您要做的，痛苦将持续一段时间，但经过几次重复之后，一岁半大的孩子通常能了解，多哭也不能再赢得什么了。您也许需要站在小床边，忍受一下他的哭闹。重要的是您现在的反应与过去的表现完全不同，您是镇定而且从容的。没有滔滔不绝地使孩子"平静"的话语，没有绝望的"喔，可怜的宝贝"，没有抱起他，没有亲吻，也许只有一点安静的哼或唱。如果所有这些五分钟之内不见效果，请走出来，关上房门，接着再重新开始。气氛将充满激烈，因为您要他到达您可以说"很好，现在你已经准备好了"的目的。

从一开始，您的态度一定要是安抚性的，但一定不可中止您已决定的客观性、必要性的界线。第二天晚上仍然以友善的声音要求您的孩子安静，通常这样就够了。然而在您开始坚持改变习惯之时，您必须相当确定，您的孩子没有感染传染病——一个合理哭闹的原因。若孩子可以自己打开房门，关门这件事就没有意义了。请镇定而从容地锁上房门，或以手边的扫帚柄将门堵住。

在床上给孩子奶瓶的坏习惯使得情况更加难处理。只将平常习惯喝的青草茶瓶放在他的近处，不要直接交给他，还可以有些帮助。如果他的"奴隶"不给他奶瓶，他可能睡整晚不需要喝呢！随着逐渐减少夜间奶瓶的糖分，直至零糖分，您可以达成同样的结果。新习惯养成之后，或者有一天您可以很愉快地告诉孩子"现在你已经很长大了，你不再需要奶瓶了。妈妈送你一个小精灵，小精灵会在你醒来的时候说故事给你听"等等。编织的羊毛小精灵与小矮人特别适合作为这年纪的睡觉玩伴。这些玩偶也可以安慰生病的小朋友，有时甚至可以是一个妈妈的替代者，一直都在周围陪伴。

20.1.3 就寝时间哭闹以及入睡困难的孩子

就像在夜间醒来的孩子一样，有入睡困扰的孩子通常哭闹也不过是出于习惯。改变您孩子的就寝惯例可以是形成有益的新界线的基础。例如：

- 在墙上或小床顶上挂一蓝色布幔，上面点缀几颗金色的星星，造出一个“星空”。
- 一个新的睡觉玩伴——也许是以上所提的小精灵——祝福他好睡眠。
- 烛光、唱一首歌，或弹一曲儿童竖琴、五弦古琴或笛子。要是所有这些您都已经做了，也许是抛弃这些习惯的时候了，可以是一些新而有趣的，虽然那会多花些时间。允许他稍微晚点睡，让孩子与您一起坐在沙发上，说一个简短的故事，那会让他觉得自己已经长大，而且有殊荣。不过故事说完，即是明确的上床时间！
- 要是小孩子起床从他的房间出来，第一次，请安定地带他回房。然后告诉他如果再出来，您就会关上房门。如果孩子第二次又起床出来，请关上房门；当然，要一样安定的态度。如果他能自己开灯，请切断电源，作为先发制人的方法。但请确定百叶窗有一些光线透进室内。利用前述的五分钟等待。只有等孩子躺在床上，房门才会保持开放。
- 孩子是聪明的——到了第二天晚上，他们接受了新的限制。这些措施只有在父母没有勇气执行决定的后果时才会真的失败，而孩子也会深感失望。
- 另一种入睡困难的类型缘自于神经质。您的孩子不知怎地认为他无法入睡。可能的因素很多：太疲累、天气太热、太兴奋、知道您要出门、假期刚开始。这种情形，请试着为孩子唱首歌，或给孩子一件您的毛衣或您床上的毯子放在他床上，再为他盖好，轻轻地抚摸他的头发，让他觉得舒服、有安全感。有时，最好的方法可能是让他在客厅里待一会儿，让他自己看本书。您可以说些像“你要是困了，就自己上床睡觉”的话。在此情况下，当然，您需要避免与孩子继续对话。然后，您要让自己看起来专注于与他无关的活动。通常无聊的感觉，再加上自以为长大的骄傲，他自己会知道累了，很快地他就回床上睡觉了。

20.1.4 小学阶段的睡眠失调

就寝前，请检查孩子的脚是否温暖（如果需要，就给他一个暖袋或穿上保暖的袜子），或泡个温暖的、薰衣草精油浴。有时，也可绕巷子散散步，呼吸新鲜空气以利睡眠。

注意晚餐少吃难消化的食物——不要太多油腻的，也不要太多生冷蔬菜或粗糙的谷物。热的奶麦粉或加些蜂蜜的草本茶之类的可以有帮助。大声念故事给他听比让他自己读好。花几分钟时间讨论一下白天的事情，或者假若第二天有疑虑的事。同样重要的，如果您担忧，您的孩子会察觉到这一点；对于即将来临的事情越清楚越有帮助，一句简短安慰的话“我们可以一起处理”将能给予心灵安定。

20.1.5 夜间的惊恐

孩子半夜哭叫可能有各种不同的原因。6 ~ 18 个月大的婴儿与三岁幼儿的原因也不同。当这类症状一出现时，请检查一下孩子是清醒的，还是因为睡眠中的恶梦哭叫。如果是后者，可以抚爱拥抱孩子，或是轻柔地叫醒他。接着，查看是否有因为疼痛（腹痛）、发烧、鼻塞造成的呼吸困难等情况。最后，试着回想孩子是否在白天曾有惊吓的经验，您曾否注意到任何不寻常的害怕？您对他症状的评估将决定您是否需要咨询儿科医师（参考本书第一篇相关章节）。有“夜惊症”的孩子在睡梦中尖叫或哭嚎，或在床上辗转反侧，既无法立即醒过来也无法安然返身入睡。此时，留心一下白天的奇特事件，以及可能引起胀气的食物。每隔四周出现一次的不安，可能与月亮的盈亏有关。人智医学或顺势疗法的药物对大多数案例都具有良好的疗效。

20.1.6 梦游

梦游最常发生于满月期，如果梦游者在四处游走时醒过来的话，则有可能产生危险。这种症状对前述的医药种类反应也相当好。与“夜晚不安”的症状一样，不需要精神治疗的药物。

20.2 我的孩子不吃东西

一些我们儿童门诊的范例：

- 一个活泼、快乐的三岁孩子被带进会诊室。他的妈妈说：“他根本什么都不吃。”

"那他吃什么呢？"

妈妈说："什么也没有！我给他的，他什么也不碰。不过，他可以一整天喝牛奶与优酪乳。"更彻底咨询的结果，孩子在两餐之间也吃一些甜食。然而，妈妈说得对，孩子真的不吃任何她为他准备的食物。

解决方法：至少一个星期完全不给孩子乳制品，然后每天最多两杯牛奶或优酪乳。两餐之间没有点心，没有甜的饮料。孩子才能很快养成其他食物的食欲。

- 另一个妈妈描述同样的事，她的小男孩除了不喝奶之外，同样的也不吃东西。这种情形，经进一步的询问显示，在正餐之间，他会吃一些松软的干奶酪、蛋和肉，还有冰淇淋、汽水和其他点心。然而，在餐桌上，他吃得很少。

  解决方法：两餐之间不再有点心，要保留食物到坐下来的正餐。在餐桌上，重要的是您享受自己的食物，尽量与孩子闲话家常，借以忽视他已有的不良饮食习惯。

- 一个脸蛋娇弱、双手纤细、骨架瘦小的小女孩进入诊疗室。这个小女孩从不曾吃任何东西超过一小口，连奶奶煮的美味的小牛肉汤她也拒绝。儿科医师询问母亲其他相关问题，例如母亲自己的出生体重，以及小女孩父母亲在同样年纪时的样子。

  解决方法：试着安排一个在乡下或山里的活动假期，最好有其他小朋友一起参与。重要的是，在这段期间，大人必须放松自己的期望，不要特别关注孩子的饮食习惯，让孩子自己决定要吃多少。新鲜的空气和模仿会增加她的食欲。回到家里，她可能不会比以前吃得多，但至少气氛已经比较轻松了。

- 一位母亲带着一个相当倔强、绷着脸的青少年进来。他很少做母亲期望他做的事，当然也包含吃东西在内。

  解决方法：这种情形可能只有等到与母亲几次个别谈话之后才可能找到，母亲必须了解，孩子的生命目标不一定是要实现家长喜欢的期望。当孩子没有大人接连不断的问题、责备、解释和强加在他们身上的要求，而是让他们以父母的行为为榜样，他们表现得最好。

- 另一个孩子除了红葡萄汁与一种特别厂牌的饼干之外，什么都不吃。

  问题出在母亲自己很在意身材，她必须控制体重。母亲若不能好好坐在餐桌上享受自己煮的食物，孩子也就很难改善。母亲必须寻找其他方法维持身材。

有些母亲的饮食问题导因于操劳过度、得不到认同，还有，孩子占据她太多时间和关注。母亲应以爱及清晰的头脑烹煮食物、要避免在两餐之间吃点心、要如同许多家庭一样尽可能符合充分享用食物的要求、要随时保持好心情，可是说要比做容易啊！

通过安慰的方式，这里有一个甚至连儿科医师都知道的，只有在梦中才得迅速一瞥的天堂：孩子口渴着回家，然而在晚饭做好之前，他们很满足于有一杯预备好不加糖的草本茶等着他们。他们将人家送的，或在放学途中交换而得的糖果放进一个精致的盒子里；当盒子满了，他们可以交换一个真的皮球或其他有用的东西。当孩子放学回家时，家里不是开着收音机，因此，妈妈能迎接他们回家听他们一天的新鲜事，而且专心留意他们的心情。家人坐在一起，同时用餐。在进餐之前，每个人说感恩的祈祷或一起唱首歌，然后手牵手祝福彼此好胃口，或说：**“愿用餐愉快”**；用餐真的是一家人的大事。每个人盼望着食物，彼此问问题，相互享受一些温和的玩笑。几乎没谈到食物本身，每个人想吃的尽量多吃，通常每样菜都吃一点。每个孩子都可以有一盘他不一定要吃的菜；任何造成困扰的食物将与其他剩余的菜压碎、混合。要不然大家同意遵守一个单一规则：我们每个人都必须吃三汤匙餐桌上的每一道菜。通常，餐桌上的谈话都很有趣，孩子们也都留在位子上直到所有人用餐完毕。餐后也许大家再次手牵手，顺着瑞典人的习惯，说声：**“感谢食物”**。

20.3 遗尿症／尿床

如果孩子直到四岁仍然尿床，应该请教儿科医师接受检查。尿床的因素可能是体质上的、身体上的或心理上的。

若身体因素已被排除，以下本文所讨论的议题会很有帮助。在这种情况，尿床是一种孩子对父母表示“我要包尿布，这样我就可以再像婴儿般受到保护”的症状。

首先，探究孩子是否受到惊吓，还是出于嫉妒心或是生病后遗症等类的原因。一旦这些问题澄清了，通常就值得试试满足孩子更多保护和安慰的需求。家长借由有意识地让孩子回复到童年更早期的旧习性，暂时允许他再度变“小”，受到“保护”。同时，试着让白天的作息尽量更规律如一，并且比往常更加将孩子放入意识里。对于学龄前儿童，不要直接处理尿床问题，而是要寻求其他解决问题的方法。

当家中有一位较小的孩子出生或正开始学走路时，有些事情会造成父母较少关注大一点的孩子。父母要给这个大孩子额外的大拥抱，让他与您分享这件事情的喜乐。告诉他您对于他这么懂事引以为傲。不要给他小宝贝用的奶瓶，但请给他一个特别的新杯子或他专用的银制餐具——不需要做任何解释。如果孩子喜欢听您编故事，您可编个包括代表象征尿床的故事，像一条泛滥的小河，或人们必须等到一个男孩的帮助，才得以控制一个满溢的涌泉的故事。或告诉他，有一位老公公，每天必须与一个鱼池里控制水高度的水门奋斗，直到一个男孩来帮助，或接管了这份工作。

以打屁股处罚尿床或以冲冷水吓唬孩子只会强化他对关注的需求，而且也会使得情况变得更糟糕。然而，如果您的孩子感觉被通融、被体会，您额外关注的部分将会帮助消除问题。例如，如果您的孩子固定在 22：30 ～ 6：00 遗尿，大人要在孩子上床之前，陪伴孩子上完最后一次厕所，并鼓励他撒一泡“最大、最美好的大尿”。孩子入睡一两个小时之后，留意他是否睡不安稳；当您察觉孩子的膀胱已经满了，带他到厕所，让他坐在马桶上，小声地说几句鼓励的话。同样地，早上六点钟再做一次（只要这不会让您失去太多睡眠）。您必须在孩子尿床之前醒来。在您的部分，这些努力表示您接受保持儿童干燥也是您的一部分责任。留意适当的时机将责任交回给孩子。不过，这个方法对夜间不定时尿床，或对于您的努力唤醒而会哭闹的、会反抗的孩子没有功效。同时，如果您的孩子睡得很熟，完全不知道自己尿湿了，这种方法也有问题。这种情况，您需要决定是否晚上包个尿布或有个塑胶护垫即可。

一个始终如一的日常惯例，特别是关于吃、喝的习惯，能帮助儿童强化体质。如果您不愿意建立一个吸收进来的规律节奏，您就无法规律地预期排放出什么来。如果您的孩子是一个不能停的或“要求”了才喝的饮者，想要处理尿床就没什么意义了。这种情形，第一步是约束孩子只在用餐时喝东西，那时您可以控制分量。

尽可能给尿床的孩子穿上可以覆盖他躯干的保暖羊毛内衣或紧身裤（薄厚依季节决定）是很重要的。如果他的脚又冷又湿，先用热水泡脚，然后以按摩油摩擦他的脚。早晨以金丝桃油（St. John's wort oil）按摩他的双腿也有帮助。最后，确保孩子能看见足够值得模仿的活动并挑战他更深一层的发展。“不费力、没有意见”的感觉会使得儿童退化到早期阶段的发展。其他引起反应的刺激，如家庭中的冲突、双亲都在工作，或父母即将离婚等，通常都指出与儿童心理医师或儿科医师会谈的必要性。

如果您的孩子白天、晚上都遗尿，而身体的因素已被排除，同样的措施也已运用，您需要在白天也为他设个就像您为正在学习保持干爽的小小孩一样的“内在闹钟”。不需要谈论情况，只要引介新的如厕习惯，例如请他在特别的时间坐马桶或坐幼儿便器椅。

“遗漏”或湿了内衣的原因需要被澄清。通常这只是一个注意力不集中的迹象。如果是这样的情形，只要可能，陪您的孩子去上厕所，而且要鼓励他挤出最后一滴尿。如果您的孩子过于喜欢这种方式的关注，即要放弃这个方法。

一旦孩子七八岁了，采用不同的方法比较合适。到了上学年纪，孩子倾向于愿意听从他们尊敬及信赖的人的话，例如老师、教父母、医师等等。直接的责备，对他们仍太苛求。历久弥新的方法是请一位孩子信赖的大人为他讲一个尿床的小故事。例如：“晚上在你睡着时，有一个保持清醒的小精灵（或一只鸟或一位仙子，只要是您喜欢的）站在你肩膀上，秘密地在你耳边悄悄地说：‘醒来吧！你该去上厕所了。’但是，你躺在那儿没听见，虽然他很努力地想帮助你。晚上，你试试很严密的注意，看看是不是听得见他，如果听见了，你就会醒来，然后轻声地去上厕所。你只需要在睡前决定好这么做，你的爸妈会在跟你道晚安时提醒你。”然后说故事的人请家长每天晚上神秘的在孩子的耳旁悄悄地说：“别忘了注意听小精灵喔！”通常如果这个故事由家长来说效果比较差些。

这个方法之所以有效，是因为您的孩子真的也不想要再尿床了。小精灵、鸟与仙子成了孩子醒来意图还不够坚定时的象征。每天晚上提醒他，提供他这样的象征图像在意识里成长，能够帮助他强化企图心，使他比较容易醒过来。

这样年纪的孩子仍然太小，不适合直接的训诫。只有在孩子九岁以后，同时，也是在第三者（医师是最好的选择）比较能有效执行治疗法时，“诉诸意识”才是合宜的方法。有时暂时改变场景是有帮助的，因为这样可以强化儿童的自我察觉，能迫使他更信赖自己。依孩子的体质与成熟度而定，也许有可能经由慎重地增加孩子上厕所的间隔时间训练他的膀胱。在这个阶段，由您的孩子决定自己吃喝的时间表是有效的。

使用一个“尿铃”（Bedwetting Alarm）也可能有效，但通常只有在父母乐意督导孩子上厕所时有效。

20.4 遗粪

遗粪，表示孩子故意在裤子上或房间的一角大便。这与便秘或疏忽而弄脏裤子的情况不同。如果是便秘或疏忽，您只需要幽默的关注、更加努力让日常例行活动顺应孩子的大便习惯。本书的读者很少人会遇到真正的遗粪者（大便失禁）。偶尔的遗粪通常是因为人际间的地位受到干扰的结果，或孩子正在寻找出路、测试父母，或害怕一个不熟悉的马桶或幼儿便盆椅的迹象。这些情况都容易辨识、修正。然而，若遗粪持续几个星期或几个月，都是儿童或父母一方听任发展的迹象，没有外在的帮助，大部分的案例不可能成功。任何与这样家庭有关联的人应该鼓励父母与儿科医师、儿童精神病学家或家庭咨商中心联系。

20.5 吸吮大拇指

当孩子吸吮拇指时，他关闭外在的世界，感觉满足地在自己舒适的世界里。如果您从一个两岁大、吸吮拇指孩子的嘴中抽出拇指，这拇指就仿佛装上一个看不见的弹簧般，迅速地弹回去。如果您握住不让它弹回去，梦幻中的孩子将会不愉快地察觉入侵，而后不情愿地清醒过来。但是如果他听见您从炖锅底刮布丁或推娃娃车准备外出散步的声音，他的拇指会在这些诱惑的声音里，自动地抽出来；如果您再要他将拇指放回嘴里吸吮的话，他会像您要他停止吸吮拇指般地强烈地拒绝您。

有人经常推荐特别塑形的橡皮奶嘴，因为大家知道深度吸吮拇指会造成颚骨变形，我们不建议使用奶嘴，因为这样甚至会在孩子非自发性吸吮时鼓励他们吮吸。圈挂在孩子脖子上的奶嘴总是很方便，大人会很容易错用它来保持孩子的安静或独自玩；或欺骗他让他误以为食物马上就要来了。拇指是一个比较好的选择，因为拇指比较方便，而且当孩子要活动游戏时，他不会一直将拇指含在嘴里。如果您决定给孩子奶嘴，请不要绑在脖子上，请以一个简单的绳子系在睡衣上。

通常，在恒齿开始浮现时，拇指吮吸会逐渐停止，而拇指吸吮造成的颚骨变形即会自动消失。在任何案例里，吸吮拇指或其他手指不是造成颚骨变形的唯一原因，我们也见过归因于奶嘴使用的案例。

有些我们的读者会问，这是否表示对于吸吮拇指最好什么也不处理。我们建议在孩子晚上入睡前，不要阻止他吸拇指。通常，白天的吸吮，耐心是最好的方法。有时候一个五岁的孩子在一两天之内决定他要永远地结束吸吮拇指，而且竟然忠于他们的决定。有一位母亲甚至还注意到他的孩子在睡觉时迅速地从嘴旁移开自己的手。另一方面，如果一个三岁孩子的拇指因吸吮长了老茧，尽早地在拇指上绑个绷带可能有帮助。以药膏和纱布敷在老茧上，以一条绕在孩子腰上的长纱布稳固地绑在拇指绷带上，再以一个小布袋包起整个手。您的孩子对于这个外观改变的非常行动将会很讶异，而您的选择将会让他知道，一切事情都将美好。大约一个星期，每天换绷带，然后停止。到那时候，您的孩子可能已经忘记吸吮拇指了。请勿使用可能膨胀的黏着胶布。

拇指吸吮显示早期发展（哺乳）阶段的固着，因此禁止或鼓励吸吮拇指都不是恰当的反应。如果您感受到孩子需要更多过去哺乳所能满足的身体自我觉察，您可以在他入睡前，充满爱地抚摸他的头，或鼓励他活泼地与环境互动。

20.6 咬指甲和抠指甲

咬指甲和抠指甲与缺钙无关；有可能是因为心理压力、紧张、受窘、无聊或疲倦等而发展出来的许多紧张和习惯性动作中的两种。倘若孩子自己想要改，他们通常可以改掉这些习惯；但是父母的责备可能使得这些习惯更恶化。父母可以做的第一个帮助是留心自己是否对孩子有过度要求或压力过重的行为，是否提供足够的机会让孩子从事有意义的活动。如果赠送一把大而可爱的指甲锉刀和一把美丽的小指甲刀，咬指甲的人通常变得非常喜欢照顾指甲。教导他如何每天早上锉下所有粗糙锐利的边缘，去除小小片的多余死皮；完成每个步骤，擦上保湿的乳液；唾液有舒缓干燥的效果，因此发痒的皮肤是最普遍的理由，是指甲找到路径进入孩子嘴巴的原因。一旦令人烦躁的事物消除，习惯即会消失或被引至可掌握的意识之下。自然，这个方法仅适用于年纪较大的孩子。

20.7 无害的强迫性行为

在某些阶段，依情况的可能而定，几乎每个孩子都曾经坚持过只愿走在车道与人行道间的路缘上，或是只愿踩在铺路石的缝隙上，或是两块铺路石间的间隔上。然而这种类型的行为并不是真的强迫性；除非是没遵循特定规则孩子就不能移动，而且违反了就导致焦虑的情况。所有的习惯与规律的、反复的动作都有成为强迫性的潜在可能，但是只有当姿势或行动脱离了任何有意义的脉络，而且完全只是为了做而做时，才有可能真正发展成强迫性行为。这种情形，重要的是要找到教育的方法和／或能强化儿童自我的医药治疗，使儿童能再轻松地掌控自我的行动。如果您注意到持续的强迫性行为，洗手、一直旋转身体，或不停数数的学童，这时，该是求助儿童精神科医师与儿科医师的时候了。

20.8 摇晃身体

许多孩子以规律、节奏的动作摇晃着自己进入睡眠；醒来时，孩子也可能不由自主地再次重复这个动作。一些像吸吮拇指或手淫等动作能强化孩子对自己身体的知觉，而孩子自我选择的节奏能使他松弛而进入恍惚的状态。这些征候最明显的形式发生于心智迟缓、脑伤或受忽视的儿童；但大部分来就诊的儿童，他们并非迟缓或受忽视的。在孩子入睡前，轻声地唱歌，温柔地抚摸他焦躁不安的头，特别是前额，能帮助释放积压在孩子内在的紧张，但请不要认为可立即见效。当孩子选择这样而非那样的方式来反应压力，总是与体质的因素有关。在某些状况下，长期使用合宜的人智医学或顺势疗法的体质疗方很有帮助。但大多数的情况，当孩子届入学年龄，或甚至晚一点，这些症状即会自动消失。

20.9 抽搐症与焦躁不安

对医师而言，抽搐症意味一种非本意的、反复未成熟的动作，像眨眼睛、面部歪扭、清嗓子、摇头、耸肩等。受此疾病侵袭的个人常有动作可以释放短暂紧张的经验。这种紧张在高度专注的状态期间并不明显，但当个人放松或觉得被观看时又会再回来。当对感官过度要求，以及当儿童或儿童周边的人有无法处理的心理压力时也会增加。如果不理会，抽搐症通常会自动消失。

比较不普遍、不容易识别的是一种微妙的、无显著特点的、弥漫于所有儿童动作中，然后使得他们显出不得体的类似抽搐症的焦躁不安。而在家或在学校，写字潦草或行为的问题也可能引起对该情况的注意。

这些征候时有部分重叠，但我们一定不可与因为“视听媒体过度”而发展的“非本意动作”混淆。这时，酷似卡通的扮鬼脸，以及儿童的行为，包含典型的防卫或攻击的姿势，例如我们熟悉的“手举起来！”或急速的摆动舌头，或可笑的咕哝声也是很普遍的。这些来自经验结果的片断行为都呈现出一种自动化的特质。儿童的想象力被塞满了刻板的影像，然后转变成为动作。父母很难察觉这样的行为是有问题的；然而当问题被诊断出来是看电视或连环图画书所造成的，没有父母的合作，什么事也成不了。

通常这需要有经验的医师从每一个违常动作中，而且从多动症中区辨出来（请参阅 21.1“注意力缺陷及过动失调”），事实上，这些症状的转换是变动不定的，特别是在三岁之前即开始看电视的孩子（请参阅 26.1“为什么电视‘不适合儿童’？”）。这些孩子可能在没有任何激怒的事由的情况下，突然强有力地打破精致的东西。他们对不熟悉的东西，只从最原始的属性，也即是坚实的、易碎的或摔起来或敲起来感觉好不好去查看。这种情况，“物品”对儿童已不具“吸引力”；儿童不再能以感官及动作的帮助合宜地与物品互动。在极端的案例中，一个类似这样的孩子变成是孤独的，而且与人的互动要不是完全没有，就是在非常浮表的层面上。他有时给人有会话对谈的印象，但只局限于一连串的不断地问问题，而他也不等待回答；让人有一种没遇见这孩子的“我”中心焦点的感觉。这类案例，医师会说，虽然从精神分析的理解，这孩子不是真正的自闭，但却有自闭的特征。这类儿童通常也有语言发展的困扰。

通过与儿童及父母的对谈，医生观察并检查了孩子，而且也概观地获得了造成影响的因素，接着即能建议医疗的方法。无论主要的失调是神经医学的（身体的或器官的）或心理学本质的，以下的教育策略已被证实对前所提及的儿童都有帮助：

结构性的日常例行活动，交替强调动作及知觉的活动。规律的用餐、上床与起床的时间。容许儿童天生爱动的冲动，在结构性的方式里自我表达，例如包括节奏性的拍手、踏步与歌唱的活动游戏等，可以增长儿童的专心状态与注意力。“优律诗美”与“治疗性优律诗美”也有帮助，尤其是针对抽搐症的问题。在儿童一段自由游戏和四处跑跳的活动结束之后，对他们说些图像清晰的故事；在儿童想象力尚未巩固之前，这样的故事将能为儿童静不下来的内在生命提供一个安定的元素。

不断的责备、要求与批评只会增加儿童的焦躁不安。若能自问为什么孩子必须像他这样，还有为什么他不能不一样，将会有所帮助。您自己客观的摘要将能导引问题的解决。

排除所有的媒体使用，包括收音机、卡带、童话故事录音带、电视、电脑、电动游乐器、连环图画书等。替补日常标准答案的游戏，像华德福幼儿园所里，建构性、督导性的自由创意游戏。手偶、悬丝偶或影子偶等也能在利于维护并刺激独立的想象力下，逐渐为退去僵化的、典型的图像预作准备。

20.10 自慰

儿童玩弄生殖器就像其他任何症状，只是一种征候，而非“性变态”的前兆。

婴儿期的玩弄生殖器，可能缘自尿布疹痊愈时的搔痒，可能出于婴儿对于自己身体的“发现”。如果您简单地帮孩子翻个身，然后在他的手上放一个他喜欢的物品，一段时间以后这种习惯即会消失。

当较大的婴儿或学步儿睡着了，您也许注意到他有自慰的情形。在试图阻止这种行为之前，请咨询您的儿科医师。无论任何情况，请确认孩子在白天有足够自发性游戏以消耗体力，而且要给更多的身体接触，更常抱起他；当散步时，记得偶尔扛起他坐在您的肩上。

通常，缘起或扩大于吸吮拇指及摇晃身体的因素，有些年纪稍大的孩子会习惯性地过度自慰：例如被拒绝、缺乏朋友、无聊、心理压力，或过度严苛的规定等。我们处理所有这些实例的目标是重建儿童心灵生命的平衡。鼓励发展新的兴趣，以分散对自己身体的注意力。从事激烈的体能运动、徒步旅行、避免过度要求脑力，以及就寝前为孩子大声地念故事直到他差不多睡着为止……都是有帮助的。

20.11 调皮捣蛋

这节文字，希望能作为您在帮助调皮儿童发展对周遭人体贴时的一些提示。调皮与侵犯行为无关。想出四月愚人节的恶作剧，拆下邻居花园里的铰链栅栏门，然后将之丢弃在几百公尺远的地方；按了陌生人家的门铃后，跑到安全的距离外偷看他们的反应；将糖倒入盐罐子中，或反之亦然，这些都是聪明和主动性的征候（换句话说，儿童的“我”已经发展出一定程度的力量），而且还是一个很欣赏大人幽默感特质的先驱者。当然，这种类型的调皮捣蛋绝不可与那些残酷成性、伤害，以及似乎是绝望家庭中才可能表达的恶意行为等类型相提并论。

如果孩子成长时，身边的大人能记得他们自己恶作剧时代的童年，这是很幸运的事。因为这样的话，大人比较能欣赏、认同孩子们的恶作剧，即便孩子真的做得过头，大人必须介入之时。恶作剧是一种精力过剩、聪明才智起作用的表示，也是孩子对活动的需求尚未找到合宜出口的表征。未来，这样的精力将转化成深沉思想的行动和开创的精神，同时，能在日常生活中可笑或严肃的、大事或小事等所产生的混乱中，持有转化成洞察的能力。

20.12 肥胖症

以下的例子说明最常获得儿科医师注意的两种过重儿童的情况。

- 一个与四五岁孩子体重相当的两岁孩子很喜欢食物，他有好胃口，喝很多，而且至少父母之一有类似的体型。这种情况，通常就只有儿科医师一个人对儿童的体重觉得有问题，没有其他人分担医师对孩子迟缓的动作、可能的呼吸与心血管症状以及未来健康的不安。因儿童肥胖引发看医生是不大有希望的事情，成功的疗法取决于父母自己愿意依循减重的饮食，并且不断地遵守，而这几乎是不太可能的事。在这类情况中，任何维持成功的范例都会让我们狂喜不已。

- 一个高大、肥胖，年龄大约 10 ～ 13 岁的儿童（通常是男生）在学校中遭受嘲笑。因为肥胖，他能参与的运动有限，而且，这男孩对体能的活动就是不太有兴趣。无疑地，他变得退缩，而且越来越多的时间花在面对电脑上。他的紧张明显地呈现在他以惊人的速度回答任何问题。

父母首先问的问题是，孩子是否受到某些腺体或荷尔蒙失调的影响？以孩子高大的身材与年龄的事实本身已经说明，问题不在这里，儿科医师通常即排除这个没有事实根据的顾虑。因为这样的孩子通常比较敏感，而且容易受伤；所以重要的是要小心地照顾在家中和在学校的问题和冲突。通常这也显示出有做心理辅导的必要。

在医学上，无并发的少年肥胖事例，成功取决于是否有活化儿童独立意志力的可能性。医师或一位孩子信任的人（父母除外）可与少年订下一个约定，约定中包含几项目标：

第一，下定决心放弃一种最喜欢的饮料或食物（一种特别难放弃，以及含有许多卡路里的），例如巧克力、可乐、比萨或薯条。该习惯的改变将会是集中精神于一个点上的意志力操练。

第二，选取一种与学校运动项目无关的体能活动（骑自行车、溜直排轮、划船或诸如此类的）。游泳比较不合适，因为它非常容易刺激食欲。引起动机的简单体操在年轻人同质性的团体中很有意义。尽管 Bothmer（“伯特摩”）体操少为人知，但其对于身体感觉的重建非常有帮助。而“优律诗美”及帮助强化儿童心灵体质的“语言形塑”甚至更好；此外，戏剧能强化体质、给予更多的自信。

第三，协议实际可行的减重目标，例如于两周之内减重 1 ～ 1.5 公斤，而且每周回顾，并重订新计划。

如果孩子自己有足够的自我动机，愿意参加附近的儿童与青少年体重控制班，也会有帮助。

20.13 神经性厌食症

厌食症是“心因性”的饮食障碍，具有失常的身体图像、对食物的摄取有扭曲及僵化的想法、病态地害怕体重增加、对于症状没有“病识感”等的特征。这种障碍仅出现于现代工业发达的世界。虽然男性案例的数字正在增加，厌食症压倒性多数仍以十几岁的年轻女孩与少妇为主。体重过轻，伴随着闭经（月经不来），而且大多数情况还有便秘等问题。出人意外地，大部分这样的年轻女性在运动及学业上属高成就者，而且许多人还是喜爱烹调美食、提供美食的人。整体而言，这些病人出现了强迫性，她们的思维总是绕着食物、卡路里、体重与身材转，而且通常也绕着纯洁与罪恶感。她们的执行策略导致她们身体变坏、发展中断；而当体重减轻至极端时，也可能变得危及生命。

从这些年轻女性的生命史来看，专家们同意，在童年早期，她们缺乏了倔强的、违抗的面向；她们没能在所谓的十岁“卢比肯河”之后成功地建立自我认同（请参阅16.3“青春期前的求学阶段”）；她们没建构好家庭地位或亲子关系的一般连结。如同其他童年的心理障碍一样，有一些应与早期的肢体虐待经历有相关性。

尽管有许多心理学与社会学方面的努力，在定义该项疾病时总还是有新的谜题。它好像是一种深层的冲动，进入一个负责任的人里面，表明要中断这个人的发展过程。由于发病的年纪，在过去，青春期被认为是一项引发的因素，然而这个解析隐藏了病患潜在的不信任身体是一个“心灵房舍”的整体观。因此，在挑战该疾病的医疗困难里，治疗的目标在于重建身体生命的整体基础感。除了特别的饮食，以及如果必要的话，静脉注射营养；人智医学与自然疗法的药物治疗；用来激励及强化生命感、触觉及温暖感的外用湿敷布和药膏等疗方形式也是必要的治疗（请参阅附录1“家庭护理的外用疗法”）。这些初始的治疗之后，接下来可做的是艺术治疗，如绘画、治疗性优律诗美或音乐治疗。再之后，语言形塑与伯特摩体操都是合宜的。而个人及家族心理治疗可促进病患的人格成熟，增加他对社会环境的接纳能力。

20.14 恐惧及焦虑

我们大部分人都曾惊讶于刚学走路的小小孩一点也不犹豫地爬上梯子、一点也不恐惧地站在悬崖边缘，然而，这种生存的无惧可能在片刻之间消逝无遗，一旦他们被一场恶梦或被一阵巨响惊醒，或是经历创伤的痛苦，或被迫看见了某人受虐。然而，最普遍的因素是感觉被遗弃；于是焦虑开始成为忠贞的陪伴，并且向他们周围的大人提出问题和挑战。

有些儿童（和有些成人）因着这些经历变得更坚强；而另外一些人，想必是误食了恐惧，倾向与事件保持距离，宁可一切事物都解释清楚、预先计划，而且全然深思熟虑，这样的人通常比实际操作及热情实验类型的人较容易焦虑。

当然不是我们想要成为什么，而是我们是怎样的人，会影响孩子。这里有一个我们儿科业务上的例子；例如先发制人的“你不需要害怕医生”，这句话保证更可能引发恐惧，而不能安定孩子，因为孩子的母亲先害怕他的孩子可能害怕医生。这样的情况，儿科医生反而没有机会衔接这孩子，或在检查过程中提供必要的鼓舞的解释。在机构中长大的孩子，看医生时特别觉得受伤，他们在特别的检查或必须抽血时，通常经不起有关存在感的惊恐。这是在生命头几年里缺乏人的爱与关注，健康自信发展遭受阻碍程度的征候。

治疗恐惧与焦虑不仅是精神病治疗、心理治疗以及医学一整体，也是牧师咨商的最巨大任务。对话、理解、时间经过，以及药物治疗都有帮助。在这个脉络里，我们仅给一些提示帮助处理您及您的孩子可能共有的恐惧。

害怕雷电：当你们一起看到闪电时，请抱好孩子，同时一边品评雷鸣的响度。当他稍微安定下来，还可以品评闪电的光，说：“看，那一道光多么亮啊！”或（等一会儿）说：“看，好漂亮喔！”不过也只有在您自己真正欣赏它的美时才说。九岁以上的孩子可以理解这种“如果你听到了雷声，就表示那个闪电不会打到人”的话。不过，因为话的逻辑性，相较于某人能安定地品评你们所感知到的，这种逻辑性的话比较不能让人宽心。

害怕抽血：最好的预备是抱住您的孩子，告诉他说：“我会抱住你，然后医生会告诉我们他要做什么。”这样做，建立了医生的权威，也让您的孩子觉得身体受到了保护。

想象的恐惧：害怕“黑衣人”或一个“黑暗的地窖”，这通常出自无稽之谈，或孩子偶然听来的片断。如果他听到自己被描述成像“怕水的”“晕头转向的”甚或是“胆小的”，他即可能发展出类似没有事实根据的恐惧。像这类的思维，会让孩子的想象如雨后春笋般迅速地涌现；但是如果他和一个信任的朋友进入一个黑暗的房间、进入水中，或去一个悬崖的边缘，他就能自豪地反驳这些说法（远离制造这些话的人）。

一般而言，对眼前儿童呈现给您的真相开放机会，您自己也变得更有勇气。承认并接纳恐惧是克服恐惧的第一步。您的陪伴、随着时间的淡忘，以及简洁而客观的评论都能帮助您的孩子对抗恐惧，但不可以是长篇大论。分散孩子焦虑的思维，引导他的注意力至真实的、可理解的洞察更能有所帮助。尽可能让孩子接触一些无所畏惧的或是已经学会处理恐惧的人。

恐惧在身体与情感两个层面上有重要的保护功能。它唤醒人的知觉，而且强化人的自我观察。在健康的范围内努力掌握恐惧可以是一个人的终生任务。人的肉体脆弱，且敏感于外来与内在的危险。只有人类永恒的部分，灵性的本质，是永恒不灭的。我们对此意识越深，就越容易洞察并透视我们的恐惧。

第21章 在学期间的问题

在学期间的学习障碍与行为问题，不只对儿童、也对父母与老师造成压力；结果，有个人或社会性问题的儿童经常自寻出路看精神或心理医师。我们如何能了解源自生理的和心理的特殊困难？如何帮助这些儿童？本章将处理一些经常出现的问题，以及一些有益健康的基本选择。

21.1 注意力缺陷及过动失调

大家都知道，我们很难与一些出现焦躁、冲动及强迫性行为的儿童对话，他们甚至以侵犯行动回应轻微的或想象中的干扰。他们难以连贯思想；他们过度的融入或不能相容的表达以及经常性的破坏行为常令人无法理解。尽管症状范围广泛、多样，这些儿童有一项共通的特质：无法专注和控制冲动，他们因而有了“注意力缺陷”之名。虽然如此，这些孩子都是很棒的孩子。生理上，他们强壮，通常体格健美；几乎不会疲累，而且总是行动敏捷。他们对发生在周围的每一件事产生很大的兴趣，而且几乎是压抑不住地想参与。然而，他们做不到的是，导引他们的精力进入有意义的技能及能被普遍接受的行为。这是他们必须学习的。

从前，这些儿童全被判定为坐立不安的孩子。他们为了“撒野”的行为，常被边缘化。如今，我们知道他们也因体质失调而受苦，这既非他们自己、也非他们父母得负的道义责任。现在，只有一件事是重要的：了解每一位儿童的特殊情况，并且尽我们所能地帮助。

体质上的多动常在家族间蔓延、循环。在男生，主要显露于身体的多动及不恰当的自发性行为。在女生，常以内化的形式呈现，例如混乱的思维，以及心理上的心神不宁等。有时候，这些孩子在学校里被视为“低能”。

多动，有时也伴随其他失调出现，例如神经质的抽搐症。多动儿童也可能有特殊的学习障碍，例如阅读与书写的失调、计算困难，或当有许多人同时说话，他们对所听到的语言有理解上的困难。经由儿童精神科医师或有经验的小儿专科医师彻底地检查及诊断，是处理问题很重要的第一步骤。

从人智学的观点，这个症状的症候群涉及一个人的自我对自己心灵生命的规范。专注及集中、情绪平衡及行动预备，都不能恰当地管理。因此，在发展一个治疗计划时，回答以下的问题是重要的：

- 谁拥有或正要拥有力气与能耐，能理解、体念儿童且是儿童所信赖的大人？
- 如果可能，如何减少甚至排除日常生活中增强儿童症状的因素？
- 哪里可以寻得可提供儿童个别时间与关照需求，并可支援老师和父母的有经验的矫正性教育治疗师？能尽早地开始治疗或自我帮助是重要的。
- 我们是否惯于依靠已成为世界上标准疗法的 Ritalin 或 Medikinet 与 Concerta（利他能）或其他刺激物治疗儿童？低剂量的这些药物对大多数多动儿童有维持数小时镇定及增加注意力的效果；安非他命（增强表现的刺激物，同时也用来压抑食欲）也有类似的效果。咖啡亦然，虽然其影响力较弱。从热衷的儿童、父母、教师的报告显示，在校或在家，许多儿童服用像利他能药物可产生立即而引人注目的改善。听说在美国有 10% 的男生服用 Methylphenidate（甲基芬尼特，“利他能”的学名）；墨西哥市则约有 30%。显然，我们现代的生活型态似乎有增加活动亢进的潜能。

  我们建议三种处理该症状起因的方法：

- 无论在哪里，尽可能减少或排除儿童环境中倾向增加症状的影响。
- 已经非常成功的强化自我管理功能个别训练的早期治疗教育。
- 服用人智医学或顺势疗法体质医疗的药物，若无法取得，专业医师可暂时以利他能或类似的刺激物处理。

以下部分将处理必要时及情况允许时可应用于个别病例的协助措施。

合作的对话：所有参与儿童教育与治疗的人——父母、保育员、教师、儿童的医师、治疗师，以及其他儿童生命中重要的人合作对话。对话过程中，每个人提出该儿童的才华及潜在能力的图像。经由尽可能正确地描绘该儿童的学习障碍与困难以及他的才能与优点等特质，该儿童的集体图像于焉形成。仔细地考量过渡期及长期的治疗目标，根据参与者的可能性分配任务，列出必要的协助人员，并做出定期的评估时间表。开发具体的对策以克服每一个特定的障碍，儿童的参与是不可或缺的。这些对策也应该是有趣且能引起成就经验的，因为没有任何工作不需要强烈的动机。

有节奏的日常惯例：多动儿童需要由外而内强加稳定而合理的每一周、每一天的惯例。儿童身边的大人一定要确实知道儿童每一周、每一天的时间表，需要觉察频率少但规律的事件，知道什么时候谁负责。即便是醒来之后的几分钟以及就寝前的最后时刻都需要有特别的安排。就寝的惯例应该成为儿童一天中最突显的事件。听一个简短的故事之后，唱一首歌，聊聊今天过得如何。今天发生了什么事？明天将发生什么？最好是安静的观察与建设性的气氛。以一首歌、一段祷告，或美丽的诗句结束这个惯例。这个惯常的程序帮助你的孩子“消化”食物和一天的事件。你的早晨问候也应该是轻松愉快的，而且为了孩子一会儿之后顺利启程上学，你应该确实流露充满温暖的心境。

视觉的辅助：前已述及，这些儿童经常有连结口说语言与意义行为的困难，因此，每日及每周的书面计划会有帮助。日程表可以挂在墙上，他们比较能连结视觉的表达方式。

足够的身体活动：多动的儿童应该走路上学！只有在步行20或30分钟之后，他们才可能在上课时坐在他们的椅子上。下午在家（或在邻居家或附近的“安亲班”）也一定要有足够的身体活动机会：园艺、锯木材、帮忙推小砂石车、木工及其他手工艺等，或与家人或学校团体有半天的徒步健行。

绝对没有视听媒体：应禁止有此症状的儿童接触环境里的多媒体，包括电视、录影节目、电脑、随身听、CD光碟等。即便体质健康的儿童，早期经常接触多媒体也将造成明显的损害，如注意力缺陷、难以倾听，或难以掌握关联性等问题。接触媒体会显著增加多动的病症，因而使儿童的整体状况更加恶化。家长应该等到儿童十一二岁，才可以有限度地允许儿童选择观看节目或电影。但家长要尽可能与他们一起看，而且看完之后与他们讨论。

布置生活空间：我们建议收起每一件不是绝对必要的物品。最好使用沉重、不易翻倒的陶制杯盘。不使用烛台（容易翻倒或熄掉），而以罩笼式的烛火代替。在桌子底下摆个脚凳，这样您的孩子可以有个坚实的东西摆放双脚。有门可关上的小房间比大而开放的多用途场地好。当孩子在工作室或厨房里帮忙时，请让他站在矮凳上；满足平衡上的需求及在视点上的微小转变，将增加孩子们的专注力。

营养摄取：含亚磷酸盐之矿物质、谷氨酸盐、调味增鲜剂、食用色素、防腐剂及许多可能的食物过敏等都与多动的症状有关。我们不建议特定的低磷饮食，因为对人体非常重要的一些食物中含有亚磷酸盐之矿物质，如乳汁与坚果。然而，我们确实建议以谷类为根基（包含比较不普遍的斯佩耳特小麦、稷、荞麦、藜麦）配以足量蔬菜、水果的健康饮食。换言之，强调素食或节制肉类的摄取。

任何怀疑可能增加您孩子症状的食物都应该暂时地排除；然后一次增加一点点地重新引入（刚开始，以察觉不出的少量混合其他食物），每隔一天给您的孩子新引入的食物，然后逐渐增加分量直到你注意到孩子坐立不安为止。而在观察他是否已经习惯之时，请保留同样的量。你的目标是使他尽可能地摄取许多不同种类的食物。

没有任何检验形式认为提炼自真实食物的产品是适当的替代食物。以糖而言，从葡萄干及其他水果干开始，而后至优质的蜂蜜或少量的蒸馏甘蔗汁，甚至到在酸乳酪中增加甜度的少量白糖等等。我们不建议摄取现成的甜品，因为都含有过量的糖。在我们的经验里，巧克力及含有可可粉的食物也都不适合。

如果孩子吃了自制的甜点之后变得不寻常地焦躁不安，别立即中断实验。反而说：“我们后天再试试看。”这样可以给孩子一个机会试试他是否能控制自己的焦躁不安。然而，不要在上学之前做这种挑战，因为这会惹出令人扫兴的事。

一位资深儿童精神科医师建议学童在早晨喝一杯咖啡。喝咖啡与服用“利他能”一样具有镇定的作用。在心理上，也有父母对孩子表明理解他们，且严肃看待他们问题的优点。

总结：尽可能采用多样性且没有化学添加物的天然食品，包含日常规律的饮品。

感官教育：这部分，我们意指本书描述的整个12种感知功能（请参阅12.8“感觉、知觉、经验及自觉”）。对多动儿童特别重要的是触觉、平衡感、自我移动感（运动感）及传达个人身体感觉的生命感；有规律的就寝、起床以及饮食的模式也很重要。感官教育是所有治疗及教育评估的一部分。兹讨论如下：

优质的幼儿园所能提供父母很大的缓解。然而，应避免将多动的儿童安置于可能导致早期失败及边缘化经验的大团体环境，或人员配置不足的服务机构。在此阶段，应尽早就前所述及的议题安排所有相关大人及执行相关结论的人员进行完整的对话，这对孩子的未来发展将有极大的帮助。

在学校里，多动儿童的问题变得越加明显。小班制或大班级里较小的次团体非常有帮助（为保护老师，我们应该注意，在大班级里的一、两个多动儿童即可摧毁老师非常谨慎预备好的课程）。这时，在问题发生之前与儿童的教师恳谈，如果可能，建立互相信任的关系以及沟通的管道也很重要。比方说，就您所知的，好动的孩子坐在马背上会因为他们需要努力使自己维持平衡而变得比较安静且能集中精神；因此每当他在班级出现焦躁时，老师可以不依惯例步骤地让他坐在体操训练用的大球或一个高脚凳上，作为他们在教室中的“特别座位”。当老师发现孩子烦躁不安，或是孩子觉得自己开始烦躁不安时，可以到那位置上坐一阵子，在那儿听老师讲课；当这个不安静的小朋友出声音时，班上同学彼此已形成默契，老师将继续讲课不受影响。若能巧妙地处理，这些适用的权衡对班级而言，表示多动对这个孩子是自然发生的，不是什么应该注意的事情；对多动儿童而言，这表示他可以对于老师的愿意帮助很有信心。不管用什么方法，唯所有与该儿童有关的人事物都建立良好的接触，这些以及其他有帮助的方法才能奏效。

21.1.1 特殊治疗与教育方法

感觉统合疗法以及／或物理治疗保健操：若儿童有觉察与行动统合的困难，都应接受这些治疗。

职能疗法（活动与工作治疗）：从家中与父母亲开始，像是彩绘、泥塑、编织。稍微深一些的程度，可做简单的手编织或以织补针编织也不错。如果有个工作坊，孩子应该可以学习使用锤子、劈柴，尤其是锯木头（在父母帮助下学习使用锯子）。若家中没能有这些机会，应寻找能提供这些活动的专业职能治疗师。

特殊教育与行为治疗：与教育专家或行为心理师的治疗课程每周限定在1～2次。如果执业者是有经验的，长期的治疗可以是非常成功的。

亲子训练：以行为治疗的元素提供父母教育上的帮助；父母亲经由训练，学习独立地处理典型的日常儿童问题，并借此更加了解自己孩子的行为及特性。

歌唱与音乐治疗：歌唱也能培育自我情绪控制的力量。Nordoff-Robbins 的即性音乐创作疗法试图表达儿童在音乐当下所形成的乐章，并将情绪适当地传达出来。其优点包含刺激专注的能力，并从而减少家中的问题。

故事与说话：每天都有一段适合儿童年龄与理解能力的“故事时间”。以安静、自然，不过度戏剧化的语调对孩子朗读故事，效果奇佳（请参阅 14.4“学习思考”）。

律动按摩：由 Ita Wegman 发展的律动按摩可以帮助儿童感觉身体的舒适，并能更好地掌握身体。

伯特摩体操：尽管仍然鲜为人知，但它对发展健康的身体图像极其有效。该体操起源于世界第一所华德福学校创校初期；自此，特别也针对多动儿童及饮食障碍的青少年开始发展治疗性的应用（请参阅本书最后面的“相关组织”）。

治疗性优律诗美：“优律诗美”是一个以肢体动作表达“音乐”或“语言”之美的艺术。通过符合儿童年龄发展的治疗性优律诗美，强化儿童身体与心灵的活动，可帮助儿童“自我发现”（请参阅 21.4“治疗性‘优律诗美’”）。

外敷用擦剂：外敷用擦剂（湿敷布、浸浴及精油按摩）的实施作为健康问题的辅助处理，或作为增加刺激或镇静的方法，都能以不同的方式帮助多动儿童。通常这些处方均由有经验的医生或治疗师指定。

21.2 儿童惯用左手的处理

最近数十年来，处理惯用左手儿童的标准步骤已经允许他们在学校中以左手开始写字。然而，有些学校——特别是华德福学校——仍然尝试教导惯用左手的儿童使用右手写字，希望借此训练儿童除了使用左手以外也能灵活运用右手。

以前，学习右手写字，对于惯用左手的儿童经常是创伤性的，而且造成心理上如紧张、焦躁不安、害怕上学、逃避现实，以及口吃等问题。主要原因很明显：惯用左手的儿童经历了歧视及时间压力下的学习，成功是强制的。当然，这不是恰当的教育步骤。耐心及爱的关注更可能帮助惯用左手的儿童感觉自豪于能“像其他人一样”地学写。然而，对于这样的尝试有一项绝对必要的先决条件：儿童本身，以及他的父母和老师都必须同意这是一项值得的努力，儿童也才能在快乐气氛中取得好的学习成果。为什么我们不就让儿童自己决定使用哪一只手写字，而做这样的建议尝试？这是基于我们对于惯用左手儿童的深度了解，个中理由将详述于后。

21.2.1 书写与大脑语言中心的关系

众所皆知，来自身体的神经路线大约在它们进入头脑的入口处交叉（所谓的皮层脊髓束交叉）。这即是为什么当头脑一边受伤时会造成对边身体的麻痹或知觉障碍。最新的、无可争论的研究已证实，健康成人大脑的左、右半球各执掌不同的功能。左半脑主要负责逻辑、抽象与分析性思考，而右半脑则倾向综合性、图像基础的思考。

在生命早年，语言中心典型地在左半脑发展。最近，许多研究结果确认了长久以来大家一直猜想的，语言中心（以及其他中心），即便是最惯用左手的儿童，也是在左半脑发展。只有12% ~ 15%惯用左手者的语言中心例外地位于右半脑。大约50%的语言中心位于左半脑，其余35%的语言功能左、右两半脑均有供应。再者，我们现在知道，在生命稍晚期，学习其他新语言的人可能产生新的、额外的大脑语言中心。

从生理学及心理学的研究结果，以及脑部手术的统计显示，在出生时，头脑相当对称，左、右大脑的功能区分并不明显。随着年纪增长，司特定功能、偏于一方的区域重点和中心渐增地发展。大脑中许多不同“中心”的位置逐渐确定下来（例如空间方向在右边；时间处理及分析性理解在左边）。然而，至于书写，当我们学习写字时，人脑中没有预先决定的位置，没有发展特定的“书写中心”。而且写字与大脑的“语言中心”之间也无绝对关联。反而，有好几个不同的中心在此过程中非常活跃。因此，从神经生理学家的角度，没有道理不允许惯用左手的儿童尝试学习以右手写字，训练左手儿童以右手写字并无不妥。而且练习写字的过程可以刺激左半脑，强化左半脑的分析功能。

21.2.2 左、右边差异的特质

即便是古老文化即已认清左右两边不可简单交换，它们各有不同的独特性质。例如美国德拉瓦州印地安人说：“左手圣洁，右手有罪。”他们举行仪式时必使用左手。例如，他们绕着两堆火，选择以左手执火鸡羽毛，扫出一个卵形的路

径让舞者依循行进。

老子曰："君子居则贵左，用兵则贵右。兵者不祥之器，非君子之器……，吉事尚左，凶事尚右……。"喜庆活动以左边为尊上；不吉的则在右边。

在古中国，拱手作揖的姿势，男生左手在上，右手在下；女生右手在上，左手在下。在苏丹，根据男女的活动区分左右。看起来女性化的活动，以左手完成；男性化的，以右手完成。礼物则以双手交叉伸直呈献。

典型地，位于人体左、右两侧的器官与功能也有明显不同的特性。偏人体右侧的器官如肝脏与肺脏（三叶在右，两叶在左）较多提供人体与外界连结的功能——肺脏经由空气，肝脏经由血液流通从小肠吸收养分，这些功能比较倾向无意识的本能活动。而偏人体左侧的器官如心脏与脾脏，较多提供整体内在器官血液循环的功能，这些功能比较倾向于内心的意识活动。因此，从人体结构的观点，一个向外的活动，例如写字，在习惯养成之后几乎可以变成本能的无意识肢体活动，所以使用右手写字比较合理。相对地，小提琴或大提琴的手指按弦活动，与听觉、与内在活动较相关，而且"触摸我们的心"，因此适合以左手练习。

21.2.3 规律练习可强化意志力

不论多么微小，每一个有意识的反复动作都可以强化我们的意志力。对任何一个孩子而言，写字都是一种意志力的训练；特别对惯用左手的儿童更是如此。成功与付出的努力成正比，以书写本身及强化意志练习的观点而言，左手儿童必须克服以右手书写的不适感，因此，书写学习的意义更大。为了让书写练习容易些，开始时可以图形帮助发展字型，先在大的包装纸上写很大的字，然后在黑板上练习，接着再写在书页的纸上，这样孩子的全身更能投入活动。在孩子逐渐缩小字体的过程中，如果家长与老师能以理解、爱心与幽默的态度陪伴，孩子将不论所付出的辛苦，会更喜欢练习，更努力取悦我们。这种强化意志力练习的方式经常还可引发其他方面的进步，例如灵活度以及专注的能力。经由右手学习写字，儿童自制与自信的能力也获得强化。

21.2.4 惯用左手是一个命运的议题

相较于使用右手的人，惯用左手者带着不同的使命进入这个世界。斯坦纳指出，惯用左手，是一个人前一生过度使用肉体与心灵的结果，以致接下来的这一生，相较于左侧，身体的右侧不易前进，仍停留于未开发阶段。依此观点，左侧主导的人可在这一生中呈现更多发展内部导向、感受敏锐，及意识醒觉的机会。教育的任务在于支持潜能发展，在此情况下，我们应同时提供更多强化右侧身体能力的机会。再者，利用左侧最好的方式，是呼应其先天的特质——例如左手适合按小提琴的弦，但不适合写字。同样地，以右手写字即采用了右侧先天遗传的倾向于实务、外部导向、实际动手的优势，而非易受影响的伴奏，或是需要深思熟虑的事件。

由于华德福教育体现鲁道夫·斯坦纳灵性科学的研究结果，华德福教师建议让惯用左手的孩子试图学习以右手写字。其他如绘画、缝纫、剪刀使用等需要技能的活动，比写字更少自动化、需要保留更多的意识，则可遵照孩子的意愿使用左手。**这里要解释清楚的是，我们并不主张专门使用右手，我们也不试图改变儿童的左手主导性。建议以右手写字只发生于所有相关的人都希望这样做，而且发现这样做是明智的。**以现代深入头脑与一侧优势的研究结果为基础，这个方法显然符合科学性，也是有充分根据的。

21.2.5 个人的决定

在追寻符合每一个儿童可能性的解答时，我们建议保持开放的心。例如，一位一年级老师发现班上有五位惯用左手的孩子，每一位都经过个别的检查，再经过与家长的讨论，所有家长都决定在实验的基础上让孩子试着以右手练习写字。有趣的是，其中有一位明显右手主导的男孩（即两手都很强，而右手比左手更灵巧）是唯一不愿意继续实验，而要保留原状，使用左手写字的孩子；因为父母在孩子上幼儿园时告知园方他是个左手儿童。因此男孩在左、右都可训练的幼儿阶段学会了以左手握笔。其他四位以右手练习写字的孩子没有任何问题，而且完全满意于他们的情况。

另一个例子，一位已经变成班上小丑的九岁男孩，他过去以左手学习写字，但写得不怎么好。当他开始尝试以右手写字时，结果并没有变坏。在与他的父母商量之后，决定小朋友还利用接下来的暑假学习以右手写字。他的尝试成功了，当秋季学校再度开学时，他不再有班级里少数族群的困扰了。

下一个例子说明，在做决定时充分地纳入儿童是很重要的。在一次家长会中，一位母亲叙述，对她而言在她的孩子进入一年级之前，被允许使用左手写字是很重要的。因为她也是左手惯用者，她仍然记得自己被迫用右手书写时的创痛经验。在谈话过程中，孩子的父亲出现，他也是个惯用左手的人，但他在学习使用右手写字时没有经历过任何问题，他更喜欢儿子一样以右手写字，但他接受他妻子的意见，因为他不希望这个议题成为争执的源头。之后，老师请教父母是否他可以私下询问孩子的意见。父母彼此对看之后表示同意。老师问孩子："你希望像爸爸还是像妈妈那样的方法练习写字？"孩子立即回答："像爸爸的。"这个实验很成功，妈妈发现了教左手孩子以右手写字并不必然像她自己所经历的那样的方式发生，她也完全满意了。

我们已经表明，如果学习以右手写字能被视为一个令人兴奋的实验，而且也合于儿童的工作节奏，以右手写字也能排除其他可能存在的儿童问题。当然每个人都需要同意实验的期程以及定期的进展检阅。还必须了解的是，只有写字时使用右手（在华德福学校，形线画也使用右手），所有其他活动，例如绘画，儿童可以自由地选择使用哪一只手。

21.2.6 实用的建议

以下的建议将帮助惯用左手的儿童在学习右手写字过程中较不费力：

- 家长与老师的一致意见是成功的前提，因为这是孩子唯一可以确定大人将会持续支持并激发他们努力的方法。
- 为儿童设立典范，在小学的前几年，当儿童的模仿力仍然很强的阶段，一位惯用左手的积极教师，也应该使用右手在黑板上写字（至少在儿童面前）。
- 给予足够的时间！如果您的孩子上公立学校，您需要与老师做个别的安排，成为儿童永远的"写字的那只手"，结果应该是很明显的。
- 如果父母与老师决定放弃教导一个惯用左手的孩子使用他的右手，他们就应该站在决定的背后，给予完全的支援，以轻松的速度给予孩子每个学习左手写字的机会，并以此为目标，根据指导方针解决（请参阅书后的参考书目）。

- 注意儿童行为的变化，并仔细寻找原因。这些变化是否与学写字，或是人际关系的问题有关——例如害怕隔壁的儿童、失去一个朋友、家长的婚姻问题……？
- 形线画与优律诗美提供所有学写字孩子珍贵的支持。因为两手同利的与惯用左手的儿童，他们手脚特别不灵活，机敏与注意的练习可用来作为他们全神贯注于右侧的挑战——例如：以视觉追踪一个有趣的物体，而这个物体在右臂上移动或爬行。
- 不承诺物质的奖赏：儿童真正的奖赏是他的自豪，以及每一次有进步的表现时大人的满足感。承诺物质奖赏使得儿童习惯于做事情是为奖赏，而非为他们自己或出于他们自己喜爱的缘故。另一方面，当孩子写字时，给孩子一个美丽的石头或贝壳，让他握在左手，使他不会忘记了而换手，这种方式是好的。这儿有个例子：一位惯用左手的一年级学生，一开始并不热衷于右手写字。老师与家长再次讨论这个情形，家长决定合力支持他们的决定。教师给孩子一颗美丽的石头让他握在左手。一个星期之后，孩子归还石头给老师，他说："我想你现在可以拿回去了，我不再需要它了。"
- 如果孩子决定晚一些时日再学习以右手写字，最好的时间可以定在暑假期间换手。对于这些儿童，我们建议您买一本漂亮的或空白纸页的笔记本，每天写；写日记或抄写诗句或其他他们喜欢的文章均可。

21.3 阅读障碍

阅读障碍被认为是一种奇特的学习失调，会影响阅读与书写；而且通常出现在不同的聪明儿童身上。大约 3% ~ 8% 的儿童受到影响。家长及教师们常在失调造成无谓的苦恼之前，请求找出有效的帮助。在这一节里，我们将尝试呈现一些观点，帮助了解并修正这个症状。

学习写字，儿童必须能够也愿意从一个他们知道是一个完整的字当中选粹出一个特别的声音，也即是将这个字分裂成几个部分。不将焦点放在字的意义，现在我们应该专心地聚焦在特别的字的不同声音上。同时，再度抽象化这些字是必要的：相信一个随意的符号是声音的本身。直到现在，儿童一直很能不费力气地“阅读”一本颠倒的图画书。试着想象这是什么意思，当他们突然面对这些没有意义的、本质相等的符号：

d　p

q　p

这些由直线和曲线构成的抽象符号，读者唯有通过一种非常特别的空间关系获得意义。这些直线、曲线若不加上母音，甚至无法发音。对于儿童，要从这么不精确的符号里重现出文字，真的是无法理解的艺术。为什么“the”的母音是 e 而非 u？为什么我们写 h-e-r-e 或 h-e-a-r 而不是 h-e-r？[1]

我们希望通过这些例子说明引起不确定及混淆是多么容易。而仍然尝试以图像解析字母的儿童将遭遇到困扰；还有那些过于逐字吸收、相信老师所说的、以声音拼出文字的儿童也一样。在这个点上应该已经很明显了，以友爱的方式教导儿童阅读和写字需要花相当长的时间。同样明显地，教师必须要知道所有可能使得失读儿童犯错的细节，而且要能以语音学为基础进行分解学习，再进入细小、可掌握的写字步骤过程。

引人注目的是，有些儿童在学写字与阅读时几乎是自己达成的，而且他们如同游戏般地熟练了所有语音学的特别规则。好像他们不过是必须“记住”怎么写而已。然而，其他的孩子，他们的世界是分散开来的。过去，虽然他们习惯于在空间方向上或在同龄孩子能做的事情上有些小困难，或根本没有困难；如今，突然间他们被要求做一些他们仍然完全不理解的事。有一段时间，他们根据失读专家认定的方法，以格外充分倾听的企图心书写。然而，后来，当他们变得越来越做不到，他们写的字变得越来越扭曲。此时，例如脸色苍白、敏感于传染病、倦怠、无精打采、失眠、腹痛、尿床及侵犯性行为等症状即开始经常出现。最后，一长串身体不适的明细表，导致未被确认的阅读障碍儿童来到医师的诊疗室，内容连严重的器官病状都有。当时甚至阅读障碍是起因或促成症状，两者都很容易受忽视。然而，身体及心理症状的出现是清楚的征兆，这些状况需要被视为疾病

1　为什么“的”的韵母是“e”，不是“u”？为什么我们写“丁”或“盯”，而不是“灯”？——译者注

处理。显然地，一个孩子的 b d 或 p q 混淆的实际情况不足以作为诊断阅读障碍的基础。同时，其他的不足也发展了，它们的起因更难评估。随着个别帮助与支持的周密诊断是必须的。在决定一个个别的治疗计划之前，不只是儿童写字的错误，他对空间的方向、身体的掌控、形状的知觉，以及说话和了解说话等的能力都必须仔细分析。一旦他开始经验一些治疗结果的成功，以及看见开始进步的征兆，他的信心开始成长，生理症状立即消失。

写字及阅读要能完全有效，一定要给予充分的时间做治疗指导——如果问题早期发现，完全的步骤需要 1 ~ 2 年，通常不会更长。对于比较严重的，我们建议联系专门为阅读障碍而做的治疗计划。感官运动统合的治疗以及／或治疗性优律诗美也能帮助增加成功的机会。然而，在所有的案例里，治疗师、教师与父母紧密的合作是必须的。

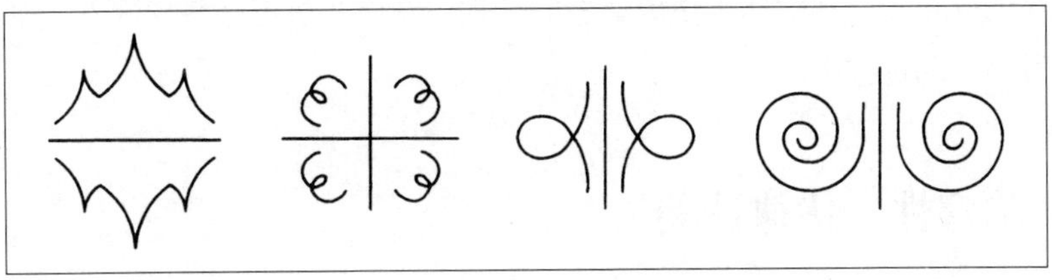

对称练习图例，可以让儿童沿着线行走或作为绘制练习

有关学龄前幼儿的有效预防措施，特别在感官教育及运动和语言发展的部分，在第 14 章及 16 章里，特别在感官教育及活动和语言发展上有详细的描述。看起来手脚不灵活、不活跃，或有学习说话迟缓的学步儿，可以经由鼓励感官活动及记忆来帮助他们。华德福幼儿园章节里所描述的结构性的年与日的课程，可作为如何进行的范例。这种类型的激励，提供儿童成长能量进入思想能量所需的转变（请参阅 14.4“学习思考”）。这种转变，是任何思维活动不可或缺的必要条件，即便是不规则的阅读障碍状况。

在小学的前几年，有困难自己定位空间、时间及自我意识的儿童，能在上学时间内从教师或治疗师所提供的措施获得益处：

- 知觉练习：一起观察并描述物体的形状；可以利用图画、植物或石头。
- 在地板上沿着形状走，并走出它们的镜射图形。
- 在趾间夹粗的蜡笔，以脚画出图形。

- 眼睛闭起来，以手在空间画出形状。
- 隔天，反复同样的过程，然后帮助儿童想象形状，最后在纸上画出形状。
- 以文字形状，重复以上所有步骤（不再做对称的练习）。
- 练习写出他们听见的，从最简单的文字开始，尽可能嬉戏般地但却系统化地转换至更难的文字等。
- 之后，从字典里写简短的文本。为扩大成功，所有为该目的所选择的字必须慎选之。
- 在可能提供的地方，加入治疗性优律诗美。

处理阅读障碍儿童时，传达一个快乐而乐观的态度是很重要的，因为他们的问题经常被失败感所增强，而且不是精神上的支持不足，就是家长的部分放弃。对于轻微的阅读障碍情况，儿童可以学习完全的弥补。情况严重的，特别的帮助及系统化的练习可以在症状上达成显著的进步，使得儿童可能整合进入一定程度的阅读及写字的进程里。

21.4 治疗性“优律诗美”

斯坦纳在 1911 ~ 1924 年倡导优律诗美艺术，在他逝世之后，优律诗美艺术持续深层地发展。优律诗美由符合“语言和音乐”特定元素的“动作与形状”构成。优律诗美基于对个别语言的语音和声调本质的精准了解，并关联人体形状，研究母音和子音、音高与音程。相当于语音和声调的姿态动作，与我们在胚胎中观察得到的身体比例的发展，以及在血液和组织液中流动的形状：成长与抑制、伸展与内卷、膨胀与收缩、围入与排除、接触与贯穿等的动作是一样的。而着重声调间关系调和、相称的“声调优律诗美”，则正好与人体的骨骼结构、人体的比例对称关系相符。优律诗美从而发展出语言的和音乐的“看得见的语音”和“看得见的声调”两种形式。

优律诗美的基本姿势，包含了所有人类机体里的潜在活动，以及存在于较活跃或较不活跃的自然界中的所有活动。我们发现这些姿势反复出现于植物和动物的各种生长形式中，也表现在固体、液体和气体相遇界面的活动中。因此，优律诗美可被描述为一种“看得见的原型语言”，在其间，大自然与人类经由姿势动作表达他们的讯息。所有的形式都被诠释为进入静止的动作，而优律诗美使得这些形式的发展看得见，并从而提供了自我教育的各种可能性——我们能进入觉察看得见的自然界如何成形成发展的一种方式。优律诗美可应用于以下三种不同的领域：

舞台表演的优律诗美：内容包括诗、故事、戏剧与音乐作品艺术；从单一的或多部的，甚至包含大型的交响乐团演奏等；在舞台上，可以有个人或集体团员演出。

教育性优律诗美：从幼儿园至12年级的学生，首先在教室中学习各种精巧的肢体动作，并在空间中确定自己的方位。经由艺术性的作品练习，他们学会形塑自己的动作，并以不同的肢体动作方式表达各种不同的心灵经验。进行团体优律诗美时，年轻人体验到一个大型艺术的成功呈现完全在于个人的无私奉献，这也培育了社会性发展的技能。

治疗性优律诗美：通过反复进行特定的“语音”及“声调”练习，刺激身体的形塑与重建能力，并借以对抗病理的转变。练习时，依据相应器官的需要，顺应所需的增强或限制之脉动而形塑，并设计每一个肢体动作的速度与强度。其他练习的动作可能发挥和谐、激发、提升专注或安定等效果。对于身体局部功能的学习失调，特别需要加强肢体灵活度、空间方向感与平衡感的训练。医疗性优律诗美对于肢体不便、听觉以及视觉失调也有帮助；因为优律诗美能帮助儿童的心灵更完全地渗透身体，达到身、心、灵统合。至于儿童应接受何种疗法，则应由医师、教师与优律诗美治疗师协商后共同决定。

第22章
认识及培养儿童气质

22.1 四种气质

“气质”这个名词来自拉丁文，原意是“混合”的意思。希腊医学家希波克拉底（Hippocrates）曾经提出人类体液与相对心灵特质的“正常的混合”学说，并由此发展出一套身、心统合疗法。近代以来，大部分这些诊断与疗方的意义已失传，直到鲁道夫·斯坦纳重新将此学说引入教育，并启示我们深入了解身体与心灵衔接的重要性。

在童年时期，人的体质因素仍然有相当程度的弹性，因此，以气质发展作为促进健康效果的范围，可以是一个很有回报的方向。而且，教育性的技术能更轻松地帮助儿童处理他们的气质，教育可在这方面扮演导正的角色。教师必须重视个别差异，通过学习四种气质的知识了解个人特质，以深入帮助每一位儿童。以下是一首幽默而有趣的诗，描述不同性情的人在遭遇同样的事情时，如何以不同的反应呈现他们的特质：

有四个不同气质的人，在路上遇到了一块挡路的石头：
风相气质的人，动作轻快、优雅地跳过了这块石头；
尽管在石头上摔了一跤，但他并不放在心上。
火相气质的人，愤怒而使劲地一脚踢开了这块石头；
他流露出得意的神情，眼睛散发出光亮。
水相气质的人，刻意稍稍地放慢了脚步，心中想着：
“既然你挡住了我的去路，我就绕道而行。”
土相气质的人，定定地站在路上，看着石头苦苦思索。
他的脸上流露出命运无穷坎坷的神情。

——Heinrich Peitmann

22.1.1 气质与体质

在人体内，固态、液态及气态三种元素，与第四种元素——热力共同工作（请参阅第 8 章“疾病的意义”），亚里斯多德称这与温暖（现称为热电学）相关的法则为第四“元素”。当然这些元素并非我们现在所了解的元素，而是比较接近与温度相关的固态、液态和气态等的法则。这里，我们就称它们为土、水、风、火四元素。四元素如何互动，对我们的心灵具有相当重大的影响，而人的四种气质即是这四种元素的互动结果。如果固态的土相特质在我们的体质内主导，我们内心的经验即倾向沉重与抑郁。如果与“风”相关的风相功能发出主导，我们就愉悦、快乐。如果液体元素水相的特质优胜，我们即体验稳定与平衡。而如果是热力的火相特性主导，我们就充满活力，采取主动。

斯坦纳提出了人体组织四位一体理论，即存在于每个人身上的物质身体、以太体、星芒体与自我四个主体。土相、水相、风相、火相四种气质，也是四位一体的互动结果。我们每个人身上都有这四个主体，但通常是某一个主体较强于其他主体，这个主导的主体造就了我们不同的气质。因此，人的性情只是倾向而已，并非截然不同，而教育的功能即在于“和谐”这四种气质。

经由介绍人类的四位一体组成，直到进入身体与心灵如何互动的探究，斯坦纳一方面从古希腊医学家希波克拉底的“四种元素与体液”学说，另一方面则从现代化的、科学且人智学的医学及教育哲学，沟通起连结间的桥梁。

气质	元素 / 物质状态	构成的主体
火相	热力	自我
风相	风 / 气体	意识（星芒）体
水相	水 / 液体	生命（以太）体
土相	土 / 固体	物质体

22.1.2 火相气质

自我主导火相气质，也即是热力主导身体，它们阻挡了其他主体的发展，因此火相气质的身材上总是好像有些加压、压缩过的样子。拿破仑即为历史上该项气质的典型人物：头壮硕、脖子短、身材矮，而且比起躯干，四肢相对地短小。

火相气质的人走路步伐稳健有力、脚跟厚重地撞击地面；率先创始、意愿很强，理想激发行动，且能坚持到底。典型火相气质的人爱好真理、热情、准时；然而，如果事情不按照自己计划进行，却也容易变得激动。所有的这些特质若非用于理想目标而转成一己追求时，就有可能变成不顾一切、固执、爱慕虚荣、醉心于权力等负面人格特质。因为火相气质的人非常“目标”导向，他们在职场上通常属于领导型人物。

处理火相性情的孩子比较辛苦。他们可能以暴怒或戏剧性的情绪场面引人注目。他们的身体富有活动力，所以有时候可能会侵犯、好斗，或激动地打自己，甚至以头撞墙。从积极面来说，当他们在进行特定的工作或改正错误的时候，他们真是可以作为全班其他儿童的典范。他们总是激励班级表现，在课堂讨论中，他们可说是尽全力而为，他们不喜欢迟到，而且当老师要求他们，或允许他们为班上表现点什么时，他们总是喜悦的。而在负向方面，他们要求过度，不一定能言词得体地接受建议或被说服。

22.1.3 风相气质

星芒体主导风相性情，星芒体的特质是移动、变易，因此风相性情的人难以专注。风相性格的人活泼开朗、擅于接纳、喜欢与人接触、对周边的每一件事情都充满兴趣；他们鲜少带有怨恨或以一定的原则评断事物。风相性格的孩子经常不停地活动，因此很容易累坏他们自己。到了晚上，他们通常需要较多睡眠，白天时间，在小学阶段还是需要午睡。

在学校，风相性情的孩子享受大家对他的欢迎，因为他们充满了想法，有许多好玩的事情可做。甚至成为大人，他们能激发娱乐，而且常因总能立即叫出初识者的名字而受到肯定。然而，当他们肤浅的鬼精灵成为一切的主导时，他们逍遥自在、随遇而安的态度就降级变成缺乏责任感，这种气质就显得危险。

身材上，风相的人清瘦、骨架小、头发卷曲。他们擅长模仿，不只动作多，而且表情丰富。他们常以足尖走路，脚步倾向轻巧、跳跃。

22.1.4 水相气质

以太体主导水相性情。在对付困难的问题时，水相的人能“保持冷静”。发生在火相人身上早就暴怒砰然甩门而出的事情，在水相气质者，却能持续地发挥平衡的影响力很久。如果没有水相族群的这种耐性、忠诚、冷静、酷爱细节、喜欢习惯，人类的社会没有一个能够存在。许多水相气质的人成为理想的好母亲、好老师：他们站在安定的端点上，其他的一切就环绕着这个端点旋转。在他们周围没有侵略、好斗；他们总是操心着如何解决差异问题、如何平衡极端，他们是非常值得信赖的。

有时候，水相的人在观察周围环境时，会不经意地显露出几分惊奇的眼光，这眼光使得他们的气质在幼儿时期即被辨识出来。他们即便处于混乱之中，仍可以完全安静、稳定地坐着，尤其是当他们发现美食的时候。若有人对他们咆哮，命令他们动作，他们也能全然地保持镇定。但他们很容易造成老师的绝望、困扰，因为当其他的小朋友已经写完五个句子了，水相的孩子却才刚拿掉笔套。显然，引导这种气质的孩子应该小心避免让“和平”的特质转变成“无聊”，或让惯性活动的爱好退化成迂腐、拘泥琐碎，以及平庸无奇的盲从因袭。

身材上，水相的人比例协调，但必须控制美食欲望，身材才不会变肥胖。他们走路时步伐稳定、从容，不特别强调脚后跟或脚趾。缺点方面，这种气质的人常被描述为“忠厚”，或说清楚一点——“愚钝”。

22.1.5 土相气质

物质身体主导土相气质。即便在童年时期，土相孩子令人印象深刻的通常是富于表情的眼睛和瘦长的脸庞。土相气质不由心性和灵性主导，心性和灵性反而造成阻碍。事件和遭遇的后果会长期停留在土相儿童的心里，可能到了晚上还在为早上发生的事情哭泣，因而在情感上造成痛苦和烦恼，性情偏忧郁。在学期间与青少年时期，土相气质者经常感到被误解或得不到他人的认同。他们的注意力投注在悲伤的事件上，他们痛苦于环境中的浅薄与人们缺乏承担的特质。长大成人之后，性格的优点为善于思考、冷静、真诚、富同情心。但如果自我中心主导，或他们的正义感降格至嫉妒心的比较，这种特质也可能转变成自私自利、吹毛求疵、爱批评的危险。

身材上，土相的人通常细长苗条，头的形状很漂亮、眼睛深陷。走路步伐稳重、坚定，但是动作缓慢。

22.2 教育准则

经验显示，想以激励的方式引导水相的人活跃起来，或以命令的口吻遏止火相人的愤怒，将不会有什么效果；以训诫的方式要风相气质的人专注，或以讲笑话的方式让土相的人高兴起来，也一样不会成功。激励的方式通常使水相的人变得更沉默，叱责则使火相的人更生气，而讲笑话让土相的人更退缩，风相的孩子听训，几分钟之后，又开始躁动起来。处理儿童气质，“以毒攻毒”是比较有效益的健康原则。在学校里，教师可安排共同气质的孩子毗邻而坐。让火相的孩子彼此搅扰、试炼精力，久而久之，他们一定会互相磨平彼此的脾气，而且也会潜意识地体验到自己性格中一面倒及缺失的一些要素。类似的情形，也发生在水相的孩子之间，当他们坐在一起，彼此可能感到无聊至极，而致产生轻微的不安，这会使得他们变得比较主动而警醒。这时，他们开始了，要不就是彼此刺激，要不就是留意班上其他孩子的活动。土相的孩子喜欢与了解他们的人坐在一起，在此情况下，他们与自己的内心感觉较和睦，而且会变得较能接受外界事物。对土相孩子最有帮助的是，找到一个能了解他们，而且值得他们信赖的特别的朋友。风相的孩子坐一起，很快地即会彼此招惹，相惹所造成的不安使得他们稍微自制些，也更专心些。

教师需要尽可能成功地展现四种气质的语言，让气质的语言包含在课程里，这样才能培育全班学生的气质才能。在教师研习时，斯坦纳曾特别强调，教师要教育自己，让自己能相当程度地表现出所有的四种气质。要能有效地处理火相气质的孩子，教师本身必须强而有力；然而下一刻，我们也必须能适应一个水相儿童的节奏与感觉。原则是，就从儿童具备的气质开始。以下是教师可以帮助特定气质的儿童，积极且建设性地管理他们气质的方法：

培育**火相**儿童的发展，可借由讲述伟人行动的故事，让他们以伟人为榜样，敬佩、遵从伟人的成就；被赋予艰难的任务，耗费所有他们的能力和精力，对火相儿童也同等重要；学习乐器独奏、创造各种美的事物供人欣赏，也能契合火相儿童的雄心和被人钦佩的需要。基本的原则很清楚：不抑制火相儿童过剩的精力，积极地结合他们存在的潜在价值。火相儿童常愚直地玩些无聊的恶作剧而用掉了他们旺盛的精力。

为帮助**水相**气质的儿童清醒过来，老师可以安排他们与朋友共同完成工作。因为爱朋友，如果您直接拜托他们，他们会超乎平常地很乐意为特好的朋友参与特定的计划。对水相儿童而言，钢琴是理想的乐器，因为各种音调已隐含其中，只需敲击对的琴键即可。钢琴的音域范围及和谐的潜在价值也满足了水相者在和谐与完整上的需求。而如果您能说服水相的儿童在下一餐前不要吃点心，您就已经完成一项大事了。

不能以责备、威胁及谩骂的方式征服**风相**儿童的活泼好动。然而，风相的孩子却可以因为对某个大人的爱而坚守任务，完成相当大量的工作。这些儿童在克服困难时需要额外分量的个人照顾、理解与关心，主要原因是他们不能全神贯注。在学校的乐团中吹奏管乐器可以满足他们特别的能力。他们喜欢许多不同的活动，而且能很快速地获得整体观，所以，他们可以被赋予各种不同的苦差事。但很重要的，需要看管他们的饮食，注意他们不可吃太多甜食，那会让他们更无法安静下来。

土相的孩子不容易接近，对他们而言，生命是严肃的，而且是充满烦恼与焦虑的。如果将这一类型的故事说给他们听，他们会产生共鸣，进而产生同情心。所以，人生阅历丰富的人是土相性情孩子最理想的生活导师。他可以学习歌唱——尤其是独唱，借此向外抒发其内心孤独感，对他而言是一大释放。他们也适合学习弦乐器。食物摄取方面与风相的孩子正相反，他们应该吃些甜食，平衡一下他们有些“酸楚”或“苦涩”的生命基调。不容易消化的食物对他们的胃肠是一种负担。

当管理气质的主题被选为家长之夜的主题时，家长通常会问，他们是否仍有可能在自己的气质上使力。答案是当然可能，只是大人的努力较不能像儿童般产生大量体质上的改变。但是，一个火相的人可以学会为自己爆发的愤怒道歉，说：“你知道，发脾气不是我的原意，我只是失控了。”一个认识自己气质的水相者可以说：“请稍微慢一点，我有困难，我赶不上你。”这两个例子说明了人能察觉自己不均衡的表现形式，而且可以在这上面开始努力。这里，同样地，自我教育的目的不是去否定或有意识地压抑一个火相或水相者的天性，而是学习处理自我气质的特性，以产生各种正向效果的方式为目标。

第23章

儿童为何需要宗教教育?

23.1 幼儿天生的宗教性

新生儿对这个世界的信任是无条件的，其程度只有伟大的宗教献身情操可与之比拟。我们由一个三个月大的婴儿即可看出来，婴儿躺在诊疗台上让医生做一般性检查，母亲站在旁边等待，医生按着顺序检查是否“一切正常”。当他开始检查时，发现小婴儿正以睡足了的大眼睛望着他，这时，他感到孩子的目光仿佛透入了自己的内心深处——这个小婴儿在看什么？希望与谁相遇？为什么目不转睛地注视得这么久？为什么可以这么不设防地看着一个陌生人的眼睛？

在我们未来的人生中，何处能够接触到这样的眼睛？只有当我们完全敞开心胸面对另外一个人时，才能接触到这样的眼神。然而婴儿对这个世界每一刻都是不设防的。这样的眼神反映出孩子对世界的态度，亦即毫无偏见地面对这个世界，无私、忘我地接受及模仿周遭的一切。这是一种宗教情操般的“原始信任感”，他们对大人准备的一切有着无限期待。

我们每个人在童年早期都曾经历过这种宗教般的虔诚阶段，拥有这种原始的信任感。这种热诚以后会表现在生活中，例如工作热诚、愿意“献身”于某种任务或宗教信仰方面。幼儿眼中的世界是无限美好的，对他们而言，周遭的一切是那么值得信赖与模仿，换句话说，是“神圣的”。持反对意见的人则认为，应该提早让孩子明白那是不真实的，世界不是那么完美的，因此，我们必须学会保护并防卫自己。这个问题的答案，只要我们深入看着孩子期待的眼神即可知道。唯有等到孩子长大、够强壮，能面对问题、解决问题时，“张开眼睛”看到世界的苦难与不幸才有意义。否则太早“张开眼睛”只会导致孩子疑虑、脆弱，而且——以后——在他们克服怀疑存在的意义与目的时会产生困难。身为大人，比较合宜的问题应该是：我们应该怎么做才能让孩子尽量保有这份原始的信任感？我们怎样才能让孩子知道，他们周围的大人正朝着让世界变得更美好而努力？我们如何帮助孩子茁壮成长，而能处理生命中比较不完美的面向？如何引导孩子学习以积极的态度面对一切困境？

在“天堂”般的幼年期，我们有为我们做一切事务、照顾我们一切所需，以及只因我们存在即钟爱我们的“母亲”与“父亲”。往后，这样无条件的关系非常稀有，但私底下，我们都期望回到这样的关系里。当生命继续，由这种期望所树立的标准，能发展成具有“给予”特色的“爱”。我们供应越多儿童保存原始信任的印象与经验，这种原始信任就越能成为儿童未来生命的内在志向与心灵力量的源头。

父母常以一种保留的态度接受这种推论，也就是说，生存在来自四面八方的威胁中，如社会中难以预料的事、暴力行为、个人的失败、恐惧、环境的恶化、大范围放射性（物质）的污染，以及战争等，我们已经变得很难建立信心了。我们并不怀疑这样的威胁，然而，每当婴儿注视我们之时，我们也不怀疑那涉及我们灵性起源及目的问题的不同事实。

宗教般的虔诚是大人可以向小孩子学习的。然而，有意识地进入灵性世界为何如此难达成？即便当今有许多人更明白表示渴望追求灵性生活，而且也已经有许多探讨神之奥秘的著作出版了。

23.2　我们如何能学着重新经验并理解灵性的世界？

当评论的、知觉导向的思想开始盛行，我们对宗教的传统思想以及信仰的直觉理解能力即开始真正衰退。当人们不再感受谁会听他们的祷告时，换句话说，当人们开始自己思考而不再接受权威对他们说什么之时，许多人就不再祷告了。当今，有许多人觉得有必要以清晰的思考和学问知识再度连结爱与信仰。这样，才可以帮助人们思考思想的本身（请参阅 14.4“学习思考”）。

经由思想，我们可以找到掌管自然界的发展和作用的法则。取决于先前受造世界的存在，我们的思想能追随并反映有关自然界过程的事实。然而，我们的“深思”不只能引导我们进入有关自然界的法则，同时也能引导我们进入探究：是谁的思维创造了这个我们能反映思维的世界？相较于直接作用在受造自然界的

语言能力的发展

照片51
首度以咿咿呀呀的
声音开始对话。

照片52
在能说话之前先以手示意。说话与手势，两者都是人类特有的。

玩耍

照片53

照片54

照片53-55，玩水。

照片55

照片56
躺在小纸箱里就像回到妈妈的肚子。

照片57
我来稍微整理一下。

照片58
要跟上钢琴的大音符喔！

照片59
吸吸拇指，拉拉头发。

照片60
模仿妈妈为宝宝换尿片。

照片61

照片62

照片61-63，在花园里“工作”。

照片63

照片64

照片65

照片64–67，模仿。晚餐，睡前故事，
准备上床睡觉…… 挺累人的工作！

照片66

照片67

照片68

照片69

照片70

照片68-71，忙着游戏。

照片71

照片72
打开和关上。

照片73
克服了恐惧才有可能成为朋友。

照片74

照片74、75，在冬天和夏天到河边去玩。

照片75

感 觉

人类除了已知的感官知觉（视觉、听觉、味觉、嗅觉、触觉）之外，还有温度感（冷/热的感觉）、平衡感、自我移动感、感觉舒适与否的生命感、语言感、思想感以及自我感等。也许一般人不够熟悉后面的这几个感官知觉，但在儿童的感官活动中却很容易发现。通过植物性神经系统，儿童不仅可以感觉自己的身体舒服或不舒服，还可以感觉自己是否处于和谐或紧张的环境中。他们可以即时地全然感受、能发挥语言感与思想感功能，甚至能感受他人的“个人特性”。所有感官都是同时发展的，当一个官能主导时，其他的官能也是活跃的（运动感觉统合）。儿童就像是一个完全开放的大的鉴别感觉的器官。

触觉

照片76
创意的错用——锅变成了乐器。

照片77
孩子会小心地反复而且仔细地观察摸水的特殊经验。在这个过程中，触觉与视觉、听觉、冷/热温度感以及生命感和自我移动感都一起协调动作。

生命感

照片78
孩子和小猫都感觉很舒服。在人和环境之间，和谐和舒适是一体的。

运动感

照片79
察觉到一个人在空间中的运动并用平衡感练习调整是很有趣的。能够自由活动是孩子们完全做到自律的第一步。

照片80
这是运动感，还是模仿?

平衡感

照片81
在木头上练习平衡感。

照片82
游戏总是牵连着感官教育。孩子不是只有假装做些他们从周围所见到的事物，反倒是他们以自己的身体通过游戏反映了他们的经验，例如：能够站立和保持平衡。

嗅觉和味觉

照片83

照片84

照片83、84，嗅觉行动所牵动的不仅是感知罗勒香草或是花的气味而已。它传达了一种实质物质的“融合”或是主体与客体间的互相贯通。“你很臭”是一种嫌恶的深奥表达；然而具优良区辨力的嗅觉在社会脉络中也鼓励包容性。

照片85、86，当食物好吃的时候，当下的世界就会美好。

照片85

照片86

视觉

照片87
视觉连结环境中的光与色彩的效果。感受色彩、透视与空间感，并与平衡感、自我移动感、触觉起相互作用。

照片88
躲猫猫：“喵！”

听觉

照片89
大的小孩能观看大人演奏小提琴，而小的则拿起玩具小提琴模仿。两个孩子都很专心而且聚精会神地安静聆听。内心平静是听觉的一部分，如果没有这个部分，我们不是不知道自己听到了什么，就是只听到自己想听的或是已经知道的。

照片90
这里也一样，孩子们正在模仿一位演奏高手的表演。唯一的问题是：他们旁边的人可以忍受多久这种“音乐会”呢?

语言感

照片91
在木马背上对话——声音、脸部表情与手势都是语言感的一部分。当仔细观察，您就会知道每一部分都有“说话”的讯息。

照片92
祖父说的一些话终生受用。

思想感

照片93
观众是否能阅读他的思想，看得出来他变的是什么把戏吗?

照片94
他们在想什么？这两个小家伙似乎在同一个频道上。

模仿

照片95
写信，在当今是罕见的。

照片96
在地板上的一张大纸上涂鸦很好玩。

照片97
踩着爸爸的脚步走。

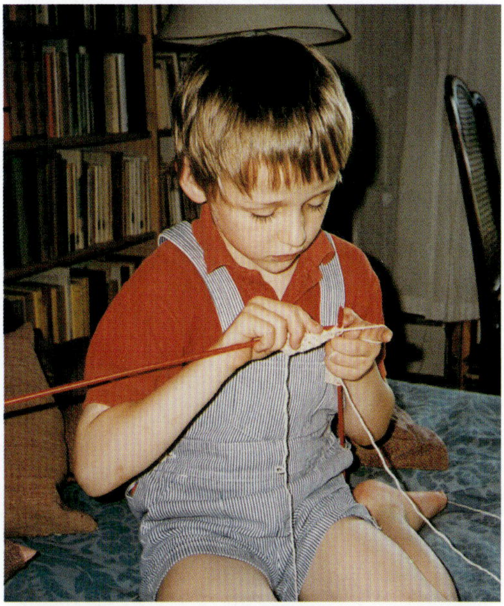

照片98

照片98、99，学会精细动作技巧能促进前额叶的发展，以及与之相关的智能。

照片99

照片100
在幼儿园里演圣诞节的戏。

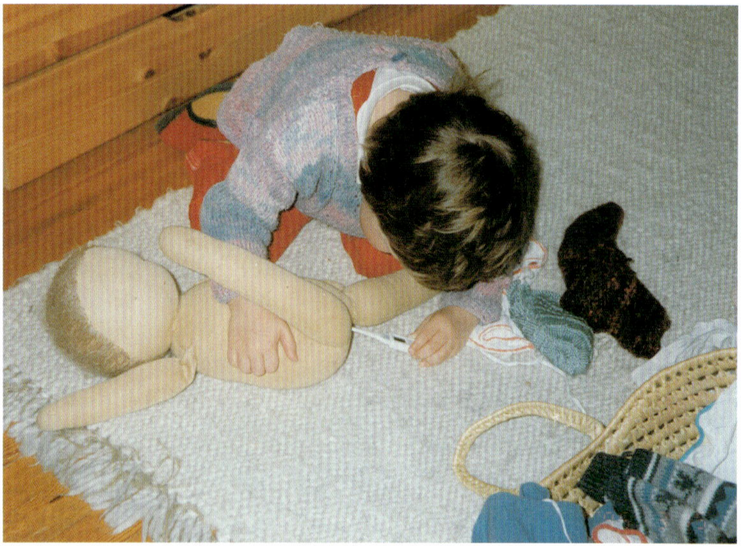

照片101
不用的体温计可以拿来为玩偶量体温。

照片102、103，在厨房里帮忙，但这并不表示能减轻大人的负担。

照片102

照片103

照片104
为了聚会而分配食物?

照片105
洗碗很好玩。

照片106
为热水炉添“柴”。

照片107
模仿大人做事很好玩，但能真的在假日和爸爸一起工作是一件难得的乐事。

照片108
有时候，孩子模仿出来的动作会让大人们觉得不舒服。

思维，显然地，我们的“深思”像是影子。对人类而言，我们开始能觉察思想和完成一个行动是不同的个别程序。在自然界里，思维能直接地作用，因为是自然法则；而人类基于有自主决定的能力，我们有了区分思想与行动的能力，我们知道，即便我们最好的想法也不会强迫我们进入行动。我们可以分别致力于思想或意志；它们不像自然界中的事件，能直接连结或整合。这使得我们得以在一个思维或另一个思维上采取决定的行动。

我们的许多思维能反映自然界的法则与事实，我们视之为理所当然。我们很少体认，所有的思维，直至包括我们的理想，都是存在于某个世界层面的情况映照，不管是身体的、情感的或灵性的层面。如同我们前面所提的第14章的“学习思考”，思想是一个活跃的、源自于人类生命体的映像网状系统。在生命体（以太体）纯灵性的层次上，我们的每一个思维将接触到对应的自然的或灵性的实体。在我们每一次试图领悟一个思维，或执行一个理想时，我们也与该思维或理想所映照的本质进入一个深度的关系。

《圣经》中，圣保罗曾指出这项事实，他说：“不是我，乃是基督在我里面活着”（加2：20）；耶稣也一样，当他训勉使徒时，他说：“你们若有彼此相爱的心，众人因此就认出你们是我的门徒了”（约13：35）；以及“无论在哪里，有两三个人奉我的名聚会，那里就有我在他们中间”（太48：20）。就他自己而言，他说：“我与父原为一”（约10：30），其他还有“我从天上下来不是要按自己的意思行，乃是要按那差我来者的意思行”（约6：38）。这表示当他们在感官—知觉的世界时，他们与灵性世界的实体也并不分离。在灵性世界里，一个存在可以在另一个存在里生活，并且展现。在我们日常的生活里，只有当我们开始爱另一个人，而且开始经验一种内在的、充满光的、赋予力量的、能丰富自己存在的、温暖的关系时，我们才能经验到这种状态。然而，这种经验在认同表达本质的理想之时，我们可以有意识地延伸，可以进入一个与反映在我们思想与意志里的高阶灵性本质互动。就这样，我们人类被赋予了连结另一个存在的潜能，我们的行为就可以从而为那个存在服务或表达了。

当今，有许多人认为应该避免宗教教育，因为宗教会操纵儿童，而且会剥夺他们选择的自由。然而事实上，不被允许经历像敬虔、赞美以及奉献等特质的儿童，会逐渐长成宗教上“不自由”的人。他们并不知道他们已经错过了人类本质的力量，直到后来当他们可能为自己的缺乏理想主义而痛苦抱憾之时。对特定宗教的内容表明自主、非教条式关系的人们，总能在他们的心中找到不断更新内在发展的动机。身为成人，这些人能散发出儿童需要的平安及稳定；他们允许但不强迫他们的孩子参与他们自己的宗教生活。伴随着包容及思维的自由，这种宗教教育的方法能引领人到个人的宗教活动。如果大量施行，这将会使得不同的宗派及宗教彼此学习了解与尊重。

23.3 宗教教育的实践面向

儿童的感官对外界完全开放，他们对周遭一切怀有“宗教情操般”的信任感。然而儿童仍没有能力追求灵性的宗教信仰，因此应将超越感官的世界落实于日常生活中，落实于各种宗教节日活动、礼拜仪式与风俗习惯之中。每年的节日活动与入睡前的“晚间仪式”，在生活中因此扮演着重要角色。

23.3.1 季节的庆典活动

不同于生日与家庭纪念日，每年的季节性庆典活动是一种超越个人或一些纪念日的、由许多人共同参与的庆祝活动。基督教传统中，每年的节庆活动包括基督降临节、圣诞节、复活节、圣灵降临节与施洗约翰节等。米迦勒节较少为人所知，我们希望以这个节庆为例子介绍如何为孩子们设计节庆活动。

每年 9 月 29 日举行的米迦勒节是庆祝秋季开始的收获感恩节。在此季节中，我们看到大自然中树叶开始变色、纷纷掉落，同时，树枝上却也出现了那即将成为来年春天绿叶的嫩芽。在圣约翰的“启示录”（启 12：7）中记载了圣米迦勒与恶龙的争战。这个图像出现在许多传说中，象征世间与恶魔势力的争战。我们如何帮助儿童经历那种与恶势力争战中必要的内在勇气？什么图像可以一如隐藏在落叶中的嫩芽那样传达给儿童希望的元素？

在 9 月 29 日米迦勒节当天，家人可以邀约亲戚、朋友来家里参与院子里的“勇气考验”活动。不同年龄的孩子们聚在一起，由大人或十几岁的大哥哥、大姐姐们陪伴。接着，孩子的眼睛被蒙起来，他们必须凭“感觉”找出设计好考验他们勇气的各种器具，包括高梯子、跷跷板；或是伸手探索布袋，猜出里面是香葱、贝壳或泥浆等的东西。其实，对年纪较大的孩子而言，这些的确包含了他们克服自己犹豫的考验；这些考验更可测试那些有着无所畏惧、万事模仿的小小孩妈妈们的勇气。活动中还有“圣乔治传奇”的布偶戏演出，或一些与秋天相关的、与圣米迦勒节庆气氛相关的歌曲。每一年，考验勇气的方式都可能出乎预料地不同，随着孩子年纪的增长，考验勇气的难度也在增高。例如，攀爬大树、挑战森林徒步旅行、追随一个走在前面的隐形吹号人。孩子们可以必须在森林中找寻一个被藏起来的、里面放着圣米迦勒与龙的戏装的皮箱；找到皮箱后，穿上戏服，一路唱回家；再为年纪较小的兄弟姐妹们即兴演出圣米迦勒与龙争战的戏剧。

此范例所指出的不可或缺的重点是，宗教所启示的“内涵”需要以孩子们能联想在一起的经验与活动的“象征图像”表达。

在有合宜庆典的家庭中成长的儿童，似乎比没有传统节庆经验，也没有内在信念，只有因袭过节的儿童，长得更强健、发展更和谐，也更有信心参与世界。

最重要的，不是单单为孩子安排庆祝活动，而是大人能掌握住节庆的“内在”层次上的主题。基督教传统中，每个节日都有其庆祝的主题与一再传唱的歌曲。孩子们需要也喜欢节庆的欢乐气氛，这些年年重复的风俗与传统将强化儿童的意志力以及他们的记忆能力（请参阅 19.1“概观”）。

23.3.2 就寝前的祷告

宗教教育的另一个基本要素是在培养幼儿醒与睡之间的转换。唱一首晚安曲或特别是祈祷文，片刻抽离日常生活，创造一个虔诚、挚爱、使孩子的心灵得以安眠的气氛。孩子喜欢这样的时刻，即使他们太小，无法理解祈祷文的意思。我们以两个孩子（一个两岁，一个两岁半）为例，他们的父母每天晚上与他们一起念以下的祈祷文：

从头到脚，
我是神的化身。
从心到手，
我感受神的呼吸。
当我以口说话，
我追随神的旨意。

当我定睛于神，
无论在哪里，
在母亲和父亲里，
在所有亲爱的人们里，
在动物和花朵里，
在树木和石头里，
我没有恐惧，
只有钟爱一切
环绕在我周围的。

——鲁道夫·斯坦纳

两岁半大的雅各刚学会说自己是“我”，他一行一行地，越来越热衷于跟着父母念祈祷文。从“在母亲和父亲里”那一行开始，每一行的最后，他都会接说“我也是”，而且他最满足于最后，当他的爸爸、妈妈加上“对，雅各也是”。

两岁大的京特喜欢在父母慢慢念祷文时跟着念，但他总是略过“恐惧”那一行。而之前的那几行他会重复地念两次：“在动物和花朵里，在动物和花朵里，在树木和石头里，在树木和石头里……”最后，他总是高兴地跳上床，将自己陷入枕头里，说：“好可爱喔！”

举这两个例子，并不表示孩子要等到学会说话以后才能开始与大人一起祷告。编列在本书参考书目中的《亲子祈祷文》（*Prayers for parents and children*）一书涵括了大人念给新生儿听的诗作，以及许多餐桌的感恩祈祷等。

23.3.3 守护天使

在许多生命逆境中，每一个人，尤其是每一个儿童，如果能知道自己一直都有一位看顾的守护天使，那将会是一个很大的帮助。不过，这种陈述常引起反驳：既然有守护天使，为什么守护天使没有保护人类？没有免除不时的意外与悲剧事件的发生呢？我们只能说，每天都有不计其数制止灾祸发生的奇迹。我们的守护天使庇护我们，免除我们所有的厄运，除了那些源自于智慧，能导引我们个人命运的。我们无法避免的厄运都是我们可以学习的、帮助我们成长的大事。这个领悟，如同以下这首由 Christian Morgenstern 所表达的诗，根本地开启了我们面对生命感恩的态度：

喔　智慧及更高阶的自我啊
你以双翼开阔的庇荫
以从每一个生世所获得的指引
以对我最好的选择赐我幸福
在年轻的岁月我被怀疑所困
我已学会了信任你了解什么是最佳的状况
而今我成长茁壮
充满着感恩
我定睛向安抚担心忧虑的
您凝视（注 1）

23.4　面对死亡

一直到前青春期开始之前，9 ～ 10 岁甚至更大些的孩子，才能意识自我存在中“短暂与永恒”的课题，因而才能感觉死亡的含义。以下的例子说明不同年龄的孩子如何认同死亡。

一个家庭中有五个孩子，当父亲告诉他们奶奶刚在医院过世的消息时，所有的孩子都认真地听着。从每个孩子的不同反应中，可以清楚地判断出他们的情感成熟程度。听完消息之后，家中四岁的孩子又回到沙箱专心地玩耍。九岁的孩子旁观了这一切，注意到自己不像大一点的人那样伤心。内心深处，他清楚奶奶已经死了，不会再回来了，但是他的心理受到这个事件的冲击仍然非常有限。12 岁孩子的表现则完全不一样了！他回忆起与奶奶相处的最后时光，奶奶曾在他生病时陪伴他，以古龙水按摩他的背部。当他理解到奶奶永远离开了，他再也看不到奶奶了，他的眼睛充满了泪水。有好几天，在他的心灵中回荡着对于死亡的必然性与庄严性的体认；他感觉到这个超高权威的见解及信念。

孩子是现实主义者，他们以外显事实接受世界或死亡。他们与死亡初次相遇，死亡是否为一个大伤痛，在于大人们面对的态度及情感表达的方式。假设一个至亲至爱的死亡，如同“天上生日”般地举行，孩子即学到每个人的生命本质会经过有形、无形的两种存在形式。他们学到可以喜乐地纪念死者的成就与特质。定期举办这种“天上生日”，可以教导儿童灵性存在的世界充满在有形的世界里。

在一个有六个孩子的家庭里，其中一个孩子年纪很小便夭折了。每年，他们全家人总会一起做些特别的事情来庆祝他的“天上生日”。甚至，在每年拜望他墓园的路上，步伐也并不沉重。在清理干净墓碑之后，他们会唱一首歌，念一段祈祷文。用餐时，他们会谈谈他短暂的生命故事，如果母亲偶尔感触落泪，没有人会过度地不舒服。视死亡为生命自然的一部分，庄严、诚恳，但也快乐、激发信念，则能将真正虔敬的元素带入日常生活中，并使之成为儿童宗教教育的一项重要贡献。

然而，我们如何帮助那些因严重疾病或意外事故面临他们自己的死亡的孩子？不同年纪的孩子，反应非常不同。在慢性疾病那一章中（请参阅9.3“处理身心障碍或慢性病童”），本书列举了几个例子。在处理儿童面对死亡这件事实上，大人的态度越冷静、越实事求是，对所有相关的就越有帮助。孩子总是能察觉到大人们的担心、伤痛与害怕，如果孩子感受到大人有什么重要的事情隐瞒他们，他们会很难过。孩子若能坦率地将自己面对死亡的感受与想法告诉大人，将自己的愿望说出来，对孩子而言将是一种大释放。Christoph Tautz 与 Manfred Grüttgen 所著的《当下可能是未来生命的救赎》（*Die Gegenwart könte Zukunft des Lebens retten*）一书中，集结了一些癌症病童父母亲的心情故事，对于许多父母应该很有帮助。另外，Arie Boogert 所著的《面对儿童的死亡》（*Beim Sterben von Kindern*）一书同样值得推荐。书中以人智医学观点探究死亡的议题，以及如何陪伴面临死亡的孩子。

斯坦纳曾谈及儿童死亡的象征意义。他说，无论命运背景如何，我们可以反复观察。孩子通过死亡将“敬虔”带给家庭。孩子的死亡震惊了父母与兄弟姐妹，他们的死使得身后的家人进入对全新的生命的意义、永恒的人类、死亡对生命的意义等问题的觉察。

附注

注1 Morgenstern，Christian. *Wir fanden einen Pfad*. Munich 1986.（Trans. Catherine Creeger.）

第24章

性别教育

为了维护安全，儿童必须要知道某些成人世界的面向。这些层面的内容不仅包含个人的性行为，也包含性侵、娼妓、毒品、暴力、犯罪、党派以及邪恶的教派等问题。性别教育，狭义的是指一般的性别教育宣导，广义的，则因其目的在于帮助年轻人预备进入“成人的世界”，并跨越成长中的危机，则应涵盖社会问题的所有层面。除前所提及的，传播媒体中充满了令人怵目惊心的战争、灾难、贫穷和饥饿等现象，也是儿童需要被辅导的范围。儿童和青少年对这些生活的负向层面充满了疑问。怎么会发生这样的事？为什么有这样的可能？为什么政府、教会或者所有有良知的人民不介入干预呢？人们怎能只是做自己的事而表现得好似没什么事情发生一般？我们怎能只是坐视贫富差距日益严重？

因为儿童及青少年正在学习处理这些棘手的议题，所以最好的教育是值得他们信赖的成人的典范。作为父母和老师，我们如何处理这些主题？我们是否清楚地表明，所有的人类都必须认真处理这些事？我们是否清楚地表明，有某些观点是有帮助的？我们是否分享我们自己如何看待这些议题，以及我们如何学习让事情转成正向的？所有的这些解答都能帮助青少年更清楚地理解。时下越来越多儿童及青少年利用手边立即可得的参考产品、媒体新闻报导，以及与朋友的对话等来教育自己的性别议题以及棘手的社会议题。他们需要比报导更多一些的适用准则来帮助他们消化所见及所闻。换句话说，他们需要知道受人敬重的大人是如何处理或应对这些议题的。然而，通常他们迟疑于问问题，有时候是因为他们缺少特定的词汇，但更常因为他们踌躇于提出大人可能认为是禁忌或没有兴趣的议题。性别教育不仅需要有特定的资料，更重要的是需要有机会处理。而在每天的生活里、在家庭或学校里真的有空间让他们能彻底而详细地提出这类性质的问题吗？

勇敢正视性别及其他议题的负责任的大人能给予很大的帮助，能在儿童与大人之间创造一个具有真正合作关系的坦诚气氛，以提供孩子与我们对话。毕竟，大人也持续受到这些议题的影响，而且我们也不可能声称自己已一劳永逸地解决这些问题了。这些是人类存在深远而广泛的问题，它关乎人类生活最美好的时刻和阴暗的层面，也关乎美德与人道表现不佳或似乎动摇的所有范围，有时候还关乎必须采取保护手段以确保我们自己的安全，甚至冒险助人的范围。在我们大大地欢迎我们的社会禁忌越来越少，而且人类的生活问题也越来越能开放地讨论并制成文件的同时，这些事件的情况，特别是对儿童及青少年，却潜藏了严重的危险；因为这些像洪水般的资讯将侵蚀儿童生命自信的基底、引起他们对生命的疑义，使他们失去喜乐与希望，因为儿童将不是这些资讯的对手。

24.1 自由与责任

如果阅读未成年儿童保护法，我们会很感激立法保护所有儿童在安全环境中成长的措施。然而，实际执行上有困难，因为儿童的安全首先取决于他们的家庭状况；换句话说，大部分都是在隐私与个人自由的领域里，是法令规章与监督影响不及的。

这在危害年轻人身心的酒精、毒品，以及残忍、恐怖、暴力、性侵害等循环无尽的电视节目与录影带上特别真实。在儿童及青少年成熟到足以合宜地处理这些事物之前，他们几乎无可避免地面临了这些问题。当然也有一些来自正常的禁忌、越轨或不寻常的吸引力。就教育推论，成人很重要的是要留神观察或不时地与青少年讨论“禁忌的”主题，以免除他们受到这种题材的蛊惑，并以显露问题的方式确保他们敏锐于负责任的感受力，而非模糊化他们的人道反应。

自由与**责任**是处理“危险与禁忌”两个主题的关键语词。歌德将他的剧作《浮士德》(*Faust*)献给这两个思想观念。第一幕，自由的意识主导；浮士德博览群书，精通神学与哲学。然而，所有这些学问无法回答他“生命的意义”以及“我到底是谁”的困惑。处于“我”觉知的危机中，浮士德领悟到，除非他愿意承认邪恶是自己存在的一部分，否则他无法追求生命最深奥的真理和个人的“我”的发展。这位诗人以艺术的形式呈现了这个洞察。在剧情里，浮士德有意识地在自己的血液里签名，出卖了自己的灵魂给魔鬼。换句话说，浮士德承认，一如良善的潜力，魔鬼的势力也存在于他自己的血液与意志里。

除此之外，如果没有意识清醒、奋力地对付魔鬼，无论多大的愿望，我们无法追求人类尊严的象征——自由。这个剧情不只提供了两性或任何其他成人责任方面的探讨背景，同时也帮助我们理解并体谅自己与他人不断反复的缺点、短处。终究，我们谁也不能告诉任何其他人该做什么或不该做什么。我们只能为自己的作为与洞察负责。

24.2 性别是形塑人际关系的要素

当今，我们也许对于前几个世纪和古老的文明中，宗教习俗为什么那么谨慎地定义性爱权限感到惊奇；然而当我们真正经验到了以人道的方式处理两性问题有多么困难时，我们似乎就不再那么惊讶于严格的习俗，以及为确保人际伦常而在社会接受的方式下完成安排式婚姻的需要。在早期，当人类对他们自己的“个人意识”不似他们对家族、部落或种族的忠贞那么强而有力时，有关性行为的社会规范被接纳为家族延伸、普遍性社会秩序自然的一部分，而不像现在可能被视为一种个人自由的侵犯。

在此同时，人类的爱情本身越来越解脱于亲属关系以及家族、部落成员之外。历史上一夫多妻／一妻多夫的转移，意味着个人的性行为越来越少在社会团体的脉络中表达，而是越来越聚焦于一个男人或一个女人的个别关系。当今，只有相关的这两个人，可以就他们个人与社会的立场跨越过社会、种族或思想意识的藩篱，为他们的结合而负责。他们的关系实际上可以不受外界的标准与评论影响，甚至即便冒犯了任何仍然盛行的、普遍被接受的规范与伦理价值。

人际关系个人化以及古老禁忌崩溃的一个后果，是性行为以多样化的形式浮现：尽其最高程度地体验贪欲、欲求或成瘾，或隐埋在一个爱情的关系里。性爱的结合，在一个合一的感觉里，不只战胜了男女两极，也提供了一个赋予后代形体的机会。

人的关系是永久的，即便我们终止了关系。非常清楚地，我们之间的关系并不会完全消失。甚至当我们断绝了关系，我们也无法消除我们之前伴侣的印象或影响。我们与他们的经验属于我们，而且会永远跟随着我们。明白那里面有更深奥的蕴涵能帮助我们领悟，一个关系所牵涉的永远比性的接触更多。一个关系也许包含了性行为，但我们不能依赖性行为。因此，就像没有一件事是不可以作为分离的理由一样，没有一个行为是天生不能被容许在一个婚姻或伴侣关系之中的。终究，一个关系是否能让伴侣彼此保持丰足感，就只决定于他们对彼此兴趣的力量。即便这个基本事实很清楚，但永远不可能有“排除”的关系；因为每个人都不只需要与对方的关系，也需要有个人成长和改变的可能。因此，大部分丰足而持久的关系都是那些能概括包容伴侣所面临的每一件事，而且一定是陪同一起认真处理的人。成长在一个“纳入”的脉络关系中，其特性是伴侣有对世界及对彼此相爱的兴趣，而且处理关系中的问题是学习合宜处理性行为最佳的基础。孩子在这种关系“稳固”而且彼此相爱的家庭中成长，可学习到有尊严的两性互动关系。

24.3 身体与心智生产力

我们利用许多相同的文字及措词描述两性的身体结合以及智能的生产力。觉醒／振起、激发／兴奋，及构想／孕育可以是身体的，也可以是心智的。我们说一个人“想象”或“生产”一个想法。专门用语的这种重叠性与本书之前所讨论过的事实有关联，那就是斯坦纳所描述的，人类的“生长力”与“思想”的功能来自同一个起源，成长与再生的能量将蜕变成思想的能量（请参阅 14.4“学习思考”）。

这个洞察如何影响我们对男性与女性在身体与心理上差异的理解？在身体方面，男性与女性有不同的生殖器官与继发的性别特征。很有趣地，男、女胎儿在胚胎发育的前七周是完全相同的。在这个阶段，最初的生殖器官是两性的或雌雄同体的；换句话说，是可以发展成男性或女性器官的。不过，大约从孕期的第七周开始，相对的独特性征开始退去。有趣的是，在此同时，出现了提供头脑作为思想发展基础的脑泡。

很清楚地，根据与生俱来的成长力量，男性与女性在潜能上都是两性的。因此，整个生命，经由操控适合的荷尔蒙，可以刺激相对性别第二性征的生理表现。女性服用高剂量的睾丸素会发出低沉的声音、男性样式的体毛，并消耗典型女性储存的油脂，增加健壮的肌肉。同样地，男性服用雌激素会发展女性的第二性征。

这一切显示出，以太体的塑形能量同时存在于男、女两个性别里，但哪一组性别能量会被显现出来，将由身体里的染色体所决定。于是，在生理层面上，从出生的那一刻开始，相对“没事可做”的性别以太能量，即能作为意识发展及思想开端的使用。若照此发展，那么女性的思想特征就应该有精液发展与射出般地高变化强度、频率及数量，以及冲刺、向外作用的男性生殖行为特质。而实际上，一般女性的思想不就是比男性的思想更少恒常、更多“射出”、更多不可预测及激动吗？女性思想的特性即是喜欢不熟悉的、能接纳新的眼光，而且准备好第二天以一个新的观点重新打开讨论。

相反地，典型的男性思想更接近、类似女性生殖器官的动力与功能。如同卵细胞的成熟以及子宫黏膜内衬的发展，必要时即可接纳受精卵。男性思想的基本态势是恒常、规则、节奏的，而且有一定程度的自我抑制及可信赖性。男性的思想有一贯且系统化的进展潜能，而且相当独立，不受外在的影响，因此倾向掌握抽象概念；这也是为什么几乎所有世界上伟大的哲学巨著都是男人写的。男人较适合将想法导入成熟，像“从怀孕至足月”般的职务，而且他们能形塑整个雄伟的建物，或“具体化”有交互关系的思想。

无可否认地，在男性的情感生活里，这个过程伴随着巨大的孤独与独立。男性不会很快地变得情绪激动；他们的反应一般而言比女性更慢，而且更深思熟虑。因此，在生理及情感上，两性是两极的，而这两极在许多方面能彼此刺激、相互补足。在一生进程之中，男性与女性也可以学学彼此典型的思想方法，至少在某个程度上如此。

然而，从灵性观点，男、女两性都是完整的人类。虽然人类不是受限于生理上男性、心理上女性，便是受限于生理上女性、心理上男性的体质里，每一个人存在的灵性核心——“我”，却是超越性别的；尤其更年期之后，男性或女性的性别特征将退居次要地位。当人们越能自由地学习使用被赋予的身体与心灵，人类的活动就越能承担个别性与一般性的人类角色。

24.4 与儿童及青少年对话

24.4.1 大家庭中的对话

有一位母亲怀最小的宝宝时，家里其他孩子分别为 5 岁、8 岁、10 岁和 11 岁。

他们的话题可能经常绕着“新宝宝”转。宝宝会是小弟弟，还是小妹妹？会叫什么名字？什么时候才能带小宝宝去散步等等。所有的孩子都知道成长中的小宝宝正安稳无恙地待在妈妈的肚子里，而且只有等到“时机成熟”才会出生。除此之外，他们的问题也有很大的不同。在所有性别教育对话中，重要的原则是，只提供孩子们所要求的知识，而且设法找到有趣的。没有要求而给予的解释通常只会造成儿童情感上的包袱，会在儿童联想生命起源问题时造成思想与情感上的混乱。

以这个家庭为例，最大的孩子想要精确地了解小宝宝是如何从妈妈的身体出生，以及小宝宝一开始如何能突然地做到开始长大。而年纪最小的却完全不问身体的细节，他只对小宝宝身体出生之前在天上做什么有兴趣。

有许多为学步儿出版、随手可得的性别教育书籍。这些书大部分以漫画的方式呈现“技术性细节”，但与儿童在这个阶段的情感与智能发展却完全无关。在此特别推荐一本相关的书籍，书名为《小天使的地球之旅》(*Die Erdenreise des kleinen Engels*)。

那位八岁的孩子，除了对妈妈是否会生双胞胎感兴趣之外，就没什么特别要问的了。孩子们在玩办家家酒游戏时，会重新演出与父母的对话；也几乎每一天，都会有结婚、生宝宝——通常都生双胞胎——的扮演游戏。

24.4.2 幼儿的扮演游戏

一位五岁的男孩发现，当他将小鸡鸡展露给其他孩子看时，大人们都很忧心。一位惊慌的妈妈说：“有一天，我走进儿子的房间，发现他躺在对街的一个女孩身上。他还骄傲地大声说‘我们在玩男生和女生的床上游戏’”。通常，玩这种游戏的大约是 4 ~ 8 岁的孩子——因为他们仍处于模仿的年纪。当我们听到这样的行为时，我们首先会询问父母，他们的孩子是否在录影带、电视或日常周围环境里看见大人的性举动范例。在大多数事例里，这些儿童既不是性早熟，也不是任何方面的“性反常”，他们只不过是单纯地模仿大人做事。因此，所谓的性别教育最重要的因素是大人的榜样——意即，大人如何谈论性别议题，以及他们在自己的人际关系里如何表现行为举止。

父母亲越过度关注孩子的这些事件，上述的这些问题可能会更频繁地出现。

孩子喜欢吸引大人的注意。如果他们无法以理所当然或以好的行为获得关心时，孩子会采取其他不同的挑衅方式，直到他们获得渴望的结果为止。

24.4.3 进入青春期

最晚大约在九岁到十岁，大多数的孩子已经从同龄人或别处知道了性别的概念，即便是父母亲没有提供适龄的引介。然而，在月经来潮之前（现在大约平均发生在11.5岁），一个女孩，无论是从母亲还是从另一位值得信赖的大人处，学会所有必要的“实用细节”是重要的。同样重要地，她要能向前看到这件事是一个她即将成为一位女性的表征。而在儿子与父亲之间，也应该采取类似的过程。

随着青春期开始，青少年面临成长的挑战，特别是因为身体的发育总是比以前更早。例如，在1860年时，少女第一次月经来潮的平均年龄为16.5岁；1920年为14.5岁；而目前为11.5岁。2010年时，少女的第一次月经平均年龄降至10.5岁。在西方国家，第一次性经验的年龄也在下降。50%的15岁少女已有性经验。1996～2002年，18岁以下的少女堕胎比例增加了75%（一般妇女的堕胎比例下降）！许多少女已经服用避孕药，而最近还有无需医生处方、在药房里即可买到的“事后”避孕药。

显然地，在家里和学校，我们都需要比往常更早提出性别以及性行为、避孕措施与生活技能的议题。现在的年轻人虽然一切都来得这么早，生理上成熟、与异性交往，以及发育期间内心的情感及冲动……但他们的情感成熟可能尚未能追上。因此，在这个领域，青少年需要特别的关注、支持、对话的机会以及讯息的分享。

24.4.4 其他问题

当我们与青少年谈及避孕药及其他避孕措施时，对他们而言，重要的是他们应觉知他们必须回应人伦常理以及对人负责的相关问题。例如，您青春期的儿子是要他15岁的女朋友以荷尔蒙的方式处理她的身体，还是更愿意以她不要这样做的方式来爱她？因为在此关联里，必然产生与堕胎相关的出生前的生命问题。

对这样的事情，父母不知所措是很常见的——也许他们没有时间，或者他们因为自己的经历，找不到适当的言语；或者他们是单亲父母，无法充分地对青春期的异性子女应答。为此原因，学校能有像青春期、两性行为、爱与冲动、责任与伴侣关系、避孕与性传染病、同性恋、性侵害、色情、堕胎以及试管受精等议题的讨论是有益的。这些讨论应超越“技术层面”，而且应补充心理与灵性面向的观点及经验。

性别教育永远都不应该以单一科目呈现，而总是要将问题整合进入更广泛的生活方式与发展。“道听途说”的性别知识应该加以补足并导正。在不同的年纪里提供适龄的对话及教学，青少年将会非常欣喜地接纳并且感激。

然而，通常在您开始讨论该议题之前，儿童及青少年早就被生理层面的两性行为讯息所充满。明显地，对比于他们在任何最受欢迎的杂志里所阅读到的性资讯，他们早期的爱的经验通常非常理想主义而体贴；对他们而言，大人清楚表达所持的立场时，会更令他们觉得欣慰。

受到性别问题矛盾观点的影响，许多青少年暗自怀疑自己是否真的“正常”，特别是如果他们同龄的朋友已经有活跃的性关系时。他们希望知道自己如果在这个年纪还不觉得“性交”是需要的，是否为不正常。如果在一个多情而性爱的，或灵性而唯心的层面上经验爱情，这样是否仍旧正常？类似《*Bravo*》这种杂志就告诉年轻人发生性关系是“正常”的，只要做好必要的避孕措施。从与许多14 ～ 18岁的青少年进行的个别谈话中，我们一次次地经验，当青少年们知道我们认为他们是“正常的”，他们深觉宽慰，即便他们尚未有活跃的性行为。

24.5 幼儿是否有“性感觉”？

这个主题，各方意见纷歧。根据我们的经验，大部分是因为幼儿看见大人的行为，以致他们出现模仿性的行为。若纯以生物学角度探讨，性的发展与性腺的成熟相关联，而生殖腺大约在儿童9 ～ 10岁开始发育。在这个年纪之前，儿童全然地接纳环境，广泛地感觉渴望“身体体验”，但并非联系身体特定的性感部位；他们不需要性的刺激；他们要的是被爱，全然地被呵护、接纳。如果幼儿有性的行为，通常是被大人或较大儿童的示范以及大人的反应所怂恿而引发。只要忽视并减少孩子与这类玩伴的接触，这样的行为通常就会消失——或更好的，是能受到督导。要是儿童经常被单独留下无聊或焦虑，情况就很不一样了；这样的情况，为了增强自我知觉，孩子通常会吸吮手指或以饮食满足他们的需求；然而在一些案例里，可能会发展成过度自慰。

24.6 同性恋

那些将同性恋爱视为异常、堕落、病态或不正常的人大可以放心，他们所苦恼的是一种偏见；实际上，这种看法完全没有事实凭据。既没有统计资料，也没有日常生活经验足以证实异性恋者比同性恋男女更不可能放纵于性剥削或堕落、犯罪或其他社会病态的观念。正好相反地，在我们文化及知识分子的生活中，一些最具代表意义的人物，像演员与导演 Gustav Gründgens、诗人奥斯卡·王尔德、作曲家柴可夫斯基等都是同性恋者，他们在文化与创作领域中都有极大的贡献。

的确，男性与女性身体在性的行动里能互相补足，从这个观点来看，同性恋爱是不完整的。然而想想，人类的性活动，生殖并非唯一目的；作为对伴侣的恩爱表达，同性之爱完全可以媲美异性之爱。大多数动物的性活动局限于繁殖季节，受制于自然法则；然而在人类里，我们能自主于女性的生殖周期之外。身体的温柔及性爱总都有可能有不同浓烈及明确的程度——而这些即是形塑人际关系的元素。每个人对身体、感性与理性的爱，其经验都是高度个人化，而且是隐藏在任何“标准”之外的。

恋童症与诱唆未成年者的问题也一定不可与同性恋联想在一起。当今，儿童及青少年性侵害已成为国际谈论的一个主题。众所皆知的，教唆及性侵害未成年者，主要是在男女异性恋的领域里，离同性恋的生活圈是很遥远的。同性恋的公平对待也很重要，特别是在学校里。一位老师简短、客观的评论，可以使得班上两三位男或女同性恋学生觉得自己被接纳或理解。例如，不隐瞒伟大的同性恋艺术家或历史人物；即便是极简略、没有偏见地提到这些事实，就可以使得这些学生在他们的“不同”里觉得被接纳，而且能树立起正向的先例。

即便不见得直接影响学生，讨论同性恋的主题仍是有意义的。一方面，可帮助限制一些有伤品格的措词用语，另一方面，可培养对感觉不同的人的理解。

24.7 性侵害

儿童需要身体的亲近和呵护，他们对这个世界怀着一种宗教情操般的“原始信赖感”。在成长过程中，随着时间的流逝，这种信赖感可能因某些生活经历而得到印证或强化，也可能因其他经历遭受伤害而削弱。儿童从生命中获取经验，发展适合的判断能力。

身为父母和教师，我们被期待给予孩子自主的经验，但不是让他们接触不必要的危险。这需要每个儿童在发展之路上的信心与信赖（但不是盲目的信赖）。除了亲密与呵护，儿童需要有机警、能保护他们的父母，能在儿童世界的周围，清楚辨别什么对孩子是适合的，什么经验是恰当的。

许多儿童暴露在性侵害的危险之中，我们没有明确的统计数字，因为大多数的性侵害事件从没有被揭露出来。为什么许多人等到 30 年之后才将他们遭受性侵害的经验披露出来，或者根本不说？为什么很少有性侵害罪犯受到告发或宣告判刑？这些问题有许多答案。受害者通常觉得内疚，因为他们认为或被说服，是他们自己引起犯罪的。为了避免败坏家庭名声，在“家丑不可外扬”的传统观念下，许多孩子坦白说出来的话不被采信；有些孩子害怕泄漏“秘密”，破坏了他们不将事情传扬出去的承诺；孩子通常轻描淡写地陈述情况，父母亲无法掌握实情，因此不知如何处理；而且，也许也没有人真的想知道人类卑鄙堕落到什么程度。

有大量的研究指出，大约四个女孩之中有一个、八个男孩之中有一个曾遭受过性侵害。性侵害者当中以异性恋的男、女为主，同性恋者所占比例较低。

性侵害是一个广泛的术语，请勿窄化解释为强暴。它几乎包含了任何方式的个人界线侵犯，像是成人（或青少年，约占 30%）身体太贴近或触摸儿童。我们都需要爱的关注与温柔的爱抚，这对每个孩子（以及每个人）都是有益的，然而有些关注与爱抚的类型就是不一样。对孩子而言，这些是令他们困惑的、有害的、奇怪的、不安的、不行的。侵害往往在没有感觉、没注意间进行，只有犯罪者意识得到。他可能采取动作的形式触摸，或要求孩子触摸，或看他裸露的身体；可能会设法取得保密的约定或以后果威胁孩子不得说出去；也可能是一起观看色情电影；可能牵涉各种方式的性器官碰触以达到性满足等。

性侵害者很少是因一时冲动劫持女孩，然后将之强暴的完全陌生的人。绝大多数的性侵害者是男性，他们非常从容不迫地纠缠他们意欲的对象。他们花很长的时间，对孩子使一些小手段表示友好，然后一而再地不断扩大逾越的界线。性侵害的关系可能长达数年，总能在严密的遮掩之下。侵害的事例通常是有计划的，几乎从来不是无意识、不由自主地犯一次错。他们可能是家庭的男性成员或信任的熟人。性侵者通常在同一期间有一个以上的受害者，或连续的一个接着一个。他们不像典型无法控制狂热冲动的性侵害者般好辨识，他们给人的第一印象通常似乎都很友善、有教养、衣冠楚楚、事业成功、和蔼可亲、好交往。然而，在这个外表之下常常隐藏了一个不幸的成长故事——或许是父亲的缺席、情感受忽视、曾遭受性侵害、成长过程混乱、自我价值感低落、人际关系障碍，以及其他更多的原因。

父母能如何察觉、辨识性侵害？是否有任何征兆或显明的证据？儿童描述的性侵害，几乎都是真实的，他们不会捏造这样的事件；因此当他们谈到性侵害时，我们一定要非常严肃地看待。问题是，儿童非常难得会说出来。

增加关注绝对是恰当的，如果您发现孩子的行为莫名地转变——突然变得闷闷不乐或与人没有距离？停止告诉您白天发生的事？突然睡不安稳，或害怕黑暗？您可能察觉孩子有某些异常，或看见孩子呈现完全不熟悉的样貌（请参考24.5.3“儿童遭受性侵的可能征兆”）。当然这些在心情或行为上的转变可能还有许多其他因素，但这些都可作为谨慎探究的对话基础。

反过来，如果父母亲不停地忧心潜在的侵害，也将造成儿童极重的压力。父母即便没有直接谈论这些话题，但孩子可以察觉父母亲的担心，之后，他们自己也会开始觉得没有安全感。比较有帮助的是充满信心地陪伴孩子，然后示范清楚的视野，而非盲目地信任世界。

当孩子自发性地提到性侵害，他们通常说得拐弯抹角或含糊其词。父母错失讯息，导致孩子的呼救无法传达出来，也是常见的。如果一个女孩表示他再也不要去爷爷家了，而父母回答“但是爷爷这么好，你去看爷爷时，爷爷很高兴喔”，女孩对父母这样的回应可能解读为父母知道发生什么事了，而且认为这件事没什么问题。遇到这种情况，重要的是冷静地询问孩子原因，并尝试澄清孩子的说词是否缘自爷爷逾越了界线或其他完全不相干的事。

这种情况，儿童常会说，他们有一个秘密但不可以说出来。当秘密是一项可以盼望的事情，例如生日礼物，这样的秘密是美好的。但你必须确定你的孩子知道有些秘密不能算是秘密的；凡与惩罚、威胁或恐惧连在一起的秘密都不能被视为秘密，应该说出实际情况。

24.7.1 儿童遭受性侵的可能征兆

身体上的征兆

生殖器区受伤（较罕见）；在胸部、腹部、臀部或大腿有咬痕或瘀血。生殖器官一再发炎，或是内衣裤上有血迹。

可能的可疑行为

游戏时出现性动作及性语言、自慰或摆出性行为姿势、尝试性调戏孩子或大人、夸大的羞愧、不肯脱衣服；若为婴、幼儿，有不寻常的换尿布困难；之后，有可能出现自我攻击行为，如拔头发、啃指甲、自残、自杀倾向、毒瘾等；或在图画、彩绘或谈话里，呈现遭受性侵害的描绘。性侵害是否能清楚描述，或以符号或情境语言出现，完全取决于儿童的语汇能力。大人应该随时敏于倾听，例如孩子会说，有一个鬼在晚上以一种很奇怪的方式摸他，或有一个老师的动作很奇怪，或突然说他再也不要去谁家了。

身心失调的症状

经常性头疼、没有胃口、呕吐、失眠、遗尿、泄粪、焦虑或夜间窒息、气喘，以及语言、视觉及专注失调等。

心理上及行为上的症状

自卑感或严重的自我怀疑、无显著特点的焦虑、人际关系障碍、退却或缺乏距离感、过度亲近（与陌生人也是）、羞耻与愧疚感、在学校表现退步或极度激发、无助感或玩弄权力、沮丧、恐惧，或心理疾病的征兆等。

当大人心存怀疑时

除了少数例外，这里列举的征候是一些非特定的指标，当儿童处于其他冲突侵害，例如父母离异、亲友过世，或经历剧烈的暴力或其他创痛时，也可以观察得到这些征候。为此，我们急迫地建议父母小心谨慎，但不要尝试自己与孩子谈及你对侵害的猜疑。在做任何事之前，先听取专家建议如何进行以及首先该采取什么步骤。如果你怀疑孩子遭受性侵害，首先要做的事是联络家庭咨询中心、社会服务或健康部门，或有经验的儿童或青少年精神科医师。另外最重要的是，避免不必要的猜疑或尝试采取非专业的性别教育，而造成儿童更深一层的受苦。

获得专业的协助表示你的孩子已经被认真地接纳（至少帮他保留一点对大人世界的信任），并避免一些更糟的事情发生。

性侵害可能产生很多后果，端视个人的情况而定。通常性侵害明显地造成受害者自卑感、人际关系问题、两性关系发展中断、对自我感关系混乱；也可能导致孤独感、自杀倾向、毒瘾行为等（见前述）。换句话说，性侵害导致儿童发展上的失调，儿童的“我”和自己的身体与心灵无法发展健康的关系。当然，这样的问题可能有许多不同的原因，不能永远都怀疑是性侵害。而尽速开始创伤治疗将可降低后果的严重性。

24.7.2 预防性侵害

身为父母或教师，我们可以做什么好让我们的孩子建立更适当的界线，在必要的时候知道抗拒，而能避免成为性侵的受害者？

在街上、公车或商店里，一个“可爱、聪明伶俐的孩子”有多常被不认识的人拍头？人们的意图可能全无恶意，但孩子得到一个印象：任何人都可以摸他，而且他的父母认为那是可以的。当奶奶或叔叔来访时，他们热情地拥抱、多次亲吻孩子又如何呢？父母或访客告诉孩子，当疼爱你的亲戚要拥抱或亲吻你时，抗拒是不正确的；这样的事例很常见。遗憾的是，这样的情况会教导孩子，他不可以对那些让他觉得不舒服的身体亲密或触摸说“不”。

每个儿童都需要亲密、安全及保护。安全的感觉提供儿童生而为人的成长和成熟。人只有等到青春期晚期或成年时，才能认出谁（或什么事）是他想要专注的，或谁（或什么事）是他宁可保持适当距离的。

婴儿毫无保留地信任周遭的世界。他们自然地相信，并纵情自己于环境之中，这是第一个生命阶段的健康先决条件。接纳世界是婴儿和幼儿的主导姿态，但他们很快地变成熟悉害怕、愤怒和说“不”。这样的反应将他们与世界区隔开来，使他们能够以儿童的标准经验世界与自我间的分野。判断性的、仔细的观察能力发展得较晚，亦即，一旦儿童能在思想及经验中归纳、区隔这个世界不尽完全美好之时，他们的经验特质决定他们的结果，可能是不信任、怀疑、拒绝或排斥。为防杜这样的发展，儿童的教养与教育的目标在于给予儿童经验他们自己的行动能为这个世界带来美好的事物，而他们需要学习持平地评断每一个情况，从而能知道要从外界带入什么，能知道允许谁靠近他们，还有（特别的）什么时候该设防或抗拒。

在使儿童变得过度焦虑、不信任周遭环境，和由于鼓励他们很开放、信任、天真，结果导致可能遭人侵害这两种情况之间，寻得中庸立场并不容易。

当观察父母能说出他们的感觉，而且能给孩子空间与时间，即便小小孩也能学习说出自己的感觉。而男生和女生学习并使用身体部位的名称（特别是生殖器官的名称）也很重要。

当然，一个五岁的孩子还没有能力评估某个接近他的人带有个人的利害意图，然而他很可能已经知道，哪些人是好意的，是尊重他的情感和身体、他的限度和感觉的。相较于一个从外界强行添加他特定行为的养育，一个以问题引导他：“我是谁？我想要从这一生达成什么？”等的教养将留下非常不同的轨迹。

有些孩子在很小的时候即能进入他们的“我”意志，而且有能力清楚地表达他们的意志。他们非常弄清楚什么适合他们，什么不适合。虽然在第一眼，这样的孩子比起遵照大人要求做的“乖巧、有教养”的孩子，通常似乎较“难以对付”；但他们更自恃，因此，也更有能力说“不”，并设立界限。

性侵害是一种社会现象

我们所做的不是对侵害免疫。在当今，这个存在事实已经比任何过往的年代更被直接而公开地讨论。人类的性别也不例外，它一方面与幸福与爱有关，另一方面与权力追求、自我本位以及破坏性冲动相关联。

所有侵害的问题都直接与自由意志及自治权的议题相关。这即是为什么我们将儿童的动机与意志发展放在如此重要的位置上（请参阅第 19 章）。

第25章
探究上瘾原因——避免毒品

25.1 为什么人们沾染上毒品？

为什么成人、青少年以及越来越多的儿童沾染上毒品？为什么有人明知这类物品会伤害身体而且会缩短生命却还要沾染？在儿童及青少年之中，最普遍的理由是好奇心以及同龄人的压力。他们不希望因为拒绝毒品而失去朋友或被团体排斥。然而经常年轻人与各年龄层的成年人一样，他们有着清楚而确切的个人理由吸食毒品：

- **逃离**一个变得令人焦虑的世界——从一个充满争吵、误解以及父母亲冲突的令人不舒服的家庭生活，或学校、工作等的烦恼与问题中逃离。
- **害怕失败**——害怕在人际关系、工作上或学校里失败。
- **渴望**经验温暖、光明、喜乐、和谐，以及在童年及青少年时期失落的亲密感与安全感；或渴望以吸食毒品作为获得灵性经验的途径。
- **好奇心**，希望经验危险、冒险或特定的情感；或渴望“从人生中抓住点什么”。

所有的这些热望、希望与渴求，如同生命本身一样合乎常情。我们甚至说，没有了这些就根本没有人生。我们此刻的议题只是是否养育与教育能强化我们自然的情感与灵性的能力，使我们能经由内在的工作及独立的活动满足这些渴求，或者是否我们需要吞服药物，求助人为的被动刺激以达成这些渴求。

这里我们所关切的是要正视药物滥用的严重性，毒品问题已经成为社会问题。药物滥用是可以理解的，它甚至是一种现代生活不可避免的反应，它突显了个人自由以及个人孤独已至如此程度，个人在很年轻的岁月里即需面对自我以及自我存在的寂寞。现代人类存在的情况将变得容易令人无法忍受，特别对任何未能找到克服困难的策略而产生症状的人。因此，毒品滥用也许将成为21世纪教育工作者最重大的一个挑战。身为家长与教师，我们首先需要了解不同类型的药物所传达的体验，然后才询问自己如何能以巩固健康发展以及建设性教育的方式达成这些体验。以下列出不同毒品所刺激触发的最重要体验。

酒精

期望的效果：酒精能产生一种生命共同体的感觉、能彼此自由交谈、抛开日常烦恼、感受快乐而放松、创造一种节庆气氛、从孤独中寻找慰藉的感觉等。

可能的后遗症：脑部受损、肝脏疾病、肾脏受损、肌肉颤抖、高血压、不眠症、盗汗、神经麻痹、胰腺疾病、酒精胎病变（胚胎在母胎中受损）。

尼古丁

期望的效果：增进专注力、安定感或与事物的距离感；新的观点或短暂的休息以进入自我感；避免因紧张而吃喝（不必要的卡路里）；愉快地享受与朋友对话、聊天；减少睡眠需要、维持较长的清醒时间。

可能的后遗症：心脏征候、头疼、呼吸器官疾病、增加罹患癌症的风险、末梢神经循环不足、降低精子总数、增加胚胎畸形风险。

鸦片、吗啡、海洛因，和其他鸦片剂

期望的效果：平静、放松、温暖；不管疼痛与烦恼，仍能深度地睡眠；感觉自由、飘飘欲仙，整个人似乎能轻微游离身体，与四周的光、色彩及其他存在合而为一；渴望永恒的静止、温暖、睡眠、黑暗、无意识（吗啡 morphine 这个字源自希腊睡神 Morpheus）；经验心满意足的愉悦，以及不受身体重量或日常琐碎干扰的极乐（一如在天堂或死后的灵性世界）。渴望有“闪电的震撼”，让人有从狭窄的限制、沉闷、单调的日常生活中跳脱的感觉。

可能的后遗症：削弱消化系统、阻碍性功能、肌肉痉挛、皮肤苍白、体重减轻、关节与四肢僵硬、不灵活。最后，所有身体器官功能遭受破坏。整体性的衰退、肝炎感染。

印度大麻、大麻毒品与麻类植物的大麻制剂

期望的效果：脱离现实，逃避日常生活中的习性、义务、期限、压力，以及

恶化等逼迫。感受快感、快乐、自由及不受约束，控制不住地笑。以日常中陌生的新方式经验思想、感觉、觉察（包含时、空）平常的语境中产生的许多模糊观念，感受这些观念似乎更原始，或更巨大地被释放，并有新的观点或单独的领会。有意识地经验睡与醒之间的梦幻状态。

可能的后遗症：危险驾驶、注意力与学习能力减弱、精虫数量减少、妇女经期不规律、未出生胎儿发育缺陷、免疫力衰退、缺乏动力。

麦角酸二乙胺（LSD，别名“蓝色之星”，制幻剂）

期望的效果：身体脱离的出窍经验、色彩幻觉、光与温暖的幻觉、个人生平像一连续转换的全景、遗忘多年的记忆和经验重新浮现、完全临场的感觉，然而却是在另一个世界。

可能的后遗症：暂时陷入疯狂状态、错觉妄想、肾脏和／或肝脏受损、感官印象不真实。药物诱发的经验可能在数个月之后以幻觉重现的形式重新忆起。

可卡因（古柯碱）与苯丙胺（安非他命）

期望的效果：感觉自己很强、很有能力，有超凡的清晰思考及智能；渴望精神层面的激发、鼓舞，以及特殊的个人任务；自以为显赫、感觉优越的错觉妄想；狂欢的至喜感；感觉完全超越身体限制的强壮与灵敏；清醒、精神很好，可以超越平常的疲劳极限。

可能的后遗症：易激动、心神不宁、受迫害感、头疼、心脏加速狂跳、焦虑、失眠、腹部痉挛、晕眩。

迷魂药（Ecstasy）与策划药（Designer-drugs）

期望的效果：心理上的转变、改变情感感官的感觉、行为放松（开放、能开启情感、降低焦虑、增加与人对谈及打交道的兴趣）；能依直觉了解他人的感受；在各方面不受约束（策划药合成自安非他命、麻黄素、咖啡因及主要引自肉豆蔻籽的摇头丸 MDMA）。

可能的后遗症：方向感迷失、妄觉、焦虑、沮丧、精疲力竭、失眠、心悸。

所有毒品对健康可能造成的伤害：提早老化、加速“自我—功能”（身体、情感及心智上的自我控制）的丧失。

25.2　预防与治疗

荷兰心理学家兼毒品治疗师 Ron Dunselman 出版了一本非常值得阅读的书，书名为《置换自我》(*In Place of the Self*)。书中的描绘生动，同时也分别说明了毒品对人类身体、情感及心智的影响。如同以上概述，每一种毒品取代了个人的主动性，置换了自我的地位，而且传达了自我无须辛苦成长即能拥有某些体验。这种现象也是心理治疗上的棘手问题。例如，相较于学习祷告或静思，吞服一粒安眠药或镇定剂实在简单多了。对于那些渴望体验深埋在大自然中的灵性，以及想让自己的思维与情感更具色彩与真实的人来说，吸食毒品比深度思考简单多了。相较于引导自我追求内心稳定并抵挡生活挑战的练习，毒品让人觉得无忧无虑、心情适度地愉快，也一样简单多了！然而，决定使用毒品是一件非常个人的事。我们一再惊讶地发现，有些人愿意忍受各种程度的痛苦并设法处理内心的过程，而有些遭遇同样境况的人却很快地转向毒品。

当您阅读以下毒品滥用的预防与治疗观点时，请记得，唯有结合人与人之间真实而富支持性的关系，这些观点才会有意义。当他们认真地承诺自己或他人，决心要抗拒诱惑（换句话说，他们决定由自己掌握自己的思想、情感和意志）时，比较有可能成功地抗拒毒品。对恢复期的个人，最有效的帮助者和治疗师是那些曾经接近毒品，或曾经短期吸食过毒品，但在了解一切不过是空的、不过是一条死路后戒绝毒品的人。除非有效地介入，毒品吸食上瘾将导致前所列举的身体病状。经由毒品吸食，人的意志动力变得虚弱，情感生活形成空洞，思想能力逐渐受损，这显示出吸食毒品令人回避“自我”，走上一条危害健康的路。

缺乏生命方向感；怀疑、不确定感；对世界的不公、不义心怀憎恨；生存的渴望及焦虑等等变成了世界普及的地方病，连儿童与青少年也不能幸免。难怪有 1/3 ~ 1/5 的世界人口着迷于酒精；有 1/10 ~ 1/15 的人屈服于内在或外在的压力，他们诉诸于其他毒品。在此情况下，可以理解地，有越来越多人要求毒品合法化，合法化可以使得吸食毒品成为个人责任的问题。我们如何能合法而有效地禁止某些因越来越多的人“需要”而被视为平常的东西？现今，社会力量及宗教传统不再能提供有效的支持，而个人一己的稳定性与抗拒毒品所需的内在新力量却尚未充分发展，因此毒品吸食正僭越承担转捩点的部分。除了不诉诸重新定义病理学的习惯是正常而健康的，我们应尽最大的可能努力确保人类的自我能根除毒品，能积极地对自己的发展及自己的环境有所贡献。

酒精以及毒品上瘾的儿童与青少年通常比一般人敏感，更善于接受美与理想主义。结果，他们经常有变革的倾向。然而他们并不完全具备处理日常生活中实际难题的能力。他们要不是逃避问题就是企图以武力解决。他们难以聚集足够的坚持，日复一日地处理同样的问题，直至找到解决问题的方法为止。因此，只有对自己的恢复付出很大的努力，并且远离拥护吸食毒品的环境，治疗才能成功。

在此脉络中，我们仅提供家长及教师可采用的预防儿童沉溺上瘾的最根本步骤：

- 婴儿期喂食母乳，尽可能不喂配方奶。
- 家长及教师以爱关心儿童每一个发展阶段的进行（请参阅第 16 章）。
- 相称合宜的感官教育。
- 培养良好的日常生活习惯，包括规律的饮食。只在用餐时满足甜食的渴望（请参阅第 13 章）。
- 避免两餐之间的甜食点心（请参阅第 13 章）。
- 订立清楚的界限，在严格与放纵之间采取平衡的中道规范儿童（请参阅 19.3 “处罚与奖励”）。
- 通过讲述童话故事与朗读优良故事、神话故事与生活报导等，以增进儿童独立自主的想象力（请参阅第 26 章）。
- 更换视觉影像无创意的惰性消费，避免儿童看漫画（请参阅第 26 章）。
- 精神教育、非教条式的宗教教育。

第26章

儿童与多媒体

当资讯科技整合之后，电视、影带、光碟、卡式录放音机，还有电话、传真、电子邮件及网络等现代媒体变得越来越有吸引力。对于寻找资讯、进修，及自我消遣、娱乐等，这些媒体持续提供出乎预料的可能。许多大人可能还以教育观点考量引导孩子使用现代媒体！当今媒体知识教育的结果，许多儿童比他们的父母更通晓现代媒体。当孩子谈起他们的电脑、录影带及网际空间的“世界”时，大人对他们所说的内容往往一知半解。相关媒体产生的差距增加了世代间沟通的差距，然而这个“人际关系的空洞”通常要经过好长一段时间才能辨识清楚。例如，直到发生了像学校谋杀等效果强烈的事件之时，我们才从震惊中醒来，我们才开始疑惑：我们的孩子究竟生活在什么样的世界里？

如今，我们大人需加强自己的媒体知识，并预备我们的孩子能自己处理当代的媒体。值得注意而且有趣的是最近的研究显示，在往后生命中，面对现代媒体所需要的最明智而有效的自主能力，是在没有媒体的自由游戏中获得的。令美国航太业界极度气馁甚至震惊的发现是，他们的应征者，包含专家，越来越少有独创、想象，以及在该领域所需的独立思维与行动的能力。从很小年纪便将自由时间花在电视、影带及电脑游戏的儿童，显现出缺乏创意与学习动机。相对于经常听到有人要求在幼儿园的教室里安置电脑，许多著名的科学家与医生——包括美国的——都一再建议，儿童不应该接触现代媒体，应该有更多机会接触自由的创意游戏。自由的创意游戏会带动全身的活动，开展身体的灵活度，并培养想象力与身体协调一致地发展。（注 1）

以下一段话执行起来虽然困难，却将达到令人满意的效果。我们衷心建议家长：

尽最大的可能让您的孩子在成长中没有媒体。让他们以觉察真实的人类与真实的大自然环境为基础，帮助他们与人、与大自然建立真实的、长久的且支持性的关系。与您的孩子对话、陪伴他们游戏；不要让机器成为他们最好的朋友及固定的同伴。

26.1　为什么电视“不适合儿童”？

以下是一些为何电视这种媒体特别对儿童神经系统与感觉器官会造成持久伤害的因素：

非自然性的视觉过程以及感官活动的解体

看电视时，当影像移动，我们的眼睛固着地盯在屏幕上。儿童也一样，往往僵直地坐着，眼睛着迷于一闪即逝的充满视觉感官印象的电视屏幕。他们的眼睛肌肉不动，全身其他的肌肉也随之停滞。以这样的方式注视物体造成不正常的视觉过程。正常的视觉过程，眼睛肌肉的眨动变化很多，而且会跟随被观察的物体“漫游”。再者，电视影像的色彩与比例与真实并不相符，而且屏幕上立体空间被投射成平面。而我们唯一投入的只有视觉和听觉两个感官，其他的感官几乎完全没有受到刺激，没发挥任何作用，促使身体功能不完全。打个比方，我们可以说看电视就像是全身被上了石膏。在眼科治疗上，这种情况很有效。一个刚动过眼睛手术的病人，医生会为他开一个在诊疗所收看几个小时电视的处方。因为避免运动可以帮助手术后的肌肉康复，而看电视是保持眼睛肌肉完全不动的唯一方法。

然而，当每天有无数的 3 ~ 12 岁的儿童坐在电视机前看 4 ~ 6 小时的电视时，这意味着什么呢？假设一个 12 岁的孩子一天平均睡眠八小时，加上上学与用餐的时间，他每天大约可以有六小时用来玩游戏、自由活动或从事促进成长非常重要的运动（请参阅第 16 章）。如果假设 12 岁儿童平均一天看两个小时的电视（保守估算），那么他的生命就几乎一直处于完全不动的“石膏”状态！

激发被动接受的中枢神经过程

在头脑里，处理电视播送影像的视觉过程有别于正常的主动的视觉过程。在主动视觉中，眼睛不断地活动并觉察微小的色彩变化，而且所看见的事物会与其他的感官输入互相补足。而从电视屏幕来的感官资讯洪流，一会儿这个画面，一会儿那个画面，淹没了儿童处理他们觉察事物的能力。他们吸收了零碎的图像与零碎的句子，而儿童通常很难在他们的所见和所听之间建立起任何连结。这些刺激使得脑部产生片断的、混乱的思维过程，进而影响到他们发育中的娇弱的脑部神经连结。这表示，脑部将发展成一种被动思维的器皿，无法健全地预备想象性与独创性的思考。

攻击性与烦躁不安的行为升高

看过电视之后，儿童通常会有一下子不知如何是好而倾向攻击、骚扰、烦躁不安、情绪不佳等。这种身体上的坐立不安正如他们看电视时缺乏活动一样不正常。这个反应更主要是来自孩子被迫不活动，而不一定是节目内容（无论是暴力、滑稽或是有意义）造成的，当然有问题的内容影响力更大。

在儿童门诊中发现的其他与电视相关的症状

- 相对于其他儿童，经常看电视的儿童在门诊中的行为通常：
  - 比较不怕生，但接近人时比较缺乏尊重或适当的保留。
  - 较难与他人建立关系。
  - 倾向喜欢扮鬼脸，但避开与人的眼神接触。
  - 回答问题比较表面而刻板，对事情几乎没有深度的兴趣。
  - 比较少阅读，较喜欢“捷径”阅读，如连环漫画。
  - 比较无法集中注意力。
  - 对读到或听到的东西缺乏主动理解。
- 电视使得儿童变成比较可能有酒精、药物治疗与非法毒品上瘾的倾向，因为电视使得儿童习惯于不以自我努力求取心理上的高兴与满足；可以说，他们习惯于开关按键。
- 不动地坐在电视机前，儿童的意志力发展根本上受到阻碍。没有身体活动，就没有学习与模仿。
- 观看电视已被证实会造成儿童语言发展迟缓。（注 2）

26.1.1 不至于那么糟吧？有那么糟吗？

通常家长会提出异议：

- 有些儿童节目，孩子的朋友都在看，我怎能让我的孩子例外！

- 我无法阻止，现在看电视是一般家庭生活一部分。而且我也需要在孩子看电视时，自己获得一点不被打扰的个人时间。不至于那么糟糕吧……
- 如果会的话，为什么学校里有电视、电脑？还有特别针对儿童的电视节目与儿童电脑教案？
- 孩子至少是在家看电视，而不是跑到邻居家里去了……
- 我的孩子了解别人在谈论些什么也很重要，而且孩子也应该有点他们自己的意见……

我们只能如此回答：如果您观看推荐给儿童的电视节目，您会发现内容大都是荒诞、脱离现实的影像或卡通画面，这些后来都会深印在儿童的心灵里。我们应该尽可能限制儿童发展这种脱离现实、不切实际的世界，而代之以讲述或朗读故事或童话故事以启发儿童自己创造想象的图像。

对于消费商品产业界，儿童代表一个有待开发、具无限成长空间的市场，可以经由广告活动瞄准目标并开启。在美国，甚至已经有为婴儿安排的电脑方案。因此，比往常更重要的是，大人要仔细考量自己的消费行为，而且要以作为儿女榜样的观点，培养自己做决定的自主能力，并以健康的自我意识来教育子女。我们需要示范出我们不依赖媒体，而是在我们必须要或想要的时候或地方才使用媒体。我们也需要向孩子表明我们的心灵并不是被虚拟世界中的漫画和虚幻的经验所充满。

26.1.2 没有接触电视的儿童是更好的玩伴

更能培育儿童自主性发展的态度是——无须故意突显与众不同，但为了孩子的发展，能有勇气说："我们在家不看电视，我们宁可玩游戏。"在没有电视与影带下长大的孩子是更好的玩伴，家长比较喜欢邀他们到家里来玩，因为这表示他们自己家的孩子也会比较少看电视。

- 当邻居的孩子受邀到您家玩时，他们也许会很高兴；他们甚至可能尊重您不让您的孩子在他们家看电视的要求。
- 如果孩子从经验出发去了解大自然、人和社会生活，或是经由故事，自由地逐渐形成图像和概念，而不是经由漫画或只具有声音和色彩的影片；这样做，您的孩子真的会错过什么重要的事吗？活泼的体能游戏和安静地倾听童话故事，动静平衡将激发儿童终生受惠的各种能力。

- 此外，是谁以您孩子的经费提供娱乐企业财源并促进它们蓬勃发展的?

26.1.3 我该如何向孩子说明?

如果电视从您家消失，或者一开始就从没出现过，以您的角色，您需要做点努力才能说服您的孩子。以下的例子，这位妈妈不太花力气说理辩论，而是通过对准主题明确且坚决的主张，树立了一个良好的典范。

安娜：我们家为什么没有电视机?

母亲：因为我们没时间看电视。

安娜：但是我有时间啊，学校的小朋友都在讨论他们看到的有趣的事情，而且你已经让杰生在他的朋友家看两次电视了呀!

母亲：我不希望你现在就开始看电视。

安娜：为什么呢?

母亲：因为电视这种东西会破坏你的想象力，它就像香烟和酒一样对孩子有害。等你长大了，那些东西就不会有这么多的伤害。

安娜：那为什么其他人的爸爸、妈妈让他们的孩子看呢?

母亲：因为他们不知道有什么更好的。幸好，现在有越来越多的父母不让他们的孩子看电视，所以你不是班上唯一不看的。

父母对自己的决定态度越坚定，孩子就越可能接受。当孩子不知道他的朋友谈论的是什么时父母认为自己的孩子错过了什么，父母就会让自己陷入无止境的辩论以及不必要的妥协。

观念上，唯有儿童的情感与意志力发展完成了，他们的生活里才可以有电视的角色；换句话说，也就是大约在13～15岁。但无论如何，直到9～10岁“跨越卢比肯河”之前（请参阅16.3“青春期前的求学阶段”），电视应该列为禁忌。在需要家长介入的这段期间，观看电视应视个别的情况斟酌决定。

26.1.4 媒体教育

儿童如何面对电视及其他视听声光媒体？当父母开始允许孩子观看电视时，最重要的是要陪他们一起收看。这是确保谨慎而有意识地开关电视的唯一途径。

你们一起选择节目、讨论看什么、看多久以及为什么看等，这也可以帮助孩子学习自主地管理他们看电视的观点。看完之后，父母与孩子讨论节目内容，这样，孩子至少必须对他们已经被动观看过的内容作出主动的回应。到了 12 岁之后，您仍需要知道他们正在看什么，并且要求他们告诉您内容。甚至在这年纪，协助他们消化节目内容常常都还是很有意义而且 / 或者是必须的。

青春期之后，情况似乎有点不一样了。如果他们自主性的活动已经被充分地激励，面对电视，他们就不会像被符咒镇住一样，而是能负责任地处理了。

大人应该将自己使用的电子媒体保留在一个儿童不可随意进入的房间，使孩子明确有些东西“只有大人”才能使用的事实。

对于媒体使用，从许多医学及教育的陈述说明，唯一恰当的方法是接受既有的情况、修正极端，然后预防儿童增加媒体的消费量。只是掩盖问题的态度，对儿童没有任何帮助，而存在的习惯及后果仍将持续。

过去 30 年来，一般民众努力发起的改善社会不良现象，例如复兴哺乳与环保运动，如今已有了一些显著成功的结果。媒体的使用是另一种文明的结果，想要改变同样需要有不同的个体决心遵照他们的洞察力行事，导正这种不良现象。

26.1.5 来自美国的声援

我们衷心盼望美国电脑专家及网络创始者 Clifford Stoll，在处理我们的多媒体文化、支持尊重人性的同时，能在他的著作、演讲及工作坊里注记一个民众运动的开始。在此，我们愿逐字地引述一段他发表过的具警惕性的见解：

电脑改变了教室的生态环境。可预期的，孩子们喜欢这些新的电脑，而且越来越多的幼儿园教室看起来、听起来好像一个电子游戏场。在此同时，机器成为他们专注的焦点，黏土、蜡笔与老师被推到一旁……

从某个角度而言，人们认为电脑是“好的”，因为电脑可以互动而且没有广告；电视是“不好的”，因为人被动地接受讯息而且有许多广告。大体而言，录影带也是“好的”，因为没有广告。我敢断言对孩子而言，这之间没有太多差别。三种媒体都有大的彩色阴极射线管，三者都有他们喜欢的人物的快速剪辑，三者都传递延长的令人心智兴奋的活动，但却使用最少的肌肉。

假设我们想要激发注意力缺陷症，我想不出还有什么能比让年轻人忙于卡通影带剪辑更好的方法。给他们有许多爆炸声、耀眼色彩以及从各种源头来的不相关讯息的赛车、太空船大混战、彻底射击等电子游戏；给他们后现代超连结功能的媒体，而不是简单的说故事；鼓励他们以电脑写乌龟制图程式，而不接触真的乌龟。总之，将他们关在一个电子教室中……

几乎每种为儿童设计的软件都盖了“具启发性”的章。这种所谓的提供启发视觉感官画面的说法，实在值得商榷。但对儿童而言，最主要的还不是缺乏启发性的问题；主要的问题在于电脑、影带与电脑游戏等传送出太多跳动的画面。谁能指出可以让人静心思考的电脑游戏呢？

也有许多电脑课程很用心地希望发挥教育功能，它们有力的宣传口号为：我们以电脑带领孩子认识世界——但是，不使用你们的手、脚或是想象力！

我很难想得出有什么地方比幼儿园更不适合放电脑的。想想一个三岁孩子最需要的事：爱、亲情、个别的关注、人的温暖以及，大抵是关怀照顾。四岁、五岁的孩子需要发展人类的技能……如何与人和睦相处等。他们应该玩真实的东西，而不是虚拟的图像。(注3)

对电算机与电脑而言，所有错误都是无意义的：当一位学生得到一个错误答案时，一般典型想法是“哦！我按错键了”，而不思索是否因计算方法错误而解不出答案。假使一个学生答案错误，好的数学老师会希望他重新检查所有解题过程，了解他是否对题目不理解或只是计算错误。如果只是计算错误但是解题过程正确，老师还是会给一个好分数。他的评分是解题过程而不是结果。使用电算机不只不知道解题过程，也没有错误的纪录，老师无法给予指导。

电脑对数学课程的影响如何？令人吃惊的是，过去15年来大学必须为学生开越来越多的数学辅导课程，必须为大学新生开以前中学七年级、八年级教的代数课程。2/3的大学新生选修了实际上属于高中的课程。

20世纪30年代时，人们认为通过电力普及可以留住农村的家庭企业。经过30年的努力，所有农庄都接上了电源，但是家庭企业在哪里？农村中再也没有家庭企业了。

20世纪50年代时，人们赞扬电视将为教育带来福祉。电视将是教室中最好的老师，即使最穷的家庭也可接受教育。刚开始也确实如此，因为政府大力投资、赞助许多经费给电视制作单位制作节目。但是人们所预言的伟大教育福祉，现在情况如何?

20世纪80年代早期，人们曾经宣告可以通过卫星通讯传播节目将全世界连结起来，世界就像是一个全球化的MTV。当然我们可以通过电视或网络不费力气地快速浏览，并以此认识其他文化。虽然在家中可以接收图像，但无助于认识世界。这些肤浅的电子资讯系统除了真正将世界缩小之外，异国文化只有被推得距离人们更遥远。

人与人之间的相互信赖感无法靠网络传达。即使再过几百年，人们也不可能在电脑上学会如何与人相处；而且情况正相反：我们花在网络浏览的时间消耗了我们与人建立人际关系的时间。如果你希望活在一个孤立的人际关系的世界、一个无法与人们和睦相处的社会中，最好方法就是将孩子推向网络世界，而且告诉他们，你们彼此只能活在电子世界中，以虚拟的方式交往。

26.2 电脑游戏并非无害

如果从旁观察正在玩电脑游戏的孩子，我们立即能明白，本质上，和坐在电视机前所发生的并没有什么两样，他身体的发展受到忽视！唯一的不同的是他手中拿的不是遥控器，而是鼠标。只要手腕与食指的最小活动，他就可以执行任何虚拟实境的身体运动（足球赛、战斗、跳跃、摔角等等）。

电脑游戏大部分的内容是足球、战争、科幻故事、追捕犯人、驾驶汽车及类似的游戏等。共通性是将人与世界的接触简化成动作与反应：行为与所谓的创意都局限在电脑既定的模式范围中。一个十岁小女孩在电脑游戏中，在荒野上搔一只飞龙的痒时，游戏的制造商会赞扬他“想法创意”。但实际的学习怎能在这样的设置里产生呢？没错，电脑游戏对专注与快速反应具加倍效果，但是内涵又如何呢？从一个外星人攻击地球的脉络，或被一个虚构的罪犯追捕，这些游戏技能有实际的意义吗？

电脑游戏诱惑儿童与青少年进入一个虚拟、扭曲而且与现实脱节的世界。这些游戏助长自大、操控、玩世不恭的感觉，促使年轻人喜欢取笑他人，而且与视觉现象紧密连结，启动片面式的智能反应。

电脑游戏压抑而非促进想象或创造性的智能浮现——也就是，任何不固着在物体上的或现成图像上的智能。这类型的智能无法从一个描绘远离物体、滑稽的或要花招的演出、引人入胜的残酷行为或充满紧张的战役中发展出来。想象力或创造力的智能发展需要许多安静的、倾听的时刻，以及我们自己对于感官印象深思内化的自我指导等。

26.3 漫画书与图像的世界

漫画书在儿童的心智图像中会留下一个持久的印记。当我们在诊断期间与孩子的母亲谈话时，我们邀请接触过漫画书的孩子在候诊室中画图。他们刻板的图画——框边的云、熟悉的卡通脸孔，以及千篇一律的样式——从他们贫瘠的想象力及匮乏的原创性中爆裂出来。即便我们说了童话故事给他们听，这些儿童也无法画出自己想象中的图像，他们只能复制些现成的漫画图像。为什么在认识“对话泡泡”中的文字内容之前，儿童即已如此着魔于漫画书中的连环图呢？因为儿童的思想仍浸泡于感官世界与通过图像思考的阶段，他们尚未能无图像地抽象思考；因此，幼小的儿童被所有图画及图像所吸引。当看书时，他们首先寻找图画。他们以同等的强度吸收环境中的印象，或是鲜明的色彩，或是漫画书中突显的人物外形、轮廓。然而，相对于感官印象，这种图限制了人的心灵自由。我们形成心智图像的能力被这些一切都完备的人物角色以及暗示的力量所诱导而禁锢了。

已经学会抽象思考的大人可以很容易摆脱电视及漫画书的画面，但是儿童没有这样的能力。他们发展中的想象力及情感生命将因此受阻、停顿，而不知所措。除此之外，理想及道德价值的具体内涵经常与漫画书中的人物角色牵扯在一起的存在事实，无可避免地，在儿童心智之中就将这种图像的类型与这些崇高的抽象概念连结起来。

为何卡通片与漫画书成为最广泛收看与阅读的产品？

当我们问青少年为什么他们喜欢看连环漫画和卡通片时，他们说：“这些东西很容易让人觉得放松”“很愚蠢，蠢得让人觉得太好笑了”“虽然大家都知道那是胡说八道，但你会完全投入，真是太酷了！”以及类似的答案。然而，这些连环漫画和卡通片隐藏着更深沉的、让人沉醉迷恋的理由。

当我们思考故事的线索以及卡通片和类似连环图画的内容时，有三个重要的特征脱颖而出：

- 它们描述隐藏于我们内在的愿望、幻想与害怕；其中包含了暴力倾向、嘲弄人以及各种类型的愤世嫉俗、破坏癖和玩世不恭等。
- 那些追赶、弄巧成拙、破坏、攻袭或彼此相爱、互相帮助等的主角人物大都是类似动物的造型；例如 Alf 与 Bully、老鼠与大象、猫与狗、狗与鸡等。他们就像我们尚未完全人性化的冲动本能之潜意识的夸张模仿。在我们观看或阅读时就好像我们本能地想要与低阶的自己——心理学上称为“第二个我”——或其他自我相遇。（注 4）
- 它们虚拟非感官的事实。其中无论是行动的顺序、语言、色彩或比例等，没有一项与感官知觉的事实相符；即便我们不理会剧中主角常常是一些从已知或未知外星球送进地球的天外来客。这就好像我们的潜意识因渴望抛开感官的知觉世界、跨越进入精神灵性世界的门槛，而创造了至少一个其他世界的夸张漫画，以提醒人们这个其他次元世界的存在。

26.4 避免感官负荷过度

与感官印象同等重要的是对于赋予意义事物背景的理解。举例言之：

- 一个小小孩从开放的婴儿车中看出去，一个接一个瞬间的景象不断地从他眼前流过。他无法聚焦在任何一件事物上，这个小小孩正在被训练养成不专注。
- 相对地，一个小婴儿坐在一个旧式的高高的婴儿车上，他看到的主要景象是妈妈的脸孔，结果将如何呢？婴儿不慌不忙地看着妈妈细微的表情变化，她的微笑、她的亲切体贴、她看见漂亮东西时的快乐神情……等等。婴儿所有的感知都是具关联性的，因为这些都汇集在他母亲一个人身上，母亲对婴儿所有转变中的感知内容提供了更多的连贯性。
- 六个月大婴儿的母亲让收音机开着，或为婴儿播放录音带，正如现代亲子教育书籍所推荐的。请问这个孩子能以什么方式连贯音乐与环境中的其他感觉？

人们从事物的脉络中经验感官印象，在第一与第三个范例中，因为婴幼儿还不能独立活动，而且没有固定的参考点足以连结他其他的个人感官经验。比较之下，一个听得见妈妈在隔壁房间刷洗碗盘或唱歌声音的婴儿，经验到这些声音和妈妈的工作或妈妈的情感表达的关联性。通过这样的互动，孩子的心灵受到启发。对婴儿最重要的不在于感官印象量的多寡，而在于发生的事件是在一个真实的关联性之中。在其他地方，这种儿童发展的观察，我们说过，幼儿比较容易聚焦单一的突显的事情——例如爸爸单独从门口走进来。相较于大量刺激的印象同时发生，特别是在嘈杂的环境如大型购物中心，在此境况下，大量的印象彼此删除、抵销，每一个个别的印象即变得不重要了。这种经验对婴儿而言是非常疲累的，因此他们吸吮拇指或遁入睡眠——也就是说，他们以创造一个自己与外界间的保护界线来回应。然而尽管睡眠提供一些保护作用，但睡眠中的儿童仍必须在潜意识的层面里处理所有清醒状态时的混乱、含糊的经验。

这种降低价值、助长浅薄，并冲击个别感官印象的训练类型，同时也影响儿童语言与思想的学习。不表达物体的本质要项，却像贴标签般地应用物体的名称；这样的疏离事实麻痹了儿童对世界的兴趣，且刺激他们以快乐的产能多寡考量物体。接着，思想专为满足个人的欲望而服务，很遗憾地，现如今广告及传媒越来越以满足个人的欲望评论成功。

26.5 早期智能刺激

提早智能刺激已经成为普遍的学习了，而且已经征服了当今的玩具市场。广为流行的科学信念加速了大众接受“以最新科学为基础”的最先进玩具。我们在“福禄贝尔”（Friedrich Froebel）的教育工作上发现该倾向的开端，他为了提升幼儿园里的创造力而开发玩具。在他清楚地确立了儿童先领悟整体再继续了解个别的部分之后，他首先呈现给幼儿一个球体，然后一个立方体，最后再有一个含八个小立方块的立方体。很明显地，这种切入是要教导逻辑、数学的思考。然而，这种“玩具”除了取样大人自己内在已建构好的思维之外，没给孩子做什么事；同理，要求顺序排列数字、依形状分类或将积木组合成预定装备的玩具也是一样。显然地，所有这些都是将抽象思考应用到玩具制造的范例，这些玩具的用意在于鼓励创意，但实际上，它们却击退了它们自己的宗旨。总而言之，创造力永不可能依照机械图样达成。

过度的感官负荷将使人无法享受知觉世界本身的深奥，而卡通漫画及电视影象却引导儿童的思想进入虚拟的领域。提早的逻辑训练将使儿童错误地连结“思想观念”与“感官感觉”。若儿童不从“发现与发展”中丰富创意的构想，反而从预设的模式中学习智能性的回应，这样做是无法激发出创造性思考的，例如儿童电脑课程。相较之下，我们认为提升创造力、适龄性的自主思考刺激以及“自己动手做”等活动是教育中最重要的任务。

附注

注 1 Systems strategy needed to build next aero workforce. *Aviation Week & Space Technology*. 2002 May 6.

注 2 一个德国残障复健协会在警告儿童语言问题时的解析（Dec. 2，1994）中观察到：“一个包含医学、特教、语言治疗，及健康保险等各学科间的研究小组推断，这个问题的升高主要不在于器官的因素，而在于语言的刺激不足，这与家庭的沟通行为改变有关系。例如整天观看电视，这不只深深影响儿童的感官，同时对他们的日常环境及感觉统合（看、听的知觉）也是，因此，对他们的整体语言、心智及情绪发展都有负面的影响。”

注 3 Cilfford Stoll，*High-Tech Heretic*，pp. 66–68.

注 4 “另外一个自我”议题的著名描述可以在奥斯卡・王尔德的小说《道林・格雷的画像》中找到。

第27章 环境中的有毒物质与环境保护

27.1 关于有害物质

Herbert Needleman 与 Philip Landrigan 所著的《儿童疾病新面貌》(*Das neue Gesicht der Kinderkran-kheiten*)一书中，简洁地描绘出过去 20 年来儿童临床医学上发生的持续变化：

今日研究重点在于所谓的“新型疾病”。意指儿童的疾病已经从最普遍的短暂而单纯的一般性感染转换到复杂的、慢性的，及多重复合原因的不利症状了……这些症状里至少有一部分是环境因素所引发的。空气中有害物质的污染明显地恶化，以致可能引发气喘及其他呼吸道方面的失调。金属、溶剂、杀虫剂与其他对神经有害的毒物，经由侵袭中枢神经系统，可能造成学习能力下降、注意力不集中与行为偏差等问题的汇集。

觉悟环境健康的议题正在蔓延，人们对于环境因素威胁人健康的忧虑增加了，但是仍然有许多人对这些危害物质的真相抱持怀疑的态度。有些父母采取保护措施，不让孩子接触杀虫剂、金属、石棉或是辐射等物质，他们可能遭受骄傲自大，或偶尔来自官员、医师甚至一些父母伙伴的不可思议而可笑的眼光。(注 1)

环境中有毒物质的问题以及环保的课题相当复杂，但是显然地，它关系到每一个人的生活，无论你的肤色或社会地位。任何一个地区的人们，经由呼吸的空气、饮用的水，以及每天所吃的食物，不论年幼的及年长的都受到自然界状态的影响，也受到人类强加于自然界的干预而造成的转变所影响。

我们诚挚地感谢一般世俗与专业中的个人站出来，并发起国际环境保护组织。逐渐地，这些组织有效地结合政府机关及工业企业的资方人员帮助我们维持一个尚可接受的受损环境水准。希望在本章里，我们的意见能帮助大家提升对一个事实的觉察：我们都共同受到环境恶化的影响，而我们也都要共同负起环境恶化的责任。我们对抗损害的唯一机会是尽可能有更多的人一起积极工作，将破坏范围缩到最小。

我们人类不只是环境破坏的肇因者，也不只是生物圈里唯一可能的保护者。相对于植物与动物，我们是芸芸众生中最能够对抗环境污染的。在近代历史中，数千种植物与动物已经灭绝，然而地球上的人口正以指数的方式增加。虽然环境污染也让人们的疾病与损害增加，但真实的情况是，人类的生存与适应能力仍然高得令人惊讶。这项事实助长我们倾向不理会环境的损害，因为在短时间内，我们以为无伤。通常，我们很难对长期受到不同毒性化合物浓度及交互作用都改变的错综复杂的人类疾病做个案追踪。并非所有生理上和行为上出现像铅中毒或抽烟造成肺癌，或空气污染导致气喘病增加，以及那些在儿童期和青春期特别明显的问题，我们都能顺利地追溯出一个明确的原因。

无论如何，值得安慰的是，我们知道良性、稳定而具鼓励效果的亲子教育与充分的关照，可以帮助儿童抗衡环境中的有害影响。应用各种激发独立的活动，以及强化免疫系统的养育方式，是一种“由内而外”免除儿童遭受环境伤害的有效保护方法；因此，个人除了尽一切努力遏止环境遭受破坏之外，我们也可以利用我们心—灵环境中痊愈性与缓和性的影响力。

27.2 环境中的放射性伤害

当以高能量粒子或放射能（通常是中子）冲击时，**人造放射线**涉及非天然放射性物质的潜力就会变成放射性的，但却是不稳定的。不同于具破坏性放射性物质，这样的物质可以在生物体中发挥其功能。最熟悉的例子是储存在甲状腺里的放射性碘，以及积聚在骨骼里的锶 90。

原子弹试射、投在广岛与长崎的原子弹，以及所谓的原子能和平用途，已经造成我们环境中的放射性污染；然而，尽管这期间地面上的原子弹试验已经停止了，我们生存空间中的放射性污染仍持续增加。放射性元素的半衰期从碘 131 的八天、铯 137 的 33 年，到钚 239 的 24,390 年，这是核融合最毒的产品之一。钚 239 散布在空气中，只要吸入 0.001 克如此少量的放射性悬浮粒就可能引起肺癌。

值得重视的是，钸根本不存在大自然界中，最早是经由核分裂实验产生的物质。对照之下，地球上的芸芸众生一直都暴露在微量的、但无所不在的宇宙辐射能之中，这些辐射能在漫长的时间年代中极缓慢地影响了人类的演化。

人类能承受多少放射线的伤害？个别差异相当大！然而值得注意的是，孩子比成人更敏感。辐射能的伤害主要发生在细胞的层面。一个直接的遗传物质细胞的辐射能伤害将破坏细胞的新陈代谢，造成细胞恶性衰退，而且触发新的化学复合产物。以目前的知识，我们无法确切判定何种程度的辐射量对人类和动物不会造成伤害。但任何辐射能的暴露都有可能造成物质的不稳定，削弱身体再生、更新的功能，并造成长久性的伤害。

这里需要引起注意的是，像肠黏膜、骨髓及生殖腺等分裂最快速的细胞组织对于辐射能特别敏感、特别容易受伤害；相对地，头脑就比较不那么敏感。但对于成长中的胎儿与儿童尤其危险。

27.2.1 对抗放射性伤害的一些可能性

根本的核能禁令措施，将会是放射性污染问题唯一永久性的解答。除非人们采取，或直到人们采取这个措施，否则，正如我们在本书不同的部分所试图呈现的，了解我们活生生躯体的再生过程本质，也许是防范放射线伤害最重要的帮助。而存在于生命体（成长与思想过程中的承载器皿）之内的本质是，我们可以从“天生”（再生与成长的活动）和“文化”（思想的活动）两个方面着手巩固并强化它。

依此脉络，童年时期培养规律与习惯，特别能强化生命体的功效；而知觉感官教育、营养与宗教教育也同样有效。特别值得一提的是“优律诗美”，因为“优律诗美”独特地经由“自我”直接活化生命体（请参阅21.4“治疗性‘优律诗美’”）的潜能。优律诗美虽然无法直接在身体上影响辐射能的物理效应，但它可以经由强化身体的再生功能，进而对抗身体衰竭的过程而间接地达成效应。从所有的身体过程一直到个别细胞的生命过程，都发生在节奏的律动里，而以上所谈的“优律诗美”可以坚固、激发节奏的律动。关于营养，除了尽量选择最不受辐射污染的食物之外，我们可以尝试组合所有合于刺激生命力活动面向的食物，从而坚固身体的生命过程。

显然地，在我们努力理解原子看不见的能量时，我们也应该以同样的努力去探索看不见的灵性能量，其中，它包含了生命体的塑形能量。

27.2.2 一个重要的话题：移动通信和电磁污染

在人们开始辩论移动电话基地台和阈值（特定吸收率，即人体组织吸收行动电话或其他无线装置所发出的电磁辐射的速率）的有害或无害之前，电磁对健康的影响并不是一个热门话题。为什么这个事情的每个面向都至关重要？这是由于电磁辐射常神不知鬼不觉地影响不同的生命系统，例如人类的器官组织，且常发生在感官观察的意识范围之外，其影响是深远的。因为那是生命本身的特质，我们对于生命过程的经验几乎完全没有意识。我们可能只有在身体用力或情绪波动时，才注意到我们自己的心跳，注意到我们的呼吸。节律性的进程，在我们的健康受到影响时是我们最可能注意到的，而且这些节律性的生命进程确实会受到电磁波的影响，特别是低频脉冲的辐射。但这是如何产生的呢？所有细胞的活动都能产生少量的电力，即电化学电位。人体的天生电力（弱频或低频），和由技术产生的低频和高频辐射之区别，在于“节律”的形状。生命借由节律的支持，有能力适应与发展，相较之下，行动电话的传输是以诱发最适当，能使脉冲一致的技术性振荡为基础；也就是说，其辐射频率本身能不断精确地反复，但不是那种具有弹性能区辨的节律方式。正如没有两个人的心跳或呼吸完全一样，人体的电化学细胞电位及电位的整体也是同样的道理，就像我们所知道的头脑的（EEG脑波图）、心脏的（ECG心电图）和肌肉（肌电图）等的活动。反之，为处理发送和接收时的非常频率，人为产生波动的发射器和接收器的设计是精确的，要不然通讯就会中断或不通。下面，我们来辨识不同电磁波的每分钟振幅：

电磁波	频　　率	设　备
低频（LF）	30 kHz ~ 300 kHz	无线电广播电台
中频（MF）	300 kHz ~ 3000 kHz	无线电广播电台
高频（HF）	3 MHz ~ 30 MHz	无线电广播电台
极高频（VHF）	30 MHz ~ 300 MHz	无线电广播电台与电视
特高频（UHF）	0.3 GHz ~ 3 GHz	电视和移动通信
超高频（SHF）	3 GHz ~ 30 GHz	雷达

注：UHF和SHF在微波范围内；频率的单位定义为：1赫兹（Hz）=1周期/秒，1千赫（kHz）=1000赫兹/秒；1兆赫（MHz）=100万周期/秒；1千兆赫（GHz）=1000兆赫兹/秒；1太赫兹（THz）=1000千兆赫/秒。

在研究高频辐射的作用时，热效应（如微波加热）和非热效应，被认定是有差别的。

低频率辐射的特性是介于可见的焦躁和潜意识作用之间。根据瑞士联邦政府环境部门的报告，当组织温度上升 1 ～ 2℃时，热效应就会危害我们的健康，其结果可能是记忆力下降和各种身体机能的不利影响，包括：生殖能力。

低于此温度阈值的，就更难探知其对健康的效应。这些影响范围从紧张、不安、全身虚弱及疲劳，到肌肉—骨骼疼痛和睡眠障碍等。在人类有机体中，焦躁所产生的电流可以在神经细胞引发错误的冲动，而造成肌肉不必要的收缩，其中特别危险的可能是心肌的收缩。

在德国汉诺威的 Ecolog 学院（Ecolog-Institute）已经发现了潜意识的生物效应，2000 年 5 月的一项研究结果发出警告说，移动通信的辐射可能致癌。该项发现经国际癌症研究署（IARC）于 2001 年证实，并将低频磁场归类为可能的致癌物质。至少最新的研究承认，长期暴露在平均 0.4 微特斯拉（microteslas）磁场中的儿童，在白血病上的风险可能增加一倍（瑞士联邦政府环境部门：www.bafu.ch）。

值得注意的是，从那些对电磁场敏感者的经验以及许多研究显示，被干扰到的是人类适应环境的特有功能及功能系统的健康，以下将详细说明之。

感官活动和思维能力

症状范围从暂时性的耳朵噪声及持续性耳鸣，至注意力失调、专注力减弱、记忆力出现问题、疲劳、头疼、紧张和睡眠困扰等。在 1999 年已经确认过，在手机辐射的影响下，脑波图会改变。研究人员怀疑，这可能也干扰了大脑内细胞间的通讯系统。尤其是 1999 年在瑞典发现的，由于移动电话的辐射，会提高血脑障壁的磁导系数，以致大脑对于有害的代谢物、药物及毒物等所受到的保护减少（注 2），血脑障壁破裂也会导致像老年痴呆症和帕金森氏症等疾病。

呼吸

在手机辐射仅仅放送三分钟后，从耳垂采取血液检验后显示，血液细胞会凝结；细胞凝结会大大削减血液细胞的氧气运输能力，而且也会增加血栓的形成和心肌梗死的危险（注 3）。这种不正常现象必须经过一定时间之后，才会再倒转回来。

免疫系统

根据研究，无可争议的，手机的电磁辐射会导致动物罹患癌症。以目前可资利用的结果为基础，同样令人怀疑的还有儿童和少数的一般成人。这里有一个令人印象深刻的结果，一群直接被牧养在手机天线塔台附近的乳牛，其流产和畸形率明显增加，同时也发现，动物的体重减轻了。它们会在围栏及其他物体上擦红自己发炎、红肿的眼睛，而且苦于热病的行为，因而有不寻常的冷漠和迷失方向的症状。这些症状在它们被安置在 25 公里外的地方几天之后便消失了（注 4）。

运动能力

由于疲劳和衰退的生命力，有些人会抱怨行动的欢乐不足。

Edwin Hübner 以一所职业学校在网站上刊登的一则趣文，总结了他以“移动电话通讯的风险”（注 5）为题的一本非常具启发性的信息小册子。这则趣闻详述了一名数学教师和学生有关手机主题的对话：

教师：“……因为我不想整天站在辐射范围内，所以你必须关闭你的手机！在这所学校无论如何都不允许有手机。”

学生：“为什么？辐射对你会有什么伤害？！我的手机日夜跟着我。”

教师：“夜？你晚上把它放在哪儿？”

学生：“放在我的床头柜上。”

教师：“你让它一直开着？”

学生：“不，我现在晚上都把它关闭。”

教师：“为什么？”

学生：“因为它开着，我睡不着觉。”

在爽朗的笑声中，师生结束了这次交流。

为什么在广播和电视进入世界之际，健康的问题没有被讨论？为什么要等到移动通讯技术全面保险开始了之后，这样的事情才出现？因为从模拟传输（广播和电视）至数位（因为行动电话的需求）的跨越，带来了新电磁活动性能——低频脉冲辐射的应用和效应。移动电话和整体服务数位网络（ISDN）需要数位传输技术，语言的持续流畅性才能被搜集，进而转成速度每秒 800 字节的二进制系统。当今密集的移动电话通讯，驱使我们必须将二进制信号整合成数据包，以方便诸多用户能在同一时间经由相同频率进行通讯，而不至于像模拟技术时期那样会互相重叠。这表示，如果有八个人在说话，每部手机就会发出一个每秒 217 次的非常简短的高频信号到基地台去，每一位相关者的手机会在其他人没有发送信号（脉冲）的间隔中发出信号。因此，在对话期间，每一支手机会传输一个 217 赫兹的低频脉冲的高频信号。不谈别的，截至目前的研究指出，这种高频电磁波的低频脉冲，很可能对人体组织有一种特别有害的效应，因为人体的生命节律也是低频的，它会受到电话信号的非节律性脉冲和精确的周期所干扰。

对于这种情况，Edwin Hübner 的陈述很有道理："在低频脉冲电磁波的规则周期穿透身体节律的过程中，电磁波会影响节律系统的能力（节律系统能调节'神经／感官'和'代谢／四肢'系统间的适应，并变化其活动）；无生命的脉冲印记在有生命的节律上，并破坏了生命节律本身的灵活性。然而，当一个人的节律系统长期被束缚和阻碍时，人会开始出现僵化及功能下降的典型征兆，也会变得容易生病。"然而，每个人都有他自己倾向出现疾病的脆弱部位，所以若不采纳整体性的考虑，我们便很难获得科学的证据。结果，想淡化问题的专家总是能宣称，在研究上尚未找出充分的决定性证据。

我们可以做什么？

"现在，我们无法想象，如果从日常生活中去除电力这件事会是什么结果。如今的电力使用所产生的电场和磁场简直无所不在。一方面，如：由高压电线、高架铁路，或广播、电视和移动电话传输所产生的场域，从外界向我们作用；另一方面，我们自己也在我们的家庭和工作场所中制造这些场域。不必要的电磁场暴露来自不当安排的电气设备、来自随时都在待机状态的家庭电器，以及看似无害的收音机、闹钟和无线电话等。我们的电磁场总暴露量，是建筑物内部和外部双源头的总和。值得关注的是，家庭所产生的场域比起我们所不能影响的电磁场域，通常是更大的暴露源头。因此，基本的解决方法是在自我可以设定的场域中，能避免的就要避免。"（注 6）

虽然在大众普遍认知这种看不见的“敌对自然生命”的“次自然”元素之前，还有一段漫长的时间，我们还是相信读者们在健康方面的常识（即便因为大规模的经济和政治利益，放射性污染的危险仍然被淡化）。而允许孩子们在电磁辐射效应中产生创作的我们，也要尽可能地让孩子们享有一样多的保护，让他们的每个时刻都利于身心灵发展。因此，我们提出以下建议：

安装可以关闭的电源插座（如有必要，可以在晚上断开保险丝）。

- 关闭待机状态的设备。
- 限制电视和无线通讯的使用至最低需求。如果可能，不让 12 岁以下儿童接触。
- 检查婴儿电话的辐射，请勿使用数字增强的无线电信（DECT）设备。
- 当宝宝在你的怀里或附近时，请勿使用无线电话。
- 连接电话和计算机时，请优先考虑设置在地面上或埋在地下的通讯电线。
- 请让电子设备保持在卧室之外。
- 如果以手机作为闹钟，请保持关闭，并保持离开人的头部至少一米。
- 除非紧急情况，请勿允许 16 岁以下年龄儿童使用手机。
- 请在幼儿园或学校，确认高频电磁波也规范在最小限度内，并避免无线网络接收器和无线局域网络。
- 政治承诺。

您可以从以下的书籍和网站，找到德语世界中的进一步建议：

Hübner, Edwin: *Mobilfunk-die riskante Kommunikation*, Bad Liebenzell 2001

Grasberger, Thomas/Kotteder, Franz: *Mobilfunk-Ein Freilandversuch am Menschen*, München 2003

Newerla, Barbara/Newerla, Peter: *Strahlung und Elektrosmog, Saarbrücken Neugeborene unter dem Einfluss von TV und Handy*, published by Vereine Spielraum-Lebensraum, Spitalstr. 33, 9472 Grabs, Switzerland

Rittelmeyer, Christian: *Kindheit in Bedrängnis*, Stuttgart 2007

http://www.greenpeace.org/international/en/campaigns/toxics/electronics/Guide-to-Greener-Electronics/

http://www.copperwiki.org/index.php/Electronic_Smog

http://www.independent.co.uk/environment/electronic-smog-477191.html

您可以从以下的网站，找到华语世界中的进一步建议：

电磁波对人体的危害：http://www.library.com.tw/emf/body.htm

行动电话基地台与人体健康：http://www.ym.edu.tw/rad/cbase/main.htm

国民健康局：行动电话（手机）与基地台健康风险管理与沟通（电磁波）：http://www.bhp.doh.gov.tw/bhpnet/portal/Them_Show.aspx?Subject=201105060003&Class=2&No=201105060020

附注

注 1 Needleman, H. L., & Landrigan, P. J.: *Raising Children Toxic Free, Farrar*, Straus & Girous, New York 1994.

注 2 Hübner, Edwin: *Mobilfunk-die riskante Kommunikation*, Bad Liebenzell 2001.

注 3 出处同上。

注 4 *Praktischer Tierarzt 79*, p. 437-444, 1998.

注 5 出处同注 2。

注 6 www.sgsw.ch: Broschüre der Fachstelle Umwelt und Energie der Stadt St. Gallen, 2005.

护守童年联盟（代后记）

上世纪最后数十年，儿童及成人的经验世界经历了一场非常戏剧性的转变。电脑使得所有地球上人类的相互联系成为一个日常的经验。实用主义的经济思想把持了几乎所有领域的工作，在人类基因物质的分子结构研究上，以及许多相关的伦理议题上，像“品质管理”和“重新组织”等概念开始扮演了重要的角色。

也许这就像突破知识新领域和科技新方法般地令人兴奋，然而，错误使用的可能性同时也变成了火热的议题。法令规章不提供持久的保护。在这些场域里，我们最好的预防措施是增强个人的人文品格，以及觉察人类存在与发展的价值和尊严。在人们基本安全感和支持性价值正从外在生活中消失之际，Novalis 所说的“奥秘的道路向内”这句话即变得更加贴切。

不过，新近浮现的人类思想及情感的另一个特质是，越来越多人不愿只是简单地接受这样一个事实：即便科学家、政治家、经济学家已做了一切的承诺，地球上 3/4 的人口总数仍然生活在贫困之中，儿童的照顾、温饱、教育等权利几乎没有受到维护。不间断的倡导行动，范围从最大的非政府组织以至许多学校的班级，正在非洲、南美、东欧及亚洲发起一个世界性的实际援助及赞助者的网络系统。

以此经验为基础，1999 年 2 月，**国际护守童年联盟**在纽约、伦敦及斯图加特首创成立。这是一个个人、机构和组织选择加入力量保护儿童，并认可儿童童年权利的独立学会。这个联盟任何时候都欢迎新成员。若欲询问合作组织及计划方案讯息，请洽联盟的网址：www.allianceforchildhood.net。

附录1

家庭护理的外用疗法

Petra Lange 著

在本版本中，以下的这篇指引已经由 Petra Lange 修订，他是《儿童居家疗法：自然预防与处理》（*Hausmittel für Kinder. Naturgemäß vorbeugen und heilen*）的作者。

在各个国家，都可以找到一个能提供自助指引的很有用的网站。网址是：http：//www.weleda.com.

◎ 敷布和湿敷药布

为了至少能找到一些他们制造的材料或产品，请查询英国 Totnes 镇的绿纤维（Greenfibres of Totnes，UK）和美国加州圣克鲁兹的孩子的大自然（Kids Nature of Santa Cruz，CA）。这两个机构都有网站。

每一份敷布或热湿敷药布都至少包含两条布：一条衬布，如丝绸、亚麻或棉布等。一条稍微大一点的表布，作为外面的遮盖。最好的表布是羊毛布，在一层薄棉布或蚕丝衬布的外面再覆盖上一层羊毛布，这样对羊毛过敏的儿童就不会想抓痒了。

丝绸：理想上是生丝（中等重量、有纹理、似亚麻的丝，是由短废料纤维制成的）。

亚麻布：例如擦碗盘的毛巾。

棉布：棉纱尿布或一般布质尿布、拉过绒的棉布或法兰绒、手巾等。

羊毛：松软未经加工的羊毛围巾（您可以用美丽的羊毛编织一条一个下针、一个上针的肋状纹饰围巾）；毡制的、未经加工的羊毛纤维织品；或经梳理但未纺成纱的软羊毛。请为对羊毛过敏的孩子做一层薄棉布或丝绸衬布。

挑选适合的衬布作为敷布

湿敷布

需要相当厚的亚麻布、拉过绒的棉布或法兰绒、厚的尿布或一般布质尿布，或双层的生丝绸。

精油和油膏敷布

请以较薄的生丝绸、较薄的棉纱尿布、一般布质尿布，或手巾等作为精油和油膏敷布。

夸克湿敷药布

一个能高度吸水的中间层（如：拉过绒的棉布或法兰绒或软羊毛）绝对是需要的。注意：夸克（发酵的脱脂牛奶）会造成羊毛纤维缠结。

敷布请尽可能不要有皱折。若以编织的羊毛毡制品及羊毛织物作为表布层，则会特别好处理。请包裹紧实，并确定即便孩子移动时，敷布也不会松脱。

1.1 耳部敷布

1.1.1 洋甘菊袋（适中耳痛）

请将一把干燥的洋甘菊花放在一块薄布的中央，然后抓起布角，变成一个小袋子，并以棉线绑紧。请稍微捏揉一下，好让袋子里紧实的花朵底端成为小碎片；这样，袋子也较能符合耳朵的形状。请将袋子夹在两个盘子中间，然后将这两个盘子像一个锅盖般地盖在滚水锅上加热。这种加热法可以保存洋甘菊的精油，而且不会弄湿袋子。

当彻底温热好袋子后，请将袋子敷在孩子的耳朵上，并以一条棉布或羊毛毡盖上，再以一条羊毛织物或软帽固定。

时间：至少半小时或一整夜，反复两周的时间。

洋甘菊有一种令人欢喜的味道，而且很受孩子们的欢迎。一个袋子在花朵失去香味之前，约能反复使用 4 ～ 5 次。

1.1.2 洋葱袋（适急性耳朵痛）

将一个中等大小的洋葱细细切碎，然后以薄布包裹，并卷成手指般厚度（提示：如果您将洋葱捆扎在筒状的纱布绷带中，然后在两个尾端打结，那么即便孩子又翻又转，切成小方块的洋葱也不会掉出来）。将与体温相同温度的洋葱卷放在孩子的耳朵及耳朵背后的区域；然后以棉布或羊毛毡覆盖以便吸收多余的洋葱汁液，并以一羊毛织物、一条丝质或纱质的手巾，或一顶薄的羊毛软帽，在适当的地方牢牢地固定。

时间：半小时或更久，依皮肤的敏感性而定；一天可能敷上几次。

一整天每隔一、两小时就做一次 30 分钟的疗程处理特别有效；洋葱袋在解除疼痛及抑制发炎上是非常值得信赖的。

1.2 咽喉部敷布

1.2.1 尤加利咽喉湿敷药布（适淋巴结发炎）

在一条长度足够盖住儿童喉头，但又比孩子的脖子圆周再短一些（需让颈椎的两旁各露出两指的宽度）的丝绸或棉布上，涂上糊状的尤加利油膏。再以另一块同样尺寸的布盖在油膏布的上面（图 1），然后将此油膏布自两端向中心卷起（图 2、图 3）；再如上述洋甘菊袋的做法，在两个盘子中间加热。

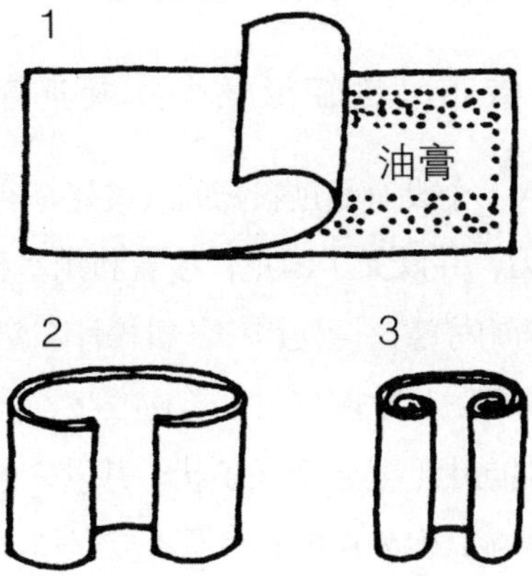

请先在您的下臂内侧测试湿敷药布的温度，然后将仍然卷着的湿敷药布在孩子的喉头上轻柔而快速地按压几下，以确定温度是让他舒服的。请从喉头开始，将卷着的敷布向外双向展开，要尽可能没有皱折地包住孩子的喉咙；接着再以一条羊毛布固定，这样可以防止膏药太快冷却。

时间：一整夜。

1.2.2 当归或洋葱油膏的喉咙湿敷药布（适淋巴结发炎或腺肿）

在一条长度足够盖住喉咙，而只露出颈椎的生丝绸或棉布上，敷一层刀片厚度的油膏；将此油膏布面直接贴在皮肤上，并以一层羊毛布牢牢固定。这敷布可以反复使用数次，只要每天重新加上足够的油膏，让敷布表面保持油脂即可。

时间：除非产生皮肤过敏，以当归油膏调制成的湿敷药布可以敷在患处一整天或一整夜；而洋葱油膏敷布，除非皮肤很快产生过敏，否则可敷 1 ~ 2 小时。

1.2.3 清凉柠檬汁敷布（适伴随高烧的急性喉咙痛）

在一个小碗里，放入半个没有洒过农药的（最好是有机的）柠檬，以水覆盖，并将柠檬切开几刀，然后以一个杯子的底部将汁液挤出。如果只能买到洒过农药的柠檬，请使用榨汁机，然后以水稀释果汁。

剪或折一条长度足够盖住喉咙、只露出颈椎的薄生丝绸或棉布，自两端将此布向中心卷起，然后完全浸湿在柠檬汁液里。接着拧干，并从喉头开始将卷着的敷布向外双向展开，请尽可能平顺地包着孩子的喉咙，并以一羊毛织物牢牢固定。

时间：视皮肤的敏感程度而定，一小时或更久。

1.2.4 热柠檬汁敷布（适轻微喉咙痛或声音嘶哑）

在一个小碗里，放入半个没有洒过农药的（最好是有机的）柠檬，以沸水覆盖，然后将柠檬切开几刀，并以叉子固定，接着利用水杯的杯底压挤出柠檬汁。如果您只能使用洒过农药的柠檬，请使用榨汁机榨汁，然后再以水稀释。

剪或折一条（不要太薄）尺寸刚好可以盖住喉咙，但却可让颈椎外露的生丝绸或棉布。将这布自两端向中心卷起成长条状，并以一条较长的布包裹好；将这两层布放入热柠檬水中浸湿，但外层的长布两端要保持干燥。接着，抓起长布两端，将浸湿的布挂至水龙头上，然后从布尾开始向上扭转，将水分彻底拧出。热敷布越干，放在皮肤上的感觉就越舒服。

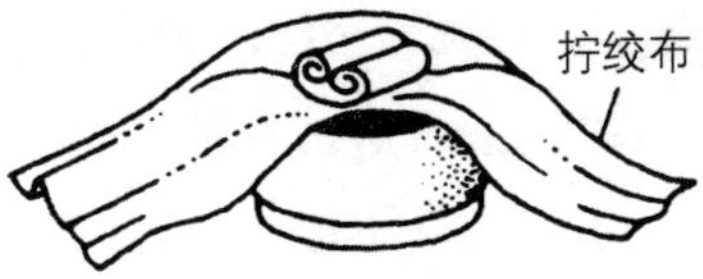

从拧干的布中拿出里面的长条卷，先试一下温度，然后从孩子的喉头开始，在喉咙上将长条卷展开；敷布应尽可能没有皱折；最后再以一条羊毛织物牢牢固定。

时间： 至少 5 ～ 10 分钟。

1.2.5 柠檬片喉咙湿敷药布（适扁桃腺炎）

本敷布比柠檬汁做成的敷布更有效，但对皮肤也更刺激。将一个没有洒过农药的（最好是有机的）柠檬切成薄片，并以一块布如下图般包裹起来（不要太厚），然后再用力挤出汁液。

如前所述地贴上湿敷药布，并以一羊毛织物固定，但也像其他喉咙敷剂一样，不可遮盖颈椎部分。

时间： 20 分钟，至多 60 分钟，视皮肤的敏感程度而定。一旦开始发痒即应去除湿敷药布。

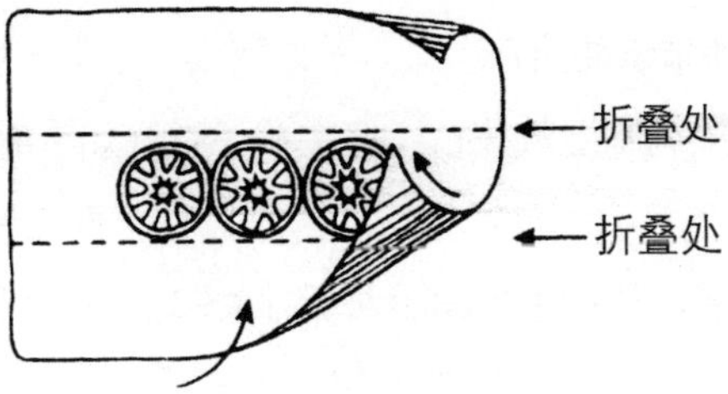

1.2.6 夸克喉咙湿敷药布（适扁桃腺炎）

在一条生丝绸或棉布上涂敷夸克（发酵的脱脂牛奶），请视病人的体质决定涂敷夸克的厚度；怕冷的孩子，涂薄薄一层，其他的就大约五毫米（1/4 英寸）厚度。请将布折成一小捆，应该只有一层布的那一面会接触到皮肤。

请在两热水袋间将湿敷布温热（不能太热，以免夸克渗开）至室内温度（22℃），湿敷布的外层最多只能热至手的温度（37℃）为止。请将湿敷药布包住孩子的喉咙，只需露出颈椎。请以一棉布或亚麻布固定，接着再以一层羊毛毡隔热，羊毛毡上再包一条布。请再加另一层羊毛布作为最后的覆盖。

时间：可到八个小时，直到夸克层全干为止。

这湿敷药布不适合对牛奶过敏的湿疹患者。拿掉湿敷药布之后，请让病人的喉咙继续以织物或有套头领子的衣物覆盖一会儿。

对乳制品过敏的孩子请勿使用。不过当孩子有喉咙疼痛、发炎、红肿、口腔有令人不悦的味道及高烧时，一块夸克湿敷药布实在非常能减轻痛苦，让患儿觉得舒缓。

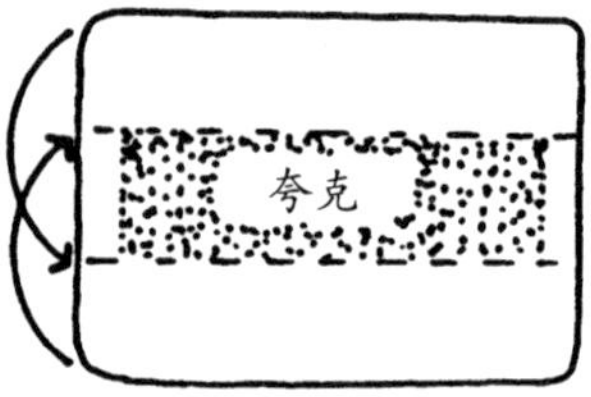

1.3 胸部敷布

1.3.1 芥末粉胸膛湿敷药布（适阻塞性支气管炎、气喘及肺炎）

注意：请遵照医师指示使用！

请在温暖的房间里调制湿敷药布。请在孩子脊背躺下的位置铺一条羊毛布及一条中间层。预备一条与治疗范围相符的薄布，在上面涂撒一层研磨的芥末籽，这一层应有刀身的厚度。请如下页图示对折并卷起，但不可让芥茉粉从布里流溢出来。

芥末粉湿敷药布可敷在肩胛骨、胸膛或同时两个部位；如果能绕着病人的整个胸廓包裹到底是最有效的。

在贴上湿敷药布之前，可以利用喷雾器对着药布喷洒温水（热度不高于38℃ /100 ℉）至药布完全湿润，如果药布小，一瓶喷雾水即足够湿润；但如果使用的是较大的布，即须将布从两端向中心卷起，然后将布短暂地浸入微热的水中，再很小心地以手挤压出（不要拧绞）过剩的水。

请以凡士林及脱脂棉保护病人的乳头及腋窝；当湿敷药布从脊柱开始，在孩子的皮肤上向两个方向平顺展开时，孩子应该坐在床上。然后，让孩子在先前预备好的布上躺下，再将布环绕孩子的上身牢牢固定。在湿敷药布的外层可穿上套头衫包裹；此外，孩子应该穿着温暖或包在毯子里。当湿敷药布发挥药效时，可以带孩子至房间靠窗的地方躺下。

在此过程中，幼儿通常会哭叫，但这实际上对他的肺脏有帮助。很快地，一种温暖、发热的感觉作用不断形成，传遍胸廓；通常，皮肤达成期望中的红热程度大约要四分钟的时间。如果变红的程度不明显，请增加等待的时间，一次两分钟，直到总计八分钟。

在移除湿敷药布之前，请将儿童带回温暖的床上，并以温和的蔬菜油涂抹治疗的范围，且确认没有任何芥末粉残留在孩子的皮肤上。

通常，湿敷药布在晚上敷用，一天一次，以帮助孩子入睡。如果他的皮肤出现丘疹，或第二天仍然有红红的征候时，请以涂油的敷布替代，不要再重复芥末疗方，直到隔天之后。

芥末粉湿敷药布是一个非常强效的疗方，因此敷用时必须非常小心；请勿使用芥末油。除非病人皮肤过度敏感，或湿敷药布留在皮肤上太久，否则不会有皮肤起水泡的问题发生。

如果皮肤没有产生变红，请检查芥末是否过期了。使用当下才磨碎的新鲜芥末最有效。芥末籽含有油脂，而且对热很敏感，因此，请勿在谷物磨坊里磨芥末籽；如果您是利用电动咖啡研磨机研磨的话，则要避免机器过热。若使用过热的水湿润芥末敷布，则会减低芥末籽的效力。

芥末湿敷药布，每次都一定要调制新的。

一旦您曾经体验该药布的强效功力，您会知道花费功夫调制非常值得，而且只需几分钟的发热、发暖即能帮助孩子，更是值得！

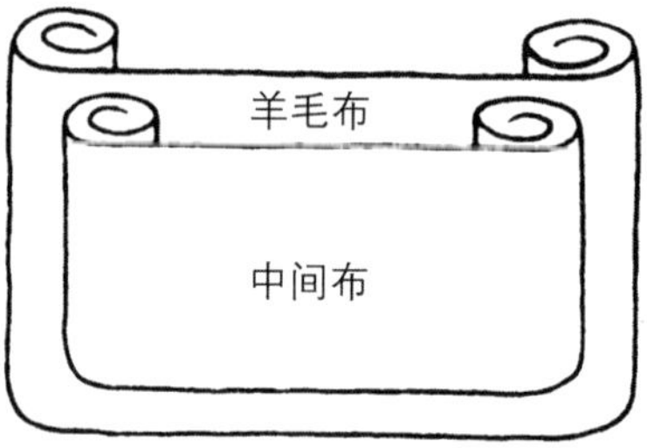

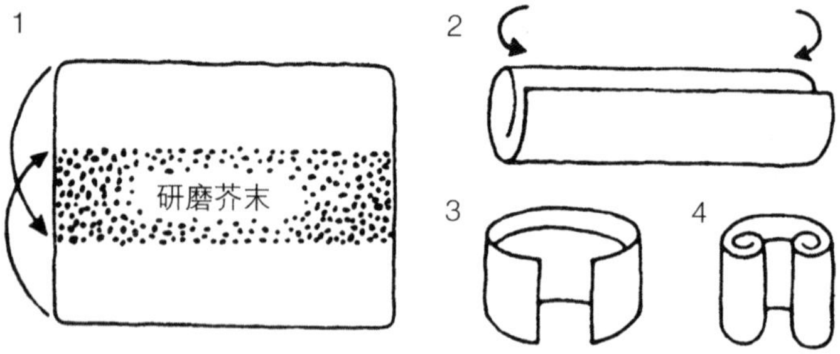

1.3.2 生姜胸膛敷布（适阻塞性支气管炎、持续性咳嗽）

量 1/4 公升（一杯）的热水，接着在一个小碗里，将两茶匙磨碎的新鲜姜根或完全研磨的生姜，对比四大汤匙的水混合，然后盖上盖子并放在一旁让它浸泡十分钟，这时，您可以准备敷布：

将一条大小足够完全盖住孩子胸廓的生丝绸或棉布从两端向中心卷；这条布的外面包着一条比较大的布，因为这样拧水时会比较容易（请参阅前述热柠檬汁敷布的图）。

现在，将剩余的水倒在生姜末上，接着将布浸入生姜混合水中，请保持外层布的两端干燥。将布环挂在水龙头上，然后用力扭转，拧出水分。请在敷用前确认敷布不会太热。

将外层的羊毛布摊开，铺在孩子的床上；让孩子坐在床上，从脊椎开始，敷布向两个方向平顺展开，敷盖住孩子整个胸廓。请孩子在羊毛布上躺下，并以这块布在适当的地方稳固敷布。

时间：第一剂敷布，五分钟。如果皮肤没有产生过敏，每一剂可以增加三分钟的时间，但不要超过 20 分钟。

病人应在温暖的房间里移除敷布；并以温和的蔬菜油轻轻地摩擦治疗区域。

生姜混合水不能重复使用，而研磨的生姜可以在 rhizoma zingiberis pulvis 的草药医师或一般的商店里购得。

1.3.3 蜂蜡胸膛敷布（适感冒、咳嗽、支气管炎）

这帖敷布特别受到家长及小朋友的喜爱，因为使用起来很简单。我们推荐“现成可用”的敷布。如果您比较喜欢自己做，只要能确认您所使用的蜂蜡几乎不含污染物即可。

将一块薄的生丝或棉布（大约 20×15 厘米 /8×6 英寸）放入一个隔水加热熔化蜂蜡的锅中浸泡 2 ～ 3 次即可。请让每一层蜡在再度浸入熔化的蜂蜡之前，都能有稍微干一下的时间。蜂蜡浸泡完成的布可以蜡纸包装储存，并封在一个塑胶袋里以留住香气。

将蜂蜡敷布放在一个以一层布覆盖着的羊毛毛絮上，或放在“敷布组合包”所提供的“丝和羊毛袋”里，然后以吹风机烘暖，直到敷布能柔顺弯曲为止，记得不可以太热。

现在，将敷布敷在孩子的皮肤上，并以羊毛毛絮或袋子将温暖包在里面，并以一条羊毛织物固定好所有东西。

时间：一次 30 ～ 120 分钟。如果孩子的皮肤状况容许的话，一天可以敷两次。

使用过后，请如前所述地密封并贮存敷布、保存香气。只要蜂蜡保持清新的气味，而且没有碎裂，蜂蜡敷布即可反复使用。

1.3.4 以太精油[1]胸膛敷布

1.3.4.1 （10% 薰衣草、10% 尤加利或偃松）胸膛敷布（适支气管炎、阻塞性支气管炎、格鲁布喉炎、肺炎或百日咳）

使用在敏感性皮肤上时，请以等量的蔬菜油（冷压的，如果可能的话）稀释以太精油；或以蔬菜油浸透敷布，再滴入 10% 薰衣草、10% 尤加利或偃松的以太

1 以太精油是芳香植物的种籽油，蒸发时会发散香气。——译者注

精油数滴；当孩子能承受时，请再逐渐增加分量。

在铝箔纸上将一条生丝绸或棉布加热，并逐滴加入 5 ～ 10 毫升（半大汤匙至一大汤匙）的精油；接着，将包在箔纸内的敷布从两边向内卷，并在两个热水袋之间加热。然后，从箔纸上取出敷布，很快地以病人的背部为起点，将敷布环绕着胸廓，并以一条羊毛织物包裹固定。

请勿以塑胶袋代替箔纸，因为精油可能会吸收一些塑胶的物质。

期间：如果是在白天敷用，至少可以敷半小时，但敷一整夜会更好。如果孩子的皮肤可以承受的话，一天可以敷两次。只要味道闻起来是好的，而且敷布上的油还很饱和，即可重复使用（两周或更久）。每次使用过后，请收存在一个干净的罐子里，放在阴凉黑暗的地方或放在用过的那张铝箔纸里。在每次使用前，请再加一些新的油以使它再度清新起来。

精油胸膛敷布，特别是薰衣草油，有令人愉悦的气息及镇定的效果，是家长和孩子极为喜爱的疗方。

1.3.4.2 （10% 薰衣草、10% 尤加利或偃松）胸膛摩擦膏（胸膛敷布的另一选择）

胸膛摩擦需要有温暖的手、非常少量的油，以及镇定而全神贯注的动作。请以选定的油摩擦整个肋骨的笼状结构；当揉擦完成时，请以羊毛布包裹孩子的上身。在新西兰，可以买到尤加利敷布胸膛膏或尤加利／车前亚属敷布胸膛摩擦膏。

1.3.5 胸膛摩擦膏湿敷药布（适支气管炎、阻塞性支气管炎、格鲁布喉炎、肺炎或百日咳）

若胸膛摩擦膏加上一个湿敷药布，即能更见功效。请以一条与孩子胸膛一样宽的生丝绸或棉布，将这块布从两端向中心卷起，并以另一较大的布将这块布包裹（请参阅前述热柠檬汁敷布图示）。且在这两块布上淋浇热水，然后再将水拧出（抓住较大布的尾端，再将布吊挂在水龙头上固定，并扭绞）。从外层布里取出敷布，并敷在患处的皮肤上，且以一羊毛布固定。

时间：半小时之后，稍微解开羊毛包布，开口大小仅够移除敷布即可；在病人休息一个小时甚或一整夜时，羊毛布仍然可以留着。

1.3.6 木贼茶胸膛敷布（适有大量的痰，但没发烧的支气管炎）

制作本茶时，请以一把干木贼草加上半公升（两杯）的水，并将之煮沸，再以文火慢沸五分钟。熄火后，盖着再浸泡五分钟；您可在此同时调制敷布。

另外一个制作纤维性茶的变通方法：在半公升的水中泡一把干的木贼草十小时，然后煮沸 五分钟，熄火后继续盖着，再浸泡五分钟。

如同以上方法，准备好敷布（以一过滤器将茶淋浇在布上），在孩子床上将外层羊毛布摊开。让孩子坐在床上，卷着的敷布在孩子背部平顺地向两个方向展开，并结束于胸前。让孩子在羊毛布上躺下，并以此羊毛布在适当的地方固定住敷布。

时间：请在半小时之后，轻巧地解开羊毛包裹，快速地拿出敷布；只要病人的皮肤不会因羊毛而难受，在病人休息一个小时（或一整夜）时，羊毛布仍然可以留着。如果他开始觉得痒，则请移除羊毛布，让他穿回睡衣。移除时动作要快，以免热度流失。

1.3.7 夸克胸膛湿敷药布（适肺炎和肋膜炎）

请在一条生丝绸或棉布上喷洒发酵的脱脂牛奶——夸克（请参考“夸克喉咙湿敷药布”的图示），夸克层必须大约像小指头一样厚；而布的尺寸，请视药布是沿着整个胸廓敷，还是只敷病人的胸膛而定。请在一个热水袋上将夸克湿敷药布温热至皮肤的温度（不要太热，否则夸克会凝结）。若要湿敷药布整个围绕着躯干敷贴时，首先请在孩子床上摊开外层羊毛布，接着是能吸水的中间层，最后是敷布。请让孩子的背在此完整的包裹中躺下，然后将湿敷药布包裹的两个尾端拉至前面，并以吸水层平稳固定，最后再盖上外层布。

提示：当使用夸克湿敷药布时，一层包在棉布中的羊毛毡，会形成一个非常温暖而又很能吸水的中间层；而一层较薄的布，甚或一件汗衫，可以放在最下面作为最外层。使用羊毛毡同时也可避免毁损一条羊毛布，因为羊毛布在与夸克的液体接触时会产生缠结。

时间：让湿敷药布留在适当的位置，直到夸克层全干为止。时间能持续多久，视夸克层的厚度而定，同时也因病人而有所差异（3 ~ 8 小时不等）。

夸克湿敷药布对患有湿疹，和对牛奶过敏的病人不适用。

1.4 腹部敷布

腹部敷布适某特定类型的腹部疼痛及呕吐（首先应排除阑尾炎）及睡眠障碍症，是进入睡眠的一剂神奇辅助。

1.4.1 蓍草腹部敷布

制作本茶，请以一满把的蓍草，加上大约半公升（两杯）的热水，盖上盖子，然后至少浸泡十分钟。

在浸泡蓍草时，请依需要折一条敷布，然后再以一条更大的布包裹，以便于拧绞水分（请参阅热柠檬汁敷布图示）。待蓍草水浸泡完成后，以一过滤器将水浇在这两条布上，然后拧干水分。

从外层布中取出敷布，应当以孩子所能忍受的最热温度来敷贴。请以一条细长的棉布条或长度足够围绕整个身体的亚麻布固定，然后再加一层羊毛布作为外层的覆盖。这些布应该比敷布更宽，这样才不致顺着边缘逐渐冷却。

请在腹部的两边敷布上各放一个热水袋（请勿装得满满鼓鼓的），然后将孩子的睡裤拉高盖过热水袋并固定。

时间：30 ~ 60 分钟，然后从羊毛布里取出敷布，而羊毛布仍可留在原处一整夜。

1.4.2 其他腹部敷布

1.4.2.1 洋甘菊敷布

请以与蓍草敷布相同的方式调制。

1.4.2.2 酢浆草精油敷布

请使用一茶匙的精油对比大约 1/4 公升（半杯）的热水。

1.4.2.3 葛缕子或柠檬芳香油敷布

请依以太精油胸膛敷布的调制与敷用方式。

1.4.2.4 铜油膏（0.4%）敷布

在一片生丝绸或棉布上涂抹一层非常薄而均匀的铜油膏；但请勿从头到底涂到边缘。将涂上油膏的布敷在需要治疗的部位，然后绕过孩子的全身绑好，并以一羊毛织物固定。

时间：请遵照医师指示。敷用之后，请以温水清洁皮肤并完全擦干。否则像所有的金属油膏，铜油膏会产生很难去除的斑点。

浸渍过油膏的布可以反复使用多次，请尽所需要地使用更多的油膏（一周2～3次）。

1.4.2.5 腹部干敷布

请将一块彻底温热过的干布敷在病人腹部，并以一细长条的羊毛布固定好。

1.4.3 蓍草肝脏敷布

请如前所述的，调制一蓍草腹部敷布，但将此敷布敷在肝脏的皮肤上（在右边，从肚脐周围至后背）。

1.4.4 铜油膏肾脏敷布（适气喘患者，请遵照医师指示）

在一生丝绸或棉布上涂抹一层非常薄而均匀的铜油膏，边缘处请勿涂抹。请将敷布贴在肾脏区域，并以一条长度足够环绕身体的羊毛布牢牢固定。

时间：请遵照医师指示，人智学医师也有可能会开银油膏（化学元素银）给您，好让您能与铜油膏交替使用。

移除敷布之后，请以温热的水清洁病人的皮肤，并使之完全干燥。就像所有以金属调制的油膏，铜和银的油膏会留下难以去除的斑点。

1.5 膀胱敷布

1.5.1 10% 尤加利精油膀胱摩擦膏和湿敷布（适早期泌尿道感染的处理）

在温暖的手上，加上非常少量的 10% 的尤加利精油，以缓慢而仔细的动作摩擦膀胱区域。

一条手掌大小的生丝绸或棉布，由两边向中心卷起，并以一条更大的布包裹，以便拧出淋在布上的热水（请参阅前述热柠檬汁敷布图示）。布越干，就越能热热地贴在皮肤上。从外层布中取出里层的敷布，并将敷布敷在擦过油的区域，然后以一羊毛布或羊毛毡覆盖。最后，请穿上一件贴身的衬裤以固定患处的敷布。

时间：半小时之后，请解开羊毛外层，取出敷布。当病人休息时，请让羊毛布继续留在原处一个小时。

在感染的第一天和第二天，请反复涂敷，之后则继续以尤加利精油敷布处理。

1.5.2 10% 尤加利精油膀胱敷布（泌尿道感染；使用尤加利膀胱摩擦膏之后的追踪处理）

请在一条手掌般大小的生丝绸或棉布上，倒入大约五毫升（半茶匙）的精油，然后将敷布如前所述的调制以太精油敷布般，在铝箔纸上加温（请参阅以太精油胸腔敷布）。

时间：一天一次，一次数小时，至少等到症状消失。

人智学医师可能会开含银油膏（Weleda 的含银金属制剂 0.4%）的膀胱敷布给您，以便您与尤加利敷布交替使用。

1.6 腿足部敷布

1.6.1 腿部凉爽敷布（降低发烧热度）

在病人脚冷或腿冷时，请勿使用本敷布，即便他正发高烧！在此情况下，请在脚上敷上热敷布。

首先，请在床上铺一条厚的棉布，如浴巾，作为防护褥垫。请在一个碗里倒入2～3公升（夸脱）的水。这水必须比病人的体温略低几度。

在水中加入柠檬以增强效果，切半个没洒过农药的（最好是有机的）柠檬放入水中，并用力挤压以榨取出汁液。如果您得使用洒过农药的柠檬，请挤出汁液并量出两茶匙倒入水中。不得已时，任何水果醋也都可以代替柠檬。

请折两块布，尺寸约可覆盖孩子从脚踝至膝盖下的腿部，而且大约可包裹腿部一圈半。将此两块布从两边卷起，并以水完全浸湿。在敷用之前，将水自布中挤出，直到不再滴水。从脚踝至膝盖，一条腿包上一条布；并以一较大的羊毛袜、羊毛织物或较厚的棉布固定。请勿使用箔纸、塑胶或不吸水的布。在处理期间，请保持病人完全被覆盖（包含腿部）；如果他发高烧，一条薄毯子或被单就够了。五或十分钟之后，整块敷布变得温热，所以，需要再换新的敷布。反复三次之后，等半个小时，再继续。如果病人的脚变冷了，即可停止。

小腿凉爽敷布是一种值得信赖的退烧疗法，通常需要在夜间进行，因此，这儿有些提示，希望能帮助简化过程：

请同时准备四条布，而非两条，这样，当更换敷布的时间一到，您就会有两条新布在手边待用。当您从外层布中取出用过的敷布时，应趁腿部还有点潮湿时立即换上新敷布。

对小腿敷布来说，亚麻布的功效特别令人满意，与棉纱纤维不同的是，亚麻布在湿的时候会比干的时候更硬挺一些，而它干的时候，也不会有束缚感。

如果孩子无法忍受敷布，您可以凉爽的湿布摩擦他的双腿。请以一层厚而湿的布包在一条小腿上，然后以这条布轻柔地从脚踝擦向膝盖。这样反复轻柔地擦拭，直到布变成温热为止。接着，清洗敷布，然后挤出多余的水分，再将布敷在另一条腿上，以同样的擦拭动作。对于当下没有处理的腿应保持覆盖，病人的腹部也需要覆盖。

1.6.2 凉爽的海绵浴

一个凉爽的海绵浴甚至会更加有效（请参阅上页清凉的擦洗指示说明），但水中还要再加入柠檬汁液。在擦洗后请勿擦干，只要为他充分盖好即可。

在许多案例里，只要小腿的海绵浴就足够了。

1.6.3 脚底芥末湿敷药布（适非常小或非常不安宁儿童的另类足浴）

针对每一份药布，请将一两茶匙的芥末粉放在一条薄而密实的手帕中心，并收口绑好。然后，将这些小袋子放入微温的水中，完全浸湿之后，挤出水分。请在每一只脚底敷一个袋子，并以一只短袜或一条较大的布，稳稳地包在适当的地方。当有灼热感产生时，即可去除湿敷药布。

时间：直到皮肤变红（3 ~ 15 分钟，因人而异）。在去除湿敷药布之后，请以优良等级的蔬菜油摩擦病人的脚；若穿上温暖的羊毛袜则更能加强效果。

1.7 其他敷布

1.7.1 清凉的敷布

将一块相当厚的布（双层的生丝绸或拉绒棉或法兰绒），放在一茶匙的精油加九茶匙水的稀释精华液里，完全浸湿。然后挤出布中多余的水，直到不滴水为止。接着，尽可能地将布平顺地敷在需要处理的部位上。最后，以羊毛布或厚棉布将敷布扎牢。当敷布干燥时，请以汤匙或小水瓶再添加稀释精华液。

1.7.2 山金车精油热敷布（适发烧中体温仍在上升；不安宁、反胃、头疼、畏寒等的孩子）

依此疗法，您需要四条合适的生丝绸或棉布包裹孩子的手腕和脚踝。请个别地将每一块布从两边向中间卷起，并以两块较大的布分别包裹起两块敷布。将两组布的中段放入一个碗里（请参阅热柠檬汁敷布图示），并将一茶匙的山金车精油混合大约 1/4 公升（一杯）的滚烫热水淋在布上。然后将整组布的水彻底拧出。

首先，将敷布贴在手腕内侧。请从较大的布中取出衬布，然后将此衬布绕过手腕，并以一羊毛布覆盖、扎牢固定；然后才处理第二个手腕及脚踝的敷布，从包覆层中取出敷布时，一次只取一条。

这些敷布可以十分钟反复处理三次，接着暂停一小时。无论如何，只要度过上升中的发烧期，亦即，一旦您觉得孩子的四肢变热时，即可立即移除所有敷布。

1.7.3 山金车精油凉爽敷布（适瘀伤、扭伤及拉伤等）

最少一天换一次敷布。请勿以山金车敷布敷在破皮的皮肤上，若病人对山金车过敏也请勿使用。

1.7.4 金盏花精油凉爽敷布（适擦伤及渗液的伤口）

请每个小时更换敷布，请使用刚熨烫过的衬布以避免感染。几小时之后，让伤口风干。

提示：当伤口组织黏在绷带上时，敷本敷布也是一个无痛的去除绷带方式。

1.7.5 Combudoron essence（山金车烧烫伤精油）凉爽敷布（适烧伤、蚊虫咬伤或晒伤等）

烧烫伤凉爽敷布一天至少更换一次，并请使用新熨烫过的衬布。当病人对山金车过敏，在使用本敷剂时必须十分谨慎小心。

提示：对于送医途中的疼痛解除，本敷布很有效；而且黏在伤口上的绷带，也能去除。

1.7.6 夸克湿敷药布（适晒伤、瘀伤、扭伤、拉伤，以及奶水分泌闭止和乳腺炎，但请遵照医师或助产士指示）

在一条薄的生丝绸或棉布上涂一层薄的（刀片厚度）发酵牛奶夸克，就像前所描述的夸克喉咙敷布一样；只是本敷布是凉爽的。敷布大小请依处理的范围大小决定。

哺育中的母亲若有乳腺炎或奶水分泌闭止的情况，请在一个热水袋上将药布加温至皮肤的温度（请勿太热，否则夸克会凝结）；敷用时，药布请勿遮蔽乳头。请在哺乳前大约20分钟去除药布，并以精油轻柔按摩乳房，以带来温暖，并促进乳汁的分泌。

患有乳制品过敏的儿童，请勿使用本敷剂。

1.7.7 10%金盏花油热敷布（适腮腺炎）

在电热器上温热一条手掌大小的生丝绸或棉布。倒大约五毫升的金盏花精油进入一干净的小瓶子里，然后将此瓶子浸入热水中加温；再将温热的精油一滴滴地滴在布上，直到布完全吸收饱和。您也可以在一般温度的精油水中浸湿，然后再在两个盘子中将敷布加热（请参阅附录 1.1.1“洋甘菊袋”）。

敷布的热度应视病人最大的容忍度而定；请将敷布贴在肿胀部位，再以丝质或纱质手巾固定，最后以一条羊毛织物覆盖。这类型的敷布以羊毛毡特别有效，但使用时，请以丝质或纱质手巾作为隔离层。

时间：一天数次，每次半小时，或一整夜。

浸湿了油的敷布，只要味道是好的，即可反复使用（大约两个星期）。每次使用过后，请储存在一干净的玻璃罐里，并请放在阴凉黑暗的地方。每次使用前，只要再添加一点精油即可恢复清新活力。

1.7.8 木贼茶敷布（适严重的渗液湿疹）

调制本茶时，请将一把干木贼药草完全浸泡在一公升（夸脱）的冷水里煮至沸腾，沸腾后继续再以文火慢煮十分钟；之后，盖上盖子再浸泡五分钟，在此同时，您可以准备敷布（另外一种可以调制出更多茶的技术：将一把干的木贼药草放进一公升 / 夸脱的水中浸泡十个小时，然后煮沸；沸腾后再煮五分钟；最后，再浸泡五分钟）。

将一条大小恰好能遮住感染范围的生丝绸或棉布放入茶水内（茶水温度应为体温，或比体温更热一些），浸湿之后取出，再拧出茶水。当敷用时，敷布应尽可能平整。请以一条较大的棉布固定敷布，以此情形，通常不适合使用羊毛布包裹（因为羊毛容易发痒，对湿疹病人不宜，比较好的是将软羊毛织物包裹在棉布里，这样羊毛就不会直接接触到皮肤）。

时间：至少半小时；如果要让敷布停留更久的时间，可能就需要小心地以茶匙加入更多的茶水以润湿衬布。

1.8 蒸汽及洗浴

1.8.1 蒸气吸入（适呼吸系统感染；洋甘菊茶适伤风，麝香草茶适咳嗽）

请勿使用以太精油！

蒸气吸入可以洁净鼻腔的通道，并预防传染病。

请在一张桌子上放两张椅子，然后在上面铺两条布，形成一个“帐篷”或“洞穴”，将一个宽阔而平稳的锅子装入热茶，并放在“帐篷”或“洞穴”的中央。请以浴巾包住锅子，好让孩子不会接触到热锅的侧边，在一个这样的“帐篷”里，大人可以很舒服地和宝宝一起吸入蒸气，而比较大的孩子或许可以独自进行。

时间： 5 ～ 10 分钟，若是大孩子，可以到 15 分钟，接着再在一个温暖的房间待一个小时。蒸气疗方之后，可以在孩子的脸上涂敷金盏花或山靛油膏。

1.8.2 清凉的擦洗（迷迭香奶浴或以迷迭香浓缩液做冷擦洗，能强化免疫系统）

如果孩子的皮肤不完全是温暖的，请勿使用清凉的擦浴。已经擦洗好的身体部位，一定要立即擦干并盖好以防水分蒸发时所产生的寒凉。

本疗方最好是在早上，且在床铺仍保有前夜的温暖时进行。请让您的孩子坐起来并脱去睡衣裤，在床上摊开一条大浴巾让孩子躺下，并保暖地盖好他。在一个盆子里，以大约两公升（夸脱）的水混合一茶匙的迷迭香浓缩液，请注意水温不能凉到让孩子觉得不舒服。

请将一沐浴手套（不是沐浴巾）浸入水中，再取出拧干，直到沐浴手套不再滴水为止。先洗孩子的脸，从额头至脖子轻轻擦拭几下，然后再从脖子往下到背部抹擦数下。在轻轻擦干孩子的背部之后，请让孩子躺下，并为他妥善覆盖好。

接下来，请重新清洗沐浴手套，然后掀开孩子左手臂的浴巾，从他的指间到他的肩膀用力擦抹数次；擦干后立即盖起来，右手臂也一样照做；接着擦洗从脖子到肋骨的胸廓数次。请细心地为孩子覆盖到脖子，然后请他从遮盖中伸出左腿；这时，从脚趾向上用力擦洗腿部数次；右腿也一样照做后，即可结束。

时间： 整个过程不应超过五分钟；当完成后，请为孩子充分地盖好，并让他在床上休息半小时。

1.8.3 发汗包（适感冒初期）

请先洗个温暖的澡，然后再渐渐加入热水以增高水温，接着再加入数滴柠檬汁在水中。

请给孩子喝热椴花茶；如果他看起来需要保暖的话，让他穿上睡袍后躺在床上，且非常温暖地覆盖他（直到耳朵）。大约 30 ~ 120 分钟，当孩子已大量地出汗——也许也睡了一会儿之后，请以清凉的湿毛巾擦拭，并更换他的睡衣裤。

1.8.4 芥末足浴（适鼻子发炎、窦炎，或咽喉发炎；扁桃腺肿大；偏头痛）

请将一、两把刚研磨好的芥末籽绑进一条薄布里，然后将打结的口朝下，放入一个 37 ~ 39℃（98.5 ~ 102 ℉）的温水桶里。病人的脚应该放在水里泡浴十分钟。请以浴巾包裹水盆，并延伸包覆至病人的膝部，这样，水就不会冷却得太快。

请勿让该足浴的混合水接触到任何黏膜组织。调制好足浴水之后，请仔细地清洗您的双手，当足浴完成时，请彻底冲洗病人的双腿。

虽然在进行好几次足浴之后，皮肤可能会明显变红。但就一般案例而言，足浴一天请不超过一次。

在足浴结束的最后，请以温和的植物性身体精油摩擦病人的双腿。

1.8.5 木贼茶浴（适荨麻疹、湿疹，特别是各种形式的皮肤痒及神经性皮肤炎；促进皮肤新陈代谢）

在 2 ~ 3 公升（夸脱）的冷水中浸泡 50 克（1 盎司）的木贼草（木贼属植物）十小时，然后煮滚，再以文火慢煮十分钟（更快速的方法：在 100 克 /3.5 盎司的木贼草里加两公升 / 夸脱的冷水然后煮滚，再以文火慢煮五分钟，然后盖着盖子再浸泡 15 分钟），最后滤出茶汁，倒入沐浴水中。

沐浴时间：5 ~ 10 分钟。

沐浴水温：35 ~ 36℃（95 ~ 97 ℉）。

对荨麻疹的病人，在沐浴之后，再以冷水冲洗一下，通常会觉得很舒服。

1.8.6 草本精油浴

Wala 或 Weleda 药厂的精油，是以生物活力农法所栽培的新鲜药草调制而成的。您可以在一满浴缸的水中加入一茶匙的精油。沐浴的时间及温度与木贼草茶浴相同。

木贼属植物（木贼草）精油沐浴，能经由肾脏促进排泄功能，并对湿疹（包含各种形式的皮肤痒）及恢复力不佳的伤口非常有效。

1.8.7 海盐浴（适腺样增殖体及对上呼吸道感染敏感；发烧性疾病期间不适用）

一周可进行海盐浴二或三次，水温应为35℃（95℉），并请以温度计检测。进行海盐浴时，请勿使用香皂或洗发精，也请勿冲掉盐水，只需很快擦干，或（甚至更好的）立即以一浴袍将孩子包裹并抱至床上。沐浴后休息1～2小时，是疗愈的一个必要部分。

盐量的使用依儿童的年纪而定，海盐的数量与沐浴的时间应随连续的沐浴而增加。对3～12岁的儿童，刚开始以三公斤海盐对比200公升的沐浴水（6.25磅海盐对比50美国加仑）；请勿只以判断的方式测试水量，请以一个十公升（两加仑）的桶子或类似的东西测量。在最开始的四次沐浴里，每一次应该只停留十分钟。从第5～第8次的沐浴，海盐量应增加至1/3，而沐浴时间长度则可至15分钟。从第九次沐浴开始，请增加海盐量至原来的2/3，而时间长度则至20分钟。一个完整的盐水疗浴，算起来需要14次。

您可使用较少的盐，让较小的幼儿在较小的浴盆内沐浴。不过，一定要让水完全覆盖肢体，让幼儿能舒适地躺在浴盆里。

◎ 编织指南

1.9 宝宝的羊毛裤／吸水尿裤

本操作指南所给予的大约是4～14个月大宝宝的尺寸（羊毛裤／吸水尿裤的尺寸因为弹性，倾向与孩子一起长大），若需要较小的尺寸，请使用较细的棒针。

1.9.1 材料

- 70 克未经处理的纯羊毛毛线，双层的编织厚度。
- 一对 4 毫米，一对 3.25 毫米棒针。
- 一组 3.25 毫米棒针。

1.9.2 织法

正面织法

以 3.25 毫米棒针起 60 针，两个下针两个上针织 16 排，换 4 毫米棒针，并以全低针（平针）织 48 排。换回 3.25 毫米棒针，并以两个下针两个上针织 8 排。接下来的 16 排，前面两针和最后两针合并成一个下针，每一排仍保持两个下针两个上针罗纹起伏完整无缺；最后剩 28 针。再以两个下针两个上针多织 5 排后收针。

背面织法

如正面般编织，缝合侧边接缝，从腰部向下至罗纹起伏之处，再缝合两裤管之接缝。以 3.25 毫米棒针组个别绕着两个裤管收拾最后部分的针脚（约 48 针）。织两个下针两个上针的滚边 6 圈。最后宽松地收针。

1.10 背心／无袖的毛线衣

此处所给的大约是 6 ～ 12 个月孩子的尺寸。[1]

1.10.1 材料

- 50 克［100 克］柔软的四股羊毛或丝绸。
- 一对 3.75 毫米的棒针。

1 更大的、4～6岁孩子的尺寸在［］里。

1.10.2 织法

正面织法

起 50［60］针，并以两个下针两个上针织 10［14］排，以平针（正面全下针）织 40［63］排。接下来的 18［39］排以两个下针两个上针织。下一排，形塑领子的开口：以两个下针两个上针织 12［14］针，然后收 26［32］针，再以两个下针两个上针织 12［14］针。以此 12［14］针织 6［12］排；每一边仍继续保持两个下针两个上针的肋骨状编织原封不动。收针。

背面织法

如正面般编织，小心地熨烫出线条，并连接肩膀的接缝及侧边的接缝，且留下双臂的开口。

1.11 湿疹病童的连身衣

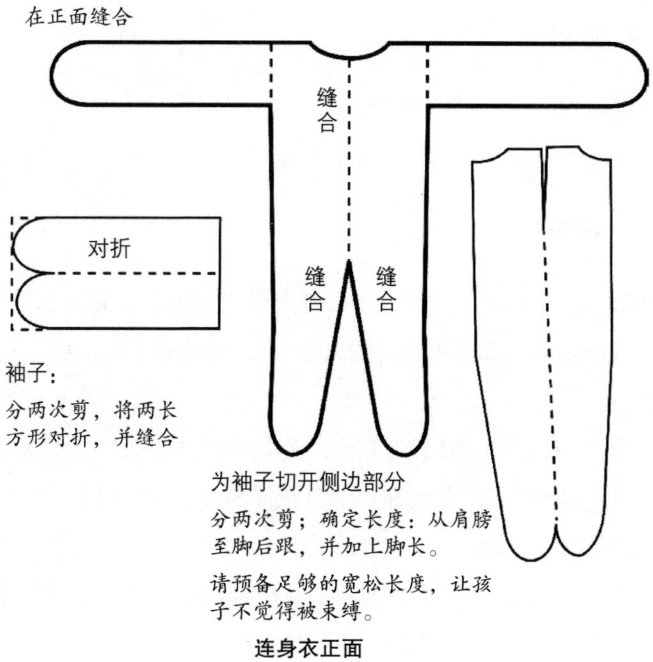

连身衣正面

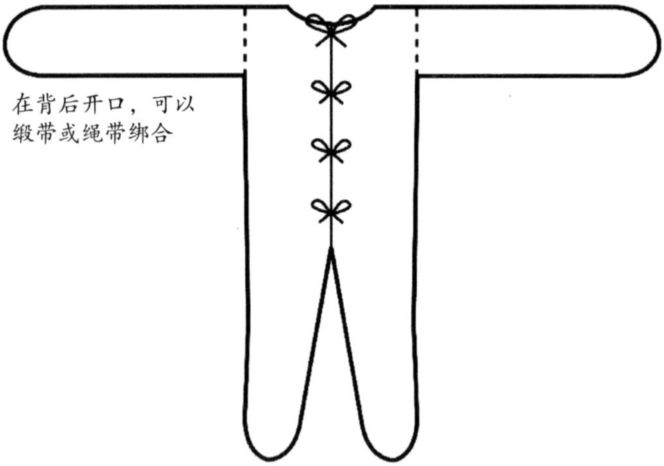

连身衣背面

1.12 婴儿的兜帽

此处所给予的大约是 0 ~ 2 个月大的尺寸（更大的、6 ~ 12 个月的尺寸在 []里）。

1.12.1 材料

- 四股羊毛 30 克或棉布或丝绸。
- 一对 3 毫米或大一点的尺寸 4 毫米棒针。

1.12.2 织法

起 60 [80] 针，然后以一个下针一个上针织 7 [8] 排。以平针（正面全下针）继续编织，直到作品有 10 厘米长 [12.5 厘米]，就结束于右边排。开始如以下般减针：

- 第一排：* 滑 1 针，织 1 个下针，将滑针套过左侧针，织 8 个下针 *。反复地从 * 编织至 *，直至每一排的最后 54 针 [72 针]。
- 下一排及每一次换排时：上针。
- 第三排：* 滑 1 针，织 1 个下针，将滑针套过左侧针，织 7 个下针 *。反复地从 * 编织至 *，直至每一排的最后。

- 第五排：* 滑 1 针，织 1 个下针，将滑针套过左侧针，织 6 个下针 *。反复地从 * 编织至 *，直至每一排的最后。
- 持续以这样的方式编织，直到只剩下 6［8］针。

剪断毛线并将剩余的毛线穿过剩下的几针，从帽子的背面缝合背面的接缝，直至开始减针的那一排。以钩针钩出两条可作为绑兜帽的带子，然后在兜帽的两个前面边角上，一边各缝上一条带子。

◎ 体重与身高表

1.13 婴儿与儿童体重

体重增加

从第四周：每一周介于 150 ~ 250 克（5 ~ 9 盎司）[1]。
从第四个月：每一周介于 130 ~ 200 克（5 ~ 7 盎司）。
从第八个月：每个月介于 250 ~ 400 克（9 ~ 14 盎司）。
在第五个月期间，应该有出生体重的一倍，而一岁时，大约是三倍重。

1.14 体重及身高比例

	每月增加体重	身 高	体 重
出生时		50 厘米（20 英寸）	3.4 公斤（7 磅）
最初 4 周	800 克（28 盎司）		
2 个月大	750 克（26 盎司）		
5 个月大	600 克（21 盎司）	64 厘米（25 英寸）	7 公斤（15 磅）

1 早产婴儿在体重上，刚开始应该呈现更明显的增加。

续表

9 个月大	400 克（14 盎司）	70 厘米（28 英寸）	9 公斤（20 磅）
1 岁大	250 克（9 盎司）	75 厘米（30 英寸）	10 公斤（22 磅）
	每年增加体重	**身　　高**	**体　　重**
2 岁大	2 公斤（4 磅）	87 厘米 （2 英尺 10 英寸）	12 公斤（26 磅）
3 岁大	2 公斤（4 磅）	95 厘米 （3 英尺 1 英寸）	14 公斤（31 磅）
4 岁大	2 公斤（4 磅）	103 厘米 （3 英尺 5 英寸）	16 公斤（35 磅）
5 岁大	2 公斤（4 磅）	108 厘米 （3 英尺 7 英寸）	18 公斤（40 磅）
6 岁大	3.5 公斤（7 磅）	116 厘米 （3 英尺 10 英寸）	21.5 公斤（47 磅）
7 岁大	2.5 公斤（5 磅）	123 厘米（4 英尺）	24 公斤（53 磅）
8 岁大	3 公斤（6 磅）	130 厘米 （4 英尺 3 英寸）	27 公斤（59 磅）
9 岁大	2.5 公斤（5 磅）	134 厘米 （4 英尺 5 英寸）	29.5 公斤（65 磅）

大致上，至青春期之前，均为持续性“增加”，而后来的成长与体重的增加则因个人而异。

附录2

部分药剂名中英文对照表

英文名称	中文名称及用途	文中出现位置
Ferrum/Sulfur co-mp.	铁 / 复方硫化铁，为治疗偏头痛的药剂	P.6
Weleda	维蕾德，医药品、营养补给品和身体保养品系列品牌名称，企业总部在德国南部。是人智学创始人鲁道夫·斯坦纳 1921 年在瑞士创办的品牌，从一开始就将人与自然的和谐统一作为企业的核心精神，所有的产品都来自天然，目前是德国天然有机保养品的领导品牌，也是世界天然保养品领域的先驱。	P.7 P.12 P.16 P.36 P.72 P.82 P.103 P.390 P.397 P413
Cinnabar comp.	复方朱砂合剂，治疗鹅口疮	P.12 P.101 P.103
Apis/Belladonna c. Mercurio	颠茄合剂，治疗鹅口疮	P.12
Allium/Cuprum Sulfuricum Com-positum	洋葱 / 硫酸铜 复方制剂，为治疗寄生虫的药剂	P.16
Combudoron	药膏名，成分含乙醇、荨麻草、海藻酸钠、纯净水等，用于治疗荨麻疹	P.29 P.31 P.82 P.83 P.393
Schlehen elixir	黑刺李糖浆（营养保健品）	P.37
Olbas	药草精油，成分含白千層精油、丁香精、桉树精油、杜松子精油、薄荷醇、薄荷精油、青精油，用于治疗上呼吸道感染	P.46 P.99
Geum urbanum RH3-5X	水杨梅，治疗腹泻	P.62
Veratrum album radice 6X	白藜芦，治疗腹泻	P.62

续表

英文名称	中文名称及用途	文中出现位置
Nystatin	制菌霉素，抗霉菌药物	P.77
Miconazole	达克宁（商品名），咪康唑（通用名），抗霉菌药物	P.77
Pyoktanin	龙胆紫，杀菌消毒液的一种	P.73 P.78 P.80
Bolus Eucalypti comp.	桉树精油，一种药草精油，治疗鼻塞流涕等上呼吸道感染症状	P.12 P.99
Argentum met. prep.30X	赤色硫化水银，为治疗白喉药物	P.101
Echinacea comp.	复方紫锥菊，为治疗口疮药物	P.104
Taraxacum Stanno cultum Rh 3X	蒲公英根	P.108
zoma zingiberis pulvis	干姜粉	P.385

参考书目

健康与疾病

Arta (rehabilitation center) *Rock Bottom: Beyond Drug Addiction*, Hawthorn Press, Stroud.

Bass, Ellen / Davis, Laura. *The Courage to Heal: A Guide for Women Survivors of Child Sexual Abuse,* Harper & Row, New York 1994.

Bentheim, T, *Caring for the Sick at Home*, Floris Books, Edinburgh and Anthroposophic Press, New York.

Bos, Arie, *Aids: an Anthroposophical Art of Healing*, Hawthorn Press, Stroud.

Bott, Victor, *Anthroposophical Medicine*, Anthroposophic Press, New York.

Bühler, Walter, *Living with your Body: the Body as an Instrument of the Soul*, Rudolf Steiner Press, London.

Dumke, Klaus, *AIDS: The Deadly Seed,* Rudolf Steiner Press, Forest Row.

Dunselman, Ron. *In Place of the Self: How Drugs Work*. Hudson, NY: Anthroposophic Press, 1995.

Evans, Michael and Rodger, Iain, *Healing for Body, Soul: An Introduction to Anthroposophical Medicine,* Floris Books, Edinburgh 2000.

Holdrege, Craig, *A Question of Genes,* Floris Books, Edinburgh 1996.

Holtzapfel, Walter, *Children's Destinies: the Three Directions of Human Development*, Mercury Press, New York.

—, *Our Children's Illnesses*, Mercury Press, New York.

Husemann, Armin, *The Harmony of the Human Body,* Floris Books, Edinburgh 2002.

Husemann, F. and Otto Wolff (Ed.) The *Anthroposophical Approach to Medicine,* (3 vols) Anthroposophic Press, New York.

Julien, Robert M. *A Primer of Drug Action: A Concise, Nontechnical Guide to the Actions, Uses, and Side Effects of Psychoactive Drugs,* W. H. Freeman, New York 2001.

Leroi, Rita, *Illness and Healing*, Temple Lodge Press, London.

Leviton, Richard, *Anthroposophic Medicine Today*, Anthroposophic Press, New York.

Mees, L.F.S. *Blessed by Illness*, Anthroposophic Press, New York.

Steiner, Rudolf, *Health and Illness*, (2 vols) Anthroposophic Press, New York.

—, *Introducing Anthroposophical Medicine,* Anthroposophical Press, New York.

—, *Overcoming Nervousness,* Anthroposophic Press, New York.

Steiner, Rudolf, and Ita Wegman, *The Fundamentals of Therapy*, Rudolf Steiner Press, London.

Twentyman, Ralph, *The Science and Art of Healing,* Floris Books, Edinburgh 1992.

Vogt, Felicitas, *Addiction's Many Faces,* Hawthorn Press, Stroud.

Wolff, Otto, *Anthroposophically Orientated Medicine and its Remedies,* Mercury Press, New York.

—, *Home Remedies,* Floris Books, Edinburgh 2000.

婴儿与学步儿

Gibson, Margaret, *Becoming a Mother*, Hale & Iremonger, Sydney.
Glas, Norbert, *Conception, Birth and Early Childhood*, Anthroposophic Press, New York.
Gotsch, Gwen and Judy Torgus, *The Womanly Art of Breastfeeding*. La Lèche League International, Illionois 1997.
König, Karl, *The First Three Years of the Child*, Floris Books, Edinburgh and Anthroposophic Press, New York 1998.
Mitchell, Ingrid, *Breastfeeding Together*. Seabury Press, New York 1978.
Linden, Wilhelm zur, *A Child is Born*, Rudolf Steiner Press, London.

玩具与活动

Berger, Petra, *Feltcraft,* Floris Books, Edinburgh 1994.
Berger, Thomas, *The Christmas Craft Book,* Floris Books, Edinburgh 1990.
Berger, Thomas & Petra, *The Easter Craft Book,* Floris Books, Edinburgh 1993.
—, *The Gnome Craft Book,* Floris Books, Edinburgh 1999.
—, *Crafts through the Year,* Floris Books, Edinburgh 2000.
Jaffke, Freya, *Toymaking with Children,* Floris Books, Edinburgh 2003.
Kraul, Walter, *Earth, Water, Fire and Air,* Floris Books, Edinburgh 1989.
Meyerbröker, Helga, *Rose Windows and how to Make them,* Floris Books, Edinburgh 1994.
Müller, Brunhild, *Painting with Children,* Floris Books, Edinburgh 2002.
Petrash, Carol, *Earthways,* Gryphon House, Maryland 1992. Published as *Earthwise: Environmental Crafts and Activities with Young Children,* Floris Books, Edinburgh 1993.
Reinckens, Sunnhild, *Making Dolls,* Floris Books, Edinburgh 2003.
Schmidt, Dagmar & Jaffke, Freya, *Magic Wool,* Floris Books, Edinburgh 2000.
Sealey, Maricristin, *Kinder Dolls,* Hawthorn Press, Stroud.
Thomas, Anne & Peter, *The Children's Party Book,* Floris Books, Edinburgh 1998.
Van Leeuwen, M. & Moeskops, J. *The Nature Corner,* Floris Books, Edinburgh 1990.
Wolk-Gerche, Angelika, *More Magic Wool,* Floris Books, Edinburgh 2001.

童话与各种故事

Burnett, Francis Hodgson, *The Secret Garden*, Puffin, Harmondsworth.
Colum, Padraic, *The King of Ireland's Son,* Floris Books, Edinburgh 1986.
—, *Myths of the World,* Floris Books, Edinburgh 2002.
Grimm, *The Complete Grimm's Fairy Tales*, Routledge & Kegan Paul.
—, *Favourite Grimm's Tales* (Illustrated by Anastasiya Archipova) Floris Books, Edinburgh 2000.
Knijpenga, Siegwart, *Stories of the Saints,* Floris Books, Edinburgh 2000.
Lagerlöf, Selma, *The Emperor's Vision and Other Christ Legends,* Floris Books, Edinburgh 2002.
Mellon, Nancy, *Storytelling with Children,* '.
Meyer, Rudolf, *The Wisdom of Fairy Tales,* Floris Books, Edinburgh 1995.
Sehlin, Gunhild, *Mary's Little Donkey and the Flight to Egypt,* Floris Books, Edinburgh 1987.
Verschuren, Ineke, *The Christmas Story Book,* Floris Books, Edinburgh 1988.
—, *The Easter Story Book,* Floris Books, Edinburgh 2001.
Wyatt, Isabel, *King Beetle-Tamer,* Floris Books, Edinburgh 1994.
—, *The Seven-Year-Old Wonder Book,* Floris Books, Edinburgh 1994.
Young, Ella, *Celtic Wonder Tales and Other Stories,* Floris Books, Edinburgh 2001.

庆典

Barz, Brigitte, *Festivals with Children,* Floris Books, Edinburgh 1987.

Bock, Emil, *The Rhythm of the Christian Year,* Floris Books, Edinburgh 2000.

Bryer, Estelle & Nicol, Janni, *Celebrating Christmas Together,* Hawthorn Press, Stroud.

Bryer, Estelle & Nicol, Janni, *Christmas Stories Together,* Hawthorn Press, Stroud.

Capel, Evelyn, *The Christian Year,* Floris Books, Edinburgh 1991.

Carey, D. and J. Large, *Festivals, Family and Food*, Hawthorn Press, Stroud.

Cooper, S., C. Fynes-Clinton and M. Rowling, *The Children's Year*, Hawthorn Press, Stroud.

Druitt, A., Fynes-Clinton, C. & Rowling, M. *All Year Round,* Hawthorn Press, Stroud.

Fitzjohn, S., Weston, M. & Large, J. *Festivals Together,* Hawthorn Press, Stroud.

Jones, Michael (Ed.) *Prayers and Graces,* Floris Books, Edinburgh.

Steiner, Rudolf, *The Festivals and their Meaning*, Rudolf Steiner Press, London.

亲子教育与一般教育

Anschütz, Marieke, *Children and their Temperaments,* Floris Books, Edinburgh 1995.

Being a Parent, Parent Network, Hawthorn Press, Stroud.

Bishop, D.V.M. *Handedness and developmental disorders.* Oxford 1990.

Britz-Crecelius, *Heidi, Children at Play,* Inner Traditions, Vermont.

Dunn, Judy, and Robert Plomin. *Separate Lives: Why Siblings Are So Different.* Basic Books, 1990.

Elkind, David, *All Grown up and no Place to go*, Holt, New York.

—, *The Hurried Child: Growing up too Fast too Soon*, Holt, New York.

Finser, Torin M. *School Renewal.* Anthroposophical Press, New York 2002.

Gabert, Erich, *Educating the Adolescent*, Anthroposophic Press, New York.

—, *The Motherly and Fatherly Roles in Education*, Anthroposophic Press, New York.

Halloweel, Edward M. / Ratey, John J. *Driven to Distraction: Recognizing and Coping with Attention Deficit Disorder from Childhood through Adulthood,* Simon & Schuster, New York 1995.

Harwood, A.C. *The Way of a Child,* Sophia Books, Forest Row.

Kane, Franklin G. *Parents as People: the Family as a Creative Process*, Aurora, Edmonton.

König, Karl, *Brothers and Sisters: the Order of Birth in the Family*, Floris Books, Edinburgh and Anthroposophic Press, New York.

Large, Martin, *Who's Bringing them up? Television and Child Development*, Hawthorn Press, Stroud.

Mander, Jerry, *Four Arguments for the Elimination of Television.*

Needleman, H. L., and P. J. Landrigan. *Raising Children Toxic Free,* Farrar, Straus & Giroux, New York 1994.

Pearce, Joseph Chilton, *The Magical Child,* Bantam, New York.

Piaget, Jean. *The Origin of Intelligence in the Child.* London: Routledge and Paul, 1953.

Plomin, Robert and Dunn, Judy, *Separate Lives: Why Siblings Are So Different,* Basic Books.

Postman, Neil. *The Disappearance of Childhood.* New York: Vintage Books, 1994.

Rapp, Doris J., M. D. *Is this your child's world?* New York: Bantam, 1997.

Rawson, Martyn & Rose, Michael, *Ready to Learn,* Hawthorn Press, Stroud.

Salter, Joan, *The Incarnating Child,* Hawthorn Press, Stroud.

Stoll, Clifford, High Tech Heretic: *Why Computers Don't Belong in the Classroom, and Other Reflections by a Computer Contrarian*, Doubleday, New York 1999.
—, *Silicon Snake Oil: Second Thoughts on the Information Highway.* Anchor 1996.

华德福教育

Aeppli, Willi, *Biography in Waldorf Education*, Anthroposophic Press, New York.
—, *Rudolf Steiner Education and the Developing Child*, Anthroposophic Press, New York.
—, *Teacher, Child and Waldorf Education*, Anthroposophic Press, New York.
Barnes, H. and others, *Introduction to Waldorf Education*, Mercury, New York.
Childs, Gilbert, *Steiner Education In Theory and Practice,* Floris Books, Edinburgh 1992.
Clouder, Christopher & Rawson, Martyn, *Waldorf Education,* Floris Books, Edinburgh 2003.
Cusick, Lois, *Waldorf Parenting Handbook*, St George, New York.
Edmunds, Francis, *Rudolf Steiner Education*, Rudolf Steiner Press, London.
Heydebrand, Caroline von, *Childhood,* Anthroposophical Press, New York.
Koepke, Hermann, *Encountering the Self: Transformation and Destiny in the Ninth Year*, Anthroposophic Press, New York.
Nobel, Agnes, *Educating through Art,* Floris Books, Edinburgh 1996.
Petrash, Jack, *Understanding Waldorf Education,* Gryphon House, Maryland 2001 and Floris Books, Edinburgh 2003.
Richards, Mary Caroline, *Towards Wholeness: Rudolf Steiner Education in America.* Wesleyan University Press 1981.
Spock, Marjorie, *Teaching as a Lively Art*, Anthroposophic Press, New York.
Steiner, Rudolf, *The Child's Changing Consciousness and Waldorf Education*, Rudolf Steiner Press, London.
—, *Education as a Social Problem*, Anthroposophic Press, New York.
—, *The Education of the Child,* Anthroposophical Press, New York.
—, *The Essentials of Education*, Rudolf Steiner Press, London.
—, *The Four Temperaments*, Rudolf Steiner Press, London.
—, *An Introduction to Waldorf Education*, Anthroposophic Press, New York.
—, *The Kingdom of Childhood*, Rudolf Steiner Press, London.
—, *A Modern Art of Education*, Rudolf Steiner Press, London.
—, *The Renewal of Education,* Anthroposophical Press, New York 2002.
—, *Soul Economy and Waldorf Education,* Anthroposophic Press, 1986.
Strauss, Michaela, *Understanding Children's Drawings*, Rudolf Steiner Press, London.

营养与生物活力农耕

Cook, Wendy, *Foodwise, Understanding what we Eat and How it Affects us*, Clairview Books, Forest Row.
Hauschka, Rudolf, *Nutrition*, Rudolf Steiner Press, London.
Koepf, Herbert, *Bio-Dynamic Agriculture: An Introduction*, Anthroposophic Press, New York.
—, *The Biodynamic Farm*, Anthroposophic Press, New York.
Philbrick, John & Helen, *Gardening for Health and Nutrition*, Steinerbooks, New York.
Podolinsky, Alex, *Bio Dynamic Agriculture: Introductory Lectures*, Gavemer Foundation, Sydney.
Schilthuis, Willy, *Biodynamic Agriculture,* Floris Books, Edinburgh 2003.

Schmidt, Gerhard, *The Essentials of Nutrition*, Biodynamic Literature, USA.
Steiner, Rudolf, *Nutrition and Health*, Anthroposophic Press, New York.
—, *Problems of Nutrition,* Anthroposophic Press, New York.
Thun, Maria, *Results from the Biodynamic Sowing and Planting Calendar,* Floris Books, Edinburgh 2003.
Thun, Maria & Matthias, *The Biodynamic Sowing and Planting Calendar,* Floris Books, Edinburgh annually.

优律诗美

Dubach, Annemarie, *Principles of Eurythmy,* Rudolf Steiner Press, London.
Poplawski, Thomas, *Eurythmy: Rhythm, Dance,* Floris Books, Edinburgh 1998.
Spock, Marjorie, *Eurythmy*, Anthroposophic Press, New York.
Steiner, *Curative Eurythmy,* Rudolf Steiner Press, Forest Row.
—, *Eurythmy as Visible Speech*, Rudolf Steiner Press, London.
—, *An Introduction to Eurythmy,* Anthroposophic Press, New York.

残障及特殊需求儿童

Clarke, P., H. Kofsky and J. Lauruol, *To a Different Drumbeat: A Practical Guide to Parenting Children with Special Needs*, Hawthorn Press, Stroud.
Hansmann, Henning, *Education for Special Needs,* Floris Books, Edinburgh 1992.
König, Karl, *Being Human: Diagnosis in Curative Education*, Camphill Press, Botton., and Anthroposophic Press, New York.
—, *In Need of Special Understanding*, Camphill Press, Botton.
Luxford, Michael, *Children with Special Needs,* Floris Books, Edinburgh 2004.
Pietzner, Carlo, *Aspects of Curative Education*, Aberdeen University Press.
—, *Questions of Destiny: Mental Retardation and Curative Education*, Anthroposophic Press, New York.
Steiner, Rudolf, *Curative Education*, Rudolf Steiner Press, London.
Weihs, Anke, Joan Tallo and Wain Farrants, *Camphill Villages*, Camphill Press, Botton.
Weihs, Thomas, *Children in Need of Special Care*, Souvenir, London.
Woodward, Bob and Hogenboom, Marga, *Autism, A Holistic Approach,* 2002.

生命方面

Bittleston, Adam, *Loneliness*, Floris Books, Edinburgh.
Burkhard, Gudrun, *Taking Charge, Your Life Patterns and their Meaning,* Floris Books, Edinburgh 1997.
Covey, Stephen R. *The Seven Habits of Highly Effective People.* Simon & Schuster, New York 1990.
Keller, Helen, *The Story of my Life*, New York.
König, Karl, *The Human Soul*, Floris Books, Edinburgh.
Lievegoed, Bernhard, *Man on the Threshold*, Hawthorn Press, Stroud.
—, *Phases: Crisis and Development in the Individual*, Rudolf Steiner Press, London.
—, *Phases of Childhood*, Floris Books, Edinburgh.
Lusseyran, Jacques, *And there was Light*, Floris Books, Edinburgh.
Mathews, M., S. Schaefer and B. Staley, *Ariadne's Awakening*, Hawthorn Press, Stroud.
Sleigh, Julian, *Crisis Points: Working through Personal Problems*, Floris Books, Edinburgh 1998.
—, *Friends and Lovers,* Floris Books, Edinburgh 1998.
—, *Thirteen to Nineteen: Discovering the Light*, Floris Books, Edinburgh 1998.
Staley, Betty,. *Between Form and Freedom: A Practical Guide to the Teenage Years,* Hawthorn Press, Stroud.

Treichler, Rudolf, *Soulways: The Developing Soul — Life Phases, Thresholds and Biography*, Hawthorn Press, Stroud.

宗教教育

Bittleston, Adam, *Our Spiritual Companions,* Floris Books, Edinburgh 1983.
Anschütz, Marieke, *But who Made God? Religion and your Growing Child,* Floris Books, Edinburgh 2004.
Bittleston, Adam, *Meditative Prayers for Today*, Floris Books, Edinburgh.
Jones, Michael (editor), *Prayers and Graces,* Floris Books, Edinburgh 2004.
Rittelmeyer, Friedrich, *Meditation: Guidance of the Inner Life,* Floris Books, Edinburgh.
Steiner, Rudolf, *Calendar of the Soul, Anthroposophic Press,* New York.
—, *Prayers for Parents and Children*, Rudolf Steiner Press, Forest Row.
—, *Verses and Meditations*, Rudolf Steiner Press, London.

再生

Bock, Emil. 1996. *Wiederholte Erdenleben* [Repeated lives on earth]. Stuttgart: Urachhaus.
Capel, Evelyn, *Reincarnation within Christianity*, Temple Lodge Press, London.
Frieling, Rudolf, *Christianity and Reincarnation*, Floris Books, Edinburgh.
Rittelmeyer, Friedrich, *Reincarnation*, Floris Books, Edinburgh.
Steiner, Rudolf, *Between Death and Rebirth*, Rudolf Steiner Press, London.
—, *Life between Death and Rebirth*, Anthroposophic Press, New York.

死亡及死亡照顾

Baum, John, *When Death Enters Life,* Floris Books, Edinburgh 2003.
Drake, Stanley, *Though You Die,* Floris Books, Edinburgh 2002.
Kübler-Ross, Elisabeth, *Death, the Final Stage of Growth*, Simon Schuster, New York.
—, *Living with Death and Dying*, Souvenir, London.
—, *On Children and Death*, Collier Macmillan, New York.
—, *On Death and Dying*, Tavistock Routledge, London, & Schribner, New York 1997.
—, *To Live until we say Good-bye,* Prentice Hall, London.
Moody, Raymond A. *Life after Life*. New York: Bantam, 1984.
Ritchie, George G., with Elizabeth Sherrill. *Return from Tomorrow*. Waco, TX: Chosen Books, 1978.
Roszell, Calvert, *The Near-Death Experience of George G. Ritchie,* Anthroposophical Press, New York.
Schilling, Karin von, *Where are You? Coming to Terms with the Death of my Child*, Anthroposophic Press, New York.

社会形式

Davy, Gudrun and Bons Voors, *Lifeways: Working with Family Questions*, Hawthorn Press, Stroud.
Lauer, H.E. *Aggression and Repression in the Individual and Society*, Rudolf Steiner Press, London.
Steiner, Rudolf, *The Renewal of the Social Organism*, Anthroposophic Press, New York.
—, *The Social Future*, Anthroposophic Press, New York.
—, *Towards Social Renewal*, Rudolf Steiner Press, London.
Voors, Tino and Chris Schaefer, *Vision in Action*, Hawthorn Press, Stroud.

斯坦纳与人智学

Barnes, Henry, *Life for the Spirit,* Anthropoposophical Press, New York.

Bockemühl, Jochen (ed.). *Toward a Phenomenology of the Etheric World.* Anthroposophic Press, New York.

Childs, Gilbert, *Rudolf Steiner: His Life and Work,* Floris Books, Edinburgh 2003.

Easton, Stewart, *Man and World in the Light of Anthroposophy*, Anthroposophic Press, New York.

—, *The Way of Anthroposophy*, Rudolf Steiner Press, London.

—, *Rudolf Steiner: Herald of a New Epoch*, Anthroposophic Press, New York.

Edmunds, Francis, *From Thinking to Living: the Work of Rudolf Steiner,* Element, Dorset.

Hemleben, Johannes, *Rudolf Steiner,* Sophia Books, Forest Row.

Lissau, Rudi, *Rudolf Steiner, Life work, inner path and social initiatives*, Hawthorn Press, Stroud.

A Man before Others, Rudolf Steiner Remembered. Rudolf Steiner Press, Forest Row.

Mcdermott, Robert, *The Essential Steiner,* Steinerbooks, New York 2005.

Nesfield-Cookson, Bernard, *Rudolf Steiner's Vision of Love*, Crucible, Wellingborough.

Rittelmeyer, Friedrich, *Rudolf Steiner enters my Life*, Floris Books, Edinburgh.

Seddon, Richard, *Rudolf Steiner, Essential Readings*, Crucible, Wellingborough.

Shepherd, A.P. *Scientist of the Invisible*, Floris Books, Edinburgh.

Steiner, Rudolf. 1994. *How to Know Higher Worlds*. Hudson, NY: Anthroposophic Press.

—, *An Outline of Esoteric Science*, Anthroposophic Press, New York.

—, *Intuitive Thinking as a Spiritual Path: A Philosophy of Freedom,* Anthroposophical Press, New York.

—. 1994. *Theosophy*, Anthroposophic Press, New York.

Wachsmuth, Günther, *The Life and Work of Rudolf Steiner*, Garber Books, New York.

相关组织

人智医学

Physicians Association for Anthroposophic Medicine (PAAM)

1923 Geddes Ave，Ann Arbor MI 48104-1797

Tel：734-930 9462　Fax：734-662 1727

Email：paam@anthroposophy.org

Web：www.paam.net

Anthroposophic Health, Education & social care Movement c/o Camphill Medical Practice Ltd

Murtle Estate

Bieldside，Aberdeen

AB15 9EP，United Kingdom

Tel：0044(0)1224 869621

Email：info@ahasc.org.uk

Raphael Medical Center

Hollanden Park

Coldharbour Lane

Hildenborough

Tonbridge

Kent，TN11 9LE

Tel：01732 833924

Fax：01732 838883

Email：info@raphaelmedicalcentre.co.uk

Weleda New Zealand Limited

PO Box 8132

Havelock North 4157

New Zealand

Tel：0800 802 174

Email：weleda@weleda.co.nz

Web：www.weleda.co.nz

PO Box 675, Palisades NY 10964 US

Tel：800-241-1030

Fax：800-280-4899

Email：info@weleda.com

Web：http：//usa.weleda.com

Weleda New Zealand

302 Te Mata Road，Havelock North，NZ

Tel：0800-802 174　Fax：0800-804 989

Email：weleda@weleda.co.nz

Web：www.weleda.co.nz

Weleda Australia

Tel：(02)-9918 0911

Fax：(02) 9918 0944

Email：weleda@weleda.com.au

Web：www.weleda.com.au

International Goetheanum/School for Spiritual Science Medical Section

Goetheanum，4143 Dornach，Switzerland

Tel：+41-61-706 4475

Fax：+41-61-706 4291

Email：sekretariat@medsektion-goetheanum.ch

Web：www.medsektion-goetheanum.org

华德福教育

Association of Waldorf Schools of North America

337 Oak Grove St，Minneapolis，MN55403

Tel：612-870-8310　Fax：612-870-8316

Email：awsna@awsna.org. publications

Web：www.awsna.org

Steiner Schools Fellowship

Kidbrooke Park，Forest Row，East Sussex Rh18 5JB UK

Tel：01342-822 115　Fax：01342-826 004

Email：info@swsf.org.uk

Web：www.steinerwaldorf.org.uk

慈心华德福学校

宜兰县冬山乡香和村照安路 257 号

Tel：03-959-6222　Fax：03-959-5913

Email：cixin.waldorf@gmail.com

Web：www.waldorf.ilc.edu.tw

磊川华德福实验学校

台中市北屯区松竹五路 233 号

Tel：04-2435-0110　Fax：04-2435-0220

Email：leichuan@so-net.net.tw

Web：www.waldorf.org.tw/leichuan

其他国家的资讯可由以上任何一个机构查询

出版

Steinerbooks

PO Box 799，Great Barrington，MA 01230

Tel：(413) 528-8233　Fax：(413) 528-8826

Email：friends@steinerbooks.org

Web：www.steinerbooks.org

Rudolf Steiner Press

Hillside House,

The Square，Forest Row，East Sussex RH18 5ES UK

Tel：01342-824 433　Fax：01342-826 437

Email：office@rudolfsteinerpress.com

Web：www.rudolfsteinerpress.com

Floris Books

15 Harrison Gdns，Edinburgh EH11 1SH, Scotland，UK

Tel：0131-337 2372　Fax：0131-347 9919

Email：floris@florisbooks.co.uk

Web：www.florisbooks.co.uk

人智学学会

Anthroposophical Society **in America**
1923 Geddes Ave，Ann Arbor，MI 48104–1797
Tel：734–662–9355　Fax：734–662–1727
Email：information@anthroposophy.org
Web：www.anthroposophy.org

Anthroposophical Society **in Great Britain**
35 Park Road，London NW1 6XT
Tel：020–7723–4400　Fax：020–7724–4364
Email：rsh-office@anth.org.uk
Web：www.rsh.anth.org.uk

Anthroosophical Society **in Australia**
Tel：02–9417 6046
Email：nblackwood@ozemail.com.au
Web：www.anthroposophy.org.au

Anthroposophical Society **in Canada**
8–9100 Bathhurst St. Thornhill，Ont. L4J 8C7，Canada
Tel：416–892–3656　Fax：416–886–5163
Email：info@anthroposophy.ca
Web：www. anthroposophy.ca

Anthroposophical Society **in New Zealand**
PO Box 8279，Havelock
Tel：06–877 6656
Web：www.anthroposophy.org.nz

Anthroposophical Society **in South Africa**
16 promenade Rd，Lakeside，7945
Tel：+27 0 21 788 1022
Fax：+27 0 21 788 8720
Web：www. anthroposophysa. org. za

慈心华德福实验学校人智学教育基金会
宜兰县冬山乡香和村照安路 257 号
Tel：03–959–6222　Fax：03–959–5913
Email：cixin.waldorf@gmail.com
Web：www.waldorf.ilc.edu.tw

台中市人智哲学发展学会
台中市北屯区松竹五路 233 号
Tel：04–2435–0110　Fax：04–2435–0220
Email：waldorf999.tw@yahoo.com.tw
Web：www.waldorf.org.tw

International
General Anthroposophical Society
PO Box，4143 Dornach，Switzerland
Tel：+41–61–706 42 42
Fax：+41–61–706 43 14
Email：sekretariat@goetheanum.org
Web：www.goetheanum.org

关键词索引

T

W

X

作者、译者简介

◎ 作者

米凯拉·格洛克勒（Michaela GlÖckler）

1946 年出生于德国斯图加特（Stuttgart），高中毕业于自由华德福学校（Freie Waldorfschule）。大学主修日耳曼文学与历史，并从弗赖堡（Freiburg）和海德堡（Heidelberg）大学毕业。1972 ~ 1978 年，在蒂宾根（Tübingen）和马尔堡（Marburg）医学院就读，毕业后在黑尔德克（Herdecke）小区医院和波鸿（Bochum）的大学儿童医院接受小儿科医师训练。直到 1988 年，在黑尔德克的儿童社区医院担任门诊医师，并担任维滕（Witten）的华德福学校校医。自 1988 年复活节起，受邀成为瑞士多尔纳赫（Dornach）人智学歌德馆总会（Goetheanum）的医学部负责人。她出版过许多著作，经常在国内外进行演讲活动。

沃尔夫冈·戈贝尔（Wolfgang Goebel）

1932 年出生于德国路德维希堡（Ludwigsburg），在斯图加特生长。父亲为教区牧师，从小即在基督教的环境中生活。他曾就读于纳粹时期曾被迫关闭而二次大战后又再度开办的自由华德福学校至高中毕业；之后，在弗赖堡、因斯布鲁克（Innsbruck）和马尔堡大学研读医学，接着又在蒂宾根的大学儿童医院（University Paediatric Clinic）继续完成小儿科医生训练。后来，在瑞士阿勒斯海姆（Arlesheim）的 Ita-Wegman 医院担任助理医师，其后，协助筹设黑尔德克小区医院；1969 ~ 1995 年担任该医院的小儿科主治医师。后来，他又投入到地方学校的健康咨询活动中。1997 年，很重要的，他在黑尔德克的维滕大学召开接种疫苗发起人会议。2002 年，他在斯图加特出版了《接种疫苗由父母自己决定》（*Schutzimpfungen selbst verantwortet*）一书（2004、2006 及 2009 年更新再版）。

◎ 译者

林玉珠

现任台中市磊川华德福实验教育机构负责人

台中市磊川华德福实验教育机构创始人

台中市人智哲学发展学会创会会长

台中市娃得福托儿所创所人

美国阿什兰（Ashland）大学教育硕士